CHUDENG SHUXUE
BIANHUANFA JIQI YINGYONG

初等数学变换法及其应用
——"数学王国里的孙悟空"丛书系列

彭璋甫　彭革 ◆ 编著

中山大学出版社
SUN YAT-SEN UNIVERSITY PRESS

·广州·

版权所有　翻印必究

图书在版编目（CIP）数据

初等数学变换法及其应用/彭璋甫，彭革编著. —广州：中山大学出版社，2016.1

（数学王国里的孙悟空）

ISBN 978 – 7 – 306 – 05181 – 3

Ⅰ. ①初… Ⅱ. ①彭… ②彭… Ⅲ. ①中学数学课—教学参考资料 Ⅳ. ①G634.603

中国版本图书馆 CIP 数据核字（2015）第 023254 号

出 版 人：徐　劲
策划编辑：曾育林
责任编辑：曾育林
封面设计：曾　斌
责任校对：赵丽华
责任技编：何雅涛
出版发行：中山大学出版社
电　　话：编辑部 020 – 84111996，84113349，84111997，84110779
　　　　　发行部 020 – 84111998，84111981，84111160
地　　址：广州市新港西路 135 号
邮　　编：510275　传真：020 – 84036565
网　　址：http://www.zsup.com.cn　E-mail：zdcbs@mail.sysu.edu.cn
印 刷 者：广州中大印刷有限公司
规　　格：787mm×1092mm　1/16　14.75 印张　335 千字
版次印次：2016 年 1 月第 1 版　2016 年 1 月第 1 次印刷
定　　价：45.00 元

如发现本书因印装质量影响阅读，请与出版社发行部联系调换

作 者 简 介

彭璋甫 男，1940年6月23日生，江西省莲花县人，中共党员．1963年7月毕业于江西师范学院数学系本科，先后在江西省修水县文化教育局、江西省九江师范学校任函授教师、教研员、教研组长、教务主任、副校长．1987年被评为高级讲师．现已退休，退休前为中共九江师范学校（现九江职业大学）党委委员，主管教学的副校长．参加编写的著作有：《初中数学复习资料》、《现代学生学习方法指导》（武汉大学出版社出版）．发表《公倍数、公约数常见题型举隅》、《整数分解常见题型解法举隅》、《题组教学的作用》、《直观教学要注意科学性》等论文近十篇．

彭 革 男，1967年12月15日生，江西省莲花县人．1984年参加全国高中数学奥林匹克竞赛获二等奖．1990年7月毕业于复旦大学数学系本科，获学士学位．先后在江西省九江师范学校、广东省广告公司、南方计算机公司、深圳华为通信股份有限公司任教或任职．1996年被评为讲师．现为深圳艾默生网络能源有限责任公司员工．

邮编：511484
住址：广州市番禺区沙湾镇新碧路芷兰湾五街七座801
电话：13610215970

前　　言

　　但凡不愿学数学的人就是怕做数学题；然而，但凡喜欢数学的人就是从酷爱做数学题开始．因为数学题浩如烟海、变幻莫测、精彩纷呈，畅游其中趣味无穷，让人留恋、让人痴迷．

　　其实，"变"是世界的"通性"．辩证唯物主义者认为，静止是相对的，而运动是绝对的．事物的运动意味着变化．人类从原始社会到今天，不仅社会结构、生产方式在不断变化，而且人们的思想观念、生活方式也在变化．大自然的变化更是剧烈的．第四世纪冰川使恐龙等一些动物从地球上消失．在 3 万年前，北京是一片火海，由于海陆反复变迁，大约经过 1 万年，才成为陆地．位于我国长江入海口的崇明岛，是我国的第三大岛．但崇明岛原来也不是岛．据史书记载，由于长江的江水中挟带泥沙，使长江在下游流速变缓，江水失去搬运泥沙的能力，加上海边潮水的顶托，泥沙便大量沉积下来，到了唐初始出露水面，遂成沙洲．之后泥沙越积越多，使沙洲变成了小岛，从小岛又变成了大岛．近年来，由于长江上游森林遭到严重破坏，以及人工围垦造田等原因，水土流失使长江水中含沙量急剧增加，长江口有更多的泥沙沉积，崇明岛的面积由 1954 年的 600 多平方公里，猛增到现在的 1000 多平方公里，几乎增大了一倍．

　　世界上的一切事物都在运动、变化中发展．数学作为反映事物发展规律的一门科学，自然它的变化也是无穷无尽的．

　　看过《西游记》的人对孙悟空的印象非常深刻．孙悟空辅佐唐僧上西天取经获得成功，除了对师傅的一片真心之外，他超凡的功夫是一个重要因素．而这超凡的功夫，一是在太上老君的八卦炉中练就的火眼金睛，二是那一个筋斗就是十万八千里的筋斗云，三是七十二变．

　　如果我们拿学习数学与孙悟空辅佐唐僧上西天取经作一个类比的话，那么，你要做数学王国里的孙悟空，就必须热爱数学，必须掌握好数学的基础知识、思维方法和思想方法．因为，掌握好了数学的基础知识，就像孙悟空炼就的火眼金睛，能看清事物的本质；掌握了数学的思维方法，就像孙悟空的筋斗云，站得高，看得远；而掌握了数学的思想方法，就有了孙悟空的七十二变,掌握了分析、处理和解决数学问题的基本手段.

马克思讲,数学是思维的体操.体操是讲究变化的.所以,我们可以毫不夸张地说:学数学最根本的一点就是要学会"变".

当然,数学的变化、发展有它自身的规律.就像孙悟空纵有七十二变,但万变不离其宗.有一回,孙悟空变成一座庙,它的尾巴变成一根旗杆,竖在庙的后面,结果被妖魔识别出来.因此,我们完全可以掌握解决数学问题的基本思想和方法.

作者认为解答初等数学难题的主要手段是"转化":即将问题化繁为简、化难为易、化未知为已知.其基本思想方法一是初等数学变换,二是构造法,三是反证法,四是类比与归纳.如果掌握了这些基本的思想方法,遇到较难的初等数学问题也能迎刃而解.

初等数学变换法是研究和解决初等数学问题时采取迂回手段达到目的的一种方法,也就是把将要解决的问题先进行变换,使之转化.具体地讲,就是将复杂的问题通过变换转化成简单的问题,将难的问题通过变换转化成容易的问题,将未解决的问题通过变换转化成已解决的问题.

初等数学变换法是解决初等数学问题常用的一种最基本的方法.掌握初等数学变换的一些方法不仅可以帮助同学们解决初等数学较为复杂的问题,还为今后学习高等数学变换,如射影变换、正交变换、傅立叶变换、拉普拉斯变换、拓扑变换等打下基础.

本书介绍的初等数学变换主要包括:恒等变换、分割变换、参数变换、初等几何变换和数与形的变换.这里需要说明的是,因为高等数学中的分部积分被看作是分割变换(参考文献[4],第105页),所以,我们把数与式的分解与组合看作是一种分割变换.另外,有关初等数学参考书中把换元法与参数法分开来讲,笔者觉得,从变换的角度来考察,这两种方法的关键都是引入参数,只不过是消除参数的方法不同,因此,也并在一起统称参数变换.这样做,似乎更省去一些名称,利于学生掌握.

本书在编写过程中参考了许多书目及报纸杂志,除本书末已列书目之外,难以一一列举,在此一并表示感谢.由于作者水平有限,且有些问题尚在探索之中,书中错误和缺点必定不少,恳请广大读者多提出宝贵意见.

作 者

2015 年 10 月 1 日于顺德碧桂园

目 录

第一章 恒等变换 ·· 1
  §1-1 对条件的恒等变换 ·· 1
  §1-2 对结论的恒等变换 ·· 6
  §1-3 双向恒等变换 ·· 10
  §1-4 "1"的恒等变换 ·· 14
  习题一 ·· 20

第二章 分割变换 ·· 23
  §2-1 数的分割变换 ·· 23
  §2-2 式的分割变换 ·· 27
  §2-3 图形的分割变换 ·· 35
  习题二 ·· 41

第三章 参数变换 ·· 45
  §3-1 代数参数变换 ·· 45
  §3-2 三角参数变换 ·· 56
  §3-3 多元参数变换 ·· 63
  习题三 ·· 69

第四章 初等几何变换 ·· 73
  §4-1 对称变换 ·· 73
  §4-2 平移变换 ·· 80
  §4-3 旋转变换 ·· 87
  §4-4 相似变换 ·· 94
  §4-5 等积变换 ·· 102
  习题四 ·· 111

第五章　数形变换……………………………………………… 120
§5-1　形与数的变换……………………………………… 120
§5-2　数与形的变换……………………………………… 144
习题五…………………………………………………… 171

习题解答 ………………………………………………………… 176

参考文献 ………………………………………………………… 228

第一章 恒 等 变 换

恒等变换就是把一个解析式变成与它恒等的另一个解析式．使用恒等变换往往是在碰到的问题比较繁杂、一时难以下手的时候，通过恒等变换把要解决的问题简化，由未知到已知，最终解决问题．所以，恒等变换的特点就是：将复杂的问题通过表达形式的变形转化成容易解决的简单问题．

恒等变换的哲学依据是形式与实质、矛盾与转化、未知与已知、对立与统一这些辩证思想．数学中的很多公式，其等号两边的表达形式虽然不同，但本质是一样的．它们都是恒等变换的结果．

我们常用公式、配凑、配方、分解因式、分子或分母有理化等方法对一个表达式进行恒等变换．它在数学中的应用非常广泛．下面我们着重从四个方面进行探讨．

§1-1 对条件的恒等变换

在解答给定条件的一些问题时，我们往往碰到这样一种情况：题目所给条件比较隐晦、复杂，不能直接应用已知条件得出问题的解答．这个时候，我们就要考虑对已知条件进行适当的恒等变换，以便应用它得到问题的解答．这种变换就叫作对条件的恒等变换．

对条件的恒等变换常用于解答求值、恒等式和不等式的证明等问题．

例1 设 $\dfrac{1}{3-\sqrt{7}}$ 的整数部分是 a，小数部分是 b，试求 $a^2+(1+\sqrt{7})ab$ 的值．

解：$\dfrac{1}{3-\sqrt{7}}=\dfrac{3+\sqrt{7}}{2}$．

$\because 2<\sqrt{7}<3$，$0<\dfrac{\sqrt{7}-1}{2}<1$，$\therefore \dfrac{1}{3-\sqrt{7}}=\dfrac{3+1+\sqrt{7}-1}{2}=2+\dfrac{\sqrt{7}-1}{2}$，

$\therefore a=2$，$b=\dfrac{\sqrt{7}-1}{2}$．

故 $a^2+(1+\sqrt{7})ab = 2^2+(1+\sqrt{7})\times 2\times\dfrac{\sqrt{7}-1}{2} = 4+6 = 10.$

利用分母有理化,添项对已知条件进行恒等变换,求出整数部分 a 和小数部分 b,从而得到所求的值.

例 2 已知 $6x^2+12y^2 = 17xy(xy\neq 0)$,求 $\dfrac{x}{y-\dfrac{x}{1-\dfrac{y}{x}}}$ 的值.

解:由 $6x^2+12y^2 = 17xy$ 得 $(2x-3y)(3x-4y)=0$,

$\therefore 2x=3y$ 或 $3x=4y$,即 $x=\dfrac{3}{2}y$ 或 $x=\dfrac{4}{3}y.$

当 $x=\dfrac{3}{2}y$ 时,原式 $=\dfrac{\dfrac{3}{2}y}{y-\dfrac{\dfrac{3}{2}y}{1-\dfrac{y}{\dfrac{3}{2}y}}} = \dfrac{\dfrac{3}{2}y}{y-\dfrac{9}{2}y} = -\dfrac{3}{7};$

当 $x=\dfrac{4}{3}y$ 时,原式 $=\dfrac{\dfrac{4}{3}y}{y-\dfrac{\dfrac{4}{3}y}{1-\dfrac{y}{\dfrac{4}{3}y}}} = \dfrac{\dfrac{4}{3}y}{y-\dfrac{16}{3}y} = -\dfrac{4}{13}.$

这里,利用分解因式对已知条件进行恒等变换,找到了 x 与 y 的关系,从而使问题得到解决.

例 3 已知 $0°<x<45°$,且有 $\lg\text{tg}x - \lg\sin x = \lg\cos x - \lg\text{ctg}x + 2\lg 3 - \dfrac{3}{2}\lg 2$,试求 $\sin x - \cos x$ 的值.

解:由 $\lg\text{tg}x - \lg\sin x = \lg\cos x - \lg\text{ctg}x + 2\lg 3 - \dfrac{3}{2}\lg 2$ 得 $\lg\dfrac{\text{tg}x}{\sin x} = \lg\dfrac{9}{2\sqrt{2}}\cdot\dfrac{\cos x}{\text{ctg}x}$,即 $\lg\dfrac{1}{\cos x} = \lg\dfrac{9}{2\sqrt{2}}\sin x$,$\therefore \dfrac{1}{\cos x} = \dfrac{9}{2\sqrt{2}}\sin x$,即 $\sin x\cos x = \dfrac{2\sqrt{2}}{9}.$

又 $(\sin x-\cos x)^2 = 1-2\sin x\cos x = 1-2\times\dfrac{2\sqrt{2}}{9} = \dfrac{9-4\sqrt{2}}{9} = (\dfrac{1-2\sqrt{2}}{3})^2,$

而 $0°<x<45°$,$\therefore \sin x-\cos x<0$,故 $\sin x-\cos x = \dfrac{1-2\sqrt{2}}{3}.$

第一章 恒等变换

要求 $\sin x \pm \cos x$ 的值，只要求出 $\sin x \cos x$ 的值便可得，这是求三角函数值常用的一种技巧。

例 4 设 $(x+y+z)(xy+yz+zx)=xyz$，$x+y+z=1+\mathrm{i}$，$xy+yz+zx=1+\sqrt{3}\mathrm{i}$，试求 $|x^4+y^4+z^4|$ 的值。

解：$\because (x+y+z)(xy+yz+zx)-xyz$
$$=x^2y+xyz+zx^2+xy^2+y^2z+xyz+xyz+yz^2+z^2x-xyz$$
$$=x^2y+xy^2+z^2x+yz^2+zx^2+y^2z+2xyz$$
$$=(x+y)(xy+z^2+zx+zy)$$
$$=(x+y)(y+z)(z+x)=0,$$

$\therefore x+y=0$ 或 $y+z=0$ 或 $z+x=0$。

当 $x+y=0$ 时，由 $x+y+z=1+\mathrm{i}$ 得 $z=1+\mathrm{i}$。

由 $\begin{cases} xy+yz+zx=1+\sqrt{3}\mathrm{i} \\ x+y=0 \end{cases} \Rightarrow \begin{cases} xy+z(x+y)=1+\sqrt{3}\mathrm{i} \\ x=-y \end{cases}$

$\Rightarrow -x^2=1+\sqrt{3}\mathrm{i}$，$-y^2=1+\sqrt{3}\mathrm{i}$，

$\therefore x^4=-2+2\sqrt{3}\mathrm{i}$，$y^4=-2+2\sqrt{3}\mathrm{i}$，$z^4=-4$，

于是 $x^4+y^4+z^4=-8+4\sqrt{3}\mathrm{i}$，

故 $|x^4+y^4+z^4|=4\sqrt{7}$。

由对称性，当 $y+z=0$ 或 $z+x=0$ 时，结果相同。

例 5 已知 $2x+3y+4z=1$，求 $x^2+y^2+z^2$ 的极小值。

解：$\because 2x+3y+4z=1$，$\therefore (2x+3y+4z)^2=1$。

于是 $4x^2+9y^2+16z^2=1-12xy-24yz-16xz$。

又 $9x^2+4y^2 \geq 12xy \Rightarrow -12xy \geq -(9x^2+4y^2)$，$16y^2+9z^2 \geq 24yz \Rightarrow -24yz \geq -(16y^2+9z^2)$，$16x^2+4z^2 \geq 16xz \Rightarrow -16zx \geq -(16x^2+4z^2)$，

$\therefore 4x^2+9y^2+16z^2 \geq 1-(9x^2+4y^2)-(16y^2+9z^2)-(16x^2+4z^2)$，

即 $(16+4+9)(x^2+y^2+z^2) \geq 1$。$\therefore x^2+y^2+z^2 \geq \dfrac{1}{29}$。

故 $x^2+y^2+z^2$ 的极小值是 $\dfrac{1}{29}$（当 $3x=2y$，$4y=3z$，$2z=4x$ 时）。

例 6 设常数 a，$b \in \mathbf{R}^+$，且 $a \neq b$，如果 $\log_m \dfrac{x}{a} \cdot \log_m \dfrac{x}{b}(m>0$，且 $m \neq 1)$ 的最小值是 $-\dfrac{1}{4}$，求 m。

解：$\because a$，$b \in \mathbf{R}^+$，$a \neq b$，$m>0$ 且 $m \neq 1$，令 $y=\log_m \dfrac{x}{a} \cdot \log_m \dfrac{x}{b}$，

则 $y = (\log_m x - \log_m a)(\log_m x - \log_m b)$

$= \log_m^2 x - \log_m x (\log_m a + \log_m b) + \log_m a \cdot \log_m b$

$= \left(\log_m x - \dfrac{\log_m a + \log_m b}{2}\right)^2 + \dfrac{4\log_m a \cdot \log_m b - (\log_m a + \log_m b)^2}{4}$

$= \left(\log_m x - \dfrac{\log_m a + \log_m b}{2}\right)^2 - \dfrac{(\log_m a - \log_m b)^2}{4}.$

$\because y_{\min} = -\dfrac{1}{4}, \therefore -\dfrac{(\log_m a - \log_m b)^2}{4} = -\dfrac{1}{4}$ 即 $(\log_m a - \log_m b)^2 = 1$,

亦即 $\left|\log_m \dfrac{a}{b}\right| = 1$, 故 $m = \dfrac{a}{b}$ 或 $m = \dfrac{b}{a}.$

例7 已知 $f(x) = 2|x| + 3$, $g(x) = 4x - 5$, 且 $f[p(x)] = g(x)$, 求 $p(3)$.

解: $\because f[p(x)] = 2|p(x)| + 3,$

又 $f[p(x)] = g(x) = 4x - 5,$

$\therefore 2|p(x)| + 3 = 4x - 5 \Rightarrow 2|p(x)| = 4x - 5 - 3 \Rightarrow |p(x)| = 2x - 4.$

当 $p(x) \geq 0$ 时, $|p(x)| = p(x) = 2x - 4$, $\therefore p(3) = 2 \times 3 - 4 = 2.$

当 $p(x) \leq 0$ 时, $|p(x)| = -p(x) = 2x - 4$, $p(x) = 4 - 2x,$

$\therefore p(3) = 4 - 2 \times 3 = -2.$

例8 x, y, z 为任意实数, 若 $(y-z)^2 + (z-x)^2 + (x-y)^2 = (y+z-2x)^2 + (z+x-2y)^2 + (x+y-2z)^2$, 试证: $x = y = z.$

证明: $(y+z-2x)^2 - (y-z)^2 = (2y-2x)(2z-2x) = -4(x-y)(z-x),$

同理 $(z+x-2y)^2 - (z-x)^2 = -4(y-z)(x-y)$, 即 $(x+y-2z)^2 - (x-y)^2 = -4(z-x)(y-z).$

由题设得:

$(x-y)(z-x) + (y-z)(x-y) + (z-x)(y-z) = 0,$

又 $(x-y) + (y-z) + (z-x) = 0$, 且 $[(x-y)+(y-z)+(z-x)]^2 = (x-y)^2 + (y-z)^2 + (z-x)^2 + 2(x-y)(z-x) + 2(y-z)(x-y) + 2(z-x)(y-z) = 0$, $\therefore (x-y)^2 + (y-z)^2 + (z-x)^2 = 0$, $\therefore x-y = y-z = z-x = 0,$

故 $x = y = z.$

例9 设 x, y, z 为三个互不相等的数, 且 $x + \dfrac{1}{y} = y + \dfrac{1}{z} = z + \dfrac{1}{x}$, 求证: $x^2 y^2 z^2 = 1.$

证明: 由 $x + \dfrac{1}{y} = y + \dfrac{1}{z}$ 得 $yz(x-y) = y-z.$ ①

由 $y + \dfrac{1}{z} = z + \dfrac{1}{x}$ 得 $zx(y-z) = z-x.$ ②

由 $x + \dfrac{1}{y} = z + \dfrac{1}{x}$ 得 $xy(z-x) = x - y$. ③

①×②×③，得：

$x^2 y^2 z^2 (x-y)(y-z)(z-x) = (x-y)(y-z)(z-x)$.

$\because x \neq y \neq z, \therefore (x-y)(y-z)(z-x) \neq 0$. 故 $x^2 y^2 z^2 = 1$.

例 10 已知 $\dfrac{\sin^4 x}{a} + \dfrac{\cos^4 x}{b} = \dfrac{1}{a+b}$ ($a, b > 0$)，求证：$\dfrac{\sin^8 x}{a^3} + \dfrac{\cos^8 x}{b^3} = \dfrac{1}{(a+b)^3}$.

证明： 由 $\dfrac{\sin^4 x}{a} + \dfrac{\cos^4 x}{b} = \dfrac{1}{a+b}$ 得 $\dfrac{(a+b)\sin^4 x}{a} + \dfrac{(a+b)\cos^4 x}{b} = 1$，

即 $\sin^4 x + \cos^4 x + \dfrac{b \sin^4 x}{a} + \dfrac{a \cos^4 x}{b} = (\sin^2 x + \cos^2 x)^2$，

即 $\left(\sqrt{\dfrac{b}{a}} \sin^2 x - \sqrt{\dfrac{a}{b}} \cos^2 x\right)^2 = 0$，$\therefore \sqrt{\dfrac{b}{a}} \sin^2 x = \sqrt{\dfrac{a}{b}} \cos^2 x$, $b \sin^2 x = a \cos^2 x$.

令 $\dfrac{\sin^2 x}{a} = \dfrac{\cos^2 x}{b} = \lambda$，即 $\sin^2 x = a\lambda$, $\cos^2 \lambda = b\lambda$,

代入已知条件，解得 $\lambda = \dfrac{1}{a+b}$，$\therefore \sin^2 x = \dfrac{a}{a+b}$, $\cos^2 x = \dfrac{b}{a+b}$,

故 $\dfrac{\sin^8 x}{a^3} + \dfrac{\cos^8 x}{b^3} = \dfrac{a}{(a+b)^4} + \dfrac{b}{(a+b)^4} = \dfrac{1}{(a+b)^3}$.

例 11 若 $a \operatorname{tg}\alpha = b \operatorname{tg}\beta$，且 $a^2 x^2 = a^2 - b^2$，则 $(1 - x^2 \sin^2 \beta)(1 - x^2 \cos^2 \alpha) = 1 - x^2$.

证明： 由 $a \operatorname{tg}\alpha = b \operatorname{tg}\beta$ 得 $\dfrac{a \sin \alpha}{\cos \alpha} = \dfrac{b \sin \beta}{\cos \beta}$,

$\therefore \dfrac{a^2(1 - \cos^2 \alpha)}{\cos^2 \alpha} = \dfrac{b^2(1 - \cos^2 \beta)}{\cos^2 \beta}$,

即 $a^2 \cos^2 \beta - a^2 \cos^2 \alpha \cos^2 \beta = b^2 \cos^2 \alpha - b^2 \cos^2 \alpha \cos^2 \beta$.

$\therefore \cos^2 \alpha = \dfrac{a^2 \cos^2 \beta}{b^2 + (a^2 - b^2) \cos^2 \beta}$.

于是 $(1 - x^2 \sin^2 \beta)(1 - x^2 \cos^2 \alpha)$

$= \left[1 - \dfrac{a^2 - b^2}{a^2}(1 - \cos^2 \beta)\right]\left[1 - \dfrac{a^2 - b^2}{a^2} \cdot \dfrac{a^2 \cos^2 \beta}{b^2 + (a^2 - b^2) \cos \beta}\right]$

$= \dfrac{b^2 + (a^2 - b^2) \cos^2 \beta}{a^2} \cdot \dfrac{b^2}{b^2 + (a^2 - b^2) \cos^2 \beta} = \dfrac{b^2}{a^2} = \dfrac{a^2 - (a^2 - b^2)}{a^2} = $

$$1 - \frac{(a^2-b^2)}{a^2} = 1 - x^2.$$

例 12 设 $a > b > c > 0$,$b+c \neq a$,且 $\frac{b^2+c^2-a^2}{4bc} + \frac{a^2+b^2-c^2}{4ab} + \frac{a^2+c^2-b^2}{2ac} = 1$,求证:$a$,$b$,$c$ 成等差数列.

证明: 以 $4abc$ 乘等式两边得
$(b^2+c^2-a^2)a + (a^2+b^2-c^2)c + 2(a^2+c^2-b^2)b = 4abc,$
$(ab^2+ac^2-a^3) + (a^2c+b^2c-c^3) + 2(a^2b+c^2b-b^3) - 4abc = 0,$
$(ab^2-a^3-ac^2+2a^2c) + (b^2c-a^2c-c^3+2ac^2) - 2b^3 + 2a^2b + 2bc^2 - 4abc = 0,$
$a(b^2-a^2-c^2+2ac) + c(b^2-a^2-c^2+2ac) - 2b(b^2-a^2-c^2+2ac) = 0,$
即 $(a+c-2b)[b^2-(a-c)^2] = 0$,$\therefore (a+c-2b)(b+a-c)(b-a+c) = 0.$
$\because b+a > c$,即 $b+a-c \neq 0$,且 $b+c \neq a$,$\therefore a+c-2b = 0$,即 $a+c = 2b$,
故 a,b,c 成等差数列.

例 13 证明 若 a,b,c 为不全相等的正数,则:
$a^2b + ab^2 + b^2c + bc^2 + a^2c + ac^2 > 6abc.$

证明: $\because a^2b + ab^2 + b^2c + bc^2 + a^2c + ac^2 - 6abc$
$= (a^2b - 2abc + bc^2) + (b^2c - 2abc + a^2c) + (ab^2 - 2abc + ac^2)$
$= b(a-c)^2 + c(a-b)^2 + a(b-c)^2,$

而 a,b,c 为不全相等的正数. $\therefore b(a-c)^2 + c(a-b)^2 + ca(b-c)^2 > 0$,
故 $a^2b + ab^2 + b^2c + bc^2 + a^2c + ac^2 > 6abc.$

这里,不等式的证明方法是比较法,然而,在进行比较时,应用了因式分解,配方进行恒等变换,从而得出比较结果.

例 14 设 $a > b > 0$,在 a,b 间插入 n 个数 x_1,x_2,$\cdots$,x_n,使 a,x_1,x_2,$\cdots$,x_n,b 成等比数列,求证:$\sqrt[n]{x_1 x_2 \cdots x_n} < \frac{a+b}{2}.$

证明: 设等比数列 a,x_1,x_2,$\cdots$,x_n,b 的公比为 q,则
$x_1 x_2 \cdots x_n = aq \cdot aq^2 \cdots aq^n = a^n q^{\frac{n(n+1)}{2}},$
$\therefore \sqrt[n]{x_1 x_2 \cdots x_n} = \sqrt[n]{a^n q^{\frac{n(n+1)}{2}}} = aq^{\frac{n+1}{2}} = \sqrt{a^2 q^{n+1}} = \sqrt{a \cdot aq^{n+1}} = \sqrt{ab}.$
而 $a > b > 0$,$\therefore \sqrt{ab} < \frac{a+b}{2}$,故 $\sqrt[n]{x_1 x_2 \cdots x_n} < \frac{a+b}{2}.$

§1-2 对结论的恒等变换

与第一节我们所讨论的问题相反,在另外一些数学问题中,所给已知条件

第一章 恒等变换

比较明确、简洁，但得出的结论必须经过适当的恒等变换，才能用上这些已知条件，从而使问题得到解决．我们把这种恒等变换叫作对结论的恒等变换．

在求值、求三角函数的周期、数与式的整除、恒等式及不等式的证明等问题中，经常会使用这种变换．

例1 计算下列各式的值：

(1) $(\log_2 3 + \log_4 9 + \cdots + \log_{2^n} 3^n)\log_9 \sqrt[n]{32}$；

(2) $\lg^2 2 + \lg 5 \lg 20$．

解 (1)原式 $= \left(\dfrac{\log_2 3}{\log_2 2} + \dfrac{\log_2 3^2}{\log_2 2^2} + \cdots + \dfrac{\log_2 3^n}{\log_2 2^n} \right) \dfrac{\log_2 \sqrt[n]{32}}{\log_2 3^2} = n\log_2 3 \cdot \dfrac{\dfrac{5}{n}}{2\log_2 3} = \dfrac{5}{2}$．

(2)原式 $= \lg^2 2 + \lg 5 \lg(4 \times 5) = \lg^2 2 + \lg 5(\lg 2^2 + \lg 5) = \lg^2 2 + 2\lg 2\lg 5 + \lg^2 5 = (\lg 2 + \lg 5)^2 = 1$．

此题似乎没有给出已知条件，但已知的某些公式以及 $\lg 10 = 1$ 可看成已知条件．

例2 不查表，求 $\cos 108°$．

解 $\because \cos 108° = \cos(90° + 18°) = -\sin 18°$，

又 $\sin 36° = \cos 54°$，即 $\sin(2 \times 18°) = \cos(3 \times 18°)$，

$2\sin 18° \cos 18° = 4\cos^3 18° - 3\cos 18°$，$\cos 18° \neq 0$，

$\therefore 2\sin 18° = 4\cos^2 18° - 3 = 4(1 - \sin^2 18°) - 3$，即 $4 \pm \sin^2 18° + 2\sin 18° - 1 = 0$．

解之得 $\sin 18° = \dfrac{-1 \pm \sqrt{5}}{4}$（负值舍去），故 $\cos 108° = -\sin 18° = \dfrac{1 - \sqrt{5}}{4}$．

例3 若 $\text{tg}A = -\dfrac{4}{3}$，求 $2\sin^2 A + \sin A \cos A - 3\cos^2 A$ 的值．

解 $\because \text{tg}A = -\dfrac{4}{3}$，$\therefore \cos A \neq 0$，$\therefore 2\sin^2 A + \sin A \cos A - 3\cos^2 A$

$= \cos^2 A \cdot \dfrac{2\sin^2 A + \sin A \cos A - 3\cos^2 A}{\cos^2 A} = \dfrac{1}{\sec^2 A}(2\text{tg}^2 A + \text{tg}A - 3) = \dfrac{2\text{tg}^2 A + \text{tg}A - 3}{1 + \text{tg}^2 A}$

$= \dfrac{2 \times (-\dfrac{4}{3})^2 + (-\dfrac{4}{3}) - 3}{1 + (-\dfrac{4}{3})^2} = \dfrac{\dfrac{32}{9} - \dfrac{13}{3}}{\dfrac{25}{9}} = \dfrac{32 - 39}{25} = -\dfrac{7}{25}$．

利用商数关系，把只含有正弦、余弦的齐次式化为只含正切比的式子，这是三角函数求值常用的技巧．

例4 求 $f(x) = \cos^6 x + \sin^6 x$ 的周期．

解：$\because f(x) = \cos^6 x + \sin^6 x = (\cos^2 x + \sin^2 x)(\cos^4 x - \cos^2 x \sin^2 x + \sin^4 x) =$

$$1 - 3\sin^2 x\cos^2 x = 1 - \frac{3}{4}\sin^2 2x = 1 - \frac{3}{8}(1 - \cos 4x) = \frac{3}{8}\cos 4x + \frac{5}{8},$$

又 $\because \cos x$ 的周期是 2π，$\cos 4x$ 的周期是 $\frac{\pi}{2}$，$\therefore f(x)$ 的周期是 $\frac{\pi}{2}$.

例 5 若 $4x - y$ 是 3 的倍数，则 $4x^2 + 7xy - 2y^2$ 是 9 的倍数.

证明： $\because 4x^2 + 7xy - 2y^2 = (x + 2y)(4x - y)$，而 $4x - y$ 是 3 的倍数，$x + 2y = (4x - y) + 3(y - x)$ 也是 3 的倍数，

$\therefore 4x^2 + 7xy - 2y^2 = (x + 2y)(4x - y)$ 是 9 的倍数.

例 6 求证：$7 + 7^2 + 7^3 + \cdots + 7^{4n}$ 能被 100 整除.

证明： $\because 7 + 7^2 + 7^3 + \cdots + 7^{4n}$

$= (7 + 7^2 + 7^3 + 7^4) + (7^5 + 7^6 + 7^7 + 7^8) + \cdots + (7^{4n-3} + 7^{4n-2} + 7^{4n-1} + 7^{4n}) = (1 + 7 + 7^2 + 7^3)(7 + 7^5 + \cdots + 7^{4n-3}) = 400(7 + 7^5 + \cdots + 7^{4n-3})$，

$\therefore 7 + 7^2 + 7^3 + \cdots + 7^{4n}$ 能被 100 整除.

例 7 设复数 z_1 和 z_2 满足关系式 $z_1 \bar{z}_2 + \bar{A} z_1 + A \bar{z}_2 = 0$，其中 A 为不等于 0 的复数，证明：

(1) $|z_1 + A||z_2 + A| = |A|^2$；

(2) $\dfrac{z_1 + A}{z_2 + A} = \left|\dfrac{z_1 + A}{z_2 + A}\right|$. （1987 年高考第 6 题）

证明： (1) $|z_1 + A||z_2 + A| = |z_1 + A||\overline{z_2 + A}|$

$= |(z_1 + A)(\overline{z_2 + A})| = |(z_1 + A)(\bar{z}_2 + \bar{A})|$

$= |z_1 \bar{z}_2 + A\bar{z}_2 + \bar{A}z_1 + A\bar{A}| = |A\bar{A}| = |A|^2.$

(2) $\because A \neq 0$，由 (1) 知 $z_2 + A \neq 0$，

$\therefore \dfrac{z_1 + A}{z_2 + A} = \dfrac{(z_1 + A)(\bar{z}_2 + \bar{A})}{(z_2 + A)(\bar{z}_2 + \bar{A})} = \dfrac{z_1 \bar{z}_2 + A\bar{z}_2 + \bar{A}z_1 + A\bar{A}}{|z_2 + A|^2}$

$= \dfrac{|A|^2}{|z_2 + A|^2} = \dfrac{|z_1 + A||z_2 + A|}{|z_2 + A|^2} = \dfrac{|z_1 + A|}{|z_2 + A|} = \left|\dfrac{z_1 + A}{z_2 + A}\right|.$

例 8 已知 a, b, c, d 为实数，且 $a^2 + b^2 = c^2 + d^2 = 1$，求证：$(ac - bd)^2 + (ad + bc)^2 = 1$.

证明： 左式 $= a^2 c^2 - 2abcd + b^2 d^2 + a^2 d^2 + 2abcd + b^2 c^2$

$= a^2(c^2 + d^2) + b^2(c^2 + d^2) = (a^2 + b^2)(c^2 + d^2).$

$\because a^2 + b^2 = c^2 + d^2 = 1.$

$\therefore (ac - bd)^2 + (ad + bc)^2 = 1$

例 9 若 $\cos\alpha + \cos\beta + \cos\gamma = 0$，则 $\cos 3\alpha + \cos 3\beta + \cos 3\gamma = 12\cos\alpha\cos\beta\cos\gamma$.

证明：$\because \cos 3\alpha = 4\cos^3\alpha - 3\cos\alpha$，

$\therefore \cos 3\alpha + \cos 3\beta + \cos 3\gamma = 4(\cos^3\alpha + \cos^3\beta + \cos^3\gamma) - 3(\cos\alpha + \cos\beta + \cos\gamma) = 4(\cos^3\alpha + \cos^3\beta + \cos^3\gamma)$. ①

又 $\cos^3\alpha + \cos^3\beta + \cos^3\gamma - 3\cos\alpha\cos\beta\cos\gamma = (\cos\alpha + \cos\beta + \cos\gamma)[\cos^2\alpha + \cos^2\beta + \cos^2\gamma - \cos\alpha\cos\beta - \cos\beta\cos\gamma - \cos\gamma\cos\alpha] = 0$，

$\therefore \cos^3\alpha + \cos^3\beta + \cos^3\gamma = 3\cos\alpha\cos\beta\cos\gamma$. ②

由①和②得：

$\cos 3\alpha + \cos 3\beta + \cos 3\gamma = 12\cos\alpha\cos\beta\cos\gamma$.

例 10 已知 $A + B + C = n\pi + \dfrac{\pi}{2}$ ($n \in \mathbf{Z}$)，求证：$\mathrm{tg}A\mathrm{tg}B + \mathrm{tg}B\mathrm{tg}C + \mathrm{tg}C\mathrm{tg}A = 1$.

证明：$\because C = n\pi + \dfrac{\pi}{2} - (A+B)$，$\therefore \mathrm{tg}C = \mathrm{tg}[n\pi + \dfrac{\pi}{2} - (A+B)] = \mathrm{ctg}(A+B) = \dfrac{1}{\mathrm{tg}(A+B)} = \dfrac{1 - \mathrm{tg}A\mathrm{tg}B}{\mathrm{tg}A + \mathrm{tg}B}$，即 $(\mathrm{tg}A + \mathrm{tg}B)\mathrm{tg}C = 1 - \mathrm{tg}A\mathrm{tg}B$，$\therefore \mathrm{tg}A\mathrm{tg}B + \mathrm{tg}B\mathrm{tg}C + \mathrm{tg}C\mathrm{tg}A = 1$.

公式 $\mathrm{tg}(A+B) = \dfrac{\mathrm{tg}A + \mathrm{tg}B}{1 - \mathrm{tg}A\mathrm{tg}B}$ 常变形为 $\mathrm{tg}(A+B)(1 - \mathrm{tg}A\mathrm{tg}B) = \mathrm{tg}A + \mathrm{tg}B$，用于证明某些三角恒等式，特别是三角形内的三角恒等式.

例 11 设 $|z| \leqslant 1$，$|w| \leqslant 1$，$z \in c$，$w \in c$，求证：$|z + w| \leqslant |1 + \bar{z}w|$.

证明：$|1 + \bar{z}w|^2 - |z+w|^2 = (1+\bar{z}w)\overline{(1+\bar{z}w)} - (z+w)\overline{(z+w)} = (1+\bar{z}w)(1+z\bar{w}) - (z+w)(\bar{z}+\bar{w})$

$= (1 + |z|^2|w|^2 + \bar{z}w + z\bar{w}) - (|z|^2 + |w|^2 + z\bar{w} + \bar{z}w)$

$= 1 + |z|^2|w|^2 - |z|^2 - |w|^2$

$= (1-|z|^2)(1-|w|^2) \geqslant 0 (\because |z| \leqslant 1, |w| \leqslant 1)$，

故 $|1+\bar{z}w| \geqslant |z+w|$.

例 12 设 a，b，c 都是正数，且 $ab + bc + ca = 1$，求证：$a + b + c \geqslant \sqrt{3}$.

证明：$\because (a+b+c)^2 - 3(ab+bc+ca)$

$= a^2 + b^2 + c^2 - ab - bc - ca$

$= \dfrac{1}{2}[(a^2+b^2-2ab) + (b^2+c^2-2bc) + (c^2+a^2-2ca)]$

$= \dfrac{1}{2}[(a-b)^2 + (b-c)^2 + (c-a)^2] \geqslant 0$，

且 $ab + bc + ca = 1$，$\therefore (a+b+c)^2 \geqslant 3(ab+bc+ca) = 3$，

即 $a + b + c \geqslant \sqrt{3}$.

§1–3 双向恒等变换

所谓双向恒等变换就是对所给问题的条件和结论或者一个表达式的两端都必须进行一些恒等变换之后，问题才能得以解答．与前两种变换一样，双向恒等变换多用于求值、恒等式及不等式的证明中．

例1 已知 $2x = \sqrt{2-\sqrt{3}}$，试求 $\dfrac{x}{\sqrt{1-x^2}} + \dfrac{\sqrt{1-x^2}}{x}$ 的值.

解：设 $S = \dfrac{x}{\sqrt{1-x^2}} + \dfrac{\sqrt{1-x^2}}{x}$，则

$$S^2 = \left(\dfrac{x}{\sqrt{1-x^2}} + \dfrac{\sqrt{1-x^2}}{x}\right)^2 = \dfrac{x^2}{1-x^2} + 2 + \dfrac{1-x^2}{x^2}$$

$$= \dfrac{x^4 + 2x^2(1-x^2) + (1-x^2)^2}{x^2(1-x^2)} = \dfrac{[x^2 + (1-x^2)]^2}{x^2(1-x^2)} = \dfrac{1}{x^2(1-x^2)}.$$

$\because 2x = \sqrt{2-\sqrt{3}}\quad x = \dfrac{1}{2}\sqrt{2-\sqrt{3}}\quad x^2 = \dfrac{2-\sqrt{3}}{4}$，$1-x^2 = 1-\dfrac{2-\sqrt{3}}{4} = \dfrac{2+\sqrt{3}}{4}$，

$\therefore S^2 = \dfrac{1}{\dfrac{2-\sqrt{3}}{4} \times \dfrac{2+\sqrt{3}}{4}} = 16$，故 $S = 4$.

例2 设 a, b 同号，且 $a^2 - 2ab - 9b^2 = 0$，求 $\lg(a^2+ab-6b^2) - \lg(a^2+4ab+15b^2)$ 的值.

解：令 $\dfrac{a}{b} = x > 0$，由 $a^2 - 2ab - 9b^2 = 0$ 得 $x^2 - 2x - 9 = 0$，

$\therefore x = 1 + \sqrt{10}$，且 $x^2 = 2x + 9$，

$\therefore \lg(a^2+ab-6b^2) - \lg(a^2+4ab+15b^2)$

$= \lg\dfrac{x^2+x-6}{x^2+4x+15} = \lg\dfrac{(2x+9)+x-6}{(2x+9)+4x+15}$

$= \lg\dfrac{x+1}{2(x+4)} = \lg\dfrac{2+\sqrt{10}}{2(5+\sqrt{10})} = \lg\dfrac{\sqrt{10}}{10} = -\dfrac{1}{2}$.

例3 已知 $z \in C$，且 $z^2 = 8 + 6\mathrm{i}$，求 $z^3 - 16z - \dfrac{100}{z}$ 的值.

解：设 $z = x + y\mathrm{i}$，$\because z^2 = 8 + 6\mathrm{i}$，

$\therefore \begin{cases} x^2 - y^2 = 8, \\ xy = 3, \end{cases}$ 解之得 $\begin{cases} x = 3, \\ y = 1 \end{cases}$ 或 $\begin{cases} x = -3, \\ y = -1, \end{cases}$ ①

$\therefore z = \pm(3+i)$. ②

由①得 $(z^2-8)^2 = -36$,$\therefore z^4 - 16z^2 + 100 = 0$,

原式 $= \dfrac{z^4 - 16z^2 - 100}{z} = \dfrac{z^4 - 16z^2 + 100 - 200}{z} = -\dfrac{200}{z}$,

以②代入得:原式 $= \pm\dfrac{200}{3+i} = \pm 20(3-i)$.

例 4 已知 $\dfrac{1+\mathrm{tg}\theta}{1-\mathrm{tg}\theta} = 3+2\sqrt{2}$,求 $\dfrac{2\sin^2\theta - 3\cos\theta\sin\theta}{1-2\sin^2\theta}$ 的值.

解:$\because \dfrac{1+\mathrm{tg}\theta}{1-\mathrm{tg}\theta} = 3+2\sqrt{2}$,$\therefore \mathrm{tg}\theta = \dfrac{\sqrt{2}}{2}$,

$\therefore \dfrac{2\sin^2\theta - 3\cos\theta\sin\theta}{1-2\sin^2\theta} = \dfrac{2\mathrm{tg}^2\theta - 3\mathrm{tg}\theta}{\sec^2\theta - 2\mathrm{tg}^2\theta} = \dfrac{2\mathrm{tg}^2\theta - 3\mathrm{tg}\theta}{1-\mathrm{tg}^2\theta}$

$= \dfrac{2\left(\dfrac{\sqrt{2}}{2}\right)^2 - 3\times\dfrac{\sqrt{2}}{2}}{1-\left(\dfrac{\sqrt{2}}{2}\right)^2} = 2-3\sqrt{2}$.

例 5 已知 $\cos(\alpha - \dfrac{\beta}{2}) = -\dfrac{1}{9}$,$\sin(\dfrac{\alpha}{2}-\beta) = \dfrac{2}{3}$,且 $\dfrac{\pi}{2} < \alpha < \pi$,$0 < \beta < \dfrac{\pi}{2}$,求 $\cos\dfrac{\alpha+\beta}{2}$ 的值.

解:$\because \dfrac{\pi}{2} < \alpha < \pi$,$0 < \beta < \dfrac{\pi}{2}$,

$\therefore \dfrac{\pi}{4} < \alpha - \dfrac{\beta}{2} < \pi$,$-\dfrac{\pi}{4} < \dfrac{\alpha}{2} - \beta < \dfrac{\pi}{2}$,

$\therefore \sin(\alpha - \dfrac{\beta}{2}) = \sqrt{1-(-\dfrac{1}{9})^2} = \dfrac{4\sqrt{5}}{9}$,

$\cos(\dfrac{\alpha}{2}-\beta) = \sqrt{1-(\dfrac{2}{3})^2} = \dfrac{\sqrt{5}}{3}$.

故 $\cos\dfrac{\alpha+\beta}{2} = \cos\left[(\alpha-\dfrac{\beta}{2}) - (\dfrac{\alpha}{2}-\beta)\right]$

$= \cos(\alpha-\dfrac{\beta}{2})\cos(\dfrac{\alpha}{2}-\beta) + \sin(\alpha-\dfrac{\beta}{2})\sin(\dfrac{\alpha}{2}-\beta)$

$= -\dfrac{1}{9}\times\dfrac{\sqrt{5}}{3} + \dfrac{4\sqrt{5}}{9}\times\dfrac{2}{3} = \dfrac{7\sqrt{5}}{27}$.

这里巧妙地利用了 $\dfrac{\alpha+\beta}{2} = (\alpha-\dfrac{\beta}{2}) - (\dfrac{\alpha}{2}-\beta)$,这种方法在解题中常会

用到,应该掌握.

例6 已知变量 x, y 满足 $\frac{1}{2}x^2 + y^2 = 1$, 求 $u = (x-a)^2 + y^2$ 的最小值, 其中 a 为实常数.

解: 因为 x, y 满足 $\frac{1}{2}x^2 + y^2 = 1$,

$\therefore y^2 = 1 - \frac{1}{2}x^2 \geq 0$, 则 $-\sqrt{2} \leq x \leq \sqrt{2}$, $u = (x-a)^2 + y^2 = (x-a)^2 + 1 - \frac{1}{2}x^2$

$= \frac{1}{2}(x-2a)^2 + 1 - a^2$.

当 $x \in [-\sqrt{2}, \sqrt{2}]$ 时, 求 u 的最小值.

(1) 若 $2a \in [-\sqrt{2}, \sqrt{2}]$, 即 $-\frac{\sqrt{2}}{2} \leq a \leq \frac{\sqrt{2}}{2}$, 当 $x = 2a$ 时, u 有最小值 $u_{\min} = 1 - a^2$;

(2) 若 $2a < -\sqrt{2}$, 即 $a < -\frac{\sqrt{2}}{2}$, 当 $x = -\sqrt{2}$ 时, u 有最小值 $u_{\min} = (a+\sqrt{2})^2$;

(3) 若 $2a > \sqrt{2}$, 即 $a > \frac{\sqrt{2}}{2}$, 当 $x = \sqrt{2}$ 时, u 有最小值 $u_{\min} = (a-\sqrt{2})^2$.

故 $u_{\min} = \begin{cases} 1 - a^2 & -\frac{\sqrt{2}}{2} \leq a \leq \frac{\sqrt{2}}{2} \\ (a+\sqrt{2})^2 & a < -\frac{\sqrt{2}}{2} \\ (a-\sqrt{2})^2 & a > \frac{\sqrt{2}}{2} \end{cases}$.

求含有参数的函数的最值时要特别小心, 注意参数的取值范围.

例7 设 $x + y + z = 0$, 求证: $\left(\frac{x^2+y^2+z^2}{2}\right)\left(\frac{x^5+y^5+z^5}{5}\right) = \frac{x^7+y^7+z^7}{7}$.

证明: $\because x + y + z = 0$, $\therefore z = -(x+y)$.

左式 $= \frac{x^2 + y^2 + (x+y)^2}{2} \cdot \frac{x^5 + y^5 + [-(x+y)]^5}{5}$

$= \frac{2(x^2+xy+y^2)}{2} \cdot \frac{[-5(x^4y + 2x^3y^2 + 2x^2y^3 + xy^4)]}{5}$

$= -(x^2+xy+y^2)xy[(x+y)^3 - xy(x+y)]$

$= -xy(x+y)(x^2+xy+y^2)^2$,

右式 $= \frac{x^7 + y^7 - (x+y)^7}{7}$

$$= -\frac{7x^6y + 21x^5y^2 + 35x^4y^3 + 35x^3y^4 + 21x^2y^5 + 7xy^6}{7}$$
$$= -xy[(x^5+y^5)+3xy(x^3+y^3)+5x^2y^2(x+y)]$$
$$= -xy(x+y)[x^4-x^3y+x^2y^2-xy^3+y^4+3xy(x^2-xy+y^2)+5x^2y^2]$$
$$= -xy(x+y)(x^4+2x^3y+3x^2y^2+2xy^3+y^4)$$
$$= -xy(x+y)(x^2+xy+y^2)^2,$$

∴ 左式 = 右式, 本题得证.

例 8 若 A,B,C 是不等边三角形的三个内角, a,b,c 是它们对应的三条边, 且方程 $\sin\frac{C}{2}\sin\frac{A-B}{2}x^2+\sin\frac{B}{2}\sin\frac{C-A}{2}x+\sin\frac{A}{2}\sin\frac{B-C}{2}=0$ 有两个相等的实数根, 证明: $a\cos^2\frac{C}{2}+c\cos^2\frac{A}{2}=\frac{3}{2}b.$

证明: 原方程化为 $(\sin A-\sin B)x^2+(\sin C-\sin A)x+(\sin B-\sin C)=0.$
显然 $x=1$ 是此方程的二等根, 由韦达定理有
$$\frac{\sin B-\sin C}{\sin A-\sin B}=1 \Leftrightarrow 2\sin B=\sin A+\sin C \Leftrightarrow 2b=a+c,$$
于是 $a\cos^2\frac{C}{2}+c\cos^2\frac{A}{2}=a\cdot\frac{1+\cos C}{2}+c\cdot\frac{1+\cos A}{2}$
$$=\frac{a+c}{2}+\frac{a\cos C+c\cos A}{2}=b+\frac{b}{2}=\frac{3}{2}b.$$

例 9 求证: $\frac{2\cos\alpha-\sin 2\alpha}{2\cos\alpha+\sin 2\alpha}=\text{tg}^2(\frac{\pi}{4}-\frac{\alpha}{2}).$

证明: 左式 $=\frac{2\cos\alpha-2\sin\alpha\cos\alpha}{2\cos\alpha+2\sin\alpha\cos\alpha}=\frac{1-\sin\alpha}{1+\sin\alpha},$

右式 $=\left(\sqrt{\frac{1-\cos(\frac{\pi}{2}-\alpha)}{1+\cos(\frac{\pi}{2}-\alpha)}}\right)^2=\frac{1-\sin\alpha}{1+\sin\alpha},$

左式 = 右式, 故原式成立.

例 10 若 a,b,c 都是正数, 求证: $\frac{1}{a+b+c}+\frac{1}{b+c+d}+\frac{1}{c+d+a}+\frac{1}{d+a+b}\geq\frac{16}{3}\cdot\frac{1}{a+b+c+d}.$

证明: $3(a+b+c+d)(\frac{1}{a+b+c}+\frac{1}{b+c+d}+\frac{1}{c+d+a}+\frac{1}{d+a+b})$
$$=[(a+b+c)+(b+c+d)+(c+d+a)+(d+a+b)].$$

$$\left(\frac{1}{a+b+c}+\frac{1}{b+c+d}+\frac{1}{c+d+a}+\frac{1}{d+a+b}\right).$$

$\because a,b,c,d$ 为正数,

$\therefore (a+b+c)+(b+c+d)+(c+d+a)+(d+a+b)$
$\geq 4\sqrt[4]{(a+b+c)(b+c+d)(c+d+a)(d+a+b)}$

又 $\dfrac{1}{a+b+c}+\dfrac{1}{b+c+d}+\dfrac{1}{c+d+a}+\dfrac{1}{d+a+b}$

$\geq 4\sqrt[4]{\dfrac{1}{a+b+c}\cdot\dfrac{1}{b+c+d}\cdot\dfrac{1}{c+d+a}\cdot\dfrac{1}{d+a+b}}$,

两式相乘,得:

$[(a+b+c)+(b+c+d)+(c+d+a)+(d+a+b)]\cdot$
$\left[\dfrac{1}{a+b+c}+\dfrac{1}{b+c+d}+\dfrac{1}{c+d+a}+\dfrac{1}{d+a+b}\right]\geq 16$,

即 $3(a+b+c+d)\left(\dfrac{1}{a+b+c}+\dfrac{1}{b+c+d}+\dfrac{1}{c+d+a}+\dfrac{1}{d+a+b}\right)\geq 16$,

故 $\dfrac{1}{a+b+c}+\dfrac{1}{b+c+d}+\dfrac{1}{c+d+a}+\dfrac{1}{d+a+b}\geq\dfrac{16}{3}\cdot\dfrac{1}{(a+b+c+d)}$.

§1-4 "1"的恒等变换

"1"是一个特殊的数字. 在解决有关数学问题中,它就像孙悟空的如意金箍棒,既可变成几丈或几十丈的顶天立地的擎天柱,也可变成比绣花针还小的东西,藏在耳朵里,起着微妙的作用. 常用的"1"的恒等变换有:

$1=a\times\dfrac{1}{a}=a^0(a\neq 0)$; $1=\lg 10$; $1=\log_a a(a>0,a\neq 1)$; $1=\operatorname{tg}\dfrac{\pi}{4}=\sin\dfrac{\pi}{2}=\cos 0$; $1=\sin^2\alpha+\cos^2\alpha=\sec^2\alpha-\operatorname{tg}^2\alpha=\csc^2\alpha-\operatorname{ctg}^2\alpha=\sin\alpha\csc\alpha=\cos\alpha\sec\alpha=\operatorname{tg}\alpha\operatorname{ctg}\alpha$; $1=P_n^0$; $1=C_n^0$; $1=0!$; 若 $|z|=1$,则 $z\cdot\bar{z}=1$; 若 $w=-\dfrac{1}{2}+\dfrac{\sqrt{3}}{2}\mathrm{i}$,则 $w^3=1$; $1=w-w^2$(即 $1+w+w^2=0$); 等等.

例1 已知 $1+\sin^2\theta=3\cos\theta\sin\theta$,求 $\operatorname{tg}\theta$ 的值.

解: 由 $1+\sin^2\theta=3\cos\theta\sin\theta$ 得 $\sin^2\theta+\cos^2\theta+\sin^2\theta=3\cos\theta\sin\theta\Rightarrow 2\sin^2\theta-3\sin\theta\cos\theta+\cos^2\theta=0\Rightarrow(2\sin\theta-\cos\theta)(\sin\theta-\cos\theta)=0\Rightarrow 2\sin\theta-\cos\theta=0$ 或 $\sin\theta-\cos\theta=0\Rightarrow\operatorname{tg}\theta=\dfrac{1}{2}$ 或 $\operatorname{tg}\theta=1$.

例2 设 $\cos\theta + \cos^2\theta = 1$，求 $\sin^2\theta + \sin^6\theta + \sin^8\theta$ 的值.

解：$\because \cos\theta + \cos^2\theta = 1 = \cos^2\theta + \sin^2\theta$，

$\therefore \cos\theta = \sin^2\theta$，$\therefore \sin^2\theta + \sin^6\theta + \sin^8\theta = \cos\theta + \cos^3\theta + \cos^4\theta = \cos\theta + \cos^2\theta(\cos\theta + \cos^2\theta) = \cos\theta + \cos^2\theta = 1$.

例3 已知 $\operatorname{tg}\alpha = 2$，求 $\dfrac{2}{3}\sin^2\alpha + \dfrac{1}{4}\cos^2\alpha$，$\sin\alpha\cos\alpha$ 的值.

解：$\dfrac{2}{3}\sin^2\alpha + \dfrac{1}{4}\cos^2\alpha = \dfrac{\dfrac{2}{3}\sin^2\alpha + \dfrac{1}{4}\cos^2\alpha}{\sin^2\alpha + \cos^2\alpha} = \dfrac{\dfrac{2}{3}\operatorname{tg}^2\alpha + \dfrac{1}{4}}{1 + \operatorname{tg}^2\alpha} = \dfrac{\dfrac{2}{3}\times 4 + \dfrac{1}{4}}{1 + 4} = \dfrac{7}{12}$,

$\sin\alpha\cos\alpha = \dfrac{\sin\alpha\cos\alpha}{\sin^2\alpha + \cos^2\alpha} = \dfrac{\operatorname{tg}\alpha}{1 + \operatorname{tg}^2\alpha}$

$= \dfrac{2}{1+4} = \dfrac{2}{5}$.

例4 已知 $\operatorname{tg}\theta = \dfrac{2mn}{m^2 - n^2}$，求 $2mn\cos^2\theta - \dfrac{m^2 - n^2}{2}\sin\theta\cos\theta$ 的值.

解：$2mn\cos^2\theta - \dfrac{m^2-n^2}{2}\sin\theta\cos\theta = \dfrac{2mn\cos^2\theta - \dfrac{m^2-n^2}{2}\sin\theta\cos\theta}{\sin^2\theta + \cos^2\theta}$

$= \dfrac{2mn - \dfrac{m^2-n^2}{2}\operatorname{tg}\theta}{1 + \operatorname{tg}^2\theta} = \dfrac{2mn - \dfrac{m^2-n^2}{2}\cdot\dfrac{2mn}{m^2-n^2}}{1 + \left(\dfrac{2mn}{m^2-n^2}\right)^2}$

$= \dfrac{mn(m^2-n^2)^2}{(m^2-n^2)^2 + 4m^2n^2} = \dfrac{mn(m^2-n^2)^2}{(m^2+n^2)^2}$.

例5 求函数 $f(x) = 1 + \sin x + \cos x + \sin x\cos x$ 的最大值与最小值.

解：由 $\sin x\cos x = \dfrac{1}{2}[(\sin x + \cos x)^2 - 1]$ 知 $f(x) = \dfrac{1}{2}(\sin x + \cos x + 1)^2 = \dfrac{1}{2}[\sqrt{2}\sin(x + \dfrac{\pi}{4}) + 1]^2$.

当 $\sin(x + \dfrac{\pi}{4}) = 1$，即 $x = \dfrac{\pi}{4}$ 时，$f_{\max}(x) = \dfrac{3 + 2\sqrt{2}}{2}$;

当 $\sin(x + \dfrac{\pi}{4}) = -\dfrac{\sqrt{2}}{2}$，即 $x = \pm\pi$ 时，$f_{\min}(x) = 0$.

例6 解方程 $3\sin^2 x - 4\sin x\cos x + 5\cos^2 x = 2$.

解：由原方程可得 $3\sin^2 x - 4\sin x\cos x + 5\cos^2 x = 2(\sin^2 x + \cos^2 x)$,

$\therefore$ 原方程可化为 $\sin^2 x - 4\sin x\cos x + 3\cos^2 x = 0$,

即 $(\sin x - 3\cos x)(\sin x - \cos x) = 0$,

∴ $\sin x - 3\cos x = 0$, 解得 $x = k\pi + \operatorname{arctg}3 (k \in \mathbf{Z})$; 或 $\sin x - \cos x = 0$, 解得 $x = k\pi + \dfrac{\pi}{4}(k \in \mathbf{Z})$.

例7 解不等式 $2^{(x-2)\lg 3 + \lg(10 - 3^x)} > 1$.

解：原不等式可化为

$$2^{(x-2)\lg 3 + \lg(10 - 3^x)} > 2^0.$$

∵ $y = 2^x$ 为增函数, ∴ $(x-2)\lg 3 + \lg(10 - 3^x) > 0$, 即 $\lg[3^{x-2}(10 - 3^x)] > \lg 1$.

又 ∵ $y = \lg x$ 在 $(0, +\infty)$ 上为增函数, ∴ $3^{x-2}(10 - 3^x) > 1$, ∴ $(3^x)^2 - 10 \times 3^x + 9 < 0$, $(3^x - 9)(3^x - 1) < 0$, ∴ $1 < 3^x < 9$, 即 $0 < x < 2$,

故不等式的解集为 $\{x \mid 0 < x < 2\}$.

例8 已知 $\dfrac{\sin^3\alpha}{\sin\beta} + \dfrac{\cos^3\alpha}{\cos\beta} = 1$, 求证：$\left(\dfrac{\cos\beta}{\cos\alpha} - \dfrac{\sin\beta}{\sin\alpha}\right)\left(\dfrac{\cos\beta}{\cos\alpha} + \dfrac{\sin\beta}{\sin\alpha} + 1\right) = 0$.

证明：由 $\dfrac{\sin^3\alpha}{\sin\beta} + \dfrac{\cos^3\alpha}{\cos\beta} = 1$ 得 $\dfrac{\sin^3\alpha}{\sin\beta} + \dfrac{\cos^3\alpha}{\cos\beta} = \sin^2\alpha + \cos^2\alpha$,

$\dfrac{\sin^3\alpha}{\sin\beta} - \sin^2\alpha = \cos^2\alpha - \dfrac{\cos^3\alpha}{\cos\beta}$,

即 $\dfrac{\sin^2\alpha(\sin\alpha - \sin\beta)}{\sin\beta} = \dfrac{\cos^2\alpha(\cos\beta - \cos\alpha)}{\cos\beta}$. ①

又 $\dfrac{\sin^3\alpha}{\sin\beta} + \dfrac{\cos^3\alpha}{\cos\beta} = \sin^2\beta + \cos^2\beta$, $\dfrac{\sin^3\alpha}{\sin\beta} - \sin^2\beta = \cos^2\beta - \dfrac{\cos^2 x}{\cos\beta}$,

$\dfrac{\sin^3\alpha - \sin^3\beta}{\sin\beta} = \dfrac{\cos^3\beta - \cos^3\alpha}{\cos\beta}$. ②

(2) ÷ (1), 得：

$$\dfrac{\sin^3\alpha - \sin^3\beta}{\sin^2\alpha(\sin\alpha - \sin\beta)} = \dfrac{\cos^3\beta - \cos^3\alpha}{\cos^2\alpha(\cos\beta - \cos\alpha)},$$

$$\dfrac{\sin^2\alpha + \sin\alpha\sin\beta + \sin^2\beta}{\sin^2\alpha} = \dfrac{\cos^2\beta + \cos\alpha\cos\beta + \cos^2\alpha}{\cos^2\alpha},$$

$1 + \dfrac{\sin\beta}{\sin\alpha} + \dfrac{\sin^2\beta}{\sin^2\alpha} = 1 + \dfrac{\cos\beta}{\cos\alpha} + \dfrac{\cos^2\beta}{\cos^2\alpha}$, $\dfrac{\cos^2\beta}{\cos^2\alpha} - \dfrac{\sin^2\beta}{\sin^2\alpha} + \dfrac{\cos\beta}{\cos\alpha} - \dfrac{\sin\beta}{\sin\alpha} = 0$,

∴ $\left(\dfrac{\cos\beta}{\cos\alpha} - \dfrac{\sin\beta}{\sin\alpha}\right)\left(\dfrac{\cos\beta}{\cos\alpha} + \dfrac{\sin\beta}{\sin\alpha} + 1\right) = 0$.

例9 求证：$\dfrac{8\sec^4\alpha - 8\operatorname{tg}^4\alpha}{\sec^2\alpha + \operatorname{tg}^2\alpha} = 8$.

证明：左式 $= \dfrac{8(\sec^4\alpha - \operatorname{tg}^4\alpha)}{\sec^2\alpha + \operatorname{tg}^2\alpha} = \dfrac{8(\sec^2\alpha + \operatorname{tg}^2\alpha)(\sec^2\alpha - \operatorname{tg}^2\alpha)}{\sec^2\alpha + \operatorname{tg}^2\alpha}$

$= 8(\sec^2\alpha - \text{tg}^2\alpha) = 8.$

例10 求证：$\dfrac{1-\csc\alpha+\text{ctg}\alpha}{1+\csc\alpha-\text{ctg}\alpha} = \dfrac{\csc\alpha+\text{ctg}\alpha-1}{\csc\alpha+\text{ctg}\alpha+1}(\alpha\neq 2k\pi-\dfrac{\pi}{2},\ k\in\mathbf{Z}).$

证明（1）：$\because \text{ctg}^2\alpha - \csc^2\alpha + 1 + 2\text{ctg}\alpha = \csc^2\alpha - \text{ctg}^2\alpha - 1 + 2\text{ctg}\alpha,$

$\therefore (\text{ctg}\alpha+1)^2 - \csc^2\alpha = \csc^2\alpha - (1-\text{ctg}\alpha)^2,$

即 $(\text{ctg}\alpha+1-\csc\alpha)(\text{ctg}\alpha+1+\csc\alpha) = (\csc\alpha+\text{ctg}\alpha-1)(\csc\alpha+1-\text{ctg}\alpha).$ ①

又 $\because (1+\csc\alpha)^2 - \text{ctg}^2\alpha = 1 + 2\csc\alpha + \csc^2\alpha - \text{ctg}^2\alpha = 2 + 2\csc\alpha \neq 0,$

$\therefore (1+\csc\alpha+\text{ctg}\alpha)(1+\csc\alpha-\text{ctg}\alpha) \neq 0.$

①式两边同时除以 $(1+\csc\alpha+\text{ctg}\alpha)(1+\csc\alpha-\text{ctg}\alpha)$ 得：

$\dfrac{1-\csc\alpha+\text{ctg}\alpha}{1+\csc\alpha-\text{ctg}\alpha} = \dfrac{\csc\alpha+\text{ctg}\alpha-1}{\csc\alpha+\text{ctg}\alpha+1}.$

证明（2）：左式 $= \dfrac{1-\csc\alpha+\text{ctg}\alpha}{1+\csc\alpha-\text{ctg}\alpha} \cdot \dfrac{(\csc\alpha+\text{ctg}\alpha-1)(\csc\alpha+\text{ctg}\alpha+1)}{(\csc\alpha+\text{ctg}\alpha-1)(\csc\alpha+\text{ctg}\alpha+1)}$

$= \dfrac{\csc\alpha+\text{ctg}\alpha-1}{\csc\alpha+\text{ctg}\alpha+1} \cdot \dfrac{(1+\text{ctg}\alpha)^2 - \csc^2\alpha}{\csc^2\alpha - (1-\text{ctg}\alpha)^2}$

$= \dfrac{\csc\alpha+\text{ctg}\alpha-1}{\csc\alpha+\text{ctg}\alpha+1} \cdot \dfrac{1+\text{ctg}^2\alpha - \csc^2\alpha + 2\text{ctg}\alpha}{\csc^2\alpha - \text{ctg}^2\alpha - 1 + 2\text{ctg}\alpha}$

$= \dfrac{\csc\alpha+\text{ctg}\alpha-1}{\csc\alpha+\text{ctg}\alpha+1} = $ 右式.

$\therefore$ 原式得证.

例11 设 $z_1, z_2, z_3 \in \mathbf{C}$，且 $|z_1| = |z_2| = |z_3| = 1$，证明：

$\left|\dfrac{z_1 z_2 + z_1 z_3 + z_2 z_3}{z_1 + z_2 + z_3}\right| = 1.$

证明：$\because |z_1| = |z_2| = |z_3| = 1,$

$\therefore z_1\bar{z_1} = z_2\bar{z_2} = z_3\bar{z_3} = 1,$

$\therefore |z_1 z_2 + z_1 z_3 + z_2 z_3| = |z_1 z_2 z_3 \bar{z_3} + z_1 z_2 z_3 \bar{z_2} + z_2 z_3 z_1 \bar{z_1}|$

$= |z_1 z_2 z_3||\bar{z_1} + \bar{z_2} + \bar{z_3}| = |z_1||z_2||z_3|\overline{|z_1 + z_2 + z_3|}$

$= |z_1 + z_2 + z_3|,$ 故 $\left|\dfrac{z_1 z_2 + z_1 z_3 + z_2 z_3}{z_1 + z_2 + z_3}\right| = 1.$

例12 设复数 α, β, γ 有 $|\alpha| = |\beta| = |\gamma| = 1$，试证：

$\dfrac{(\beta+\gamma)(\gamma+\alpha)(\alpha+\beta)}{\alpha\beta\gamma}$ 是实数.

证明：$\because \bar{\alpha} = \dfrac{1}{\alpha}, \bar{\beta} = \dfrac{1}{\beta}, \bar{\gamma} = \dfrac{1}{\gamma}$，设原式为 z，则

$$\bar{z} = \overline{\left[\frac{(\beta+\gamma)(\gamma+\alpha)(\alpha+\beta)}{\alpha\beta\gamma}\right]} = \frac{\overline{(\beta+\gamma)(\gamma+\alpha)(\alpha+\beta)}}{\overline{\alpha\beta\gamma}}$$

$$= \frac{\overline{(\beta+\gamma)}\,\overline{(\gamma+\alpha)}\,\overline{(\alpha+\beta)}}{\bar\alpha\bar\beta\bar\gamma} = \frac{(\bar\beta+\bar\gamma)(\bar\gamma+\bar\alpha)(\bar\alpha+\bar\beta)}{\bar\alpha\bar\beta\bar\gamma}$$

$$= \frac{\left(\dfrac{1}{\beta}+\dfrac{1}{\gamma}\right)\left(\dfrac{1}{\gamma}+\dfrac{1}{\alpha}\right)\left(\dfrac{1}{\alpha}+\dfrac{1}{\beta}\right)}{\dfrac{1}{\alpha}\cdot\dfrac{1}{\beta}\cdot\dfrac{1}{\gamma}} = \frac{(\gamma+\beta)(\alpha+\gamma)(\beta+\alpha)}{\alpha^2\beta^2\gamma^2}\cdot\alpha\beta\gamma$$

$$= \frac{(\beta+\gamma)(\gamma+\alpha)(\alpha+\beta)}{\alpha\beta\gamma} = z,\ \therefore z\ \text{是实数}.$$

例 13 已知 $n\in\mathbf{N}$，求证：$\left(1+\dfrac{1}{n}\right)^n < \left(1+\dfrac{1}{n+1}\right)^{n+1}$.

证明： 原不等式即 $\sqrt[n+1]{\left(1+\dfrac{1}{n}\right)^n} < 1+\dfrac{1}{n+1}$.

在此不等式的左边被开方式添乘因子"1"，则

$$\sqrt[n+1]{\left(1+\frac{1}{n}\right)^n} = \sqrt[n+1]{\left(1+\frac{1}{n}\right)^n\cdot 1}$$

$$< \frac{\overbrace{\left(1+\dfrac{1}{n}\right)+\left(1+\dfrac{1}{n}\right)+\cdots+\left(1+\dfrac{1}{n}\right)}^{n+1\,\text{个}}+1}{n+1}$$

$$= \frac{n\left(1+\dfrac{1}{n}\right)+1}{n+1} = 1+\frac{1}{n+1}.$$

例 14 已知 $p,q\in\mathbf{R}^+$，$p^3+q^3=2$，求证：$p+q\leqslant 2$.

证明： $p+q = p\cdot 1\cdot 1 + q\cdot 1\cdot 1$

$$\leqslant \frac{p^3+1^3+1^3}{3}+\frac{q^3+1^3+1^3}{3} = \frac{p^3+q^3+4}{3} = 2.$$

例 15 已知 $a,b,c\in\mathbf{R}^+$，且 $a+b+c=1$，求证：$\left(a+\dfrac{1}{a}\right)\left(b+\dfrac{1}{b}\right)\left(c+\dfrac{1}{c}\right)\geqslant\dfrac{1000}{27}$.

证明： 把"1"分析成 $\left(\overbrace{\dfrac{1}{9}+\dfrac{1}{9}+\cdots+\dfrac{1}{9}}^{9\,\text{个}}\right)$，则

$$a+\frac{1}{a} = a+\frac{1}{a}\times 1 = a+\frac{1}{a}\left(\overbrace{\frac{1}{9}+\frac{1}{9}+\cdots+\frac{1}{9}}^{9\,\text{个}}\right) = a+\overbrace{\frac{1}{9a}+\frac{1}{9a}+\cdots\frac{1}{9a}}^{9\,\text{个}}$$

$$\geq 10\sqrt[10]{\frac{1}{9^9 a^8}}.$$

同理，$b + \frac{1}{b} \geq 10\sqrt[10]{\frac{1}{9^9 b^8}}$，$c + \frac{1}{c} \geq 10\sqrt[10]{\frac{1}{9^9 c^8}}$，

$$\therefore (a + \frac{1}{a})(b + \frac{1}{b})(c + \frac{1}{c}) \geq 1000\sqrt[10]{\frac{1}{9^{27}} \cdot \frac{1}{(abc)^8}}. \qquad ①$$

又 $\because \frac{1}{3} = \frac{a+b+c}{3} \geq \sqrt[3]{abc}$，$\therefore \frac{1}{abc} \geq 3^3$，$\therefore \frac{1}{(abc)^8} \geq 3^{24}$. ②

由①和②两式易得：$(a + \frac{1}{a})(b + \frac{1}{b})(c + \frac{1}{c}) \geq \frac{1000}{27}$.

例 16 已知非负实数 $a_1, a_2, \cdots, a_n$ 满足 $a_1 + a_2 + \cdots + a_n = 1$，求证：

$$\frac{a_1}{1+a_2+a_3+\cdots+a_n} + \frac{a_2}{1+a_1+a_3+\cdots+a_n} + \cdots + \frac{a_n}{1+a_1+a_2+\cdots+a_{n-1}} \geq \frac{n}{2n-1}.$$

（由 1982 年西德国际奥林匹克数学竞赛题改编）

证明： 在原不等式左边各项后添加 1，右边添加 n，然后化简整理则原不等式等价于 $\frac{2}{2-a_1} + \frac{2}{2-a_2} + \cdots + \frac{2}{2-a_n} \geq \frac{2n^2}{2n-1}$.

$$\therefore \frac{2}{2-a_1} + \frac{2}{2-a_2} + \cdots + \frac{2}{2-a_n} \geq n \cdot \frac{2}{\sqrt[n]{(2-a_1)(2-a_2)\cdots(2-a_n)}}$$

$$\geq 2n \cdot \frac{n}{(2-a_1)+(2-a_2)+\cdots+(2-a_n)} = \frac{2n^2}{2n-1}.$$

例 17 设 $n \in \mathbf{N}$，且 $n > 2$，求证：$1 + \frac{1}{2} + \frac{1}{3} + \cdots + \frac{1}{n} < n - (n-1)n^{-\frac{1}{n+1}}$.

证明： 原不等式即 $\frac{n - (1 + \frac{1}{2} + \frac{1}{3} + \cdots + \frac{1}{n})}{n-1} > n^{-\frac{1}{n-1}}$，

$$\frac{n - (1 + \frac{1}{2} + \frac{1}{3} + \cdots + \frac{1}{n})}{n-1}$$

$$= \frac{(1-1) + (1-\frac{1}{2}) + (1-\frac{1}{3}) + \cdots + (1-\frac{1}{n})}{n-1}$$

$$= \frac{\frac{1}{2} + \frac{2}{3} + \frac{3}{4} + \cdots + \frac{n-1}{n}}{n-1} \geq \sqrt[n-1]{\frac{1}{2} \cdot \frac{2}{3} \cdot \frac{3}{4} \cdots \frac{n-1}{n}}$$

$$= \sqrt[n-1]{\frac{1}{n}} = n^{-\frac{1}{n-1}}.$$

习 题 一

1. 已知 $x^2 + x + 1 = 0$，求 $x^{14} + x^{-14}$ 的值.

2. 设 x，y 为实数，且满足 $x^3 + y^2 x + x^2 y + y^3 = 0$，试求 $\sin x + \sin y$ 之值.

3. 设 z_1，$z_2 \in \mathbf{C}$，且 $|z_1| = |z_2| = 1$，$|z_1 + z_2| = \sqrt{2}$，求 $|z_1 - z_2|$.

4. 当 $x + y - 3z = 0$，$3x - y - z = 4$ 时，求 $x^2 + y^2 + z^2$ 的最小值及这时的 x，y，z 值.

5. 设 $g(x) = 1 - x^2$，且当 $x \neq 0$ 时，$f[g(x)] = \frac{1-x^2}{x^2}$，求 $f\left(\frac{1}{2}\right)$ 的值.

6. 已知函数 $f(x) = 2^x - 2^{-x}$，数列 $\{a_n\}$ 满足 $f(\log_2 a_n) = -2n$，求数列 $\{a_n\}$ 的通项公式.

7. 已知 a，b，x 是实数，且 $\left(x^3 + \frac{1}{x^3} - a\right)^2 + \left|x + \frac{1}{x} - b\right| = 0$，求证：$b(b^2 - 3) = a$.

8. 设 $\frac{x}{y+z} = a$，$\frac{y}{x+z} = b$，$\frac{z}{x+y} = c$，求证：$\frac{a}{1+a} + \frac{b}{1+b} + \frac{c}{1+c} = 1$.

9. 若 $a^x = b^y = (ab)^z$，求证：$z = \frac{xy}{x+y}$.

10. 设 $\log_{2a} a = x$，$\log_{3a} 2a = y$，求证：$2^{1-xy} = 3^{y-xy}$.

11. 若 $\frac{1}{a} + \frac{1}{b} + \frac{1}{c} = \frac{1}{a+b+c}$，$m$ 为整数，求证：$\frac{1}{a^{2m+1}} + \frac{1}{b^{2m+1}} + \frac{1}{c^{2m+1}} = \frac{1}{a^{2m+1} + b^{2m+1} + c^{2m+1}}$.

12. 已知 $\frac{\sin(\theta - \alpha)}{\sin(\theta - \beta)} = \frac{a}{b}$，$\frac{\cos(\theta - \alpha)}{\cos(\theta - \beta)} = \frac{c}{d}$，求证：$\cos(\alpha - \beta) = \frac{ac + bd}{ad + bc}$.

13. 已知 $\frac{\cos^4 A}{\cos^2 B} + \frac{\sin^4 A}{\sin^2 B} = 1$，求证：$\frac{\cos^4 B}{\cos^2 A} + \frac{\sin^4 B}{\sin^2 A} = 1$.

14. 两个数列 $\{a_n\}$ 和 $\{b_n\}$ 满足 $b_n = \frac{a_1 + 2a_2 + \cdots + na_n}{1 + 2 + \cdots + n}$ ($n \in \mathbf{N}^+$)，若数列 $\{b_n\}$ 是等差数列，求证 $\{a_n\}$ 也是等差数列.

15. 证明：若 $x_1 \geq y_1$，$x_2 \geq y_2$，则 $x_1 x_2 + y_1 y_2 \geq x_1 y_2 + x_2 y_1$.

16. 若 a，b 为不相等的正数，n 是大于 1 的整数，则 $a^n + b^n > a^{n-1}b +$

ab^{n-1}.

17. 若一个三位数是 37 的倍数，则将其数码循环排列所得到的三位数仍然是 37 的倍数.

18. 证明：对任意自然数 n，$3n^5 + 5n^3 + 7n$ 是 15 的倍数.

19. 求证：$(\sin\alpha + \csc\alpha)^2 + (\cos\alpha + \sec\alpha)^2 = \text{tg}^2\alpha + \text{ctg}^2\alpha + 7$.

20. 已知：$A + B + C = n\pi + \dfrac{\pi}{2}$ $(n \in \mathbf{Z})$，求证：$\text{ctg}A + \text{ctg}B + \text{ctg}C = \text{ctg}A\text{ctg}B\text{ctg}C$.

21. 求证：$\left(\dfrac{1}{\sin^4\alpha} - 1\right)\left(\dfrac{1}{\cos^4\alpha} - 1\right) \geq 9$.

22. 已知 $x^2 + 2x - 1 = 0$，求 $2x^4 + x^3 - 3x^2 + 14x - 4$ 的值.

23. 已知 $\log_3 10 = a$，$\log_6 25 = b$，求 $\log_4 45$.

24. 设 $0 < \beta < \dfrac{\pi}{4}$，$\dfrac{\pi}{4} < \alpha < \dfrac{3\pi}{4}$，$\cos\left(\dfrac{\pi}{4} - \alpha\right) = \dfrac{3}{5}$，$\sin\left(\dfrac{3\pi}{4} + \beta\right) = \dfrac{5}{13}$，求 $\sin(\alpha + \beta)$ 的值.

25. 已知 $\sin\left(\alpha - \dfrac{\beta}{2}\right) = \dfrac{4}{5}$，$\cos\left(\dfrac{\alpha}{2} - \beta\right) = \dfrac{12}{13}$，且 $\alpha - \dfrac{\beta}{2}$ 为第二象限角，$\dfrac{\alpha}{2} - \beta$ 为第三象限角，求 $\text{tg}\dfrac{\alpha+\beta}{2}$ 的值.

26. 已知：$\lg x + \lg y = 2$，求 $\dfrac{1}{x} + \dfrac{1}{y}$ 的最小值.

27. 若 x, y, z 互不相等，且 $2a - 3y = \dfrac{(z-x)^2}{y}$，$2a - 3z = \dfrac{(x-y)^2}{z}$，求证：$2a - 3x = \dfrac{(y-z)^2}{x}$.

28. 已知：$\cos\theta - \sin\theta = \sqrt{2}\sin\theta$，求证：$\text{tg}\theta = \dfrac{\cos\theta - \sin\theta}{\cos\theta + \sin\theta}$.

29. 已知：$\text{tg}^2\theta = \text{tg}(\theta - \alpha)\text{tg}(\theta - \beta)$，其中 $\theta \neq \dfrac{1}{2}k\pi + \dfrac{\pi}{4}$，$\alpha + \beta \neq k'\pi$ $(k, k' \in \mathbf{Z})$，求证：$\text{tg}2\theta = \dfrac{2\sin\alpha\sin\beta}{\sin(\alpha+\beta)}$.

30. 求证：$[(2a - b - c) + (b - c)\sqrt{3}\text{i}]^3 = [(2b - c - a) + (c - a)\sqrt{3}\text{i}]^3$.

31. 已知：$\sin\alpha\cos\alpha = \dfrac{60}{169}$，并且 $\dfrac{\pi}{4} < \alpha < \dfrac{\pi}{2}$，求 $\sin\alpha$ 和 $\cos\alpha$ 的值.

32. 解方程组：$\begin{cases} 8^{x-2y-1} = 1, \\ \lg(x+2y) + \lg(x-y) = 1. \end{cases}$

33. 解不等式 $\left(\dfrac{1}{5}\right)^{\log_5 \log_{\frac{1}{5}}(x^2-\frac{4}{5})} < 1$.

34. 设有三个复数 a, b, c, 它们的模都等于1, 且 $a+b+c \neq 0$, 求证: $\left|\dfrac{ab+bc+ca}{a+b+c}\right| = 1$.

35. 给定两个复数 z_1, z_2, 且 $|z_1| = |z_2| = |z_1+z_2| = 1$, 求证: $z_1^3 = z_2^3$.

36. 已知 z 为复数, $z \neq \pm 1$, 若 $|z| = 1$, 证明: $\dfrac{z-1}{z+1}$ 为纯虚数.

37. 求证: $\cos^6\alpha - \operatorname{ctg}^6\alpha = 1 + 3\csc^2\alpha \operatorname{ctg}^2\alpha$.

38. 求证: $\dfrac{\sin x}{1+\cos x} = \operatorname{tg}\dfrac{x}{2}$.

39. 证明: $\dfrac{2(\cos\theta-\sin\theta)}{1+\sin\theta+\cos\theta} = \dfrac{\cos\theta}{1+\sin\theta} - \dfrac{\sin\theta}{1+\cos\theta}$.

40. 求证: $\dfrac{1+2\sin(\pi+\alpha)\cos(\pi-\alpha)}{\cos^2\alpha-\sin^2\alpha} = \operatorname{tg}\left(\dfrac{\pi}{4}+\alpha\right)$.

41. 证明贝努利不等式: 若 $p > 0$, $\alpha > 1$, 且 $\alpha \in \mathbf{Q}$, 则 $(1+p)^\alpha > 1+\alpha p$.

42. 设 $n \in \mathbf{N}$, 求证: $\left(1+\dfrac{1}{6n}\right)^n < \dfrac{6}{5}$.

43. 设 a_1, a_2, $\cdots$, a_n 皆为正数, 且 $a_1 a_2 \cdots a_n = 1$, 求证: $(2+a_1)(2+a_2)\cdots(2+a_n) \geq 3^n$. (1989年全国高中数学联赛题)

第二章 分割变换

分割变换就是把一个数、式或几何图形的整体分割成几部分，然后对各个部分进行考察研究，再由部分转化为整体的一种变换．用分割变换解题的过程概括来说就是：先"化整为零"，再"积零为整"．

部分与整体是一对矛盾，它们既是对立的，又是统一的．在数学的解题过程中，有时要将整体分割成部分，这是对立的一面；然而，这种分割是为了再由部分转化为整体，使问题得到解决，因此，它们又是统一的．当然，有的数学问题本身是由几部分合成一个整体，要解决整体问题必须先解决每个部分问题，这样才能使整体问题得到解决．还有的数学问题本身是一个整体问题，为了方便起见，可将整个问题分成若干部分，通过解答若干部分问题来解决整体问题．

分割变换可分为以下三种：数的分割变换、式的分割变换和图形的分割变换．

§2–1 数的分割变换

数的分割变换就是将问题中的数先进行分割，然后根据解决问题的需要再重新整合，使问题得到解决的一种分割变换．

数的分割变换可用于解答计算、数的整除性、数列求和等一类问题．

例1 计算$(1.03)^6$的近似值，使误差小于0.01．

解：$(1.03)^6 = (1+0.03)^6 = (1+\dfrac{3}{100})^6$

$= 1^6 + 6 \times 1^5 \times \dfrac{3}{100} + \dfrac{6 \times 5}{2 \times 1} \times 1^4 \times (\dfrac{3}{100})^2 + \dfrac{6 \times 5 \times 4}{3 \times 2 \times 1} \times 1^3 \times (\dfrac{3}{100})^3 + \cdots,$

$\therefore (1.03)^6 \approx 1^6 + 6 \times 1^5 \times \dfrac{3}{100} + \dfrac{6 \times 5}{2 \times 1} \times 1^4 \times (\dfrac{3}{100})^2$

$= 1 + 0.18 + 0.0135 \approx 1.194.$

例2 求$\dfrac{2}{3!} + \dfrac{3}{4!} + \dfrac{4}{5!} + \cdots + \dfrac{19}{20!}$的近似数值，精确到第三位小数．

解：$\because \dfrac{n-1}{n!} = \dfrac{n}{n!} - \dfrac{1}{n!} = \dfrac{1}{(n-1)!} - \dfrac{1}{n!}$, $\therefore \dfrac{2}{3!} + \dfrac{3}{4!} + \dfrac{4}{5!} + \cdots + \dfrac{19}{20!}$

$= \left(\dfrac{1}{2!} - \dfrac{1}{3!}\right) + \left(\dfrac{1}{3!} - \dfrac{1}{4!}\right) + \left(\dfrac{1}{4!} - \dfrac{1}{5!}\right) + \cdots + \left(\dfrac{1}{19!} - \dfrac{1}{20!}\right)$

$= \dfrac{1}{2} - \dfrac{1}{20!} \approx 0.500.$

例3 设 n 为正整数，且 $n \neq 1$，求证：$3^{3n} - 26n - 1$ 能被 676 整除.

证明： $\because 676 = 26^2$，又 $3^{3n} = 27^n = (1+26)^n = 1^n + C_n^1 \times 26 + C_n^2 \times 26^2 + C_n^3 \times 26^3 + \cdots + C_n^n \times 26^n$,

$\therefore 3^{3n} - 26n - 1 = (1 + C_n^1 \times 26 + C_n^2 \times 26^2 + C_n^3 \times 26^3 + \cdots + C_n^n \times 26^n) - 26n - 1$

$= 26^2(C_n^2 + C_n^3 \times 26 + \cdots + C_n^n \times 26^{n-2}) = 676(C_n^2 + C_n^3 \times 26 + \cdots + C_n^n \times 26^{n-2}).$

而 $C_n^2 + C_n^3 \times 26 + \cdots + C_n^n \times 26^{n-2}$ 为正整数，故 $3^{3n} - 26n - 1$ 能被 676 整除.

例4 证明：对任意自然数 n，$2 \times 7^n + 1$ 是 3 的倍数.

证明： $\because 2 \times 7^n + 1 = 2 \times (6+1)^n + 1 = 2(6^n + C_n^1 \times 6^{n-1} \times 1 + \cdots + 1^n) + 1$,

而 $(6+1)^n$ 除以 3 的余数是 1，因此，2×7^n 除以 3 的余数就是 2.

$\therefore 2 \times 7^n + 1 = (3 \times m + 2) + 1 = 3(m+1)$ (m 是自然数).

故 $2 \times 7^n + 1$ 是 3 的倍数.

例5 证明对于任意自然数 n，$21^{2n+1} + 17^{2n+1} + 15$ 不能被 19 整除.

证明： $\because 21^{2n+1} + 17^{2n+1} + 15 = (19+2)^{2n+1} + (19-2)^{2n+1} + 15$,

而 $(19+2)^{2n+1}$ 除以 19 的余数是 2^{2n+1}，$(19-2)^{2n+1}$ 除以 19 的余数是 $(-2)^{2n+1}$，但 $2^{2n+1} + (-2)^{2n+1} = 0$,

$\therefore 21^{2n+1} + 17^{2n+1} + 15$ 除以 19 的余数是 15，故 $21^{2n+1} + 17^{2n+1} + 15$ 不能被 19 整除.

例6 试证：$\sqrt{4(1 \times 2 \times 3 + 2 \times 3 \times 4 + 3 \times 4 \times 5 + \cdots + 17 \times 18 \times 19) + 1}$ 是一个能被 11 整除的整数.

证明： 令 $S_{17} = 1 \times 2 \times 3 + 2 \times 3 \times 4 + 3 \times 4 \times 5 + \cdots + 17 \times 18 \times 19$

则 $S_{17} = \dfrac{1}{4}[(1 \times 2 \times 3 \times 4 - 0) + (2 \times 3 \times 4 \times 5 - 1 \times 2 \times 3 \times 4) + (3 \times 4 \times 5 \times 6 - 2 \times 3 \times 4 \times 5) + \cdots + (17 \times 18 \times 19 \times 20 - 16 \times 17 \times 18 \times 19)]$

$= \dfrac{1}{4} \times 17 \times 18 \times 19 \times 20$,

$\therefore 4S_{17} + 1 = 17 \times 18 \times 19 \times 20 + 1$

$= 17 \times (17+1)(17+2)(17+3) + 1$

$= (17^2 + 3 \times 17 + 2)(17^2 + 3 \times 17) + 1$

$$= (17^2 + 3 \times 17)^2 + 2(17^2 + 3 \times 17) + 1$$
$$= (17^2 + 3 \times 17 + 1)^2 = 341^2 = (11 \times 31)^2,$$

故 $\sqrt{4(1 \times 2 \times 3 + 2 \times 3 \times 4 + 3 \times 4 \times 5 + \cdots + 17 \times 18 \times 19) + 1} = 11 \times 31$ 能被 11 整除.

例 7 证明形如 $N = \underbrace{44\cdots4}_{n\text{个}}\underbrace{88\cdots8}_{(n-1)\text{个}}9$ 的数必是完全平方数.

证明： $\because (\underbrace{66\cdots6}_{(n-1)\text{个}}7)^2 = (\underbrace{66\cdots6}_{n\text{个}}+1)^2 = (6 \times \underbrace{11\cdots1}_{n\text{个}}+1)^2$

$$= 36 \times (\underbrace{11\cdots1}_{n\text{个}})^2 + 12 \times \underbrace{11\cdots1}_{n\text{个}} + 1,$$

记 $\underbrace{11\cdots1}_{n\text{个}} = A$,

则 $\underbrace{44\cdots4}_{n\text{个}}\underbrace{88\cdots8}_{(n-1)\text{个}}9 = 4 \times A \times 10^n + 8 \times A + 1$

$$= (4A \times 10^n - 4A) + 12A + 1$$
$$= 4A(10^n - 1) + 12A + 1 = 4A \times \underbrace{99\cdots9}_{n\text{个}} + 12A + 1$$
$$= 4A \times 9A + 12A + 1 = 36A^2 + 12A + 1 = (6A + 1)^2$$

$\therefore \underbrace{44\cdots4}_{n\text{个}}\underbrace{88\cdots8}_{(n-1)\text{个}}9$ 是一个完全平方数.

例 8 证明数列 12, 1122, 111222, $\cdots$, $\underbrace{11\cdots1}_{n\text{个}}\underbrace{22\cdots2}_{n\text{个}}$, $\cdots$ 每一项都是相邻两整数之积.

证明： $\underbrace{11\cdots1}_{n\text{个}}\underbrace{22\cdots2}_{n\text{个}} = \underbrace{11\cdots1}_{n\text{个}} \times 10^n + 2 \times \underbrace{11\cdots1}_{n\text{个}} = \underbrace{11\cdots1}_{n\text{个}}(10^n + 2)$

$$= \underbrace{11\cdots1}_{n\text{个}} \times 3 \times \frac{10^n + 2}{3} = \underbrace{33\cdots3}_{n\text{个}} \times \frac{10^n - 1 + 3}{3}$$

$$= \underbrace{33\cdots3}_{n\text{个}} \times (\underbrace{33\cdots3}_{n\text{个}} + 1).$$

例 9 求和：$\dfrac{1}{1+\sqrt{2}} + \dfrac{1}{\sqrt{2}+\sqrt{3}} + \dfrac{1}{\sqrt{3}+2} + \cdots + \dfrac{1}{\sqrt{n}+\sqrt{n+1}}$.

解： $S_n = (\sqrt{2}-1) + (\sqrt{3}-\sqrt{2}) + (\sqrt{4}-\sqrt{3}) + \cdots + (\sqrt{n+1}-\sqrt{n})$

$$= \sqrt{n+1} - 1.$$

例10 求 $\dfrac{1}{1\times 2},\ \dfrac{1}{2\times 3},\ \dfrac{1}{3\times 4},\ \cdots,\ \dfrac{1}{n(n+1)},\ \cdots$ 的前 n 项和.

解: $\because a_n = \dfrac{1}{n(n+1)} = \dfrac{1}{n} - \dfrac{1}{n+1}$,

$\therefore S_n = \dfrac{1}{1\times 2} + \dfrac{1}{2\times 3} + \dfrac{1}{3\times 4} + \cdots + \dfrac{1}{n(n+1)}$

$= (1 - \dfrac{1}{2}) + (\dfrac{1}{2} - \dfrac{1}{3}) + (\dfrac{1}{3} - \dfrac{1}{4}) + \cdots + (\dfrac{1}{n} - \dfrac{1}{n+1})$

$= 1 - \dfrac{1}{n+1} = \dfrac{n}{n+1}.$

例11 计算 $\log_{a^2}a \cdot \log_{a^3}a + \log_{a^3}a \cdot \log_{a^4}a + \cdots + \log_{a^{19}}a \cdot \log_{a^{20}}a.$

解: 原式 $= \dfrac{1}{2}\times\dfrac{1}{3} + \dfrac{1}{3}\times\dfrac{1}{4} + \cdots + \dfrac{1}{19}\times\dfrac{1}{20}$

$= (\dfrac{1}{2} - \dfrac{1}{3}) + (\dfrac{1}{3} - \dfrac{1}{4}) + \cdots + (\dfrac{1}{19} - \dfrac{1}{20})$

$= \dfrac{1}{2} - \dfrac{1}{20} = \dfrac{19}{20}.$

例12 计算: $\dfrac{1}{2\times 5} + \dfrac{1}{5\times 8} + \dfrac{1}{8\times 11} + \dfrac{1}{11\times 14} + \cdots.$

解: $S_n = \dfrac{1}{2\times 5} + \dfrac{1}{5\times 8} + \dfrac{1}{8\times 11} + \dfrac{1}{11\times 14} + \cdots + \dfrac{1}{(3n-1)(3n+2)}$

$= \dfrac{1}{3}\left[(\dfrac{1}{2} - \dfrac{1}{5}) + (\dfrac{1}{5} - \dfrac{1}{8}) + (\dfrac{1}{8} - \dfrac{1}{11}) + \cdots + (\dfrac{1}{3n-1} - \dfrac{1}{3n+2})\right]$

$= \dfrac{1}{3}\left[\dfrac{1}{2} - \dfrac{1}{3n+2}\right] = \dfrac{1}{6}\times\dfrac{3n}{3n+2}.$

而 $\lim\limits_{n\to\infty}\dfrac{3n}{3n+2} = \lim\limits_{n\to\infty}\dfrac{3}{3+\dfrac{2}{n}} = 1$, $\therefore \dfrac{1}{2\times 5} + \dfrac{1}{5\times 8} + \dfrac{1}{8\times 11} + \dfrac{1}{11\times 14} + \cdots = \dfrac{1}{6}.$

例13 求和: $\operatorname{arctg}1 + \operatorname{arctg}\dfrac{1}{3} + \operatorname{arctg}\dfrac{1}{7} + \operatorname{arctg}\dfrac{1}{13} + \cdots + \operatorname{arctg}\dfrac{1}{1+n+n^2}.$

解: $\because \operatorname{arctg}\dfrac{1}{1+n+n^2} = \operatorname{arctg}\dfrac{(n+1)-n}{1+n(n+1)},$

令 $\operatorname{arctg}(n+1) = \alpha$, $\operatorname{arctg}n = \beta$, 即 $\operatorname{tg}\alpha = n+1$, $\operatorname{tg}\beta = n (0 < \beta < \alpha < \dfrac{\pi}{2})$,

则 $\operatorname{tg}(\alpha-\beta) = \dfrac{\operatorname{tg}\alpha - \operatorname{tg}\beta}{1 + \operatorname{tg}\alpha\operatorname{tg}\beta} = \dfrac{(n+1)-n}{1+n(n+1)},$

$\therefore \operatorname{arctg}\dfrac{1}{1+n+n^2} = \alpha - \beta = \operatorname{arctg}(n+1) - \operatorname{arctg}n,$

∴ arctg1 + arctg $\frac{1}{3}$ + arctg $\frac{1}{7}$ + ⋯ + arctg $\frac{1}{1+n+n^2}$

= arctg1 + (arctg2 − arctg1) + (arctg3 − arctg2) + ⋯ + [arctg(n + 1) − arctg$n$] = arctg(n + 1).

对数列进行分割往往要从通项入手，找出其规律.

例 14 求证：$\frac{2}{1\times 3}\times\frac{1}{3}+\frac{3}{3\times 5}\times\frac{1}{3^2}+\frac{4}{5\times 7}\times\frac{1}{3^3}+\cdots+\frac{n+1}{(2n-1)(2n+1)}\times\frac{1}{3^n}<\frac{1}{12}$.

证明： ∵ $\frac{n+1}{(2n-1)(2n+1)}\times\frac{1}{3^n}=\frac{1}{4}(\frac{1}{2n-1}\times\frac{1}{3^n}-\frac{1}{2n+1}\times\frac{1}{3^{n+1}})$,

∴ $\frac{2}{1\times 3}\times\frac{1}{3}+\frac{3}{3\times 5}\times\frac{1}{3^2}+\frac{4}{5\times 7}\times\frac{1}{3^3}+\cdots+\frac{1}{(2n-1)(2n+1)}\times\frac{1}{3^n}$

$=\frac{1}{4}[(1\times\frac{1}{3}-\frac{1}{3}\times\frac{1}{3^2})+(\frac{1}{3}\times\frac{1}{3^2}-\frac{1}{5}\times\frac{1}{3^3})+(\frac{1}{5}\times\frac{1}{3^3}-\frac{1}{7}\times\frac{1}{3^4})+\cdots$

$+(\frac{1}{2n-1}\times\frac{1}{3^n}-\frac{1}{2n+1}\times\frac{1}{3^{n+1}})]=\frac{1}{4}[\frac{1}{3}-\frac{1}{2n+1}\times\frac{1}{3^{n+1}}]<\frac{1}{12}$.

§2−2 式的分割变换

我们在解答某些用解析式表达的数学问题时，往往需要先把已给的解析式分割成几部分，然后再整合，使问题得到解答. 这种先分割再整合的变换就是解析式的分割变换，简称式的分割变换. 在数列求和、不等式的证明等问题中经常用到这一方法.

例 1 求数列 $1\frac{1}{2}$, $2\frac{1}{4}$, $3\frac{1}{8}$, $4\frac{1}{16}$, ⋯ 的前 n 项和 S_n.

解： $S_n=1\frac{1}{2}+2\frac{1}{4}+3\frac{1}{8}+\cdots+(n+\frac{1}{2^n})$

$=(1+2+3+\cdots+n)+(\frac{1}{2}+\frac{1}{4}+\frac{1}{8}+\cdots+\frac{1}{2^n})$

$=\frac{1}{2}n(n+1)+\frac{\frac{1}{2}(1-\frac{1}{2^n})}{1-\frac{1}{2}}=\frac{1}{2}n(n+1)+1-\frac{1}{2^n}$.

这里，先把数列中的每一个数分割成两部分，然后把整个数列分割成两部分(一个是等差数列的和，一个是等比数列的和)，再分别利用等差数列与等比数列的求和公式把这两个数列的和求出来,最后两和相加便得到问题答案. 在解答数列求和的问题时,常利用这一方法把数列分割成几个能求出和的数列之和或差.

例2 已知数列的第 n 项为 $a^n(a^n-1)$,求前 n 项之和.

解:当 $a=1$ 时,$S_n=0$.

当 $a\neq 1$ 时,$\because a^n(a^n-1)=a^{2n}-a^n$,

$\therefore$ 原数列可分成两个等比数列之差,

$$\therefore S_n = \frac{a^2(1-a^{2n})}{1-a^2} - \frac{a(1-a^n)}{1-a}$$

$$= \frac{a^2(1+a^n)(1-a^n)}{1-a^2} - \frac{a(1+a)(1-a^n)}{1-a^2}$$

$$= \frac{a(1-a^n)}{1-a^2}[a(1+a^n)-(1+a)] = \frac{a(1-a^n)(a^{n+1}-1)}{1-a^2}.$$

例3 求 $3+16-10+32-15+\cdots+4096-50$ 之和.

解:$S_n = 3+16-10+32-15+\cdots+4096-50$

$$= 3+(16+32+\cdots+4096)-(10+15+\cdots+50)$$

$$= 3 + \frac{16-4096\times 2}{1-2} - \frac{10-50\times\frac{3}{2}}{1-\frac{3}{2}}$$

$$= 3+8176-130 = 8049.$$

例4 求和:$0.1+0.11+0.111+\cdots+\underbrace{0.11\cdots 1}_{n\text{ 个}}$.

解:$S_n = \frac{1}{9}(0.9+0.99+0.999+\cdots+\underbrace{0.99\cdots 9}_{n\text{ 个}})$

$$= \frac{1}{9}[(1-0.1)+(1-0.01)+(1-0.001)+\cdots+(1-\underbrace{0.00\cdots 01}_{n\text{ 个}})]$$

$$= \frac{1}{9}[(1+1+1+\cdots+1)-(\frac{1}{10}+\frac{1}{10^2}+\frac{1}{10^3}+\cdots+\frac{1}{10^n})]$$

$$= \frac{1}{9}\left\{n - \frac{\frac{1}{10}[1-(\frac{1}{10})^n]}{1-\frac{1}{10}}\right\} = \frac{1}{9}\left(n - \frac{1-\frac{1}{10^n}}{9}\right)$$

$$= \frac{1}{81}\left(9n - 1 + \frac{1}{10^n}\right).$$

要求某些数列之和，必须先对每一个数进行变换、分割，然后再把整个式分割成几个可求出和的数列之和或差.

例5 求 $4, 44, 444, \cdots$ 的前 n 项和.

解：$S_n = 4 + 44 + 444 + \cdots + \underbrace{44\cdots4}_{n\text{个}}$

$$= \frac{4}{9}(9 + 99 + 999 + \cdots + \underbrace{99\cdots9}_{n\text{个}})$$

$$= \frac{4}{9}[(10-1) + (10^2-1) + (10^3-1) + \cdots + (10^n-1)]$$

$$= \frac{4}{9}[(10 + 10^2 + 10^3 + \cdots + 10^n) - (1 + 1 + 1 + \cdots + 1)]$$

$$= \frac{4}{9}\left[\frac{10^n \times 10 - 10}{10-1} - n\right] = \frac{4}{9}\left[\frac{10^{n+1} - 10}{9} - n\right] = \frac{4}{81}[10^{n+1} - 9n - 10].$$

例6 求和 $S_n = 1 + \left(1 + \frac{1}{2}\right) + \left(1 + \frac{1}{2} + \frac{1}{4}\right) + \cdots + \left(1 + \frac{1}{2} + \frac{1}{4} + \cdots + \frac{1}{2^{n-1}}\right).$

解：$\because a_k = 1 + \frac{1}{2} + \frac{1}{4} + \cdots + \frac{1}{2^{k-1}} = \frac{1 - \left(\frac{1}{2}\right)^k}{1 - \frac{1}{2}} = 2\left(1 - \frac{1}{2^k}\right),$

$$\therefore S_n = 2\left[\left(1 - \frac{1}{2}\right) + \left(1 - \frac{1}{2^2}\right) + \left(1 - \frac{1}{2^3}\right) + \cdots + \left(1 - \frac{1}{2^n}\right)\right]$$

$$= 2\left[(\underbrace{1+1+1+\cdots+1}_{n\text{个}}) - \left(\frac{1}{2} + \frac{1}{2^2} + \frac{1}{2^3} + \cdots + \frac{1}{2^n}\right)\right]$$

$$= 2\left[n - \frac{\frac{1}{2}\left(1 - \frac{1}{2^n}\right)}{1 - \frac{1}{2}}\right] = 2\left[n - \left(1 - \frac{1}{2^n}\right)\right] = 2n - 2 + \frac{1}{2^{n-1}}.$$

例7 求在正整数 a, b 之间的分母为3的所有不可约的分数之和 $(a < b).$

解：把数 a 写成 $\frac{3a}{3}$，数 b 写成 $\frac{3b}{3}$，因此，所有分母为3的分数，包括 a, b，都可表示为：$\frac{3a}{3}, \frac{3a+1}{3}, \frac{3a+2}{3}, \frac{3a+3}{3}, \cdots, \frac{3b}{3}.$

显然，分数 $\dfrac{3a}{3}$，$\dfrac{3a+3}{3}$，$\cdots$，$\dfrac{3b}{3}$ 又可写成：a，$a+1$，$a+2$，$\cdots$，b.

但 a，$a+1$，$a+2$，$\cdots$，b 不应该包括在所求的和中，所以，计算 a，b 之间的所有不可约的分数之和，可先求出分数 $\dfrac{3a}{3}$，$\dfrac{3a+1}{3}$，$\dfrac{3a+2}{3}$，$\cdots$，$\dfrac{3b}{3}$ 之和，然后从中减去整数 a，$a+1$，$a+2$，$\cdots$，b 之和.

而 $\dfrac{3a}{3}$，$\dfrac{3a+1}{3}$，$\dfrac{3a+2}{3}$，$\cdots$，$\dfrac{3b}{3}$ 是等差数列，由 $b = a + \dfrac{1}{3}(n-1)$ 得 $n = 3b - 3a + 1$.

a，$a+1$，$a+2$，$\cdots$，b 也是等差数列，由 $b = a + (m-1)$ 得 $m = b - a + 1$.

∴ a，b 之间的分母为 3 的所有不可约分数之和为：

$$S = \left(\dfrac{3a}{3} + \dfrac{3a+1}{3} + \dfrac{3a+2}{3} + \cdots + \dfrac{3b}{3}\right) - (a + a+1 + a+2 + \cdots + b)$$

$$= \dfrac{(b+a)(3b-3a+1)}{2} - \dfrac{(b+a)(b-a+1)}{2}$$

$$= \dfrac{(b+a)(2b-2a)}{2} = b^2 - a^2.$$

例8 求无穷数列和的极限：$\dfrac{1}{7} + \dfrac{2}{7^2} + \dfrac{3}{7^3} + \dfrac{1}{7^4} + \dfrac{2}{7^5} + \dfrac{3}{7^6} + \dfrac{1}{7^7} + \dfrac{2}{7^8} + \dfrac{3}{7^9} + \cdots$.

解：∵ $S_n = \dfrac{1}{7} + \dfrac{2}{7^2} + \dfrac{3}{7^3} + \dfrac{1}{7^4} + \dfrac{2}{7^5} + \dfrac{3}{7^6} + \dfrac{1}{7^7} + \dfrac{2}{7^8} + \dfrac{3}{7^9} + \cdots$

$$= \left(\dfrac{1}{7} + \dfrac{1}{7^4} + \dfrac{1}{7^7} + \cdots\right) + \left(\dfrac{2}{7^2} + \dfrac{2}{7^5} + \dfrac{2}{7^8} + \cdots\right) + \left(\dfrac{3}{7^3} + \dfrac{3}{7^6} + \dfrac{3}{7^9} + \cdots\right),$$

∴ $\lim\limits_{n\to\infty} S_n = \dfrac{\frac{1}{7}}{1-\frac{1}{7^3}} + \dfrac{\frac{2}{7^2}}{1-\frac{1}{7^3}} + \dfrac{\frac{3}{7^3}}{1-\frac{1}{7^3}} = \dfrac{7^2}{7^3-1} + \dfrac{2\times 7}{7^3-1} + \dfrac{3}{7^3-1}$

$$= \dfrac{49+14+3}{7^3-1} = \dfrac{66}{324} = \dfrac{11}{57}.$$

例9 设 $f(x) = \dfrac{4^x}{4^x+2}$，求和 $f\left(\dfrac{1}{1999}\right) + f\left(\dfrac{2}{1999}\right) + \cdots + f\left(\dfrac{1998}{1999}\right)$ 的值.

解：∵ $f(a) + f(1-a) = \dfrac{4^a}{4^a+2} + \dfrac{4^{1-a}}{4^{1-a}+2} = \dfrac{4^a}{4^a+2} + \dfrac{4}{4+2\times 4^a}$

$$= \dfrac{4^a}{4^a+2} + \dfrac{2}{4^a+2} = 1,$$

∴ $f\left(\dfrac{1}{1999}\right) + f\left(\dfrac{2}{1999}\right) + \cdots + f\left(\dfrac{1998}{1999}\right)$

$$= \left[f\left(\frac{1}{1999}\right)+f\left(\frac{1998}{1999}\right)\right]+\left[f\left(\frac{2}{1999}\right)+f\left(\frac{1997}{1999}\right)\right]+\cdots+\left[f\left(\frac{999}{1999}\right)+f\left(\frac{1000}{1999}\right)\right]$$

$$= \underbrace{1+1+\cdots+1}_{999\text{个}} = 999.$$

例 10 a，b，c 都是正数，求证：$a+b+c+\dfrac{1}{a}+\dfrac{1}{b}+\dfrac{1}{c} \geqslant 6$.

证明：$\because a$，b，c 都是正数，

$\therefore a+\dfrac{1}{a} \geqslant 2\sqrt{a \cdot \dfrac{1}{a}} = 2$，$b+\dfrac{1}{b} \geqslant 2\sqrt{b \cdot \dfrac{1}{b}} = 2$，$c+\dfrac{1}{c} \geqslant 2\sqrt{c \cdot \dfrac{1}{c}} = 2$，

故 $a+b+c+\dfrac{1}{a}+\dfrac{1}{b}+\dfrac{1}{c} \geqslant 6$. 当且仅当 $a=b=c=1$ 时，取等号.

例 11 a，b，c 都是正数，求证：$a(b^2+c^2)+b(c^2+a^2)+c(a^2+b^2) \geqslant 6abc$.

证明：$\because b^2+c^2 \geqslant 2bc$，$a>0$，$\therefore a(b^2+c^2) \geqslant 2abc$.

同理，$b(c^2+a^2) \geqslant 2abc$，$c(a^2+b^2) \geqslant 2abc$，故 $a(b^2+c^2)+b(c^2+a^2)+c(a^2+b^2) \geqslant 6abc$.

例 12 三角形的三边长为 a，b，c，并设 $2s=a+b+c$，求证：$(s-a)(s-b)(s-c) \leqslant \dfrac{abc}{8}$.

证明：$\because s-a = \dfrac{b+c-a}{2}$，$b+c>a$，$\therefore s-a>0$.

同理 $s-b>0$，$s-c>0$.

由 $\sqrt{s-a} \cdot \sqrt{s-b} \leqslant \dfrac{s-a+s-b}{2} = \dfrac{c}{2}$，$\sqrt{s-b} \cdot \sqrt{s-a} \leqslant \dfrac{s-b+s-c}{2} = \dfrac{a}{2}$，$\sqrt{s-c} \cdot \sqrt{s-a} \leqslant \dfrac{s-c+s-a}{2} = \dfrac{b}{2}$，

三式相乘，得 $(s-a)(s-b)(s-c) \leqslant \dfrac{abc}{8}$.

例 13 a，b，c 是互不相等的正数，求证：$(ab+a+b+1)(ab+ac+bc+c^2) > 16abc$.

证明：$\because a$，b，c 是互不相等的正数，

$\therefore ab+a+b+1 > 4\sqrt[4]{a^2b^2}$，$ab+ac+bc+c^2 > 4\sqrt[4]{a^2b^2c^4}$.

两式相乘，得：$(ab+a+b+1)(ab+ac+bc+c^2) > 16abc$.

另证：

$\because (ab+a+b+1)(ab+ac+bc+c^2) = (a+1)(b+1)(a+c)(b+c)$，

而 $a+1>2\sqrt{a}$, $b+1>2\sqrt{b}$, $a+c>2\sqrt{ac}$, $b+c>2\sqrt{bc}$,

∴ $(a+1)(b+1)(a+c)(b+c)>16abc$,

故 $(ab+a+b+1)(ab+ac+bc+c^2)>16abc$.

例14 a, b, c 是正数, 求证: $\dfrac{(a^2+a+1)(b^2+b+1)(c^2+c+1)}{abc} \geqslant 27$.

证明: (1) ∵ $a^2+1 \geqslant 2a$, ∴ $a^2+a+1 \geqslant 3a$. 又 $a>0$, ∴ $\dfrac{a^2+a+1}{a} \geqslant 3$.

同理 $\dfrac{b^2+b+1}{b} \geqslant 3$, $\dfrac{c^2+c+1}{c} \geqslant 3$. 三式相乘, 得:

$$\dfrac{(a^2+a+1)(b^2+b+1)(c^2+c+1)}{abc} \geqslant 27.$$

(2) ∵ $a^2+a+1 \geqslant 3\sqrt[3]{a^2 \cdot a \cdot 1} = 3a$,

$b^2+b+1 \geqslant 3\sqrt[3]{b^2 \cdot b \cdot 1} = 3b$, $c^2+c+1 \geqslant 3\sqrt[3]{c^2 \cdot c \cdot 1} = 3c$,

三式相乘, 得 $(a^2+a+1)(b^2+b+1)(c^2+c+1) \geqslant 27abc$.

又 $abc>0$, 故 $\dfrac{(a^2+a+1)(b^2+b+1)(c^2+c+1)}{abc} \geqslant 27$.

例15 若 $a>b>c>0$, 求证: $a^{2a}b^{2b}c^{2c} > a^{b+c}b^{c+a}c^{a+b}$.

证明: ∵ $a>b>c>0$, ∴ $a-b>0$, $\dfrac{a}{b}>1$,

∴ $\left(\dfrac{a}{b}\right)^{a-b} > 1$, 同理 $\left(\dfrac{b}{c}\right)^{b-c} > 1$, $\left(\dfrac{c}{a}\right)^{c-a} > 1$,

∴ $\left(\dfrac{a}{b}\right)^{a-b} \cdot \left(\dfrac{b}{c}\right)^{b-c} \cdot \left(\dfrac{c}{a}\right)^{c-a} > 1$, 即 $a^{2a-b-c}b^{2b-b-a}c^{2c-a-b} > 1$, 或 $\dfrac{a^{2a}}{a^{b+c}} \cdot \dfrac{b^{2b}}{b^{c+a}} \cdot \dfrac{c^{2c}}{c^{a+b}} > 1$, 故 $a^{2a}b^{2b}c^{2c} > a^{b+c}b^{c+a}c^{a+b}$.

例16 已知 a, x, y, z 都是大于 1 的数, 求证: $(\log_x a + \log_y a + \log_z a) \cdot (\log_a x + \log_a y + \log_a z) \geqslant 9$.

证明: ∵ a, x, y, z 都是大于 1 的数, ∴ $\log_x a$, $\log_y a$, $\log_z a$ 都是正数,

又 $\log_x a + \log_y a + \log_z a \geqslant 3\sqrt[3]{\log_x a \log_y a \log_z a}$,

$\log_a x + \log_a y + \log_a z \geqslant 3\sqrt[3]{\log_a x \log_a y \log_a z}$,

且 $\log_x a = \dfrac{1}{\log_a x}$, $\log_y a = \dfrac{1}{\log_a y}$, $\log_z a = \dfrac{1}{\log_a z}$,

故 $(\log_x a + \log_y a + \log_z a)(\log_a x + \log_a y + \log_a z) \geqslant 9$.

例17 设 $0 < \alpha_1 < \alpha_2 < \alpha_3 \cdots < \alpha_n < \dfrac{\pi}{2}$, 求证:

$$\text{tg}\alpha_1 < \frac{\sin\alpha_1 + \sin\alpha_2 + \sin\alpha_3 + \cdots + \sin\alpha_n}{\cos\alpha_1 + \cos\alpha_2 + \cos\alpha_3 + \cdots + \cos\alpha_n} < \text{tg}\alpha_n.$$

分析：所证式子可变形为：

$\text{tg}\alpha_1(\cos\alpha_1 + \cos\alpha_2 + \cos\alpha_3 + \cdots + \cos\alpha_n) < \sin\alpha_1 + \sin\alpha_2 + \sin\alpha_3 + \cdots + \sin\alpha_n < \text{tg}\alpha_n(\cos\alpha_1 + \cos\alpha_2 + \cos\alpha_3 + \cdots + \cos\alpha_n)$.

证明：$\because 0 < \alpha_i < \frac{\pi}{2}(i = 1, 2, 3, \cdots n)$，

$\therefore \sin\alpha_i > 0$，$\cos\alpha_i > 0$，$\text{tg}\alpha_i > 0$ 且 $\text{tg}\alpha_i$ 是递增的.

由于 $\alpha_1 < \alpha_2 < \alpha_3 < \cdots < \alpha_n$，$\therefore \text{tg}\alpha_1 < \text{tg}\alpha_2 < \text{tg}\alpha_3 < \cdots < \text{tg}\alpha_n$，

即 $\text{tg}\alpha_1 = \frac{\sin\alpha_1}{\cos\alpha} < \frac{\sin\alpha_2}{\cos\alpha_2} < \frac{\sin\alpha_3}{\cos\alpha_3} < \cdots < \frac{\sin\alpha_n}{\cos\alpha_n} = \text{tg}\alpha_n$.

因此 $\cos\alpha_1\text{tg}\alpha_1 = \sin\alpha_1 < \cos\alpha_1\text{tg}\alpha_n$，$\cos\alpha_2\text{tg}\alpha_1 < \sin\alpha_2 < \cos\alpha_2\text{tg}\alpha_n$，$\cos\alpha_3\text{tg}\alpha_1 < \sin\alpha_3 < \cos\alpha_3\text{tg}\alpha_n$，$\cdots$，$\cos\alpha_n\text{tg}\alpha_1 < \sin\alpha_n = \cos\alpha_n\text{tg}\alpha_n$.

诸式相加，得：

$(\cos\alpha_1 + \cos\alpha_2 + \cos\alpha_3 + \cdots + \cos\alpha_n)\text{tg}\alpha_1 < \sin\alpha_1 + \sin\alpha_2 + \sin\alpha_3 + \cdots + \sin\alpha_n < (\cos\alpha_1 + \cos\alpha_2 + \cos\alpha_3 + \cdots + \cos\alpha_n)\text{tg}\alpha_n$，

$\therefore \text{tg}\alpha_1 < \frac{\sin\alpha_1 + \sin\alpha_2 + \sin\alpha_3 + \cdots + \sin\alpha_n}{\cos\alpha_1 + \cos\alpha_2 + \cos\alpha_3 + \cdots + \cos\alpha_n} < \text{tg}\alpha_n.$

例18 证明：对任意自然数 n，$\frac{1}{n+1} + \frac{1}{n+2} + \cdots + \frac{1}{3n+1} > 1$.

证明：$\frac{1}{n+1} + \frac{1}{n+2} + \cdots + \frac{1}{3n} + \frac{1}{3n+1}$

$= \left(\frac{1}{n+1} + \frac{1}{3n+1}\right) + \left(\frac{1}{n+2} + \frac{1}{3n}\right) + \cdots + \frac{1}{2n+1}$

$= \frac{2(2n+1)}{(n+1)(3n+1)} + \frac{2(2n+1)}{(n+2) \cdot 3n} + \cdots + \frac{2(2n+1)}{2(2n+1)^2}$

$> 2(2n+1)\left[\frac{1}{(2n+1)^2} + \frac{1}{(2n+1)^2} + \cdots + \frac{1}{2(2n+1)^2}\right]$

$= 2(2n+1)\left[\frac{n}{(2n+1)^2} + \frac{1}{2(2n+1)^2}\right] = 1.$

例19 计算：$(1 + \text{tg}1°)(1 + \text{tg}2°)\cdots(1 + \text{tg}44°)$.

解：$\because (1 + \text{tg}1°)(1 + \text{tg}44°) = 1 + \text{tg}1° + \text{tg}44° + \text{tg}1°\text{tg}44°$

$\qquad = 1 + \text{tg}45°(1 - \text{tg}1°\text{tg}44°) + \text{tg}1°\text{tg}44° = 2$，

同理 $(1 + \text{tg}2°)(1 + \text{tg}43°) = (1 + \text{tg}3°)(1 + \text{tg}42°) = \cdots$

$\qquad = (1 + \text{tg}22°)(1 + \text{tg}23°) = 2$.

故原式 $= 2^{22}$.

例20 若 $a+b+c$, $b+c-a$, $c+a-b$, $a+b-c$ 成等比数列, 且公比为 Q, 求证: $Q^3+Q^2+Q=1$ 及 $Q=\dfrac{a}{c}$.

证明: $\because a+b+c$, $b+c-a$, $c+a-b$, $a+b-c$ 成 GP,

$\therefore b+c-a=(a+b+c)Q$, ①

$\quad c+a-b=(a+b+c)Q^2$, ②

$\quad a+b-c=(a+b+c)Q^3$. ③

①+②+③得: $a+b+c=(a+b+c)(Q+Q^2+Q^3)$,

$\therefore Q^3+Q^2+Q=1$. 又 $Q=\dfrac{c+a-b}{b+c-a}=\dfrac{a+b-c}{c+a-b}=\dfrac{c+a-b+a+b-c}{b+c-a+c+a-b}=\dfrac{2a}{2c}=\dfrac{a}{c}$.

例21 试证: 在中心为 O 点的椭圆上任取两点 P, Q, 使 $OP \perp OQ$, 则 $\dfrac{1}{|OP|^2}+\dfrac{1}{|OQ|^2}$ 与 P, Q 点的选择无关.

证明: 如图所示, 设坐标 $P(x_1, y_1)$, $Q(x_2, y_2)$,

椭圆方程为 $\dfrac{x^2}{a^2}+\dfrac{y^2}{b^2}=1$,

OP 的方程: $y=kx$(k 为 OP 的斜率),

OQ 的方程: $y=-\dfrac{1}{k}x$.

由 $\begin{cases} y=kx, \\ \dfrac{x^2}{a^2}+\dfrac{y^2}{b^2}=1 \end{cases}$ 解得 $x_1^2=\dfrac{a^2b^2}{b^2+a^2k^2}$,

$\therefore |OP|^2 = x_1^2+y_1^2 = x_1^2+k^2x_1^2$

$\qquad = \dfrac{a^2b^2}{b^2+a^2k^2}(1+k^2)$. ①

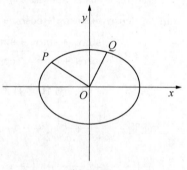

例21 图

同理, 可得 $|OQ|^2=\dfrac{a^2b^2}{a^2+b^2k^2}(1+k^2)$. ②

由①和②可得:

$\dfrac{1}{|OP|^2}+\dfrac{1}{|OQ|^2}=\dfrac{b^2+a^2k^2}{a^2b^2(1+k^2)}+\dfrac{a^2+b^2k^2}{a^2b^2(1+k^2)}$

$\qquad =\dfrac{(a^2+b^2)(1+k^2)}{a^2b^2(1+k^2)}=\dfrac{1}{a^2}+\dfrac{1}{b^2}$(定值).

例22 设 M 是锐角 $\triangle ABC$ 内一点, x, y, z 分别是 M 点到 A, B, C 三顶点的距离, p, q, r 分别是点 M 到 BC, CA, AB 三边的距离, 求证: $(p+$

$q)(q+r)(r+p) \leq xyz$.

证明：如图所示，设 $\angle MAB = \alpha$,
$\angle MAC = \beta$，则 $\alpha + \beta = A$,
$r = x\sin\alpha$, $q = x\sin\beta$,

$$\begin{aligned}r + q &= x(\sin\alpha + \sin\beta) \\ &= 2x\sin\frac{\alpha+\beta}{2}\cos\frac{\alpha-\beta}{2} \\ &= 2x\sin\frac{A}{2}\cos\frac{\alpha-\beta}{2}.\end{aligned}$$

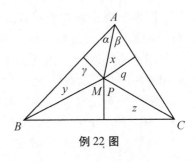

例 22 图

∵ $\triangle ABC$ 是锐角三角形，∴ $-\frac{\pi}{2} < \alpha - \beta < \frac{\pi}{2}$，即 $-\frac{\pi}{4} < \frac{\alpha-\beta}{2} < \frac{\pi}{4}$,

∴ $0 < \cos\frac{\alpha-\beta}{2} \leq 1$（当 $\alpha = \beta$ 时取等号），∴ $r + q \leq 2x\sin\frac{A}{2}$.

同理，$p + q \leq 2z\sin\frac{C}{2}$, $r + p \leq 2y\sin\frac{B}{2}$,

∴ $(p+q)(q+r)(r+p) \leq 8xyz\sin\frac{A}{2}\sin\frac{B}{2}\sin\frac{C}{2}$.

而 $\sin\frac{A}{2}\sin\frac{B}{2}\sin\frac{C}{2} = -\frac{1}{2}(\cos\frac{A+B}{2} - \cos\frac{A-B}{2})\cos\frac{A+B}{2}$

$$= -\frac{1}{2}\cos^2\frac{A+B}{2} + \frac{1}{2}\cos\frac{A+B}{2}\cos\frac{A-B}{2}.$$

令 $u = \sin\frac{A}{2}\sin\frac{B}{2}\sin\frac{C}{2}$ 则 $-\frac{1}{2}\cos^2\frac{A+B}{2} + \frac{1}{2}\cos\frac{A-B}{2}\cos\frac{A+B}{2} - u = 0$,

即 $\cos^2\frac{A+B}{2} - \cos\frac{A-B}{2}\cos\frac{A+B}{2} + 2u = 0$. 再令 $t = \cos\frac{A+B}{2}$.

∵ $t^2 - \cos\frac{A-B}{2}t + 2u = 0$ 有实数解，∴ $\Delta = \cos^2\frac{A-B}{2} - 8u \geq 0$,

∴ $8u \leq \cos^2\frac{A-B}{2} \leq 1$，∴ $u \leq \frac{1}{8}$，即 $\sin\frac{A}{2}\sin\frac{B}{2}\sin\frac{C}{2} \leq \frac{1}{8}$,

故 $(p+q)(q+r)(r+p) \leq xyz$.

§2-3 图形的分割变换

图形的分割变换是将一个几何图形分割成几部分，然后通过对各部分的考察来解决问题的一种分割变换．分割的图形往往是一线段、多边形或多面体．因此，利用图形分割变换解题的关键就是：从已给的条件或要解决的问题中找出这个图形,然后再考虑怎么分割.

图形分割变换在解平面几何中的线段和与差的问题、倍数问题、比例关系式、面积相等的问题及立体几何中的求积和面积相等问题方面都有广泛的应用.

例1 如图所示,在 $\triangle ABC$ 中,$AE = BF$,$AC // EG // FH$,求证:$EG + FH = AC$.

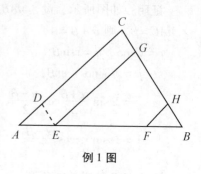

例1 图

证明:过 E 作 $ED // BC$ 交 AC 于 D,则:

$\left.\begin{array}{l} AC // EG \\ ED // BC \end{array}\right\} \Rightarrow$ 四边形 $CDEG$ 为平行四边形

$\Rightarrow CD = EG.$ ①

又 $\left.\begin{array}{l} \Rightarrow AE = BF \\ AC // EG // FH \Rightarrow \angle DAE = \angle HFB \\ DE // BC \Rightarrow \angle DEA = \angle HBF \end{array}\right\} \Rightarrow \triangle DAE \cong \triangle HFB \Rightarrow AD = FH.$ ②

① + ②,得:$CD + AD = EG + FH$,即 $EG + FH = AC$.

一般来说,证明一线段等于另两条线段之和,可将该线段分割成两条线段,使其中一条等于其和中的一条,然后证明另一条与和中的另一条相等.

例2 如图所示,等腰三角形 ABC 的底边上任一点 P,$PE \perp AB$,$PF \perp AC$,BD 为 AC 上的高,求证:$PE + PF = BD$.

证明:过 P 作 $PH // AC$ 交 BD 于 H,则

$\left.\begin{array}{l} BD \perp AC \\ PF \perp AC \end{array}\right\} \begin{array}{l} BD // PF \\ PH // AC \end{array}\right\} \Rightarrow$ 四边形 $HPFD$ 为平行四边形 $\Rightarrow PF = HD.$ ①

$\left.\begin{array}{l} BD \perp AC \\ PH // AC \end{array}\right\} \Rightarrow \begin{array}{l} PH \perp BD \Rightarrow \triangle BHP \text{ 为直角三角形} \\ PE \perp AB \Rightarrow \triangle PEB \text{ 为直角三角形} \\ PH // AC \Rightarrow \angle HPB = \angle C = \angle B = \angle EBP, \\ PB = BP, \end{array}\right\}$

$\Rightarrow Rt\triangle BHP \cong Rt\triangle PEB \Rightarrow BH = PE.$ ②

① + ②,得:

$PE + PF = BH + HD = BD.$

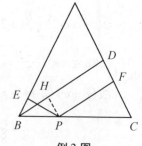

例2 图

例3 正三角形内任一点与三边距离之和,必等于这三角形的高.

提示:过该点作一边的平行线,则该题转化为上题.

例4 已知 $\triangle ABC$ 为圆的内接正三角形,P 为 $\overset{\frown}{BC}$ 上的任意一点,求证:

(1) $PA = PB + PC$；(2) $PA^2 = AB^2 + PB \cdot PC$.

证明：(1) 如图所示，在 AP 上截取 $PE = PC$.

∵ $\angle APC = \angle ABC = 60°$,

$\triangle PEC$ 为正三角形 $\Rightarrow EC = PC$

$\left.\begin{array}{l} AC = BC \\ \angle ACB = \angle PCE \Rightarrow \angle ACE = \angle BCP \end{array}\right\}$

$\Rightarrow \triangle BPC \cong \triangle AEC \triangle \Rightarrow \left.\begin{array}{l}AE = BP \\ PE = PC\end{array}\right\}$

$\Rightarrow AE + PE = BP + PC \Rightarrow PA = PB + PC$.

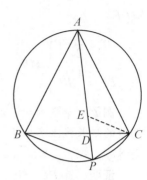

例4 图

(2) $\left.\begin{array}{l}\angle BAD = \angle PAB \\ \angle ABD = \angle APB\end{array}\right\} \Rightarrow \triangle ABD \backsim \triangle APB \Rightarrow AB^2 = AD \cdot AP$,   ①

$\left.\begin{array}{l}\angle PAC = \angle CBP \\ \angle DPB = \angle APC\end{array}\right\} \Rightarrow \triangle BPD \backsim \triangle APC \Rightarrow \dfrac{BP}{AP} = \dfrac{PD}{PC}$

$\Rightarrow PB \cdot PC = PA \cdot PD$.   ②

① + ② 得：$AB^2 + PB \cdot PC = PA(AD + PD) = PA^2$，即 $PA^2 = AB^2 + PB \cdot PC$.

例5 三角形的重心与外心的距离等于重心与垂心的距离的二倍.

证明：如图所示，$\triangle ABC$ 的垂心 H，重心 G，外心 O，连 HG，GO，取 HG 之中点 P，AG 之中点 Q，连 PQ，则：

$PQ \underline{\parallel} \dfrac{1}{2} AH$，但 $OD \underline{\parallel} \dfrac{1}{2} AH$，∴ $PQ \underline{\parallel} OD$.

在 $\triangle PQG$ 和 $\triangle ODG$ 中，∵ $PQ \underline{\parallel} OD$，∴

$\angle PQG = \angle ODG$. 又 $QG = GD (= \dfrac{1}{3} AD)$,

∴ $\triangle PQG \cong \triangle ODG$，∴ $PG = GO$.

但 $PG = HP$，∴ $HG = 2GO$.

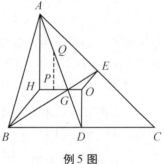

例5 图

例6 如图所示，D 是 $\triangle ABC$ 的 AB 边中点，在 AC 上取 E，使 $AE = 2CE$，又 CD，BE 交于 O，则 $OE = \dfrac{1}{4} BE$.

证明：取 BE 的中点 F，连接 DF，则 $DF // AC$.

$\left.\begin{array}{l}DF = \dfrac{1}{2} AE = CE \\ \angle DFO = \angle CEO \\ \angle ODF = \angle OCE\end{array}\right\} \Rightarrow \triangle DOF \cong \triangle COE \Rightarrow OF$

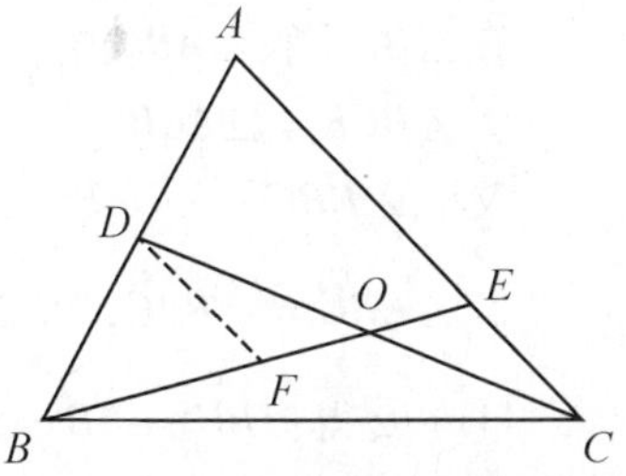

例6 图

$$= OE$$

$$\left.\begin{array}{r}OE = \dfrac{1}{2}EF \\ EF = \dfrac{1}{2}BE\end{array}\right\} \Rightarrow OE = \dfrac{1}{4}BE.$$

例7 如图所示，在 $\triangle ABC$ 的两边 AB，AC 上各取任意点 D，E，又在两边的延长线上各取 F，G，使 $BF = AD$，$CG = AE$. 设 BG，CF 的交点为 H，则 $S_{\triangle ADE} + S_{\triangle HBC} = S_{\triangle HFG}$.

证明： 连 DE，BE，FE，FG.

$AD = BF \Rightarrow S_{\triangle ADE} = S_{\triangle BFE}$，

$AE = CG \Rightarrow \begin{cases} S_{\triangle ABE} = S_{\triangle CBG}, \\ S_{\triangle CGF} = S_{\triangle AEF}. \end{cases}$

又 $S_{\triangle HBC} = S_{\triangle CBG} - S_{\triangle CHG}$，

$S_{\triangle HFG} = S_{\triangle CGF} - S_{\triangle CHG}$，

$\therefore S_{\triangle ADE} + S_{\triangle HBC}$

$= S_{\triangle BFE} + S_{\triangle CBG} - S_{\triangle CHG}$

$= S_{\triangle BFE} + S_{\triangle ABE} - S_{\triangle CGH}$

$= S_{\triangle AFE} - S_{\triangle CGH}$

$= S_{\triangle CGF} - S_{\triangle CGH} = S_{\triangle HFG}.$

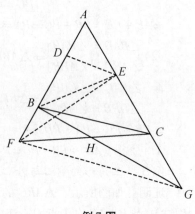

例7 图

例8 如图所示，圆内接四边形 $ABCD$ 的 $BC = CD$，两对角线交于 E，求证：$AC^2 = BC^2 + AB \cdot AD$.

证明： 在 $\triangle ABE$ 和 $\triangle ACD$ 中，

$\because \angle ABE = \angle ACD$，又 $BC = CD$，则 $\overset{\frown}{BC} = \overset{\frown}{CD}$，

于是 $\angle BAE = \angle CAD$，

$\therefore \triangle ABE \backsim \triangle ACD \Rightarrow \dfrac{AB}{AC} = \dfrac{AE}{AD}$

$\Rightarrow AB \cdot AD = AC \cdot AE.$ ①

在 $\triangle BEC$ 和 $\triangle ABC$ 中，

$\because \angle BCE = \angle ACB$，

又 $\because \angle EBC = \angle DAE$，$\angle DAE = \angle BAC$，

$\therefore \angle EBC = \angle BAC$，$\therefore \triangle BEC \backsim \triangle ABC \Rightarrow \dfrac{BC}{AC} = \dfrac{EC}{BC} \Rightarrow BC^2 = AC \cdot EC.$ ②

①+②得：$BC^2 + AB \cdot AD = AC(AE + EC) = AC^2$，

即 $AC^2 = BC^2 + AB \cdot AD$.

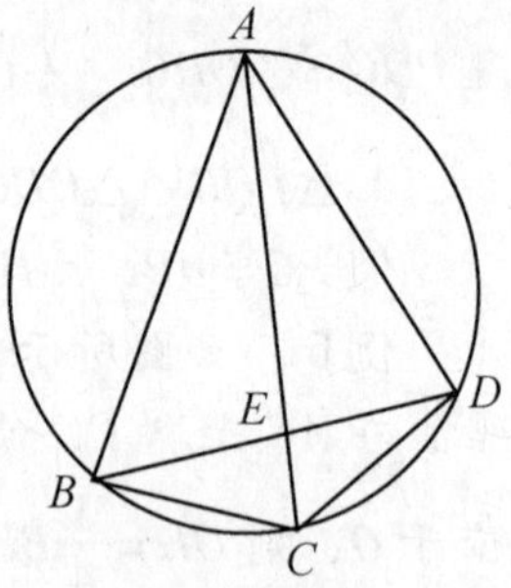

例8 图

例9 如图所示,已知 AB 是圆 O 的直径,弦 BD, CA 的延长线相交于 E, EF 垂直 BA 且交 BA 的延长线于 F, 求证: $AB^2 = BE \cdot BD - AE \cdot AC$.

证明: 连 AD, BC.

∵ AB 是圆的直径,则 $\angle ADB = 90°$,

又 $EF \perp BF$,则 $\angle F = 90°$,

∴ $\angle ADB = \angle F$,

∴ A, D, E, F 四点共圆

$\Rightarrow AB \cdot BF = BE \cdot BD$.   ①

又 $\angle C = 90°$, $\angle C = \angle F$,

∴ E, F, C, B 四点共圆

$\Rightarrow AB \cdot AF = AE \cdot AC$.   ②

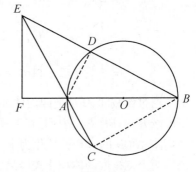

例9图

① - ②,得:$AB(BF - AF) = BE \cdot BD - AE \cdot AC$,

即 $AB^2 = BE \cdot BD - AE \cdot AC$.

例10 已知 $\triangle ABC$ 中, $AB = AC$, P 是 $\triangle ABC$ 的外接圆上 $\overset{\frown}{BC}$ 的任一点(如图所示),求证: $(PB + PC) : PA$ 为定值.

证明: ∵ $AB = AC$,则 $\overset{\frown}{AB} = \overset{\frown}{AC}$,

∴ $\left.\begin{array}{l}\angle APB = \angle ABD \\ \angle PAB = \angle BAD\end{array}\right\} \Rightarrow \triangle APB \backsim \triangle ABD$ ①

$\Rightarrow PB : PA = BD : BA$.

同理,$\triangle APC \backsim \triangle ACD \Rightarrow PC : PA = CD : CA$,   ②

① + ②,并注意 $AB = AC$ 得:$(PB + PC) : PA = (BD + CD) : AB = BC : AB$(定值).

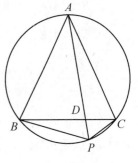

例10图

例11 如图所示,已知四面体 $ABCD$ 各棱长 $AB = AC = 17$, $DB = DC = 10$, $BC = 16$, $AD = 3\sqrt{21}$, 求四面体 $ABCD$ 的体积.

解: 取 BC 的中点 E,连接 AE, ED.

∵ $AB = AC$, $DB = DC$, ∴ $AE \perp BC$, $DE \perp BC$, ∴ $BC \perp$ 平面 AED.

$AE = \sqrt{AB^2 - BE^2} = \sqrt{17^2 - 8^2} = 15$, 同理 $DE = 6$,

那么, 在 $\triangle AED$ 中, $AD^2 + ED^2 = AE^2$,

∴ $\triangle AED$ 为直角三角形,

$S_{\triangle AED} = \frac{1}{2} AD \cdot ED = \frac{1}{2} \times 6 \times 3\sqrt{21}$

$= 9\sqrt{21}$,

$$\therefore \overline{V}_{ABCD} = \overline{V}_{B-AED} + \overline{V}_{C-AED}$$

$$= \frac{1}{3} S_{\triangle AED} \cdot BE + \frac{1}{3} S_{\triangle AED} \cdot EC$$

$$= \frac{1}{3} S_{\triangle AED} \cdot BC$$

$$= \frac{1}{3} \times 9\sqrt{21} \times 16 = 48\sqrt{21}.$$

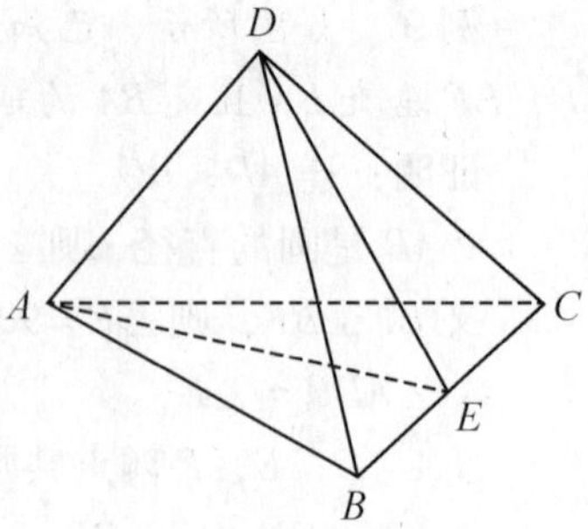

通过作截面 AED 把四面体 $ABCD$ 分别割成三棱锥 $B-AED$ 与三棱锥 $C-AED$，这样，求四面体 $ABCD$ 的体积就转化为求三棱锥 $B-AED$ 与三棱锥 $C-AED$ 的体积，而求这两个三棱锥的体积比较容易，因而问题很快得到解决.

例11图

例12 如图所示，在正方体 $ABCD-A_1B_1C_1D_1$ 中，$AB=a$，$A_1E=\frac{1}{2}EA$，平面 BED_1 截棱 CC_1 于 F，求四棱锥 A_1-BFD_1E 的体积.

解：$\because$ 面 A_1ADD_1 $//$ 面 B_1BCC_1 $\therefore BF//ED_1$，同理，$BE//FD_1$，$\therefore$ 四边形 BFD_1E 是平行四边形，

$\therefore BF=ED_1$，$\therefore Rt\triangle BFC \cong Rt\triangle D_1EA_1$，

$\therefore CF=A_1E$，$\therefore CF=\frac{1}{2}FC_1$.

连 EF，$\because \overline{V}_{A_1-BEF} = \overline{V}_{F-A_1BE}$，

而 $S_{\triangle A_1BE} = \frac{1}{2} \times \frac{a}{3} \times a = \frac{1}{6}a^2$，

F 到平面 BEA_1 的距离，也即 F 到平面 BAA_1B_1 的距离 a，

$$\therefore \overline{V}_{A_1-BEF} = \overline{V}_{F-A_1BE} = \frac{1}{3} S_{\triangle A_1BE} \times a$$

$$= \frac{1}{3} \times \frac{a^2}{6} \times a = \frac{a^3}{18}.$$

而 $\overline{V}_{A_1-BEF} = \overline{V}_{A_1-EFD_1}$，故 $\overline{V}_{A_1-BFD_1E} = \overline{V}_{A_1-BEF} + \overline{V}_{A_1-EFD_1} = 2\overline{V}_{A_1-BEF} = 2 \times \frac{a^3}{18} = \frac{1}{9}a^3.$

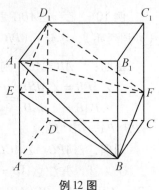

例12图

例 13 如图所示，斜三棱柱的一个侧面的面积为 S，并且该侧面到它相对棱的距离为 a，求这斜三棱柱的体积.

解：连 A_1B，AC_1，BC_1，则 $\overline{V}_{C_1-AA_1B}$
$= \overline{V}_{C_1-BB_1A_1}.$
又 $\overline{V}_{C_1-ABC} = \overline{V}_{B-A_1B_1C_1} = \overline{V}_{C_1-BB_1A},$
这样，三棱柱分割成三个相等的三棱锥：
C_1-AA_1B，$C_1-BB_1A_1$，C_1-ABC，
$\therefore \overline{V}_{三棱柱} = 3\,\overline{V}_{C_1-AA_1B} = 3 \times \dfrac{1}{3} S_{\triangle AA_1B} \times a$
$= 3 \times \dfrac{1}{3} \times \dfrac{s}{2} \times a = \dfrac{1}{2} sa.$

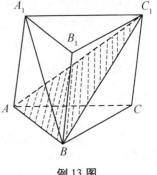

例 13 图

习 题 二

1. 计算 $(1.998)^4$ 的近似值，使误差小于 0.01.

2. 求下式之和，使它的误差不超过 0.006：$\dfrac{1}{10^2} + \dfrac{1}{11^2} + \dfrac{1}{12^2} + \cdots + \dfrac{1}{1000^2}.$

3. 求证：$3^{3n+2} - 8n - 9$ 能被 64 整除 $(n \in \mathbf{N})$.

4. 求 $77^{77} - 7$ 被 19 除所得的余数.

5. 证明形如 $\underbrace{11\cdots1}_{(n-1)个}\underbrace{22\cdots2}_{n个}5$ 的数是一个完全平方数.

6. 求数列 $\dfrac{1}{1\times2\times3}$，$\dfrac{1}{2\times3\times4}$，$\dfrac{1}{3\times4\times5}$，$\cdots$ 的前 n 项和.

7. 求和：$\operatorname{arctg} x + \operatorname{arctg}\dfrac{x}{1+1\cdot2x^2} + \operatorname{arctg}\dfrac{x}{1+2\cdot3x^2} + \cdots + \operatorname{arctg}\dfrac{x}{1+(n-1)\cdot nx^2}.$

8. 求和：$\operatorname{arctg}1 + \operatorname{arctg}\dfrac{1}{2} + \operatorname{arctg}\dfrac{1}{8} + \cdots + \operatorname{arctg}\dfrac{1}{2\cdot n^2}.$

9. 求证：$\dfrac{1}{3\times1!} + \dfrac{1}{4\times2!} + \dfrac{1}{5\times3!} + \cdots + \dfrac{1}{(n+2)\cdot n!} < \dfrac{1}{2}.$

10. 求证：$\dfrac{1}{1\times3} + \dfrac{2}{1\times3\times5} + \dfrac{3}{1\times3\times5\times7} + \cdots + \dfrac{n}{1\times3\times5\times7\times\cdots\times(2n+1)} <$

$\frac{1}{2}$.

11. 求数列 81, 891, 8991, … 的前 n 项的和.

12. 求数列 5, 55, 555, 5555, … 的前 n 项的和.

13. 不查表求 lgtg1° + lgtg2° + lgtg3° + … + lgtg89° 的和.

14. $a \cdot b \in \mathbf{R}^+$，试证：$(a+b)\left(\dfrac{1}{a}+\dfrac{1}{b}\right) \geq 4$.

15. 证明 $\left(1+\dfrac{b}{a}\right)\left(1+\dfrac{c}{b}\right)\left(1+\dfrac{a}{c}\right) \geq 8$，其中 $a > 0$, $b > 0$, $c > 0$.

16. 如果 a, b 为不相等的正数，求证：$(a+b)(a^2+b^2)(a^3+b^3) > 8a^3b^3$.

17. 如果 a, b, c 为实数，求证：$a^2b^2 + b^2c^2 + c^2a^2 \geq abc(a+b+c)$.

18. 已知 a, b, c, d 是正数，且 $a^2 + b^2 + c^2 + d^2 = 4$，求证：$a^2 + b^2 + c^2 + d^2 + ab + ac + ad + bc + bd + cd \leq 10$.

19. 已知 a, b, c 都是正数，求证：$\dfrac{bc}{a} + \dfrac{ca}{b} + \dfrac{ab}{c} \geq a + b + c$.

20. 如图所示，过 $\triangle ABC$ 的重心 O 作任意直线，AG, BH, CK 分别为 A, B, C 到该直线的距离，求证：$AG = BH + CK$.

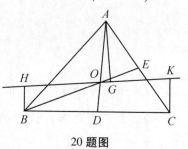

20 题图

21. 如图所示，在 $\triangle ABC$ 中，$\angle B = 2\angle C$，$AD \perp BC$，E 是 BC 的中点，则 $AB = 2DE$.

22. 求证：等腰三角形 ABC 的底边是 BC，延长一腰 AB 到 D 使 BD 等于其腰，又取 AB 的中点 E，那么 CD 是 CE 的二倍.

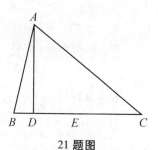

21 题图

23. 如图所示，在 $\triangle ABC$ 中，$\angle C = 90°$，$\angle A = 2\angle B$，求证：$AB = 2AC$.

24. P 是以 AC 为直径的半圆内一点，过 P 作二弦 AB, CD，求证：$AC^2 = AP \cdot AB + CP \cdot CD$.

25. 在直角三角形 ABC 中，AB 为斜边，在 AC 上任取一点 E，连接并延长 BE，交 $\triangle ABC$ 的外接圆于 D，求证：$AB^2 = AC \cdot AE + BD \cdot BE$.

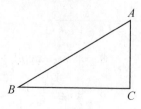

23 题图

26. 求证：圆内接四边形两组对边乘积之和等于两对角线的乘积.

27. 如图所示，△ABC 内，G 为重心，P 为任意一点，求证：$AP^2 + BP^2 + CP^2 = AG^2 + BG^2 + CG^2 + 3PG^2$.

28. 过平行四边形 ABCD 的顶点 A 作任意圆交 AB，AC，AD 或其延长线于 P，Q，R，求证：$AB \cdot AP + AD \cdot AR = AC \cdot AQ$.

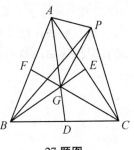

27 题图

29. 求证：梯形两对角线的平方和等于两腰平方和加上两底积的两倍.

30. 四边形上正方形和等于其对角线上正方形和加对角线中点连接线上正方形之四倍.

31. 已知边长为 a 的正三角形 ABC 中，M，N 分别为 AB，AC 的中点，P 为中位线 MN 上任一点，BP，CP 的延长线分别与 AC，AB 交于 R，S，求证：$\dfrac{1}{CR} + \dfrac{1}{BS}$ 为定值.

32. 如图所示，在正三角形 ABC 中，P 为 BC 边上任一点，过 P 作 BC 的垂线，交另两边或其延长线于 E，F，求证：$PE + PF$ 为定值.

33. 如图所示，△ABC 内接于圆 O，若 ∠A 的平分线交 BC 于 D，交圆于 E，求证：$AD^2 = AB \cdot AC - BD \cdot DC$.

34. 在 Rt△ABO 中，∠O = 90°，OA = a，OB = b，∠O 的 n−1 条等分线依次与斜边 AB 交于 P_1，P_2，…，P_{n-1}，求证：$\dfrac{1}{OP_1} + \dfrac{1}{OP_2} + \cdots + \dfrac{1}{OP_{n-1}}$

$= \dfrac{a+b}{2ab}(\operatorname{ctg}\dfrac{\pi}{4n} - 1)$.

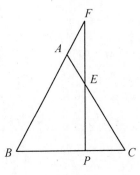

32 题图

35. 正方体棱长为 a，以它相对两面中一对异面直线的四个顶点作三棱锥，求这个三棱锥的体积.

36. 已知正四棱柱 $ABCD - A_1B_1C_1D_1$，点 E 在棱 D_1D 上，截面 EAC // D_1B，且面 EAC 与底面所成的角为 45°，AB = a，求三棱锥 $B_1 - EAC$ 的体积.

37. 正方体 $ABCD - A_1B_1C_1D_1$ 中，E，F 分别是 BB_1，CD 的中点，AA_1

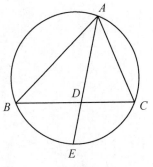

33 题图

$=2$,求三棱锥 $F-A_1ED$ 的体积.

38. 求证:过三棱锥 $P-ABC$ 的 PA,PB,BC,AC 中点 M,N,T,R 的截面把该三棱锥的体积二等分.

第三章 参数变换

世界上任何事物都是在不断发展变化的,而这些发展变化并不是孤立的,它们之间存在着这样或者那样的必然联系. 一个数学系统或数学结构与另一个数学系统或数学结构之间也会存在某种联系. 参数变换是一种数学结构与另一种数学结构相联系的纽带,是客观事物在相互联系、相互依赖中发展这一规律在数学中的反映.

所谓参数变换,就是在解题时先引入辅助性新变量(简称"参数"),然后把要求解或证明的关系式转化为参数的关系式,最后消去参数,从而得到问题的解答或证明.

应用参数变换的关键是选择恰当的参数,使引入参数之后的关系式更灵活、更简洁,更便于达到解答问题的目的. 一句话,要变未知为已知.

参数变换有代数参数变换和三角参数变换两种. 考虑到多元参数变换的应用比较广泛,我们把它单独列为一节来讲.

§3-1 代数参数变换

代数参数变换是把已知关系式中的某一个(或几个)代数式作为参数或另引入一个(或几个)代数式作为参数,从而将原关系式转化为含有代数参数关系式的一种变换. 由于参数能够刻画事物的变化状态,揭示变化因素之间的联系,因此,在解析几何中有着广泛的应用. 如讨论直线系、圆系、二次曲线系等都离不开参数变换. 在代数中对代数式、方程、不等式、函数的研究中,引入参数会化难为易,给问题的解答或讨论带来很大的方便. 在平面几何和立体几何中,借助参数可以揭示几何图形中变化因素的内在联系,因此,参数变换也是研究几何图形问题的一种常用方法.

例1 分解因式:

(1) $(x^3-x^2+x+1)(x^3-x^2+x+2)-6$;

(2) $(x+1)(x+2)(x+3)(x+4)-24$.

解: (1) 令 $y=x^3-x^2+x+1$,则

原式 $= y(y+1) - 6 = y^2 + y - 6$
$= (y-2)(y+3) = (x^3 - x^2 + x + 1 - 2)(x^3 - x^2 + x + 1 + 3)$
$= (x^3 - x^2 + x - 1)(x^3 - x^2 + x + 4)$
$= [x^2(x-1) + (x-1)](x^3 - x^2 + x + 4)$
$= (x-1)(x^2+1)(x^3 - x^2 + x + 4)$.

(2) 原式 $= [(x+1)(x+4)][(x+2)(x+3)] - 24$
$= (x^2 + 5x + 4)(x^2 + 5x + 6) - 24$.

令 $y = x^2 + 5x + 4$,则

原式 $= y(y+2) - 24 = y^2 + 2y - 24 = (y+6)(y-4)$
$= (x^2 + 5x + 4 + 6)(x^2 + 5x + 4 - 4)$
$= (x^2 + 5x + 10)(x^2 + 5x) = x(x+5)(x^2 + 5x + 10)$.

由第一小题容易看出,引入 $y = x^3 - x^2 + x + 1$ 原式便可以简化. 而对第二小题,通过观察将其分成 $(x+1)(x+4)$ 与 $(x+2)(x+3)$ 之后,它们有公共部分 $x^2 + 5x$. 所以,对有的表达式必须经过适当的恒等变形,才能找到新的参数.

例2 化简: $\dfrac{8-x}{2+\sqrt[3]{x}} \div \left(2 + \dfrac{\sqrt[3]{x^2}}{2+\sqrt[3]{x}}\right) + \left(\sqrt[3]{x} + \dfrac{2\sqrt[3]{x}}{\sqrt[3]{x}-2}\right)\dfrac{\sqrt[3]{x^2}-4}{\sqrt[3]{x^2}+2\sqrt[3]{x}}$.

解: 令 $\sqrt[3]{x} = p$,则 $\sqrt[3]{x^2} = p^2$,$x = p^3$.

原式 $= \dfrac{8-p^3}{2+p} \div (2 + \dfrac{p^2}{2+p}) + (p + \dfrac{2p}{p-2}) \cdot \dfrac{p^2 - 4}{p^2 + 2p}$

$= \dfrac{8-p^3}{2+p} \cdot \dfrac{2+p}{4+2p+p^2} + \dfrac{p^2}{p-2} \cdot \dfrac{(p+2)(p-2)}{p(p+2)}$

$= 2 - p + p = 2$.

在某些复杂的代数式化简的问题中,引入参数使化简的式子变得简洁,有利于达到化简的目的.

例3 已知函数 $f(x^2 - 3) = \lg \dfrac{x^2}{x^2 - 4}$,求 $f(x)$ 的定义域.

解: 令 $x^2 - 3 = t$,则 $x^2 = t + 3$.

$\because \dfrac{x^2}{x^2 - 4} > 0$,$\therefore x < -2$ 或 $x > 2$.

由抛物线的性质知 $t > 1$,$\therefore f(t) = \lg \dfrac{t+3}{t-1}$,$\therefore f(x) = \lg \dfrac{x+3}{x-1}$.

此时,$f(x)$ 的定义域就是 t 的取值范围,故 $f(x)$ 的定义域为 $\{x | x > 1\}$.

例4 求函数 $y = \dfrac{\sqrt{3}}{4}\sqrt{1 + 4x^2 - x}$ 的值域.

解：令 $u = 4x^2 - x + 1$，则 $u \geq 0$.

但由 $4x^2 - x + 1 = 0$ 的判别式 $\Delta = (-1)^2 - 4 \times 4 \times 1 = -15 < 0$,

$\therefore u > 0$. 于是 $y = \frac{\sqrt{3}}{4}\sqrt{u}$ 关于 u 递增.

又 $u = 4(x - \frac{1}{8})^2 + \frac{15}{16}$，可见 $u \geq \frac{15}{16}$.

故 y 的值域为：$\left[\frac{\sqrt{3}}{4} \times \frac{\sqrt{15}}{4}, +\infty\right] = \left[\frac{3\sqrt{15}}{16}, +\infty\right]$.

例5 已知 $a > 0$ 且 $a \neq 1$，若关于 x 的方程 $\log_a(x-3) - \log_a(x+2) - \log_a(x-1) = 1$ 有实根，求 a 的取值范围.

解：原方程可化为 $\log_a(x-3) = \log_a a(x+2)(x-1)$,

即 $(x-3) = a(x+2)(x-1)$，$x > 3$，$\therefore a = \frac{x-3}{(x+2)(x-1)} = \frac{x-3}{x^2+x-2}$，$x > 3$,

令 $t = x - 3$，则 $a = \frac{t}{t^2 + 7t + 10}$，且 $t > 0$，$\therefore a = \frac{1}{t + \frac{10}{t} + 7}$.

$\because t > 0$，$\therefore t + \frac{10}{t} \geq 2\sqrt{10}$，$\therefore 0 < a \leq \frac{1}{7 + 2\sqrt{10}} = \frac{7 - 2\sqrt{10}}{9}$.

即使原方程有解的 a 的取值范围是 $\left[0, \frac{7 - 2\sqrt{10}}{9}\right]$.

例6 已知 $f(\frac{1}{x}) = x + \sqrt{1 + x^2}$ $(x > 0)$，求 $f(x)$.

解：原式可变为

$f(\frac{1}{x}) = \frac{1}{\frac{1}{x}} + \sqrt{1 + \left(\frac{1}{\frac{1}{x}}\right)^2} = \frac{1}{\frac{1}{x}} + \sqrt{1 + \frac{1}{\left(\frac{1}{x}\right)^2}}.$

令 $t = \frac{1}{x}$，则有 $f(t) = \frac{1}{t} + \sqrt{1 + \frac{1}{t^2}} = \frac{1 + \sqrt{t^2 + 1}}{t}$,

$\therefore f(x) = \frac{1 + \sqrt{x^2 + 1}}{x}$ $(x > 0)$.

例7 已知 $f(\cos x - 1) = \cos^2 x$，求 $f(x)$.

解：令 $t = \cos x - 1$. $(-2 \leq t \leq 0)$，则 $\cos x = t + 1$,

$\therefore f(t) = (t+1)^2$. 故 $f(x) = (x+1)^2$. $(-2 \leq x \leq 0)$.

例6、例7 都是函数方程，用参数变换解函数方程必须注意新设参数 t

的范围.

例8 求函数 $y = \dfrac{x^2+5}{\sqrt{x^2+4}}$ 的最小值.

解: 令 $\sqrt{x^2+4} = t$, 则 $t \geq 2$, $y = \dfrac{(\sqrt{x^2+4})^2 + 1}{\sqrt{x^2+4}} = t + \dfrac{1}{t}$.

$\because y = t + \dfrac{1}{t}$ 在 $[2, +\infty]$ 上单调递增(可用单调性定义证明),

$\therefore$ 当 $t = 2$ 即 $x = 0$ 时, $y_{\min} = 2 + \dfrac{1}{2} = \dfrac{5}{2}$.

例9 求函数 $w = f(x, y, z) = x^2 + y^2 + z^2$ 在满足条件 $x - 1 = \dfrac{y+1}{2} = \dfrac{z-2}{3}$ 时的最小值.

解: 令 $x - 1 = t$, 则 $x = t + 1$, 于是, 由已知条件有 $y = 2t - 1$, $z = 3t + 2$. 从而得

$$w = x^2 + y^2 + z^2 = (t+1)^2 + (2t-1)^2 + (3t+2)^2$$
$$= 14t^2 + 10t + 6 = 14(t + \dfrac{5}{14})^2 + \dfrac{59}{14},$$

$\therefore$ 当 $t = -\dfrac{5}{14}$ 时, $w_{\min} = \dfrac{59}{14}$.

将 t 值代入 x, y, z 得: $x = \dfrac{9}{14}$, $y = -\dfrac{12}{7}$, $z = \dfrac{13}{14}$.

故当 $x = \dfrac{9}{14}$, $y = -\dfrac{12}{7}$, $z = \dfrac{13}{14}$ 时, 函数 $w = x^2 + y^2 + z^2$ 在满足上述条件下有最小值, 且 $w_{\min} = \dfrac{59}{14}$.

例10 设 $f(x) = \cos^2 x + a\sin x - \dfrac{a}{4} - \dfrac{1}{2}$ $(0 \leq x \leq \dfrac{\pi}{2})$.

(1)用 a 表示 $f(x)$ 的最大值 $M(a)$; (2)当 $M(a) = 2$ 时, 求 a 的值.

解: $(1) f(x) = -\sin^2 x + a\sin x - \dfrac{a}{4} + \dfrac{1}{2}$.

令 $\sin x = t$, $\because 0 \leq x \leq \dfrac{\pi}{2}$, $0 \leq t \leq 1$, $\therefore f(x) = g(t) = -t^2 + at - \dfrac{a}{4} + \dfrac{1}{2} = -(t - \dfrac{a}{2})^2 + \dfrac{a^2}{4} - \dfrac{a}{4} + \dfrac{1}{2}$ $(0 \leq t \leq 1)$.

① 当 $\dfrac{a}{2} \geq 1$ 即 $a \geq 2$ 时, $g(t)$ 在 $[0, 1]$ 递增, $\therefore M(a) = g(1) = \dfrac{3}{4}a - \dfrac{1}{2}$.

② 当 $0 \leq \dfrac{a}{2} \leq 1$ 即 $0 \leq a < 2$ 时，$g(t)$ 在 $[0, 1]$ 上先增后减，$\therefore M(a) = g(0) = \dfrac{1}{2} - \dfrac{a}{4}$.

故 $M(a) = \begin{cases} \dfrac{3}{4}a - \dfrac{1}{2}\ (a \geq 2), \\ \dfrac{a^2}{4} - \dfrac{a}{4} + \dfrac{1}{2}\ (0 \leq a \leq 2), \\ \dfrac{1}{2} - \dfrac{a}{4}\ (a < 0). \end{cases}$

(2) 由 (1) 知，若 $M(a) = 2$，即：若 $\dfrac{3}{4}a - \dfrac{1}{2} = 2$，解得 $a = \dfrac{10}{3}$；若 $\dfrac{a^2}{4} - \dfrac{a}{4} + \dfrac{1}{2} = 2$，即 $a^2 - a - 6 = 0$，解得 $a = 3$(舍) 或 $a = -2$(舍)；

若 $\dfrac{1}{2} - \dfrac{a}{4} = 2$，解得 $a = -6$. 综合得 $a = \dfrac{10}{3}$ 或 $a = -6$.

例 11 解下列方程：

(1) $9^x - 4 \times 3^{x+1} + 27 = 0$；

(2) $(\sqrt{3 + 2\sqrt{2}})^x + (\sqrt{3 - 2\sqrt{2}})^x = 6$；

(3) $(\log_x \sqrt{5})^2 + 3\log_x \sqrt{5} + \dfrac{5}{4} = 0$.

解： (1) 原方程可变为 $3^{2x} - 12 \cdot 3^x + 27 = 0$.

令 $3^x = y$ 则原方程变为：$y^2 - 12y + 27 = 0$，解得 $y_1 = 3$，$y_2 = 9$.

当 $3^x = 3$ 时，得 $x = 1$，当 $3^x = 9$ 时，得 $x = 2$.

$\therefore$ 原方程的解为：$x_1 = 1$，$x_2 = 2$.

(2) 令 $(\sqrt{3 + 2\sqrt{2}})^x = y$，则 $(\sqrt{3 - 2\sqrt{2}})^x = \dfrac{1}{y}$，原方程变为 $y + \dfrac{1}{y} = 6$，即 $y^2 - 6y + 1 = 0$，解得 $y = 3 \pm 2\sqrt{2}$.

当 $(\sqrt{3 + 2\sqrt{2}})^x = 3 + 2\sqrt{2}$ 时，得 $x = 2$. 当 $(\sqrt{3 + 2\sqrt{2}})^x = 3 - 2\sqrt{2}$ 时，得 $x = -2$.

$\therefore$ 原方程的解为：$x = \pm 2$.

(3) 令 $\log_x \sqrt{5} = y$，则原方程可变为 $y^2 + 3y + \dfrac{5}{4} = 0$，即 $4y^2 + 12y + 5 = 0$.

解得 $y_1 = -\dfrac{5}{2}$，$y_2 = -\dfrac{1}{2}$.

当 $\log_x\sqrt{5}=-\frac{5}{2}$ 时，得 $x=\frac{1}{\sqrt[5]{5}}$；当 $\log_x\sqrt{5}=-\frac{1}{2}$ 时，得 $x=\frac{1}{5}$。

∴ 原方程的解为：$x_1=\frac{1}{\sqrt[5]{5}}$，$x_2=\frac{1}{5}$。

例 12 解方程 $x^4+x^3-4x^2+x+1=0$。

解：显然 $x\neq 0$，用 x^2 除方程两边，得：

$x^2+x-4+\frac{1}{x}+\frac{1}{x^2}=0$，即 $(x^2+\frac{1}{x^2})+(x+\frac{1}{x})-4=0$。

令 $x+\frac{1}{x}=y$，则 $x^2+\frac{1}{x^2}=(x+\frac{1}{x})^2-2=y^2-2$。

于是原方程变为：$y^2+y-6=0$。解之得 $y_1=2$，$y_2=-3$。

当 $y_1=2$ 时，有 $x+\frac{1}{x}=2$ 即 $x^2-2x+1=0$，解之得 $x_{1,2}=1$。

当 $y=-3$ 时，有 $x+\frac{1}{x}=-3$ 即 $x^2+3x+1=0$，解之得 $x_{3,4}=\frac{-3\pm\sqrt{5}}{2}$。

经检验，$x=1$，$x=\frac{-3\pm\sqrt{5}}{2}$ 都是原方程的根。

注：方程不是同解变形时，必须验根。

例 13 解方程 $\sin x+\cos x+\sin x\cos x=1$。

解：令 $\sin x+\cos x=y$。

∵ $(\sin x+\cos x)^2=1+2\sin x\cos x$，∴ $\sin x\cos x=\frac{1}{2}(y^2-1)$。原方程可化

为：$y+\frac{1}{2}(y^2-1)=1$，即 $y^2+2y-3=0$，解之得 $y_1=1$，$y_2=-3$（舍去），

∴ $\sin x+\cos x=1$，即 $\sqrt{2}\sin(\frac{\pi}{4}+x)=1$，

解之得 $\{x\mid x=n\pi-\frac{\pi}{4}+(-1)^n\frac{\pi}{4},\ n\in\mathbf{N}\}$。

例 14 解方程：$x^2-3x-\sqrt{x^2-3x+5}=1$。

解：原方程可变为 $x^2-3x+5-\sqrt{x^2-3x+5}=6$。

令 $\sqrt{x^2-3x+5}=y$，则有 $y^2-y=6$ 即 $(y-3)(y+2)=0$，

∴ $y_1=3$，$y_2=-2$（舍去），即 $\sqrt{x^2-3x+5}=3$，亦即 $x^2-3x-4=0$，

解之得 $x_1=4$，$x_2=-1$。经检验 $x_1=4$，$x_2=-1$ 是原方程的根。

例 15 解方程：$\frac{2x-1}{3x^2-2}+\frac{3x^2-2}{2x-1}=2$。

解：令 $\dfrac{2x-1}{3x^2-2}=y$，则原方程变为：$y+\dfrac{1}{y}=2$，即 $y^2-2y+1=0$，

解之得 $y_{1,2}=1$，代入得 $\dfrac{2x-1}{3x^2-2}=1$，即 $3x^2-2x-1=0$，

解之得 $x_1=1$，$x_2=-\dfrac{1}{3}$.

经检验 $x_1=1$，$x_2=-\dfrac{1}{3}$ 都是原方程的根.

例 16　解方程：$\dfrac{7}{x^2-6x-4}+\dfrac{4}{x^2-6x+9}=\dfrac{31}{x^2-6x+5}$.

解：令 $x^2-6x-4=y$，则原方程变为：$\dfrac{7}{y}+\dfrac{4}{y+13}=\dfrac{31}{y+9}$，

即 $20y^2+213y-819=0$，解之得 $y_1=3$，$y_2=-\dfrac{273}{20}$.

当 $y=3$ 时，得 $x^2-6x-7=0$，解之得 $x_1=7$，$x_2=-1$.

当 $y=-\dfrac{273}{20}$ 时，得 $20x^2-120x+193=0$.

$\because \Delta=(-120)^2-4\times 20\times 193=-1040<0$，$\therefore$ 无实数解.

经检验 $x_1=7$，$x_2=-1$ 是原方程的根.

例 17　解方程：$\sqrt[n]{\dfrac{4-x}{x}}+\sqrt[n]{\dfrac{x}{4-x}}=2$（$n>1$ 的实数）.

解：令 $\sqrt[n]{\dfrac{4-x}{x}}=y$，则原方程变为：$y+\dfrac{1}{y}=2$，即 $y^2-2y+1=0$，

解之得 $y=1$，代入得 $\sqrt[n]{\dfrac{4-x}{x}}=1$，即 $4-x=x$，$\therefore x=2$.

经检验 $x=2$ 原方程的根.

例 18　已知关于 x 的方程 $2a^{2x-2}-7a^{x-1}+3=0$ 有一个根是 2，求 a 的值和方程其余的根（1992 年高考试题）.

解：令 $a^{x-1}=y$ 则原方程化为：$2y^2-7y+3=0$，解之得 $y_1=\dfrac{1}{2}$，$y_2=3$，

即 $a^{x-1}=\dfrac{1}{2}$ 或 $a^{x-1}=3$.

$\because$ 2 是关于 x 的方程 $2a^{2x-2}-7a^{x-1}+3=0$ 的根，$\therefore$ 2 也是关于 x 的方程 $a^{x-1}=\dfrac{1}{2}$ 或 $a^{x-1}=3$ 的根，

即 $a=\dfrac{1}{2}$ 或 $a=3$.

(1) 当 $a = \frac{1}{2}$ 时, 由 $(\frac{1}{2})^{x-1} = \frac{1}{2}$ 或 $(\frac{1}{2})^{x-1} = 3$, 解得 $x = 2$ 或 $x = 1 + \log_{\frac{1}{2}} 3$.

(2) $a = 3$ 时, 由 $3^{x-1} = \frac{1}{2}$ 或 $3^{x-1} = 3$, 解得 $x = 1 - \log_3 2$ 或 $x = 2$.

综上所述, 当 $a = \frac{1}{2}$ 时, 方程的另一根是 $1 + \log_{\frac{1}{2}} 3$; 当 $a = 3$ 时, 方程的另一根是 $1 - \log_3 2$.

例19 过点 $A(1, 4)$ 引一条直线 l, 它与 x 轴、y 轴正半轴交点分别是 $(a, 0)$ 和 $(0, b)$, 当 $a + b$ 取最小值时, 求直线的方程.

解: 设直线方程为 $\frac{x}{a} + \frac{y}{b} = 1$ (其中 $a > 0$, $b > 0$).

由于过点 $A(1, 4)$, $\therefore \frac{1}{a} + \frac{4}{b} = 1$, 即 $b + 4a = ab$.

令 $w = a + b$, 则 $b = w - a$, 代入上式得 $a^2 + (3 - w)a + w = 0$.

上面关于 a 的方程有实根, $\therefore \Delta = (3 - w)^2 - 4w \geq 0 \Rightarrow w \geq 9$ 或 $w \leq 1$.

由于 $a > 0$, $b > 0$, $\therefore w > 0$.

当 $0 < w \leq 1$ 时, $\frac{1}{a} + \frac{4}{b} = 1$ 不成立; 当 $w \geq 9$ 时 $w_{\min} = 9$ 把它代入方程 $a^2 + (3 - w)a + w = 0$, 得 $a^2 - 6a + 9 = 0$, 解之得 $a = 3$, 所以 $b = 6$.

故所求直线方程为 $\frac{x}{3} + \frac{y}{6} = 1$, 即 $2x + y - 6 = 0$.

例20 已知定点 P 与定直线 l, 在 l 上任取一点 Q, 连结 PQ, 以 PQ 为一边作正三角形 PQR (P, Q, R 的顺序呈逆时针方向), 求当点 Q 沿直线 l 移动时点 R 的轨迹.

解: 取定直线 l 为 x 轴, 定点 P 在 x 轴上射影 O 为原点, 建立直角坐标系(如图所示), 设 $P(0, P)$, P 为定值; $Q(t, 0)$, t 为参数; $R(x, y)$ 为轨迹上任一点.

经坐标平移 $\begin{cases} x = x' \\ y = y' + p \end{cases}$ 后, 在 $x'py'$ 坐标系中, $Q(t, -p)$, $R(x, y - p)$.

$\because$ 经转轴 $60°$ 后, 点 Q 将转到点 R,

$\therefore x = t\cos 60° - (-p)\sin 60°$

$\quad = \frac{t}{2} + \frac{\sqrt{3}}{2} p$,

$y - p = t\sin 60° + (-p)\cos 60°$

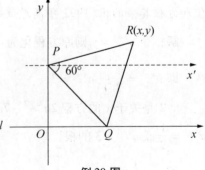

例20 图

$$= \frac{\sqrt{3}}{2}t - \frac{P}{2}. \qquad ②$$

由①和②消去参数 t，得 $y = \sqrt{3}x - P$，故点 R 的轨迹是一直线。

例21 证明下列各题：

(1) 若 $\dfrac{x}{a-b} = \dfrac{y}{b-c} = \dfrac{z}{c-a}$（$a$，$b$，$c$ 各不相等），则 $x + y + z = 0$；

(2) 若 $\dfrac{a}{b} = \dfrac{c}{d} = \dfrac{e}{f}$，则 $\dfrac{a+c+e}{b+d+f} = \dfrac{c+e}{d+f}$。

证明：(1) 令 $\dfrac{x}{a-b} = \dfrac{y}{b-c} = \dfrac{z}{c-a} = t$，则 $x = (a-b)t$，$y = (b-c)t$，$z = (c-a)t$，

$\therefore x + y + z = (a-b)t + (b-c)t + (c-a)t = (a-b+b-c+c-a)t = 0$。

(2) 令 $\dfrac{a}{b} = \dfrac{c}{d} = \dfrac{e}{f} = t$，则 $a = bt$，$c = dt$，$e = ft$，

$\therefore \dfrac{a+c+e}{b+d+f} = \dfrac{bt+dt+ft}{b+d+f} = t$。又 $\dfrac{c+e}{d+f} = \dfrac{dt+ft}{d+f} = t$，故 $\dfrac{a+c+e}{b+d+f} = \dfrac{c+e}{d+f}$。

例22 试证：若 x，y，z 及 $\sqrt{x} + \sqrt{y} + \sqrt{z}$ 都是有理数，则 $\sqrt{x}$，$\sqrt{y}$，$\sqrt{z}$ 也都是有理数。

证明： 设 $\sqrt{x} + \sqrt{y} + \sqrt{z} = w$，则 w 为有理数

$$\sqrt{x} + \sqrt{y} = w - \sqrt{z}.$$

两边平方得 $x + y + 2\sqrt{xy} = w^2 - 2w\sqrt{z} + z$，

即 $2\sqrt{xy} = w^2 + z - x - y - 2w\sqrt{z}.$ ①

将①两边再平方，得 $4xy = (w^2 + z - x - y)^2 + 4w^2 z - 4w(w^2 + z - x - y)\sqrt{z}$。

由此得 $4w(w^2 + z - x - y)\sqrt{z} = (w^2 + z - x - y)^2 + 4w^2 z - 4xy.$ ②

当 $w(w^2 + z - x - y) \neq 0$ 时，则②式推知 $\sqrt{z} = \dfrac{(w^2 + z - x - y)^2 + 4w^2 z - 4xy}{4w(w^2 + z - x - y)}$，

故 $\sqrt{z}$ 为有理数。

当 $w(w^2 + z - x - y) = 0$ 时，有以下两种可能：

(1) 若 $w = 0$，则 $\sqrt{x} = \sqrt{y} = \sqrt{z} = 0$。

(2) 若 $w \neq 0$，则 $w^2 + z - x - y = 0$，于是从①式中得到 $2\sqrt{xy} = -2w\sqrt{z}$，

因为 $2\sqrt{xy}$ 及 $2w\sqrt{z}$ 都是非负数，$\therefore 2w\sqrt{z} = 0$。

又 $\because w \neq 0$，$\therefore \sqrt{z} = 0$。

总之，由题设证得 $\sqrt{z}$ 为有理数。

类似地，可以证明$\sqrt{x}$和$\sqrt{y}$也是有理数.

例 23 已知x是实数，求证$\dfrac{x^2+x+1}{x^2-x+1}$的值介于$\dfrac{1}{3}$与3之间.

证明： 设$y=\dfrac{x^2+x+1}{x^2-x+1}$，去分母，得$(y-1)x^2-(y+1)x+(y-1)=0$.

$\because x$为实数，$\therefore \Delta=(y+1)^2-4(y-1)^2 \geq 0$,

即$(3y-1)(y-3) \leq 0$，故$\dfrac{1}{3} \leq y \leq 3$,

即$\dfrac{1}{3} \leq \dfrac{x^2+x+1}{x^2-x+1} \leq 3$.

例 24 证明$0 \leq yz+zx+xy-2xyz \leq \dfrac{7}{27}$，其中$x$，$y$，$z$为非负实数，且满足$x+y+z=1$.

证明： $\because x$，y，z为非负实数，且$x+y+z=1$,

$\therefore 0 \leq x \leq 1$，$0 \leq y \leq 1$，$0 \leq z \leq 1$,

$\therefore yz+zx+xy-2xyz = yz-xyz+zx-xyz+xy = yz(1-x)+zx(1-y)+xy \geq 0$.

又由于x，y，z的全对称性，不妨设$x \geq y \geq z \geq 0$.

$\because x+y+z=1$，令$\begin{cases} x+y=\dfrac{2}{3}+\delta, \\ z=\dfrac{1}{3}-\delta \end{cases}$ $\left(0 \leq \delta \leq \dfrac{1}{3}\right)$,

则$yz+zx+xy-2xyz = z(x+y)+xy(1-2z)$

$= \left(\dfrac{1}{3}-\delta\right)\left(\dfrac{2}{3}+\delta\right) + xy\left[1-2\left(\dfrac{1}{3}-\delta\right)\right]$

$= \left(\dfrac{1}{3}-\delta\right)\left(\dfrac{2}{3}+\delta\right) + xy\left(\dfrac{1}{3}+2\delta\right)$

$\leq \left(\dfrac{1}{3}-\delta\right)\left(\dfrac{2}{3}+\delta\right) + \left(\dfrac{x+y}{2}\right)^2\left(\dfrac{1}{3}+2\delta\right)$

$= \left(\dfrac{1}{3}-\delta\right)\left(\dfrac{2}{3}+\delta\right) + \left(\dfrac{1}{3}+\dfrac{1}{2}\delta\right)^2\left(\dfrac{1}{3}+2\delta\right)$

$= \dfrac{7}{27} - \dfrac{1}{4}\delta^2 + \dfrac{1}{2}\delta^3 = \dfrac{7}{27} - \dfrac{1}{2}\delta^2\left(\dfrac{1}{2}-\delta\right) \leq \dfrac{7}{27}$.

这里我们用了增量参数变换，即在不等式中，若知$a \geq b$，则令$a=b+\delta$（其中$\delta \geq 0$ 称之为增量），这样就可以将"不等"转化为"相等"，证明过程只需进行恒等变形，此法在不等式证明中常用.

例 25 设$\alpha \geq 4$，求证：$\dfrac{\lg\alpha-\lg 3}{\lg 4-\lg 3} \geq \dfrac{\lg(\alpha-2)}{\lg 2}$.

证明： 令 $\alpha = 4+\beta(\beta \geq 0)$，则原式等价于 $\dfrac{\lg(4+\beta)-\lg 3}{\lg 4-\lg 3} \geq \dfrac{\lg(2+\beta)}{\lg 2}$.

两边同时减 1，则

$$\dfrac{\lg(4+\beta)-\lg 4}{\lg \dfrac{4}{3}} \geq \dfrac{\lg(2+\beta)-\lg 2}{\lg 2} \Leftrightarrow \dfrac{\lg(1+\dfrac{\beta}{4})^2}{2\lg \dfrac{4}{3}} \geq \dfrac{\lg(1+\dfrac{\beta}{2})}{\lg 2}.$$

$$\Leftrightarrow \dfrac{\lg(1+\dfrac{\beta}{2}+\dfrac{\beta^2}{16})}{\lg \dfrac{16}{9}} \geq \dfrac{\lg(1+\dfrac{\beta}{2})}{\lg 2}.$$

$\because y=\lg x$ 递增，又 $1+\dfrac{\beta}{2}+\dfrac{\beta^2}{16} \geq 1+\dfrac{\beta}{2}$，$\therefore \lg(1+\dfrac{\beta}{2}+\dfrac{\beta^2}{16}) \geq \lg(1+\dfrac{\beta}{2})$，

而 $\dfrac{16}{9}<2$，$\therefore \lg\dfrac{16}{9}<\lg 2$，

$\therefore \dfrac{\lg(1+\dfrac{\beta}{2}+\dfrac{\beta^2}{16})}{\lg \dfrac{16}{9}} \geq \dfrac{\lg(1+\dfrac{\beta}{2})}{\lg 2}$ 成立. 故原不等式成立.

例 26 化简 $\dfrac{1}{1-\dfrac{1}{1-\dfrac{1}{1-\sec^2\alpha}}}$.

解： 令 $\sec^2\alpha = a$，则

原式 $= \dfrac{1}{1-\dfrac{1}{1-\dfrac{1}{1-a}}} = \dfrac{1}{1-\dfrac{1-a}{-a}} = a = \sec^2\alpha$.

例 27 求 $y = \dfrac{\csc^2 x - \tg^2 x}{\ctg^2 x + \tg^2 x - 1}$ 的最大值.

解： 令 $\tg^2 x = t$，则 $\ctg^2 x = \dfrac{1}{\tg^2 x} = \dfrac{1}{t}$，$\csc^2 x = 1+\ctg^2 x = 1+\dfrac{1}{t}$，

$\therefore y = \dfrac{1+\dfrac{1}{t}-t}{\dfrac{1}{t}+t-1} = \dfrac{-t^2+t+1}{t^2-t+1} = \dfrac{2-(t^2-t+1)}{t^2-t+1} = \dfrac{2}{t^2-t+1} - 1 =$

$\dfrac{2}{(t-\dfrac{1}{2})^2+\dfrac{3}{4}} - 1$. 故当 $t=\dfrac{1}{2}$ 时，$y_{\max} = \dfrac{5}{3}$.

§3-2 三角参数变换

三角参数变换就是引入某一个(或几个)角的三角函数作为参数,将要解或求证的关系式转化成三角函数的关系式,通过对三角函数关系式的研究,达到解决问题的目的. 由于三角函数性质的特殊性,在我们所研究的问题中,如有 $|x| \leq 1$, $a^2 + b^2 \leq 1$, $x^2 + y^2 \leq r^2$ 等条件,或可转化为上述情况,可以考虑用三角参数变换来解答.

三角参数变换在研究函数、解方程、解不等式、证明恒等式和不等式以及解析几何的相关问题中有广泛的应用.

例1 已知 (x, y) 是圆 $x^2 + y^2 = 9$ 上的点,求 $x + y$ 的取值范围.

解:$\because x^2 + y^2 = 9$ 可设 $x = 3\cos\alpha$, $y = 3\sin\alpha$, $0 \leq \alpha < 2\pi$, $\because 0 \leq \alpha < 2\pi$,

$\therefore \dfrac{\pi}{4} < \alpha + \dfrac{\pi}{4} < \dfrac{9\pi}{4}$, $\therefore -1 \leq \sin(\alpha + \dfrac{\pi}{4}) \leq 1$.

而 $x + y = 3(\cos\alpha + \sin\alpha) = 3\sqrt{2}\sin(\alpha + \dfrac{\pi}{4})$,故 $x + y \in [-3\sqrt{2}, 3\sqrt{2}]$.

例2 解方程:$\dfrac{1 - 2x^2}{2x\sqrt{1-x^2}} = \dfrac{\sqrt{1-x^2} - x}{\sqrt{1-x^2} + x}$.

解:因为 $|x| < 1$,设 $x = \sin\theta$,其中 $-\dfrac{\pi}{2} < \theta < \dfrac{\pi}{2}$,则原方程可化为:

$$\dfrac{1 - 2\sin^2\theta}{2\sin\theta\cos\theta} = \dfrac{\cos\theta - \sin\theta}{\cos\theta + \sin\theta}, \text{即} \dfrac{\cos 2\theta}{\sin 2\theta} = \dfrac{\sqrt{2}\cos(\theta + \dfrac{\pi}{4})}{\sqrt{2}\sin(\theta + \dfrac{\pi}{4})},$$

亦即 $\text{ctg}2\theta = \text{ctg}(\theta + \dfrac{\pi}{4})$, $\therefore 2\theta = k\pi + \theta + \dfrac{\pi}{4}$, $\theta = k\pi + \dfrac{\pi}{4} (k \in \mathbf{Z})$.

$\because -\dfrac{\pi}{2} < \theta < \dfrac{\pi}{2}$, $\therefore k = 0$, $\theta = \dfrac{\pi}{4}$,于是 $x = \dfrac{\sqrt{2}}{2}$.

经检验,$x = \dfrac{\sqrt{2}}{2}$ 是原方程的根.

注:当无理方程(或不等式)形状是 $f(x, \sqrt{a^2 - x^2}) = 0 (\geq 0)$ 或 $g(x, \sqrt{a^2 + x^2}) = 0 (\geq 0)$ 或 $h(x, \sqrt{x^2 - a^2}) = 0 (\geq 0)$ 时,如设 $x = a\sin\theta$ 或 $x = a\text{tg}\theta$ 或 $x = a\sec\theta$ 后,能使原方程(或不等式)化为比较简单的三角方程(或三角不等式),通过解三角方程(或不等式)达到解原方程(或不等式)的目的.

例3 解方程 $\dfrac{x}{\sqrt{x^2-1}} - x = \dfrac{5}{12}$.

解：∵ $|x| > 1$，设 $x = \csc\theta$.

(1) 若 $x > 1$，这里 $0 < \theta < \dfrac{\pi}{2}$，原方程可化为：$\dfrac{\csc\theta}{\operatorname{ctg}\theta} - \csc\theta = \dfrac{5}{12}$，

$\dfrac{\sin\theta - \cos\theta}{\sin\theta\cos\theta} = \dfrac{5}{12}$. 两边平方，得 $\dfrac{1-\sin 2\theta}{\sin^2 2\theta} = \dfrac{25}{576}$，$\sin 2\theta = \dfrac{24}{25}$.

∵ $0 < \theta < \dfrac{\pi}{2}$，从上式可求得 $\csc\theta = \dfrac{5}{4}$ 或 $\dfrac{5}{3}$，∴ $x = \dfrac{5}{4}$ 或 $x = \dfrac{5}{3}$.

(2) 若 $x < -1$，这里 $-\dfrac{\pi}{2} < \theta < 0$，原方程可化为：$\dfrac{\csc\theta}{-\operatorname{ctg}\theta} - \csc\theta = \dfrac{5}{12}$，

$\dfrac{-\sin\theta - \cos\theta}{\sin\theta\cos\theta} = \dfrac{5}{12}$.

用上法可求得 $\csc\theta = -\dfrac{5}{3}$ 或 $\csc\theta = \dfrac{5}{4}$，∴ $x = -\dfrac{5}{3}$ 或 $x = -\dfrac{5}{4}$.

经检验，$x = -\dfrac{5}{4}$ 与 $x = \dfrac{5}{3}$ 是增根，舍去. 故原方程的根为：$x_1 = \dfrac{5}{4}$，$x_2 = -\dfrac{5}{3}$.

例4 解不等式：$\dfrac{x}{\sqrt{1+x^2}} + \dfrac{1-x^2}{1+x^2} > 0$.

解：设 $x = \operatorname{tg}\alpha\left(-\dfrac{\pi}{2} < \alpha < \dfrac{\pi}{2}\right)$，则 $\dfrac{x}{\sqrt{1+x^2}} = \sin\alpha$，$\dfrac{1-x^2}{1+x^2} = \cos 2\alpha$.

原不等式变为：$\sin\alpha + \cos 2\alpha > 0$，即 $2\sin^2\alpha - \sin\alpha - 1 < 0$，

解之得 $-\dfrac{1}{2} < \sin\alpha < 1$，∴ $-\dfrac{\pi}{6} < \alpha < \dfrac{\pi}{2}$. 故 $x = \operatorname{tg}\alpha > -\dfrac{\sqrt{3}}{3}$.

例5 已知直线 $y = -\sqrt{3}x + 2\sqrt{3} + 1$ 与圆 $(x-1)^2 + (y-1)^2 = 1$ 相交于 A，B 两点，试求 AB 弦所对的圆心角及弦长.

解：圆的参数方程为 $\begin{cases} x = 1 + \cos\varphi, \\ y = 1 + \sin\varphi \end{cases}$ $(0 \leqslant \varphi < 2\pi)$，

代入直线方程，得 $1 + \sin\varphi = -\sqrt{3}(1+\cos\varphi) + 2\sqrt{3} + 1$，

整理得 $\sin\varphi + \sqrt{3}\cos\varphi = \sqrt{3}$，即 $\sin(60° + \varphi) = \dfrac{\sqrt{3}}{2}$.

设 A，B 处的参数分别为 φ_1，φ_2，不妨设 $\varphi_1 < \varphi_2$，则 $60° + \varphi_1 = 60°$，$60° + \varphi_2 = 120°$，即 $\varphi_1 = 0°$，$\varphi_2 = 60°$. 故 AB 弦所对的圆心角为 $\varphi_2 - \varphi_1 =$

$60°$,$|AB|=1$.

例 6 直角坐标平面上有定圆 $x^2+y^2=r^2$ 和定点 $A(a,0)(a>r)$,P 为定圆上任意一点,作 $\angle AOP$ 的平分线交 AP 于 Q,求点 Q 的轨迹.

解:设点 P 的坐标为 $(r\cos\theta,r\sin\theta)$,点 Q 的坐标为 (x,y),当点 P 不在 x 轴上时,$\because OQ$ 是 $\angle AOP$ 的角平分线,

$$\therefore \frac{AQ}{QP}=\frac{|OA|}{|OP|}=\frac{a}{r}.$$

又 $\dfrac{AQ}{QP}=\dfrac{a-x}{x-r\cos\theta}$,$\dfrac{AQ}{AP}=\dfrac{y}{r\sin\theta}$,

$\therefore \dfrac{a-x}{x-r\cos\theta}=\dfrac{a}{r}$,$\dfrac{y}{r\sin\theta}=\dfrac{a}{a+r}$,

$\therefore x=\dfrac{ra(1+\cos\theta)}{a+r}$,$y=\dfrac{ra\sin\theta}{a+r}$,

即 $\dfrac{ar\cos\theta}{a+r}=x-\dfrac{ar}{a+r}$,$\dfrac{ar\sin\theta}{a+r}=y$.

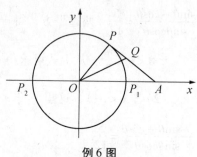

例 6 图

故 $(x-\dfrac{ar}{a+r})^2+y^2=(\dfrac{ar}{a+r})^2$,即点 Q 的轨迹为圆. 当点 P 重合于 P_1 时,轨迹为一线段 P_1A,当点 P 重合于 P_2 时,点 Q 重合于原点.

例 7 平面上有两点 $A(-1,0)$,$B(1,0)$,在圆周 $(x-3)^2+(y-4)^2=4$ 上取一点 P,求使 AP^2+BP^2 取最小值时点 P 的坐标.

解:如图所示,设 P 点的坐标为 $(3+2\cos\theta,4+2\sin\theta)$,则
$$AP^2+BP^2=(4+2\cos\theta)^2+(4+2\sin\theta)^2$$
$$\qquad\qquad +(2+2\cos\theta)^2+(4+2\sin\theta)^2$$
$$=60+24\cos\theta+32\sin\theta$$
$$=60+40(\dfrac{3}{5}\cos\theta+\dfrac{4}{5}\sin\theta).$$

令 $\begin{cases}\cos\varphi=\dfrac{4}{5},\\ \sin\varphi=\dfrac{3}{5},\end{cases}$ 则 $AP^2+BP^2=60+40\sin(\theta+\varphi)$.

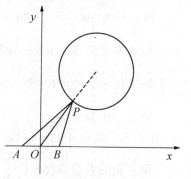

例 7 图

当 $\theta+\varphi=\dfrac{3}{2}\pi$,即 $\theta=\dfrac{3}{2}\pi-\varphi$ 时,AP^2+BP^2 取最小值 20.

$\therefore \sin\theta=\sin(\dfrac{3\pi}{2}-\varphi)=-\cos\varphi=-\dfrac{4}{5}$,$\cos\theta=\cos(\dfrac{3\pi}{2}-\varphi)=-\sin\varphi=-\dfrac{3}{5}$,

∴ 点 P 的坐标为：$x = 3 - \dfrac{6}{5} = \dfrac{9}{5}$, $y = 4 - \dfrac{8}{5} = \dfrac{12}{5}$.

故在点 $P(\dfrac{9}{5}, \dfrac{12}{5})$ 处 $AP^2 + BP^2$ 值最小.

例 8 已知点 P 是圆 C：$(x-5)^2 + (y-5)^2 = r^2 (r>0)$ 上的一点，它关于点 $A(5, 0)$ 的对称点为 Q，把点 P 绕圆心 $C(5, 5)$ 依逆时针方向旋转 $90°$ 后，所得的点记作 R，当点 P 在圆 C 上移动时，求 $|QR|$ 的最小值和最大值.

解：根据圆的方程，可设点 P 的坐标为 $(5 + r\cos\theta, 5 + r\sin\theta)$，则点 Q 的坐标为 $(5 - r\cos\theta, -5 - r\sin\theta)$，而点 R 的坐标是 $[(5 + r\cos(\theta + \dfrac{\pi}{2}), 5 + r\sin(\theta + \dfrac{\pi}{2})]$，即 $(5 - r\sin\theta, 5 + r\cos\theta)$,

∴ $|QR|^2 = r^2(\cos\theta - \sin\theta)^2 + [10 + r(\cos\theta + \sin\theta)]^2$
$= r^2[(\cos\theta - \sin\theta)^2 + (\cos\theta + \sin\theta)^2] + 100 + 20r(\cos\theta + \sin\theta)]$
$= 2r^2 + 100 + 20\sqrt{2}r\sin(\theta + \dfrac{\pi}{4})$.

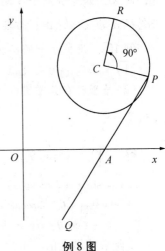

例 8 图

∵ $r > 0$,

∴ $|QR|^2 \leq 2r^2 + 100 + 20\sqrt{2}r = (\sqrt{2}r + 10)^2$,
  $|QR|^2 \geq 2r^2 + 100 - 20\sqrt{2}r = (\sqrt{2}r - 10)^2$.

故当 $\theta = \dfrac{\pi}{4}$，即点 P 的坐标为 $(5 + \dfrac{\sqrt{2}}{2}r, 5 + \dfrac{\sqrt{2}}{2}r)$ 时，$|QR|$ 有最大值 $\sqrt{2}r + 10$；

当 $\theta = \dfrac{5\pi}{4}$，即点 P 的坐标为 $(5 - \dfrac{\sqrt{2}}{2}r, 5 - \dfrac{\sqrt{2}}{2}r)$ 时，$|QR|$ 有最小值 $|\sqrt{2}r - 10|$.

例 9 求函数 $y = x + 4 + \sqrt{5 - x^2}$ 的最大值与最小值.

解：∵ $|x^2| \leq 5$，$|x| \leq \sqrt{5}$.

设 $x = \sqrt{5}\cos\alpha$，其中 $0 \leq \alpha < \pi$，则有
$y = \sqrt{5}\cos\alpha + 4 + \sqrt{5 - 5\cos^2\alpha} = \sqrt{5}\cos\alpha + 4 + \sqrt{5}|\sin\alpha|$
$= \sqrt{5}\cos\alpha + \sqrt{5}\sin\alpha + 4 = \sqrt{10}\sin(\alpha + \dfrac{\pi}{4}) + 4$,

∴ $\dfrac{\pi}{4} \leq \alpha + \dfrac{\pi}{4} \leq \dfrac{5\pi}{4}$,

∴当 $\alpha = \frac{\pi}{4}$，即 $x = \frac{\sqrt{10}}{2}$ 时，函数 y 有最大值 $\sqrt{10}+4$；当 $\alpha = \pi$，即 $x = -\sqrt{5}$ 时，函数 y 有最小值 $4-\sqrt{5}$.

注：这里设 $x = \sqrt{5}\cos\alpha$ 后，取 $0 \le \alpha < \pi$ 是十分重要的环节，因为若取 $0 \le \alpha \le 2\pi$，则化简 $\sqrt{5}|\sin\alpha|$ 时需讨论；若取 $-\frac{\pi}{2} \le \alpha \le \frac{\pi}{2}$，则与 $|x| \le 5$ 不等价，而且，只有确定了 α 的范围，才可进而求出 y 的最大值与最小值. 本题若忽视 α 的变化范围，常会将函数最小值错记为 $4-\sqrt{10}$.

例 10 设关于 x 的函数 $y = x^2 + 2a\sqrt{1-x^2} + a^2 - 6a + 13$.

(1) 求函数 y 的最大值 $M(a)$；

(2) 是否存在正常数 b，使 a 在 $(1, +\infty)$ 上变化时，$y = \log_b M(a)$ 的最大值是 $-\frac{4}{3}$.

解：(1) 令 $x = \sin\theta$，$-\frac{\pi}{2} \le \theta \le \frac{\pi}{2}$，则 $\cos\theta \ge 0$，

∴ $y = \sin^2\theta + 2a\cos\theta + a^2 - 6a + 13$

$= -\cos^2\theta + 2a\cos\theta + a^2 - 6a + 14$

$= -(\cos\theta - a)^2 + 2a^2 - 6a + 14$，

∴ 函数的最大值

$$M(a) = \begin{cases} a^2 - 8a + 13 \ (a < -1), \\ 2a^2 - 6a + 14 \ (-1 \le a \le 1), \\ a^2 - 4a + 13 \ (a > 1). \end{cases}$$

(2) 当 $a \in (1, +\infty)$ 时，$M(a) = a^2 - 4a + 13 = (a-2)^2 + 9$，要使 $y = \log_b M(a)$ 在区间 $(1, +\infty)$ 内取最大值 $-\frac{4}{3}$，则 $0 < b < 1$，于是 $\log_b 9 = -\frac{4}{3}$，$b = 3^{-\frac{3}{2}} = \frac{\sqrt{3}}{9}$.

故存在 $b = \frac{\sqrt{3}}{9}$，使 $a \in (1, +\infty)$ 时，$y = \log_b M(a)$ 取最大值 $-\frac{4}{3}$.

例 11 过边长为 a 的正三角形的重心 G 作一直线交两边于 E，F，设 $|EG| = p$，$|FG| = q$，求证：$\frac{1}{p^2} - \frac{1}{pq} + \frac{1}{q^2} = \frac{9}{a^2}$.

证明：建立坐标系如图所示，则 OA，OB 所在直线的方程分别为 $y = \frac{\sqrt{3}}{3}x$ 和 $y = -\frac{\sqrt{3}}{3}x$，设 $\angle XGE = \theta$.

∵ $OG = \dfrac{\sqrt{3}}{3}a$，∴ 点 E 的坐标为 $(\dfrac{\sqrt{3}}{3}a + p\cos\theta, p\sin\theta)$，点 F 的坐标为 $(\dfrac{\sqrt{3}}{3}a - q\cos\theta, -q\sin\theta)$.

∵ 点 E 在 OA 上，

∴ $p\sin\theta = \dfrac{\sqrt{3}}{3}(\dfrac{\sqrt{3}}{3}a + p\cos\theta)$，

∴ $\dfrac{1}{p} = \dfrac{\sqrt{3}(\sqrt{3}\sin\theta - \cos\theta)}{a}$.

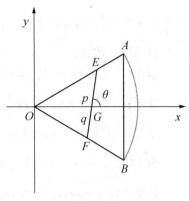

例 11 图

同理，由点 F 在 OB 上，可得

$\dfrac{1}{q} = \dfrac{\sqrt{3}(\sqrt{3}\sin\theta + \cos\theta)}{a}$.

故 $\dfrac{1}{p^2} - \dfrac{1}{pq} + \dfrac{1}{q^2} = \dfrac{3}{a^2}[(\sqrt{3}\sin\theta - \cos\theta)^2 - (\sqrt{3}\sin\theta - \cos\theta)(\sqrt{3}\sin\theta + \cos\theta) + (\sqrt{3}\sin\theta + \cos\theta)^2] = \dfrac{3}{a^2}(3\sin^2\theta + \cos^2\theta) = \dfrac{9}{a^2}$.

例 12 已知 a, b 为实数，$a^2 + b^2 = a^2b^2$，且 $ab + 2 < 0$，求证：

$\dfrac{\left(a\sqrt{1-\dfrac{1}{a^2}} + b\sqrt{1-\dfrac{1}{b^2}}\right)^2}{ab(ab+2)} = \left(\dfrac{1}{a} - \dfrac{1}{b}\right)^2$.

证明：∵ $ab < -2$，∴ a, b 为异号实数，由 $a^2 + b^2 = a^2b^2$ 得：$\dfrac{1}{a^2} + \dfrac{1}{b^2} = 1$.

令 $\dfrac{1}{a} = \sin\alpha$，$\dfrac{1}{b} = \cos\alpha$，其中 $\dfrac{\pi}{2} < \alpha < \pi$ 或 $-\dfrac{\pi}{2} < \alpha < 0$.

(1) 当 $\dfrac{\pi}{2} < \alpha < \pi$ 时，

左式 $= \dfrac{\left(\dfrac{1}{\sin\alpha}\sqrt{1-\sin^2\alpha} + \dfrac{1}{\cos\alpha}\sqrt{1-\cos^2\alpha}\right)^2}{\dfrac{1}{\sin\alpha} \cdot \dfrac{1}{\cos\alpha}\left(\dfrac{1}{\sin\alpha} \cdot \dfrac{1}{\cos\alpha} + 2\right)}$

$= \dfrac{\left(-\dfrac{\cos\alpha}{\sin\alpha} + \dfrac{\sin\alpha}{\cos\alpha}\right)^2}{\dfrac{1 + 2\sin\alpha\cos\alpha}{\sin^2\alpha\cos^2\alpha}} = \dfrac{(\sin^2\alpha - \cos^2\alpha)^2}{(\sin\alpha + \cos\alpha)^2}$

$= (\sin\alpha - \cos\alpha)^2 = \left(\dfrac{1}{a} - \dfrac{1}{b}\right)^2 = $ 右式.

(2)当 $-\dfrac{\pi}{2}<\alpha<0$ 时,同法可证等式成立.

故原等式成立.

例 13 已知 $|x|\leqslant 2$,求证:$|3x-x^3|\leqslant 2$.

证明: $\because \left|\dfrac{x}{2}\right|<1$,$\therefore$ 设 $\dfrac{x}{2}=\sin\alpha$,$x=2\sin\alpha$,

$\therefore |3x-x^3|=|6\sin\alpha-8\sin^3\alpha|=2|3\sin\alpha-4\sin^3\alpha|=2|\sin 3\alpha|\leqslant 2.$

例 14 已知 $a^2+b^2=1$,求证:$\left(a^2+\dfrac{1}{a^2}\right)\left(b^2+\dfrac{1}{b^2}\right)\geqslant\dfrac{25}{4}$.

证明: 设 $a=\sin\alpha$,$b=\cos\alpha$,则

$$\left(a^2+\dfrac{1}{a^2}\right)\left(b^2+\dfrac{1}{b^2}\right)=\left(\sin^2\alpha+\dfrac{1}{\sin^2\alpha}\right)\left(\cos^2\alpha+\dfrac{1}{\cos^2\alpha}\right)$$

$$=\dfrac{\sin^4\alpha\cos^4\alpha+\sin^4\alpha+\cos^4\alpha+1}{\sin^2\alpha\cos^2\alpha}$$

$$=\dfrac{\sin^4\alpha\cos^4\alpha+(\sin^2\alpha+\cos^2\alpha)^2-2\sin^2\alpha\cos^2\alpha+1}{\sin^2\alpha\cos^2\alpha}$$

$$=\dfrac{(\sin^2\alpha\cos^2\alpha-1)^2+1}{\sin^2\alpha\cos^2\alpha}=\dfrac{(\dfrac{1}{4}\sin^2 2\alpha-1)^2+1}{\dfrac{1}{4}\sin^2 2\alpha}$$

$$\geqslant\dfrac{(\dfrac{1}{4}-1)^2+1}{\dfrac{1}{4}}=\dfrac{25}{4}.$$

例 15 设 $x,y\in\mathbf{R}^+$,不等式 $\sqrt{x}+\sqrt{y}\leqslant a\sqrt{x+y}$ 恒成立,求证:$a\geqslant\sqrt{2}$.

证明: $\because x,y\in\mathbf{R}^+$,$\therefore (\sqrt{x})^2+(\sqrt{y})^2=(\sqrt{x+y})^2$.

令 $\dfrac{\sqrt{x}}{\sqrt{x+y}}=\cos\theta$,$\dfrac{\sqrt{y}}{\sqrt{x+y}}=\sin\theta$,$\theta\in\left(0,\dfrac{\pi}{2}\right)$,则

$$a\geqslant\dfrac{\sqrt{x}+\sqrt{y}}{\sqrt{x+y}}=\cos\theta+\sin\theta=\sqrt{2}\sin\left(\theta+\dfrac{\pi}{4}\right)$$

$\because \dfrac{\pi}{4}<\theta+\dfrac{\pi}{4}<\dfrac{3}{4}\pi$,$\therefore \dfrac{\sqrt{2}}{2}<\sin\left(\theta+\dfrac{\pi}{4}\right)\leqslant 1$.

$\because a$ 不小于右边函数 $y=\sqrt{2}\sin\left(\theta+\dfrac{\pi}{4}\right)$,$\theta\in\left(0,\dfrac{\pi}{2}\right)$ 的最大值 $\sqrt{2}$,故 $a\geqslant\sqrt{2}$.

§3-3 多元参数变换

在解答某些数学问题的过程中，引入一个参数不能够将要求解或证明的关系式简化，于是就有了引入多元参数的问题. 所谓多元参数变换就是引入两个或两个以上的参数，使要求解或证明的关系式转化为含有两个或两个以上参数的关系式，然后对已转化的关系式进行分析、研究，从而使问题得到解决的一种变换.

多元参数变换可用于解答分解因式、代数式的化简、求值、解方程(方程组)、求轨迹方程、恒等式或不等式的证明等问题.

例1 分解因式：$(ab-1)^2+(a+b-2)(a+b-2ab)$.

解：令 $a+b=u$，$ab=v$，则

原式 $=(v-1)^2+(u-2)(u-2v)$
$=(v+1)^2-2u(v+1)+u^2$
$=[u-(v+1)]^2=(a+b-ab-1)^2$
$=(a-1)^2(1-b)^2$.

例2 化简：$\dfrac{(\sqrt{x}-\sqrt{y})^3+\dfrac{2x^2}{\sqrt{x}}+y\sqrt{y}}{x\sqrt{x}+y\sqrt{y}}+\dfrac{3\sqrt{xy}-3y}{x-y}$.

解：令 $\sqrt{x}=p$，$\sqrt{y}=q$ 则

原式 $=\dfrac{(p-q)^3+\dfrac{2p^4}{p}+q^3}{p^3+q^3}+\dfrac{3pq-3q^2}{p^2-q^2}$

$=\dfrac{3p^3-3p^2q+3pq^2}{p^3+q^3}+\dfrac{3q(p-q)}{(p+q)(p-q)}$

$=\dfrac{3p(p^2-pq+q^2)}{(p+q)(p^2-pq+q^2)}+\dfrac{3q}{p+q}$

$=\dfrac{3p}{p+q}+\dfrac{3q}{p+q}=3$.

例3 设 $x^2+y^2=1$，$u^2+v^2=1$，$xu+yv=0$，求 $xy+uv$ 的值.

解：设 $x=\sin\alpha$，$y=\cos\alpha$，$u=\sin\beta$，$v=\cos\beta$，

由 $xu+yv=0$ 得 $\sin\alpha\sin\beta+\cos\alpha\cos\beta=0$，

即 $\cos(\alpha-\beta)=0$，

$\therefore xy+uv=\sin\alpha\cos\alpha+\sin\beta\cos\beta=\dfrac{1}{2}(\sin2\alpha+\sin2\beta)=\sin(\alpha+\beta)\cos(\alpha-$

$\beta) = 0$.

例4 已知 $0 < x < \dfrac{\pi}{2}$，如果对数 $\log_{\sin x} \cos x$ 和 $\log_{\cos x} \sqrt{\operatorname{tg} x}$ 的首数都是 0，尾数和为 1，求 $\sin x$ 的值.

解：设 $\log_{\sin x} \cos x = \alpha$，$\log_{\cos x} \sqrt{\operatorname{tg} x} = \beta$，

则 $\log_{\cos x} \dfrac{\sin x}{\cos x} = 2\beta$，即 $\log_{\cos x} \sin x - \log_{\cos x} \cos x = 2\beta$，

亦即 $\dfrac{1}{\alpha} - 1 = 2\beta$，$\beta = \dfrac{1}{2}(\dfrac{1}{\alpha} - 1)$. 又 $\alpha + \beta = 1$ ($0 < \alpha < 1$, $0 < \beta < 1$)，

$\therefore \alpha + \dfrac{1}{2}(\dfrac{1}{\alpha} - 1) = 1$，$\alpha = \dfrac{1}{2}$，即 $\log_{\sin x} \cos x = \dfrac{1}{2}$，

$\therefore (\sin x)^{\frac{1}{2}} = \cos x$ 即 $\sin^2 x + \sin x - 1 = 0$，

解之得 $\sin x = \dfrac{-1 + \sqrt{5}}{2}$.

例5 椭圆 $\dfrac{x^2}{a^2} + \dfrac{y^2}{b^2} = 1$ 上一点 P 与两焦点 F_1 和 F_2 连线所成角 $\angle F_1 P F_2 = \alpha$，求 $\triangle F_1 P F_2$ 的面积.

解：如图所示，过 P 作 $PM \perp F_1 F_2$ 交 x 轴于 M，设 $|PF_1| = a_1$，$|PF_2| = a_2$，$\angle F_1 PM = \alpha_1$，$\angle MPF_2 = \alpha_2$，显然 $\alpha_1 + \alpha_2 = \alpha$，

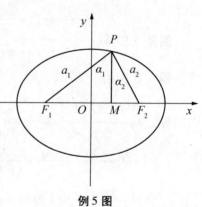

例5图

则有 $a_1 + a_2 = 2a$，　①
$a_1 \cos\alpha_1 - a_2 \cos\alpha_2 = 0$，　②
$a_1 \sin\alpha_1 + a_2 \sin\alpha_2 = 2c$.　③

②^2 + ③^2，得：
$a_1^2 + a_2^2 - 2a_1 a_2 \cos(\alpha_1 + \alpha_2) = 4c^2$.　④

①^2 − ④，得：
$2 a_1 a_2 (1 + \cos\alpha) = 4b^2$，$\therefore a_1 a_2 = \dfrac{2b^2}{1 + \cos\alpha}$.

故 $S_{\triangle F_1 P F_2} = \dfrac{1}{2} a_1 a_2 \sin\alpha = \dfrac{1}{2} \times \dfrac{2b^2}{1 + \cos x} \times \sin\alpha = b^2 \operatorname{tg} \dfrac{\alpha}{2}$.

此题用常规方法做比较烦琐，这里巧妙地将一个已知量 α 分解为两个未知量（参数）之和，使解答便捷.

例6 解方程：$(a+x)^{\frac{2}{3}} + 4(a-x)^{\frac{2}{3}} - 5(a^2 - x^2)^{\frac{1}{3}} = 0$.

解：令 $(a+x)^{\frac{1}{3}} = u$，$(a-x)^{\frac{1}{3}} = v$，则原方程化为：
$u^2 - 5uv + 4v^2 = 0$，即 $(u-4v)(u-v) = 0$.

由 $u = 4v$ 有 $(a+x)^{\frac{1}{3}} = 4(a-x)^{\frac{1}{3}}$，

即 $a+x = 64(a-x)$，解得 $x_1 = \dfrac{63}{65}a$.

由 $u = v$ 有 $(a+x)^{\frac{1}{3}} = (a-x)^{\frac{1}{3}}$，解得 $x_2 = 0$.

经检验，x_1，x_2 皆为原方程的解.

例7 解方程组：$\begin{cases} \sqrt{x+1} + \sqrt{y-1} = 5, & ① \\ xy - x + y = 37. & ② \end{cases}$

解：由②得 $xy - x + y - 1 = 36$，
即 $(x+1)(y-1) = 36$.

令 $\sqrt{x+1} = u$，$\sqrt{y-1} = v$，则原方程组化为：

$\begin{cases} u+v = 5, \\ (uv)^2 = 36, \end{cases}$ 即 $\begin{cases} u+v = 5, \\ uv = 6 \end{cases}$ $(u>0, v>0)$，

解之得 $\begin{cases} u = 2, \\ v = 3 \end{cases}$ 或 $\begin{cases} u = 3, \\ v = 2. \end{cases}$

由 $\begin{cases} \sqrt{x+1} = 2, \\ \sqrt{y-1} = 3 \end{cases}$ 解得 $\begin{cases} x_1 = 3, \\ y_1 = 10, \end{cases}$ 由 $\begin{cases} \sqrt{x+1} = 3, \\ \sqrt{y-1} = 2, \end{cases}$ 解得 $\begin{cases} x_2 = 8, \\ y_2 = 5. \end{cases}$

$\therefore$ 原方程组的解为 $\begin{cases} x_1 = 3, \\ y_1 = 10 \end{cases}$ 或 $\begin{cases} x_2 = 8, \\ y_2 = 5. \end{cases}$

例8 已知 $1 \leq \lg \dfrac{x}{y} \leq 2$，$2 \leq \lg \dfrac{x^2}{\sqrt{y}} \leq 3$，求 $\lg \dfrac{x^3}{\sqrt[3]{y}}$ 的取值范围.

解：令 $\lg \dfrac{x^3}{\sqrt[3]{y}} = \alpha \lg \dfrac{x}{y} + \beta \lg \dfrac{x^2}{\sqrt{y}}$，则 $3\lg x - \dfrac{1}{3}\lg y = (\alpha + 2\beta)\lg x - (\alpha + \dfrac{\beta}{2})\lg y$，

$\therefore \begin{cases} \alpha + 2\beta = 3, \\ \alpha + \dfrac{\beta}{2} = \dfrac{1}{3}, \end{cases}$ 解之得 $\begin{cases} \alpha = -\dfrac{5}{9}, \\ \beta = \dfrac{16}{9}. \end{cases}$

又 $\because 1 \leq \lg \dfrac{x}{y} \leq 2$，$\therefore -\dfrac{10}{9} \leq \alpha \lg \dfrac{x}{y} \leq -\dfrac{5}{9}$，

同理可得 $\dfrac{32}{9} \leq \beta \lg \dfrac{x^2}{\sqrt{y}} \leq \dfrac{48}{9}$，故 $\dfrac{22}{9} \leq \alpha \lg \dfrac{x}{y} + \beta \lg \dfrac{x^2}{\sqrt{y}} \leq \dfrac{43}{9}$，

即 $\lg\dfrac{x^3}{\sqrt[3]{y}}$ 的取值范围是 $\left[\dfrac{22}{9},\dfrac{43}{9}\right]$.

例9 已知抛物线 $y^2=x+1$, 定点 $A(3,1)$, B 为抛物线上任意一点, 点 P 在线段 AB 上, 且 $|BP|:|AP|=1:2$。当 B 在抛物线上运动时, 求点 P 的轨迹方程.

解: 如图所示, 设 $z_A=3+\mathrm{i}$, $z_B=x'+y'\mathrm{i}$, $z_P=x+y\mathrm{i}$.

因为 A, P, B 共线, 且 $|BP|:|AP|=1:2$, 所以向量 $\overrightarrow{PB}$ 可视为向量 $\overrightarrow{PA}$ 按逆时针方向绕 P 点旋转 $180°$ 且模缩小到 $\dfrac{1}{2}$ 而得到的, 于是: $z_B-z_P=\dfrac{1}{2}(z_A-z_P)(-1)$,

即 $(x'+y'\mathrm{i})-(x+y\mathrm{i})=-\dfrac{1}{2}[(3+\mathrm{i})-(x+y\mathrm{i})]$,

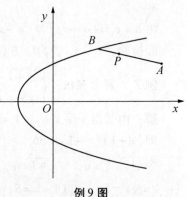

例9图

整理得 $(2x'-3x+3)+(2y'-3y+1)\mathrm{i}=0$,

$\therefore \begin{cases}2x'-3x+3=0,\\ 2y'-3y+1=0,\end{cases}$ 即 $\begin{cases}x'=\dfrac{3}{2}(x-1),\\ y'=\dfrac{1}{2}(3y-1).\end{cases}$

又 $\because B(x',y')$ 在 $y^2=x+1$ 上, $\therefore \dfrac{1}{4}(3y-1)^2=\dfrac{3}{2}(x-1)+1$.

整理得 $x=\dfrac{3}{2}y^2-y+\dfrac{1}{2}$ 为 P 点的轨迹方程.

例10 设 a 和 b 为有理数, $A=\dfrac{a+\sqrt{2}}{b+\sqrt{2}}$, $B=(a+\sqrt{2})(b+\sqrt{2})=\dfrac{8A}{(1+A)^2}$, 求 a 与 b 之间的关系.

解: 设 $a+\sqrt{2}=p$, $b+\sqrt{2}=q$, 则 $A=\dfrac{p}{q}$, $B=pq$, 代入得

$pq=\dfrac{8\cdot\dfrac{p}{q}}{(1+\dfrac{p}{q})^2}=\dfrac{8pq}{(p+q)^2}$, 化简得 $pq[(p+q)^2-8]=0$.

由于 a 和 b 都是有理数, $\therefore p\ne 0$, $q\ne 0$,

∴ $(p+q)^2 - 8 = 0$，$p+q = \pm 2\sqrt{2}$，

即 $a+b+2\sqrt{2} = \pm 2\sqrt{2}$，∴ $a+b=0$ 或 $a+b = -4\sqrt{2}$.

但 a，b 为有理数，∴ $a+b \neq -4\sqrt{2}$，故 $a+b=0$.

例 11 已知 a，b，c，d 为实数，且 $a^2+b^2=c^2+d^2=1$，求证：$(ac-bd)^2 + (ad+bc)^2 = 1$.

证明： 因 $a^2+b^2=c^2+d^2=1$，故可设 $a=\cos\alpha$，$b=\sin\alpha$，$c=\cos\beta$，$d=\cos\beta$，则 $ac-bd = \cos\alpha\cos\beta - \sin\alpha\sin\beta = \cos(\alpha+\beta)$，

$ad+bc = \cos\alpha\sin\beta + \sin\alpha\cos\beta = \sin(\alpha+\beta)$，

∴ $(ac-bd)^2 + (ad+bc)^2 = \cos^2(\alpha+\beta) + \sin^2(\alpha+\beta) = 1$.

例 12 已知 $x+y+z=xyz$，x，y，z 均为实数，求证：

$$\frac{2x}{1-x^2} + \frac{2y}{1-y^2} + \frac{2z}{1-z^2} = \frac{8xyz}{(1-x^2)(1-y^2)(1-z^2)}.$$

证明： ∵ $x+y+z=xyz$，设 $x=\text{tg}A$，$y=\text{tg}B$，$z=\text{tg}C$，

则 $\text{tg}A + \text{tg}B + \text{tg}C = \text{tg}A\text{tg}B\text{tg}C$，于是 $A+B+C = n\pi (n \in \mathbf{Z})$

∴ $2A = 2n\pi - 2(B+C)$，

$\text{tg}2A = \text{tg}[2n\pi - 2(B+C)] = -\text{tg}(2B+2C) = -\dfrac{\text{tg}2B + \text{tg}2C}{1 - \text{tg}2B\text{tg}2C}$，

∴ $\text{tg}2A + \text{tg}2B + \text{tg}2C = \text{tg}2A\text{tg}2B\text{tg}2C$，

故 $\dfrac{2\text{tg}A}{1-\text{tg}^2A} + \dfrac{2\text{tg}B}{1-\text{tg}^2B} + \dfrac{2\text{tg}C}{1-\text{tg}^2C} = \dfrac{2\text{tg}A}{1-\text{tg}^2A} \cdot \dfrac{2\text{tg}B}{1-\text{tg}^2B} \cdot \dfrac{2\text{tg}C}{1-\text{tg}^2C}$，

即 $\dfrac{2x}{1-x^2} + \dfrac{2y}{1-y^2} + \dfrac{2z}{1-z^2} = \dfrac{8xyz}{(1-x^2)(1-y^2)(1-z^2)}$.

例 13 求证：$(x+y+z)^3 = (-x+y+z)^3 + (x-y+z)^3 + (x+y-z)^3 + 24xyz$.

证明： 设 $-x+y+z=a$，$x-y+z=b$，$x+y-z=c$，则 $a+b+c=x+y+z$，

∴ 左式 $= (a+b+c)^3 = (a+b)^3 + c^3 + 3(a+b)c(a+b+c)$

$= a^3 + b^3 + 3ab(a+b) + c^3 + 3(a+b)c(a+b+c)$

$= a^3 + b^3 + c^3 + 3(a+b)[ab + c(a+b) + c^2]$

$= a^3 + b^3 + c^3 + 3(a+b)(b+c)(c+a)$

$= (-x+y+z)^3 + (x-y+z)^3 + (x+y-z)^3 + 3(2z)(2x)(2y)$

$= (-x+y+z)^3 + (x-y+z)^3 + (x+y-z)^3 + 24xyz =$ 右式.

故原式得证.

例 14 已知函数 $f(x) = \sqrt{1+x^2}$，$x \in \mathbf{R}$，试比较 $|f(a)-f(b)|$ 与 $|a-b|$ 的大小.

解：令 $z_1 = 1 + ai$，$z_2 = 1 + bi$，则 $|f(a) - f(b)| = ||z_1| - |z_2||$，$|a - b| = |z_1 - z_2|$.

但 $||z_1| - |z_2|| \leqslant |z_1 - z_2| \leqslant ||z_1| + |z_2||$，

∴ $|f(a) - f(b)| \leqslant |a - b|$.

例15 已知 a, b, c, d, x, y 都是正数，且 $x^2 = a^2 + b^2$，$y^2 = c^2 + d^2$，求证：(1) $xy \geqslant ac + bd$；(2) $xy \geqslant ad + bc$；(3) $xy \geqslant \sqrt{(ac+bd)(ad+bc)}$.

证明：∵ $x^2 = a^2 + b^2$，$y^2 = c^2 + d^2$，且 $a, b, c, d, x, y \in \mathbf{R}^+$，

令 $\dfrac{a}{x} = \cos\alpha$，$\dfrac{b}{x} = \sin\alpha$，$\dfrac{c}{y} = \cos\beta$，$\dfrac{d}{y} = \sin\beta$（其中 α, β 均为锐角），

则 $\dfrac{ac}{xy} + \dfrac{bd}{xy} = \cos\alpha\cos\beta + \sin\alpha\sin\beta = \cos(\alpha - \beta)$.

∵ $-\dfrac{\pi}{2} < \alpha - \beta < \dfrac{\pi}{2}$，∴ $\cos(\alpha - \beta) \leqslant 1$，∴ $\dfrac{ac}{xy} + \dfrac{bd}{xy} \leqslant 1$.

又 x, y 为正数，∴ $ac + bd \leqslant xy$（①式）.

同理 $\dfrac{ad}{xy} + \dfrac{bc}{xy} = \cos\alpha\sin\beta + \sin\alpha\cos\beta = \sin(\alpha + \beta)$.

∵ $0 < \alpha + \beta < \pi$，∴ $\sin(\alpha + \beta) \leqslant 1$，∴ $\dfrac{ab}{xy} + \dfrac{bc}{xy} \leqslant 1$.

又 $x, y \in \mathbf{R}^+$，∴ $ad + bc \leqslant xy$（②式）.

(3) ∵ $a, b, c, d, x, y \in \mathbf{R}^+$，由①和②式得：$x^2y^2 \geqslant (ac+bd)(ad+bc)$，故 $xy \geqslant \sqrt{(ac+bd)(ad+bc)}$.

例16 对于任意的正数 x, y, z，总有：$\lg\dfrac{y}{x}\lg\dfrac{z}{y} + \lg\dfrac{z}{y}\lg\dfrac{x}{z} + \lg\dfrac{x}{z}\lg\dfrac{y}{x} \leqslant 0$.

证明：令 $a = \lg\dfrac{y}{x}$，$b = \lg\dfrac{z}{y}$，$c = \lg\dfrac{x}{z}$，则

$a + b + c = \lg\dfrac{y}{x} + \lg\dfrac{z}{y} + \lg\dfrac{x}{z} = \lg(\dfrac{y}{x} \cdot \dfrac{z}{y} \cdot \dfrac{x}{z}) = \lg 1 = 0$，

∴ $(a+b+c)^2 = a^2 + b^2 + c^2 + 2(ab + bc + ca) = 0$，

∴ $ab + bc + ca = -\dfrac{1}{2}(a^2 + b^2 + c^2) \leqslant 0$，

即 $\lg\dfrac{y}{x}\lg\dfrac{z}{y} + \lg\dfrac{z}{y}\lg\dfrac{x}{z} + \lg\dfrac{x}{z}\lg\dfrac{y}{x} \leqslant 0$.

注：此题直接去证难度较大，这里引入参数 $a = \lg\dfrac{y}{x}$，$b = \lg\dfrac{z}{y}$，$c = \lg$

$\frac{x}{z}$ 后，原题就变为"如果 $a+b+c=0$，则 $ab+bc+ca \leq 0$"，比原题好证得多.

例 17 已知 $x+y+z=1$，证明：$x^2+y^2+z^2 \geq \frac{1}{3}$.

证明： 令 $x=\frac{1}{3}+t_1$, $y=\frac{1}{3}+t_2$, $z=\frac{1}{3}+t_3$，其中 t_1, t_2, t_3 为实数，且 $t_1+t_2+t_3=0$，则 $x^2+y^2+z^2=(\frac{1}{3}+t_1)^2+(\frac{1}{3}+t_2)^2+(\frac{1}{3}+t_3)^2$

$=\frac{1}{9}+\frac{2}{3}t_1+t_1^2+\frac{1}{9}+\frac{2}{3}t_2+t_2^2+\frac{1}{9}+\frac{2}{3}t_3+t_3^2$

$=\frac{1}{3}+\frac{2}{3}(t_1+t_2+t_3)+t_1^2+t_2^2+t_3^2$.

$\because t_1+t_2+t_3=0$，而 $t_1^2 \geq 0$, $t_2^2 \geq 0$, $t_3^2 \geq 0$，$\therefore x^2+y^2+z^2 \geq \frac{1}{3}$.

(等号仅当 $t_1=t_2=t_3=0$，即 $x=y=z=\frac{1}{3}$ 时成立.)

例 18 已知 $\frac{\cos^4\alpha}{\cos^2\beta}+\frac{\sin^4\alpha}{\sin^2\beta}=1$，求证：$\frac{\cos^4\beta}{\cos^2\alpha}+\frac{\sin^4\beta}{\sin^2\alpha}=1$.

证明： 令 $\sin^2\alpha=a$, $\sin^2\beta=b$，$a, b \in (0, 1)$，

则 $\frac{a^2}{b}+\frac{(1-a)^2}{1-b}=1$，$a^2(1-b)+b(1-a)^2=b(1-b)$.

整理得 $(a-b)^2=0$，$\therefore a=b$，于是有 $\frac{b^2}{a}+\frac{(1-b)^2}{1-a}=1$，

以 $a=\sin^2\alpha$, $b=\sin^2\beta$ 代入得：$\frac{\cos^4\beta}{\cos^2\alpha}+\frac{\sin^4\beta}{\sin^2\alpha}=1$.

习 题 三

1. 分解因式：$(x^2+2x-2)(x^2+2x-4)-3$.
2. 求函数 $y=2x-3-\sqrt{13-4x}$ 的值域.
3. 对于 $x \in \mathbf{R}$，不等式 $x^2\log_2\frac{4(a+1)}{a}+2x\log_2\frac{2a}{a+1}+\log_2\frac{(a+1)^2}{4a^2}>0$ 恒成立，求实数 a 的范围.
4. 已知 $y=\cos^2x+2p\sin x+q$ 的值域为 $[7, 10]$，试求 p 和 q 的值.
5. 已知 $f\left(\frac{x+1}{x}\right)=\frac{x^2+1}{x^2}$，求 $f(x)$.

6. 已知 $af(2x-3)+bf(3-2x)=2x$，$a^2 \neq b^2$，求 $f(x)$.

7. 求函数 $y=\cos^2 x-3\cos x+2$ 的最小值.

8. 设 $-\pi \leq x \leq \pi$，求函数 $y=1+\sin x+\cos x+\sin x \cos x$ 的最值.

9. 当 x 在 $[0,1]$ 内变化时，求 $\sqrt{x}$ 与 x 之差的最大值以及这时的 x 值.

10. 解方程：

    (1) $\sqrt[4]{3x^2+4}-\sqrt{3x^2+4}=-2$；

    (2) $(3^4)^{\cos^2 x}+(3^4)^{\sin^2 x}=30 \ (0<x<2\pi)$；

    (3) $(\lg x)^{\lg x}=x$.

11. 解方程：$x^3+\dfrac{1}{x^3}=6(x+\dfrac{1}{x})$.

12. 解方程：$(2x+9)^4+(2x+1)^4=904$.

13. 解方程：$(\sqrt{2-\sqrt{3}})^x+(\sqrt{2+\sqrt{3}})^x=4$.

14. 解方程：$2x^2+6x-2\sqrt{2x^2+5x-3}=x+6$.

15. 解方程：$\dfrac{1}{x^2+11x-8}+\dfrac{1}{x^2+2x-8}+\dfrac{1}{x^2-13x-8}=0$.

16. 解方程：$2(4^x+4^{-x})-7(2^x+2^{-x})+10=0$.

17. 过点 $M(2,1)$ 作曲线 $x^2+4y^2=16$ 的弦，分别求满足下列条件的弦所在的直线方程：(1) M 是弦的中点；(2) M 是弦的一个三等分点.

18. 过定点 $A(3,2)$ 的一条动直线 l 分别交 x 轴、y 轴于 M，N，Q 为线段 MN 的中点，连结 OQ 并延长至 P，使 $|OQ|=|QP|$，求点 P 的轨迹方程.

19. 已知 $\dfrac{\sin\theta}{x}=\dfrac{\cos\theta}{y}$，又 $\dfrac{\cos^2\theta}{x^2}+\dfrac{\sin^2\theta}{y^2}=\dfrac{10}{3(x^2+y^2)}$，求 x 和 y 的关系.

20. 已知 $ax^3=by^3=cz^3$，并且 $\dfrac{1}{x}+\dfrac{1}{y}+\dfrac{1}{z}=1$，求证：$\sqrt[3]{ax^2+by^2+cz^2}=\sqrt[3]{a}+\sqrt[3]{b}+\sqrt[3]{c}$.

21. 已知 a，b，c 是不为 1 的正数，x，y，$z\in \mathbf{R}^+$ 且有 $a^x=b^y=c^z$ 和 $\dfrac{1}{x}+\dfrac{1}{z}=\dfrac{2}{y}$，求证：$a$，$b$，$c$ 顺次成等比数列.

22. 设 $a>1$，$n\in \mathbf{N}$，$n\geq 2$，求证：$\sqrt[n]{a}-1<\dfrac{a-1}{n}$.

23. 若 $a\geq b\geq 0$，求证：$\sqrt{2ab-b^2}+\sqrt{a^2-b^2}\geq a$.

24. 已知 $a^2+b^2=r^2$ 且 a，$b\in \mathbf{R}$，求 ab 的取值范围.

25. 解方程：$\sqrt{1+x^2} + \dfrac{\sqrt{1+x^2}}{x} = 2\sqrt{2}$.

26. 已知圆 $x^2 + y^2 = 1$ 与定点 $A(2, 0)$，B 为已知圆上的一动点，$\triangle ABC$ 是正三角形(A, B, C 为顺时针序)，试求顶点 C 的轨迹；如点 B 在上半圆周上运动，到什么位置时，四边形 $OACB$ 的面积最大？

27. 在椭圆 $(x-2)^2 + 4y^2 = 4$ 上，求使 $z = x^2 - y^2$ 取得最大和最小值的点 P 的坐标.

28. 求以长轴为一底的椭圆内接梯形的最大面积.

29. 在单位圆上求一点 $P(x, y)$，使二元函数 $f(x, y) = x^2 - 2xy + y^2$ 达到最值.

30. 已知 $a^2 + b^2 = c^2$，$c \neq 0$，$m^2 + n^2 \neq 0$，求 $\dfrac{ma + nb}{c}$ 的最大值.

31. 已知 $1 \leq x^2 + y^2 \leq 2$，求 $u = x^2 - xy + y^2$ 的最大值与最小值.

32. 已知 $x^2 + 4y^2 = 4$，$m^2 + n^2 \neq 0$，求 $M = x^2 + 2xy + 4y^2 + x + 2y$ 的最大值.

33. 若椭圆 $\dfrac{x^2}{a^2} + \dfrac{y^2}{b^2} = 1$ 上任一点 M (但非短轴端点)与短轴两端 B', B 的连线交 x 轴于 N 和 K，求证 $ON \cdot OK$ 为定值.

34. 求证：$|ax^2 + 2bxy - ay^2| \leq \sqrt{a^2 + b^2}(x^2 + y^2)$.

35. 求证：$\dfrac{a^2 + 5}{\sqrt{a^2 + 4}} > 2$.

36. 已知 $x^2 + y^2 = 2$，$x, y \in \mathbf{R}$，求证：$|x^2 - 2xy - y^2| \leq 2\sqrt{2}$.

37. 分解因式：$(a^2 + 1)^2 + (a^2 + 5)^2 - 4(a^2 + 3)^2$.

38. 若 $a^2 + b^2 = c^2 + d^2 = 1$，且 $ac + bd = 0$，求 $ab + cd$ 的值.

39. 解下列方程组：

(1) $\begin{cases} \dfrac{3}{x-4} + \dfrac{4}{y-1} = 3, \\ \dfrac{9}{x-4} - \dfrac{2}{y-1} = 2; \end{cases}$ (2) $\begin{cases} x^3 + y^3 = 5, \\ x^2 + y^2 = 3. \end{cases}$

40. 已知 $1 \leq a + b \leq 5$，$-1 \leq a - b \leq 3$，求 $3a - 2b$ 的取值范围.

41. 求圆 $x^2 + y^2 = a^2$ 在定点 $C(c, 0)$ 的直角之弦的中点轨迹 ($|c| \neq |a|$).

42. 已知 $a\sqrt{1-b^2} + b\sqrt{1-a^2} = 1$，求证：$a^2 + b^2 = 1$.

43. 已知 a, b, c, d 为不等于零的实数，且 $a \neq b$，$c \neq d$，$ad + bc \neq 0$，$m_1 = \dfrac{a+b}{a-b}$，$m_2 = \dfrac{c+d}{c-d}$，$m_3 = \dfrac{ac - bd}{ad + bc}$，求证：$m_1 + m_2 + m_3 = m_1 m_2 m_3$.

44. 设为 x, y, z 为实数，且 $\dfrac{y-z}{1+yz}+\dfrac{z-x}{1+zx}+\dfrac{x-y}{1-xy}=0$，求证：$x$, y, z 中必有两个互相相等.

45. 已知 a, b, c, d 为实数，求证：$\sqrt{a^2+b^2}+\sqrt{c^2+d^2} \geqslant \sqrt{(a\pm c)^2+(b\pm d)^2}$.

46. 设 a, b, $c \in \mathbf{R}^+$，求证：$abc \geqslant (b+c-a)(c+a-b)(a+b-c)$.

47. 已知 $\csc^2\alpha\sin^2\beta+\cos^2\beta\cos^2\gamma=1$，求证：$\operatorname{ctg}^2\alpha\cdot\operatorname{tg}^2\beta=\sin^2\gamma$.

第四章 初等几何变换

几何学是研究物体的形状、大小及其相互位置关系的一门学科. 点、线、面是组成几何图形的元素，在几何里为了研究它们的性质，常常把它们分开来研究. 但是，在实践中，点、线、面都不能单独存在，只能依附于物体. 而且物体的形状、大小和相互位置关系也会发生变化. 初等几何变换是将几何图形按照某种法则或规律变成另一种几何图形的一种变换，是几何图形与几何图形之间变化的纽带，是研究初等几何问题的重要方法. 初等几何变换的应用是事物之间互相联系、彼此依存、已知与未知等这些辩证思想在数学中的体现.

初等几何变换主要有对称变换、平移变换、旋转变换、相似变换和等积变换等.

§4-1 对称变换

对称变换是将平面图 F 变到关于直线 l 与它成轴对称的图形 F' 的一种几何变换. 而什么是关于直线 l 成轴对称的图形呢？那就是把一个图形沿着直线 l 折过来，如果它能够与另一个图形完全重合，这时，我们就说这两个图形关于直线 l 成轴对称，直线 l 叫作对称轴.

轴对称图形的以下性质在应用对称变换时很有作用：

(1) 如果两个图形关于某直线对称，那么对应点的连线被对称轴垂直平分；

(2) 两个图形关于某直线对称，如果它们的对应线段或其延长线相交，那么交点在对称轴上.

对称、平移和旋转变换是初等几何变换中的基本变换，其中对称变换又是最基础的一个.

应用对称变换可以把要解决的问题的条件相对集中，或者在已知图形中找出成轴对称的图形，应用轴对称图形的性质，寻求解决问题的办法.

例 1 已知 $\triangle ABC$ 是等边三角形，延长 BC 至 D，延长 BA 至 E，且有 $AE = BD$，连结 CE，DE，求证：$CE = DE$.

证明： 如图所示，延长 BD 于 F，使 $BC = DF$，并且连结 EF.

∵ $\triangle ABC$ 为等边△，∴ $\angle B = 60°$.

又 $BE = AE + AB = BD + BC = BD + DF = BF$,

∴ $\triangle EBF$ 为等边三角形,

于是有 $\angle B = \angle F$，$EB = EF$.

但 $BC = DF$，∴ $\triangle EBC \cong \triangle EFD$.

故 $CE = DE$.

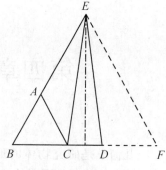

例 1 图

这里，通过作辅助线构造了一个与 $\triangle EBC$ 成轴对称的 $\triangle EFD$，使要证的两条线段变成了这两个三角形的对应边，这样，只要证明这两个三角形确是轴对称图形，即有 $\triangle EBC \cong \triangle EFD$ 就可以了。可见，通过对称变换，把不对称的图形"补齐"为对称图形，实现条件相对集中，是解决某些几何问题的有效方法。

例 2 正方形 $ABCD$ 中，E 是 CD 的中点，F 是 DA 的中点，连结 BE 与 CF 相交于 P，求证：$AP = AB$.

证明： 如图所示，过 A 作 $AG \perp BP$ 交 BP 于 G，连 BF.

∵ $Rt\triangle BCE \cong Rt\triangle CDF$,

∴ $\angle CEB = \angle DFC$.

又∵ $\angle DCF + \angle DFC = 90°$,

∴ $\angle DCF + \angle CEB = 90°$,

即 $\angle ECP + \angle CEP = 90°$,

∴ $\angle CPE = 90°$，∴ $\angle BPF = 90°$.

而 $\angle BAF = 90°$,

∴ A, B, P, F 四点共圆,

∴ $\angle APG = \angle APB = \angle AFB$.

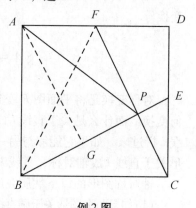

例 2 图

由 $Rt\triangle BCE \cong Rt\triangle BAF$

可得 $\angle CEB = \angle AFB$,

∴ $\angle APG = \angle CEB$，而 $\angle ABG = \angle ABE = \angle CEB$,

∴ $\angle APG = \angle ABG$ 又 $AG = AG$，∴ $Rt\triangle AGP \cong Rt\triangle AGB$.

故 $AP = AB$.

例 3 （蝴蝶定理）在圆 O 中，过弦 BC 的中点 A 任意作两条弦 PQ，RS，其中 SQ，PR 分别与 BC 交于 M，N 两点，求证：$AM = AN$.

证明： 过 S 作 $SS' \parallel BC$ 与圆 O 交于 S'，连结 NS'，PS'，AS'，则 $\triangle ASS'$ 是一个轴对称图形（过 A 点与 SS' 垂直的直线是对称轴）.

∴ ∠ASS′ = ∠AS′S = ∠CAS′.

∵ ∠RPS′ + ∠ASS′ = 180°,

∴ ∠RPS′ + ∠CAS′ = 180°,

∴ A，S′，P，N 四点共圆，

于是有 ∠APN = ∠S′N.

而 ∠APN = ∠ASM，∴ ∠AS′N = ∠ASM.

又 ∠NAS′ = ∠MAS，AS′ = AS，

∴ △AS′N ≌ △ASM. 故 AN = AM.

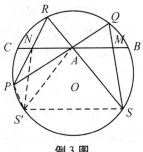

例 3 图

例 4 从等腰直角三角形的直角顶点 C 向中线 BD 作垂线 CE，并延长交 AB 于 F，则 ∠ADF = ∠BDC.

证明：如图所示，作 AG⊥AC 交 CF 的延长线于 G. 在 △ACG 和 △CBD 中，

∵ AC⊥BC，CE⊥BD．

∴ ∠ACG = ∠CBD．

又 AC = BC，∠GAC = ∠DCB，

∴ △GAC ≌ △DCB．

∴ AG = CD，∠AGF = ∠BDC．

又∵ BD 是 AC 上的中线，∴ AD = DC，

∴ AG = AD．

在 △ADF 和 △AGF 中，

∠DAF = ∠GAF，AF = AF，AD = AG，

∴ △ADF ≌ △AGF，∴ ∠ADF = ∠AGF．

故 ∠ADF = ∠BDC．

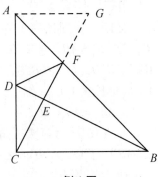

例 4 图

这里，通过"补齐"轴对称图形构造第三个角，由第三个角与另一个角的关系得出问题的解答．

例 5 在等腰直角 △ABC 中，∠A = 90°，D 是 AC 的中点，AE⊥ED，AE 的延长线交 BC 于 F，连 DF，求证：∠ADB = ∠FDC.

证明：如图所示，将等腰直角 △ABC 以 BC 为对称轴翻折到 △A′BC，于是得到正方形 ABA′C，其中 D，D′关于 BC 对称，则

△DFC ≌ △D′FC，CD = CD′，∠DCF = ∠D′CF = 45°，∠FDC = ∠FD′C.

在 △ABD 和 △CAD′ 中，

AB = CA，AD = CD = CD′，

∠BAD = 90° = ∠ACB + ∠FCD′ = ∠ACD′，

∴ △ABD ≌ △CAD′，于是有

∠ADB = ∠AD′C，

$\angle ABD = \angle CAD'$.

但 $AE \perp BD$,$\angle DAF + ADB = 90°$.

又 $\angle A = 90°$,$\angle ABD + \angle ADB = 90°$,

∴ $\angle DAF = \angle ABD = \angle CAD'$,

∴ A,F,D' 在一条直线上,$\angle AD'C = \angle FD'C$.

故 $\angle ADB = \angle FDC$.

例 6 已知：在 $\triangle ABC$ 中,AD 平分 $\angle BAC$,$AD = AB$,$CM \perp AD$ 于 M,求证:$AM = \frac{1}{2}(AB + AC)$.

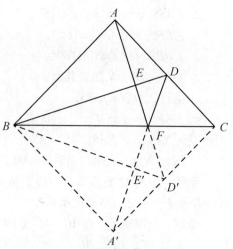

例 5 图

证明：如图所示,在 AC 上取 B',使 $AB' = AB$,连 $B'D$. 分别过 M,C 作 $MM' \parallel B'D$,$CC' \parallel B'D$,交 AC 于 M',交 AM 的延长线于 C',则

∵ $AB' = AB = AD$,

∴ $\triangle AB'D$ 为等腰三角形,而 $\angle BAD = \angle DAB'$,于是 $\angle ADB = \angle AB'D = \angle ADB$.

而 $MM' \parallel DB'$,∴ $\angle AMM' = \angle ADB'$,$\angle AM'M = \angle AB'D$,

∴ $\angle AMM' = \angle AM'M$,$\triangle AMM'$ 为等腰三角形,$AM = AM'$.

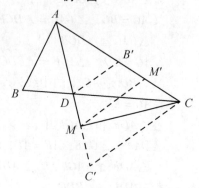

例 6(1) 图

同理,$\triangle AC'C$ 为等腰三角形,∴ $DM = B'M'$,$MC' = M'C$.

在 $Rt\triangle CMD$ 与 $Rt\triangle CMC'$ 中,

$CM = CM$,$\angle CC'M = \angle ADB' = \angle ADB = \angle CDM$,

∴ $Rt\triangle CMD \cong Rt\triangle CMC'$,$DM = C'M$,

∴ $B'M' = M'C$,$AM' = \frac{1}{2}(AC + AB') = \frac{1}{2}(AB + AC)$.

故 $AM = \frac{1}{2}(AB + AC)$.

另证：如图所示,延长 AM 到 A',使 $A'M = AM$,并在 AA' 上取一点 C',使 $AC' = AC$,连 $C'C$,$A'C$,则 $\triangle AC'C$ 为等腰三角形.

又 $\triangle ABD$ 为等腰三角形,$\angle BAD = \angle DAC$,

∴ ∠AC'C = ∠ADB.

∴ ∠A'C'C = ∠ADC.

在 △ADC 与 △A'C'C 中, AC = A'C, ∠CAD = ∠CA'C', ∠ADC = ∠A'C'C,

∴ △ADC ≌ △A'C'C, 于是 AD = A'C'.

而 $2AM = AA' = AC' + C'A' = AC + AD = AC + AB$,

故 $AM = \frac{1}{2}(AB + AC)$.

例7 在四边形 ABCD 中, AB∥CD, 且有 AB = AC = AD = a, BC = b, 求对角线 BD 之长.

解: 如图所示, 延长 BA 到 B', 使 AB' = AB = a, 连 B'D, 则

∵ AB∥CD, ∴ B'D = BC = b.

又 AB = AC = AD = AB' = a,

∴ 点 B, C, D, B' 在以 A 为圆心、a 为半径的同一个圆上, 且 B'B 是这个圆的直径. ∴ ∠B'DB = 90°

由勾股定理得 $BD^2 + B'D^2 = B'B^2$,

故 $BD = \sqrt{B'B^2 - B'D^2} = \sqrt{(2a)^2 - b^2} = \sqrt{4a^2 - b^2}$.

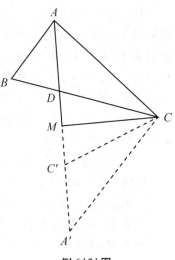

例6(2)图

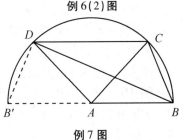

例7图

例8 已知 D 为等边 △ABC 内一点, 且 DB = DA, BP = AB, ∠DBP = ∠DBC, 求 ∠BPD 的度数.

解: 如图所示, 连 CD.

∵ CA = CB, DB = DA, ∴ CD 是 AB 的垂直平分线, 即 CD 是 △CAB 的对称轴,

∴ $\angle BCD = \frac{1}{2}\angle BCA = 30°$.

又∵ BP = AB = BC, BD = BD, ∠DBP = ∠DBC,

∴ △BDP ≌ △BDC.

故 ∠BPD = ∠BCD = 30°.

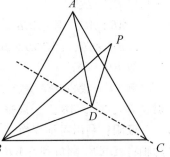

例8图

例9 如图所示, 在 △ABC 的边 AB, AC 上各求一点 P, Q, 使 BQ + QP + PC 为最小.

解：作 B 点关于直线 AC 的对称点 B_1，作 C 点关于直线 AB 的对称点 C_1，连 B_1C_1 交 AB，AC 于 P，Q，则 P，Q 为所求.

证明：在直线 AB，AC 上再各任取一点 P_1，Q_1，连 BQ_1，B_1Q_1，CP_1，C_1P_1，则

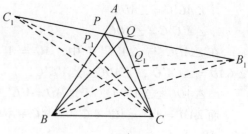

例9图

∵ 点 B 与 B_1 关于直线 AC 对称，∴ $BQ_1 = B_1Q_1$.

同理 $CP_1 = C_1P_1$，

∴ $BQ_1 + Q_1P_1 + P_1C = B_1Q_1 + P_1Q_1 + P_1C_1$.

但 $B_1Q_1 + P_1Q_1 + P_1C_1 > B_1Q + QP + PC_1$，

而 $B_1Q = BQ$，$C_1P = CP$，

∴ $BQ + QP + PC = B_1Q + QP + PC_1$，

∴ $BQ_1 + Q_1P_1 + P_1C > BQ + QP + PC$.

又 P_1，Q_1 是任意的.

故 $BQ + QP + PC$ 为最小.

例10 在 $\triangle ABC$ 中，$AB > AC$，CE，BD 分别为 AB，AC 上的高，则 $BD > CE$.

证明：如图所示，延长高 BD 到 F，使 $DF = BD$，又延长高 CE 到 G，使 $EG = CE$.

在 $\triangle BCF$ 和 $\triangle CBG$ 中，$GB = BC = FC$，$BC = BC$.

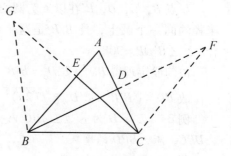

例10图

∵ $AB > AC$，则 $\angle ACB > \angle ABC$，∴ $\angle BCF > \angle CBG$，

∴ $BF > CG$，即 $2BD > 2CE$.

故 $BD > CE$.

例11 设 $\triangle DEF$ 是正三角形 ABC 的内接三角形，其顶点 D，E，F 分别在 BC，AC，AB 上，求证：$\triangle DEF$ 的周长不小于 $\triangle ABC$ 周长的一半.

证明：利用对称变换，先将 $\triangle ABC$ 以 AC 为轴翻折到 $\triangle ACB_1$，再以 CB_1 为轴将 $\triangle ACB_1$ 翻折到 $\triangle A_1B_1C$，以此类推，翻折四次，如图所示，于是有

$DE = D_1E = D_1E_1 = D_2E_2 = D_3E_2 = D_3E_3$，

$EF = EF_1 = E_1F_2 = E_2F_2 = E_2F_3 = E_3F_4$，

$FD = F_1D_1 = F_2D_1 = F_2D_2 = F_3D_3 = F_4D_3$，

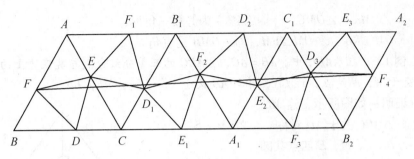

例 11 图

∴ 折线 $FED_1F_2E_2D_3F_4 = FE + ED_1 + D_1F_2 + F_2E_2 + E_2D_3 + D_3F_4$
$= FE + DE + FD + EF + DE + FD = 2(DE + EF + FD)$
$= 2\triangle DEF$ 的周长.

又由对称性可知四边形 ABB_2A_2 为平行四边形,
$BF = B_1F_1 = B_1F_2 = B_2F_3 = B_2F_4$, ∴ $FF_4 \underline{\parallel} BB_2$.

而 $BB_2 = \triangle ABC$ 的周长.

又折线 $FED_1F_2E_2D_3F_4 \geqslant FF_4$, 故 $2\triangle DEF$ 的周长 $\geqslant \triangle ABC$ 的周长, 即 $\triangle DEF$ 的周长 $\geqslant \frac{1}{2}\triangle ABC$ 的周长.

例 12 设在 $\triangle ABC$ 中, 一个以 O 为圆心, 经过顶点 A 和 C, 又和线段 AB, BC 分别交于 K 及 N(这里 K 与 N 不同), $\triangle ABC$ 和 $\triangle KBN$ 的外接圆恰相交于 B 和另一个点 M, 求证: $\angle OMB$ 是直角.

证明: 连 CM 交圆 O 于 G, 再连 OK, OG, KG, KM(如图所示).

∵ K, A, C, G 四点共圆, B, A, C, M 四点共圆.

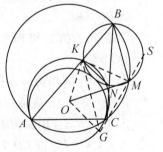

例 12 图

∴ $\angle BMS = \angle A = \angle KGM$, ∴ $BM \parallel KG$.

又 $\angle MKG = \angle MKN + \angle NKG$,
$\angle MKN = \angle MBN$, $\angle NKG = \angle NCM$,

而 $\angle MBN + \angle NCM + \angle BMC = 180°$,

∴ $\angle MKN + \angle NKG + \angle BMC = 180°$, 即 $\angle MKG + \angle BMC = 180°$.

但 $\angle A + \angle BMC = 180°$.

∴ $\angle MKG = \angle A$,

∴ $\angle MKG = \angle MGK$, $MK = MG$.

又 $OK = OG$, $\angle OKG = \angle OGK$, $\angle MKG + \angle OKG = \angle MGK + \angle OGK$,

即 $\angle OKM = \angle OGM$, ∴ $\triangle OKM \cong \triangle OGM$,

$\therefore \angle OMK = \angle OMG$.　　而$\triangle MKG$为等腰三角形，

$\therefore OM \perp KG$　故$OM \perp BM$，即$\angle OMB$是直角.

例 13　在$\triangle ABC$中，$AB = AC$，$\angle ABC$的三等分线分别与其底边上的高AD交于M，N两点，连CN，并与AB交于E，求证：$ME /\!/ BN$.

证明：如图所示，连MC.

$\because \triangle ABC$关于AD对称. $\therefore \angle 1 = \angle 5$

$\therefore B$，C，M，E四点共圆

于是有$\angle 7 = \angle 6$

而$\angle 6 = \angle 2$，$\therefore \angle 2 = \angle 7$，

故$ME /\!/ BN$.

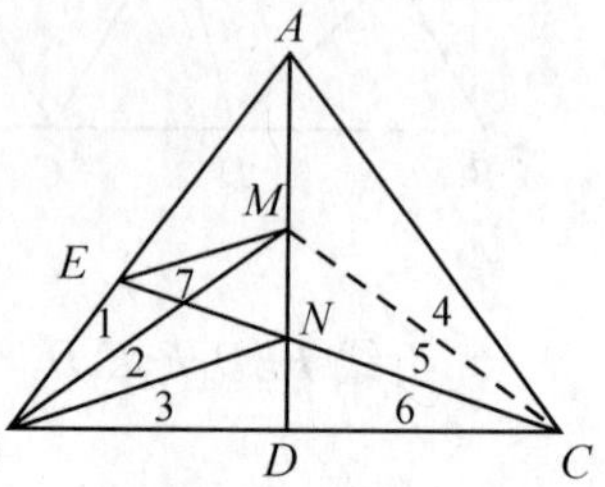

例 13 图

例 14　如图所示，在$\triangle ABC$中，边$AB = AC$，有一个圆内切于$\triangle ABC$的外接圆，并且与AB，AC分别相切于P，Q，求证：PQ连线的中点是$\triangle ABC$内切圆的圆心.

证明：如图所示，O圆是等腰三角形ABC的外接圆，O_1圆与O圆相切于E，又与AB，AC相切于P，Q，则圆和等腰三角形ABC关于直径AE成轴对称，且PQ的中点D在直径AE上，$AD \perp PQ$，连PE，QE，CD，CE.

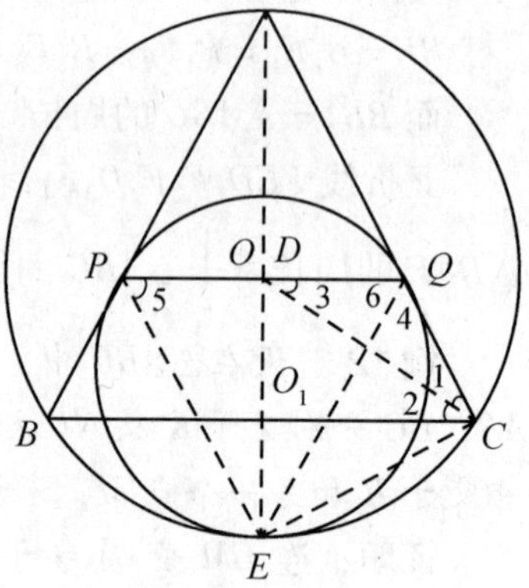

例 14 图

$\because P$，Q及B，C都关于AE成轴对称.

$\therefore PQ /\!/ BC$，$\angle 2 = \angle 3$.

又在$\mathrm{Rt}\triangle QCE$与$\mathrm{Rt}\triangle QDE$中，

$QE = QE$，

$$\left.\begin{array}{l} AC\text{与}O_1\text{圆相切} \Rightarrow \angle 4 = \angle 5 \\ P,\ Q\text{关于}AE\text{成轴对称} \Rightarrow \angle 5 = \angle 6 \end{array}\right\} \Rightarrow \angle 4 = \angle 6,$$

$\therefore \mathrm{Rt}\triangle QCE \cong \mathrm{Rt}\triangle QDE$，$\therefore QC = QD$，$\angle 1 = \angle 3$，

$\therefore \angle 1 = \angle 2$，即$CD$为$\angle C$的平分线.

而AD也是$\angle A$的平分线，故D为$\triangle ABC$的内心.

§4-2　平 移 变 换

把一个图形上的所有的点，从一个位置沿着一定的方向移动同一个距离到达另一个位置的变换叫作平移变换，简称平移.

利用平移变换解题的关键是确定平移的对象以及将确定的对象移到什么

位置.

当题设条件中的线段或角的位置比较分散时,解题时要适当集中,可以考虑用平移变换将有关线段或角移到一个三角形或一对恰当三角形中;或者题设条件中的线段或角的位置交叉重叠,相互关系难以发现,亦可尝试用平移变换将有关线段或角移开到另一恰当位置,从而找出解题的途径.

例1 在 $\triangle ABC$ 中,$\angle A = 90°$,BD 平分 $\angle ABC$,$AE \perp BC$,且 AE 与 BD 交于 F,过 F 作 $FG // BC$,且与 AC 交于 G,求证:$AD = GC$.

证明:作 $DH \perp BC$ 交 BC 于 H,连 FH(如图所示),则
$\text{Rt}\triangle BAD \cong \text{Rt}\triangle BHD \Rightarrow AD = HD$.
∵ $\angle AFD = \angle BFE$,$\angle EBF = \angle ABD$,
而 $\angle BFE + \angle EBF = 90°$,
∴ $\angle AFD + \angle ABD = 90°$.
又 $\angle ADB + \angle ABD = 90°$,
∴ $\angle AFD = \angle ADB$.

于是有 $AD = AF$,∴ $AF = HD$.

但由 $AE \perp BC$,$DH \perp BC$,可得 $AF // HD$,

∴ 四边形 $ADHF$ 为平行四边形,$AD // FH$.

又 $FG // BC$,∴ 四边形 $GCHF$ 也为平行四边形.

由此可得 $GC = FH$,但 $AD = FH$,

故 $AD = GC$.

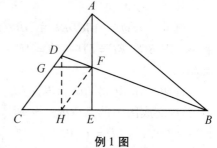

例1图

例2 如图所示,在 $\triangle ABC$ 中,高 AK,BD 交于 G,边 AC,BC 的垂直平分线 HE,HF 交于 H,求证:$BG = 2HE$,$AG = 2HF$.

证明:连 CH,延长到 L,使 $HL = CH$,又连 LA,LB(如图所示),则

$LA // HE$,但 $BD // HE$,

∴ $LA // BD$,同理 $LB // AK$,

∴ 四边形 $LAGB$ 是平行四边形,

$BG = LA$. 但 $LA = 2HE$,

∴ $BG = 2HE$,同理 $AG = 2HF$.

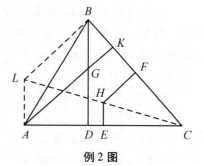

例2图

例3 如图所示,在 $\square ABCD$ 内取一点 P,使 $\angle 1 = \angle 2$,求证:$\angle 3 = \angle 4$.

证明:作 $PQ // AD$,$DQ // AP$ 交于 Q,连 CQ(如图所示)则四边形 $APQD$ 为平行四边形,

∴ $PQ \perp AD$,但 $BC \perp AD$,

∴ $PQ \perp BC$,

由此可得四边形 $PBCQ$ 也是平行四边形.

∵ $AB // DC$,$AP // DQ$,∴ $\angle 1 = \angle 5$.

又 $\angle 2 = \angle 6$,$\angle 1 = \angle 2$,∴ $\angle 5 = \angle 6$,

∴ P,C,Q,D 四点共圆,$\angle 7 = \angle 8$.

但 $\angle 7 = \angle 3$,$\angle 8 = \angle 4$,

故 $\angle 3 = \angle 4$.

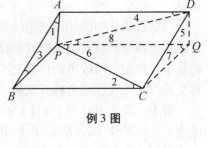

例 3 图

例 4 六边形 $ABCDEF$ 中 $AB // DE$,$BC // EF$,$CD // AF$,其各对边之差相等,即 $BC - EF = ED - AB = AF - CD > 0$,求证:六边形 $ABCDEF$ 的各角都相等.

证明:作 $AQ // BC$,$CR // DE$,$EP // AF$ 并相交成图中的 $\triangle PQR$,设 $BC - EF = ED - AB = AF - CD = a > 0$.

在平行四边形 $APEF$ 中,$EF = AP$.

而在平行四边形 $ABCQ$ 中,$BC = AQ$.

∴ $PQ = AQ - AP = BC - EF = a$,

同理可得 $QR = a$,$RP = a$.

∴ $\triangle PQR$ 为等边三角形,

$\angle ERQ = 120°$(外角),$\angle AQC = 120°$,

∴ $\angle BAF = ERQ = 120°$,$\angle B = \angle AQC = 120°$.

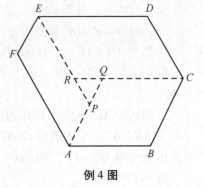

例 4 图

同理可证,$\angle BCD = 120°$,$\angle D = 120°$,$\angle DEF = 120°$,$\angle F = 120°$.

即六边形 $ABCDEF$ 的各个内角都相等,且均为 $120°$.

例 5 如图所示,在 $\triangle ABC$ 的两边 AB,AC 上向外各作正方形 $ABDE$,$ACFG$,取 EB,BC,CG 的中点 H,K,L,求证:$HK \perp KL$.

证明:连 EC,BG 交于点 N(如图所示).

∵ $AE = AB$,$AC = AG$,

$\angle EAC = 90° + \angle BAC = \angle BAG$,

∴ $\triangle AEC \cong \triangle ABG$,

于是 $\angle AEC = \angle ABG$.

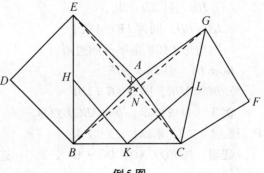

例 5 图

又∵ ∠1 = ∠2,

∴ ∠BNE = ∠BAE = 90°,

即 $EC \perp BG$,但 $HK // EC$, $KL // BG$,

故 $HK \perp KL$.

例6 在△ABC中,D,E,F 分别是边 BC,CA,AB 上的点,如果 $\dfrac{BD}{DC} = \dfrac{CE}{EA} = \dfrac{AF}{FB}$,试证:线段 AD,BE,CF 中任意两条之和大于第三条.

证明: 如图所示,将 BE 平移到 FG,连 EG,CG,则四边形 BEGF 为平行四边形,$EG \underline{\underline{//}} BF$,在 AB 上取一点 H,使 BH = AF,连 DH,HE,则

$AH = AB - BH = AB - AF = FB = GE$.

∵ $\dfrac{BD}{DC} = \dfrac{AF}{FB} = \dfrac{BH}{HA}$,∴ $DH // CA$,同理 $HE // BC$,

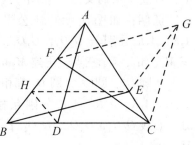

例6图

∴ 四边形 HDCE 为平行四边形,$HD = EC$.

又由 $HD // EC$,$HA // EG$,可得 ∠AHD = ∠GEC,

∴ △AHD ≌ △GEC,于是有 $AD = GC$.

在△FGC 中,FG,GC,CF 的任两个之和大于第三个,而 $FG = BE$,$GC = AD$,$CF = CF$.

故原命题得证.

例7 在△ABC 中,BE 平分∠ABC,DC 平分∠ACB,且 P 是 DE 的中点,$PQ \perp BC$ 于 Q,$PM \perp AB$ 于 M,$PN \perp AC$ 于 N,求证:$PQ = PM + PN$.

证明: 过 D 作 $DR // PQ$,$DW // PN$,过 E 作 $ES // PQ$,$ET // PM$(如图所示),则∵ P 是 DE 的中点,∴ M,N,Q 分别是 DT,EW 及 RS 的中点,于是 PM,PN 分别是△DTE,△DWE 的中位线,PQ 是梯形 DRSE 的中位线.

∴ $PM = \dfrac{1}{2}TE$,$PN = \dfrac{1}{2}DW$,$PQ = \dfrac{1}{2}(DR + ES)$.

又∵ $DR // PQ$,$DW // PN$,$ES // PQ$,$ET // PM$,而 $PM \perp AB$,$PN \perp AC$,$PQ \perp BC$,

∴ $DR \perp BC$,$ES \perp BC$,$ET \perp AB$,$DW \perp AC$.

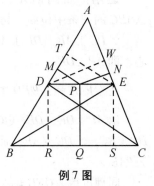

例7图

但 BE，DC 分别是 $\angle ABC$ 及 $\angle ACB$ 的平分线，

$\therefore DR = DW$，$ES = ET$，$DR + ES = DW + ET$.

故 $PQ = \frac{1}{2}(DR + ES) = \frac{1}{2}(DW + ET) = \frac{1}{2}DW + \frac{1}{2}ET = PN + PM$.

注：中位线在平移变换中的作用非常重要，它可以将线段、角、三角形等平移到相应位置，而使原来互相孤立的条件集中起来. 必须注意它的应用.

例8 分别以 O_1，O_2，O_3 为圆心的三个相等的圆交于一点 K，且 A_1，A_2，A_3 是其余的交点，求证：$\triangle O_1 O_2 O_3 \cong \triangle A_1 A_2 A_3$.

证明： 如图所示，连公共弦 $A_1 K$，$A_2 K$，$A_3 K$ 分别与 $O_2 O_3$，$O_3 O_1$，$O_1 O_2$ 交于 M_1，M_2，M_3 三点，再连 $M_2 M_3$，则

$\because$ 圆 O_1，圆 O_2，圆 O_3 都相等.

$\therefore A_1 K$，$A_2 K$，$A_3 K$ 分别互相垂直平分连心线 $O_2 O_3$，$O_3 O_1$，$O_1 O_2$ 于 M_1，M_2，M_3 三点.

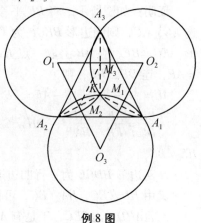

例8图

于是线段 $M_2 M_3$ 同时是 $\triangle K A_2 A_3$ 和 $\triangle O_1 O_2 O_3$ 的中位线，

$\therefore O_2 O_3 = 2 M_2 M_3 = A_2 A_3$.

同理可得 $O_1 O_3 = 2 M_1 M_3 = A_1 A_3$，$O_1 O_2 = 2 M_1 M_2 = A_1 A_2$，

故 $\triangle A_1 A_2 A_3 \cong \triangle O_1 O_2 O_3$.

例9 在锐角 $\triangle ABC$ 中，由每边的中点 D，E，F 分别向其他两边引垂线，试证明这些垂线所围成的六边形面积等于 $\triangle ABC$ 面积的一半.

证明： 如图所示，连 DE，EF，FD 恰是 $\triangle ABC$ 的三条中位线，再连 AP，则

$\because PE \perp AB$，$DP \perp AC$，$\therefore P$ 是 $\triangle ADE$ 的垂心，即 $AP \perp DE$.

在 $\triangle PAE$ 和 $\triangle QFD$ 中，$DF = \frac{1}{2} AC = AE$.

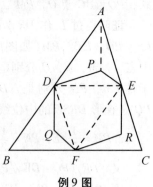

例9图

由 $AP \perp DE$，$DE \parallel BC$，可以推出 $AP \perp BC$ 又 $DQ \perp BC$，$\therefore DQ \parallel AP$，而 $DF \parallel AE$. $\therefore \angle QDF = \angle PAE$

同理可得 $\angle QFD = \angle PEA$，

$\therefore \triangle QFD \cong \triangle PEA$.

同理 $\triangle PAD \cong \triangle REF$,

又　　$\triangle ADE \cong \triangle DEF \cong \triangle BDF \cong \triangle EFC$,

故 $S_{六边形PDQFRE} = S_{\triangle DEF} + S_{\triangle PDE} + S_{\triangle DQF} + S_{\triangle REF}$

$= S_{\triangle DEF} + S_{\triangle PDE} + S_{\triangle PEA} + S_{\triangle PAD} = S_{\triangle DEF} + S_{\triangle ADE}$

$= \dfrac{1}{2}(S_{\triangle DEF} + S_{\triangle ADE} + S_{\triangle BDF} + S_{\triangle EFC}) = \dfrac{1}{2} S_{\triangle ABC}$.

例10　如图所示，已知 $\triangle ABC$ 的两边 AB，AC 的中点为 M，N，于 MN 上任取一点 P，若 BP，CP 的延长线交对边 AC，AB 于 D，E，求证：$\dfrac{AD}{DC} + \dfrac{AE}{EB}$ 为定值.

证明： 如图所示，过 P 点作 AB，AC 的平行线，分别交 AC，BC 于 Q，R，交 AB，BC 于 S，T，则 $\dfrac{AD}{DC} = \dfrac{SP}{PT} = \dfrac{SM}{MB}$，$\dfrac{AE}{EB} = \dfrac{QP}{PR} = \dfrac{AS}{MB}$，

$\therefore \dfrac{AD}{DC} + \dfrac{AE}{EB} = \dfrac{SM}{MB} + \dfrac{AS}{MB} = \dfrac{SM+AS}{MB} = \dfrac{AM}{MB} = 1$.

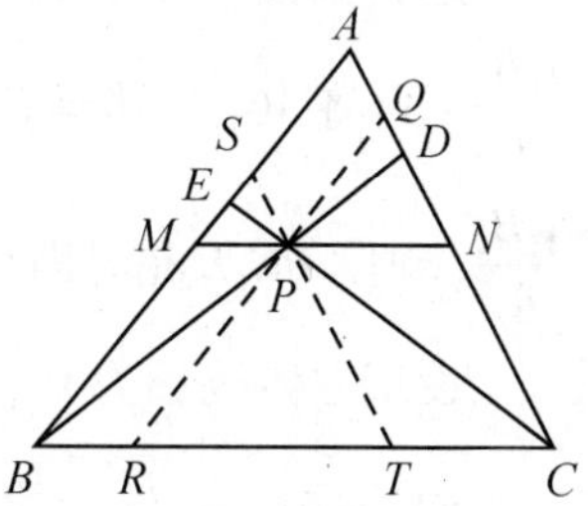

注：本题也可过 A 作 $XY \parallel BC$，交 BD，CE 的延长线于 X，Y，将 $\dfrac{AD}{DC}$ 及 $\dfrac{AE}{EC}$ 转化为 $\dfrac{AX}{BC}$ 及 $\dfrac{AY}{BC}$，得：

$\dfrac{AD}{DC} + \dfrac{AE}{EB} = \dfrac{AX}{BC} + \dfrac{AY}{BC} = \dfrac{XY}{BC}$.

然后由 $\triangle XPY \cong \triangle BPC$ 证得 $XY = BC$.

例10 图

例11　直线 l 上有两点 A 和 B，线段 $AC \perp l$，$BD \perp l$，AC 和 BD 成 $120°$ 的角，并有 $AC = AB = BD = a$，求异面直线 CD 和 l 所成的角.

解： 如图所示，选择点 C 为 CD 和 l 所成角的顶点，在 C 和 l 所确定的平面内作 $CE \underline{\parallel} AB$，连 BE，DE，则 $\angle DCE$ 即为 CD 和 l 所成的角，设为 α.

$\because AB \underline{\parallel} CE$，$\therefore BE \underline{\parallel} AC$.

又 $BE = a$，且 $\angle DBE = 120°$

则 $DE = 2a\sin 60° = \sqrt{3} a$.

$\because AB \perp AC$，$AB \perp BD$，则 $AB \perp BE$，$AB \perp BD$，

$\therefore AB$ 垂直 $\triangle BDE$ 所在平面，$AB \perp DE$.

又 $\because CE \parallel AB$，$\therefore CE \perp DE$，$\triangle DEC$ 为直角三角形.

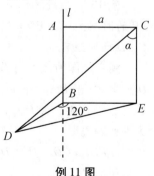

例11 图

而 $\text{tg}\alpha = \dfrac{DE}{CE} = \dfrac{\sqrt{3}a}{a} = \sqrt{3}$，$\therefore \alpha = 60°$，即 CD 与 l 所成的角为 $60°$.

注：异面直线所成角的求法，其基本思路就是将异面直线之一平移，一般应移到另一直线上一点，也可将两直线分别移到一点，使成为相交两直线的交角，然后再求.

例12 如图所示，$ABCD-A_1B_1C_1D_1$ 是正方体，$B_1E_1 = D_1F_1 = \dfrac{A_1B_1}{4}$，则 BE_1 与 DF_1 所成角的余弦值是（　　）．（1995 年全国高考文科试题）

A. $\dfrac{15}{17}$ 　　B. $\dfrac{1}{2}$ 　　C. $\dfrac{8}{17}$ 　　D. $\dfrac{\sqrt{3}}{2}$.

解：如图所示，将 DF_1 平移至 AG_1，$A_1G_1 = \dfrac{A_1B_1}{4}$，再将 AG_1 平移至 EE_1，其中 $AE = \dfrac{AB}{2}$，$B_1E_1 = \dfrac{A_1B_1}{4}$，则 $\angle BE_1E$ 是异面直线 BE_1 与 DF_1 所成的角.

设正方体棱长为 1，则

$$EE_1 = BE_1 = \sqrt{1 + \dfrac{1}{16}} = \dfrac{\sqrt{17}}{4}, \quad EB = \dfrac{1}{2}.$$

在 $\triangle BEE_1$ 中，由余弦定理得：

$$\cos \angle BE_1E = \dfrac{BE_1^2 + EE_1^2 - BE^2}{2BE_1 \cdot EE_1} = \dfrac{\dfrac{17}{16} + \dfrac{17}{16} - \dfrac{1}{4}}{2 \times \dfrac{\sqrt{17}}{4} \times \dfrac{\sqrt{17}}{4}} = \dfrac{15}{17}.$$

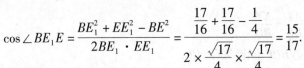

例 12 图

答案：A.

例13 线段 $AB = a$ 在平面 M 内，线段 AC，BD 不在 M 内，但 C，D 在 AB 的同侧，$AC = BD = b$，$AC \perp$ 面 M，$BD \perp AB$，且与面 M 成 $30°$ 的角，求 C，D 间的距离.

解：如图所示，过 D 作 $DD_1 \perp$ 平面 M，交 M 于 D_1，过 D_1 作 $D_1E \parallel CD$，D_1E 交 AC 于 E.

$\because CA \perp M$，$\therefore DD_1 \parallel CA$. 从而 CED_1D 为平行四边形.

$\therefore ED_1 = CD$. 又 $\because DB \perp AB$，$D_1D \perp M$，

$\therefore D_1B \perp AB$.

在 $\text{Rt}\triangle DBD_1$ 中，$\angle DBD_1 = 30°$，

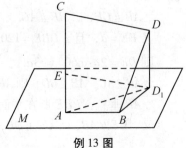

例 13 图

$$\therefore DD_1 = \frac{1}{2}BD = \frac{1}{2}b, \quad BD_1 = \frac{\sqrt{3}}{2}b.$$

在 Rt$\triangle AD_1B$ 中，$AD_1^2 = AB^2 + BD_1^2 = a^2 + \frac{3}{4}b^2$.

在 Rt$\triangle EAD_1$ 中，$ED_1 = \sqrt{AD_1^2 + (AC - DD_1)^2} = \sqrt{a^2 + \frac{3}{4}b^2 + (b - \frac{b}{2})^2} = \sqrt{a^2 + b^2}$.

$\therefore CD = ED_1 = \sqrt{a^2 + b^2}$.

§4-3 旋 转 变 换

将一个平面图形绕着这个平面内一个定点旋转一个定角，使这个图形从一个位置转到另一个位置的变换叫作旋转变换．定点叫旋转中心，旋转中点是旋转变换下唯一位置不变的点．定角叫旋转角．

旋转角是 180°的旋转变换叫作中心对称变换，这时的旋转中心叫对称中心．

应用旋转变换的关键在于选好旋转中心和旋转角．

当问题中的图形具有等边特征，如为等腰三角形、正方形时，一般可考虑用旋转变换变更元素的位置；当问题涉及有一圆及一定长线段时，可尝试将该线段绕圆心旋转到变更元素的位置上；当问题涉及某线段的中点或以原点为对称中心的中心对称图形时，可试做其关于原点的中点对称变换；当问题涉及正方形或有垂直关系时，常选正方形顶点中心作旋转中心，以 90°（或 45°）作旋转角施行旋转变换．

例 1 如图所示，正方形 $ABCD$ 的 BC 边上一点 E，CD 边上一点 F，且 $\angle EAF = 45°$，$AN \perp EF$，N 为垂足，则 $AN = AD$．

证明： 延长 CD 至 G，使 $DG = BE$，连 AG，则 $\triangle ADG \cong \triangle ABE$，

$\therefore AG = AE$，$\angle DAG = \angle BAE$．

又 $\angle DAF + \angle BAE = 45°$，

$\therefore \angle DAF + \angle DAG = 45°$，即

$\angle FAG = 45° = \angle FAE$．

另 $AF = AF$（公共边），

$\therefore \triangle FAG \cong \triangle FAE$．

而 $AN \perp EF$，$AD \perp GF$，

即 AD，AN 分别为 $\triangle FAG$ 及 $\triangle FAE$ 对应

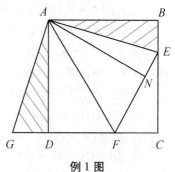

例 1 图

边上的高,

故 $AD = AN$.

例2 C 点在线段 AB 上,以 AC,BC 为边向同侧作等边三角形 △ACD 及 △BCE,且 AE,CD 相交于 P,BD,CE 相交于 Q,求证:$CP = CQ$.

证明:过 E 作 $EF /\!/ AB$ 交 CD 于 F(如图所示),则 △CEF 为等边三角形,在 △ACE 与 △DCB 中,$AC = DC$,$CE = CB$,$\angle ACE = \angle DCB = 120°$,

∴ △$ACE \cong$ △DCB,$\angle CAE = \angle CDB$.

又 $\angle EBA = \angle DCA = 60° \Rightarrow EB /\!/ DC \Rightarrow \angle EBQ = \angle BDC$,

$EF /\!/ AB \Rightarrow \angle PEF = \angle CAE$,∴ $\angle EBQ = \angle FEP$.

另 $\angle QEB = \angle PFE = 60°$,$BE = EF$,

∴ △$QBE \cong$ △PEF,∴ $QE = PF$.

但 $CE = CF$,于是有 $CE - QE = CF - PF$,

即 $CQ = CP$.

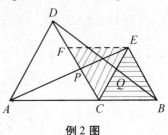

例2 图

例3 已知 P 是正方形 $ABCD$ 的对角线 BD 上任意一点,$PE \perp CD$ 于 E,$PF \perp BC$ 于 F,求证:$AP = EF$,$AP \perp EF$.

证明:如图所示,延长 FP 交 AD 于 E',在 PE 上取 F',使 $PF' = PF$,则

Rt△$E'PF' \cong$ Rt△EPF,∴ $E'F' = EF$.

由 $PF' = PF = BF = AE'$,$AE' /\!/ PF'$

知四边形 $APF'E'$ 为平行四边形,∴ $AP = E'F'$,

∴ $AP = EF$.

又 $\angle FPG = \angle BAG = \angle FE'F' = \angle PEF$,

而 $\angle PEF + \angle PFE = 90°$,

∴ $\angle FPG + \angle PFE = \angle FPG + \angle PFG = 90°$,

∴ $\angle PGF = 90°$. 故 $AP \perp EF$.

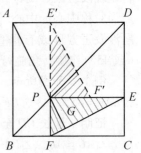

例3 图

例4 已知在 △ABC 中,$AB = BC = CA$,$AE = CD$,AD 和 BE 交于 P,$BQ \perp AD$ 于 Q,求证:$BP = 2PQ$.

证明:如图所示,取 BP 的中点 F,连 FQ,则

∵ $BQ \perp AD$,∴ △BQP 为直角三角形.

∴ $QF = PF = FB$.

又 $AB = CA$,$AE = CD$,$\angle A = \angle C = 60°$,

∴ △ABE≌△CAD，∠ABE = ∠CAD，

∠QPF = ∠PAB + ABP = ∠PAB + ∠PAC = 60°，

∴ △PFQ 为等边三角形，$PQ = PF = \frac{1}{2}BP$.

故 BP = 2PQ.

注：这里，实际上是把 PQ 旋转到 PF.

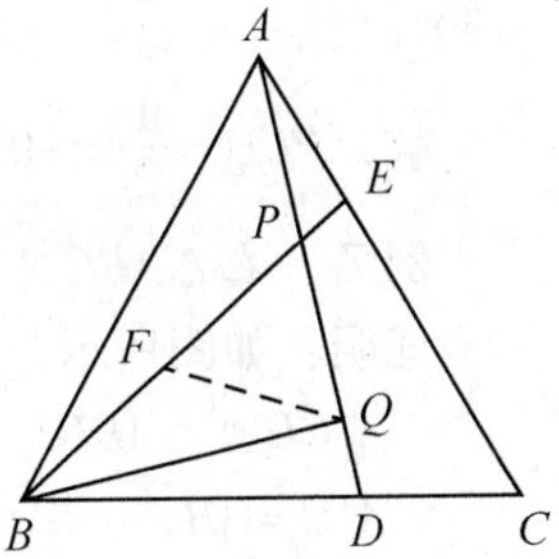

例5 如图所示，正△ABC 的外接圆的劣弧上任取一点 P，则 PB + PC = PA.

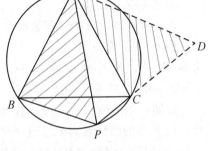

例4 图

证明： 如图所示，延长 PC 至 D，使 CD = BP.

∵ A，B，P，C 四点共圆，

∴ ∠ACD = ∠ABP. 又∵ AC = AB，

∴ △ACD≌△ABP，AD = AP.

∴ ∠DAP = ∠DAC + ∠CAP = ∠BAP + ∠CAP = ∠CAB = 60°，

∴ △DAP 是正三角形，∴ PD = AP，

∴ AP = PC + CD，即 PA = PB + PC.

注：此题实际是将 △ABP 绕 A 点向右旋转 60°. 也可将 △ABP 绕 B 点向下旋转 60°，或将 △APC 绕 A 点向左旋转 60°，或将 △APC 绕 C 点向下旋转 60°，或将 △BPC 绕 B 点向上旋转 60°，或将 △BPC 绕 C 点向上旋转 60° 等方法做.

例5 图

例6 设正方形 ABCD 的边长为 1，在边 AB 和 AD 上各有一点 P 和 Q，已知 △APQ 的周长等于 2，求 ∠PCQ 的度数.

证明： 如图所示，延长 AD 于 P'，使 DP' = BP，则

∵ DP' = BP，DC = BC，

∠P'DC = ∠PBC = 90°，

∴ △P'DC≌△PBC，

∴ ∠P'CD = ∠PCB.

∵ ∠PCB + ∠PCD = 90°，

∴ ∠P'CD + ∠PCD = 90°

又 AQ + AP + PQ = 2，而 DA + AB = 2，

两式相减可知

PQ = DQ + PB = DQ + DP' = P'Q.

又 PC = P'C，QC = QC，∴ △PQC≌△P'QC.

于是有 ∠PCQ = ∠P'CQ，但 ∠P'CQ + ∠PCQ

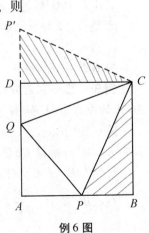

例6 图

$=90°$，

故 $\angle PCQ = \dfrac{1}{2} \times 90° = 45°$.

例7 在 $\triangle ABC$ 中，$AB > AC$，D 为 BC 的中点，则 $\angle BAD < \angle CAD$.

证明：如图所示，固定 D 把 $\triangle ABD$ 旋转 $180°$ 到 $\triangle A'CD$，则 $\triangle A'CD \cong \triangle ABD$.

$\because A'C = AB$，$\angle A'DC = \angle ADB$，

$\therefore A$，D，A' 共线.

在 $\triangle CAA'$ 中，由 $AB > AC$ 可知，$A'C > AC$，

$\therefore \angle A'AC > \angle AA'C$，

但 $\angle AA'C = \angle BAD$，

$\therefore \angle A'AC > \angle BAD$，即 $\angle BAD < \angle CAD$.

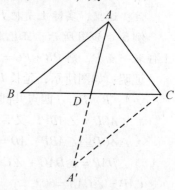

例7图

例8 在等边 $Rt\triangle ABC$ 中，在斜边 BC 上依 B，E，F 的顺序取 E 和 F 两点，若 $\angle EAF = 45°$，则 $BE^2 + CF^2 = EF^2$.

证明：如图所示，以顶点 A 为中心，将 $\triangle CAF$ 旋转 $90°$ 到 AC 与 AB 重合，设 F 点的新位置为 F'，连 EF'，则

$\angle ABF' = \angle C = \angle B = 45°$，$BF' = CF$，

$\therefore \angle F'BE = 90°$，

$\therefore BE^2 + CF^2 = BE^2 + BF'^2 = EF'^2$.

但 $\because AF = AF'$，$AE = AE$（公共边），

由 $\angle EAF = 45°$，$\angle CAF = \angle BAF'$.

$\angle BAC = 90°$ 推得 $\angle EAF' = 45°$，

于是有 $\angle EAF = \angle EAF'$，

$\therefore \triangle AEF \cong \triangle AEF'$，$EF = EF'$，

故 $BE^2 + CF^2 = EF^2$.

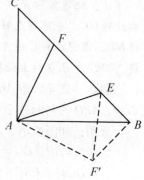

例8图

例9 已知在 $\triangle ABC$ 中，底边 BC 上两点 E 和 F 把 BC 三等分，BM 是 AC 上的中线，AE 和 AF 分 BM 为 x，y，z 三部分（$x > y > z$），试求：$x : y : z$.

解：如图所示，以 M 为对称中心作关于 $\triangle ABC$ 的中心对称图形 $\triangle AB'C$，其中 E'，F' 分别是 E，F 的对称点，则

$E'C // AE$，$F'C // AF$.

在 $\triangle BP'C$ 中，$\dfrac{BE}{EC} = \dfrac{x}{2y + 2z} = \dfrac{1}{2}$.

· 90 ·

第四章 初等几何变换

在 $\triangle BQ'C$ 中,$\dfrac{BF}{FC} = \dfrac{x+y}{2z} = \dfrac{2}{1}$.

由以上二式可求得

$x = \dfrac{5}{2}z, \quad y = \dfrac{3}{2}z.$

故 $x : y : z = \dfrac{5}{2}z : \dfrac{3}{2}z : z = 5 : 3 : 2.$

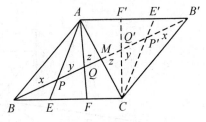

例 9 图

例 10 如图所示,正三角形内有一点 P 至三个顶点 A,B,C 的距离分别为 a,b,c,试求 $\triangle ABC$ 的面积.

解:如图所示,将 $\triangle APC$,$\triangle BPA$,$\triangle CPB$ 分别绕顶点 A,B,C 向箭头所指方向旋转 $60°$,分别落在 $\triangle AEB$,$\triangle BDC$,$\triangle CFA$ 的位置,这样可得:

$S_{\text{六边形}AEBDCF} = 2S_{\triangle ABC}$,

$\because AE = AP$,$\angle PAE = 60°$,$\therefore \triangle APE$ 是正三角形.

同理 $\triangle BPD$ 及 $\triangle CPF$ 都是正三角形.

又 $\because AP = AE = PE = CD = a$,
$BP = BD = PD = AF = b$,$CP = CF = PF = BE = c$,
$\therefore \triangle BEP \cong \triangle PCD \cong \triangle PAF$.

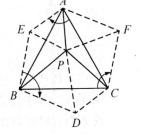

例 10 图

$\because S = \sqrt{P(P-a)(P-b)(P-c)}$,$P = \dfrac{1}{2}(a+b+c)$,$S_{\text{正}\triangle} = \dfrac{\sqrt{3}}{4}\text{边长}^2$,

$\therefore S_{\triangle ABC} = \dfrac{1}{2}[S_{\triangle APE} + S_{\triangle BPD} + S_{\triangle CPF} + S_{\triangle BEP} + S_{\triangle PCD} + S_{\triangle PAF}]$

$= \dfrac{1}{2}[\dfrac{\sqrt{3}}{4}(a^2+b^2+c^2) + 3\sqrt{P(P-a)(P-b)(P-c)}]$

$= \dfrac{\sqrt{3}}{8}(a^2+b^2+c^2) + \dfrac{3}{2}\sqrt{P(P-a)(P-b)(P-c)}$.

例 11 如图所示,地面上有不在同一直线的 A,B,C 三点,一只青蛙位于地面异于 A,B,C 的 P 点,第一步青蛙从 P 点跳到 P 关于 A 的对称点 P_1,第二步从 P_1 跳到 P_1 关于 B 的对称点 P_2,第三步从 P_2 跳到 P_2 关于 C 的对称点 P_3,第四步从 P_3 跳到 P_3 关于 A 的对称点 P_4……以此跳法类推.

问:青蛙跳完第 6666 步,落在地面的什么位置上?

解:青蛙每跳一次,就是完成一个中心对称变换,如图所示有:

$PP_2 \underline{\underline{\parallel}} 2AB \underline{\underline{\parallel}} P_3 P_5$,

且 $P_2C = CP_3$,$P_6C = CP_5$,$\therefore$ 四边形 $P_3 P_5 P_2 P_6$ 是平行四边形,于是

①

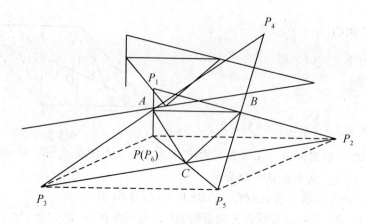

例 11 图

$P_2P_6 \underline{\underline{\parallel}} P_2P$.   ②

由①和②及平行公理可知 P 和 P_6 重合.

这表明青蛙每跳 6 步，都可以回到起点 P，而 6666 步是 6 的倍数，因此跳完第 6666 步，青蛙应落在 P 点.

例 12 已知正方形 $ABCD$ 和正方形 $A'B'C'O$ 是两个边长相等的正方形，且 O 是正方形 $ABCD$ 的中心，求证：四边形 $OPBQ$ 的面积是定值.

证明： 如图所示，连 OB 和 OC，在 $\triangle OPB$ 和 $\triangle OQC$ 中，$OB=OC$，

$\angle OBP = \angle OCQ = 45°$，

$\left.\begin{array}{l}\angle BOP + \angle BOQ = 90° \\ \angle COQ + \angle BOQ = 90°\end{array}\right\}$

$\Rightarrow \angle BOP = \angle COQ$，

$\therefore \triangle OPB \cong \triangle OQC$.

故 $S_{\text{四边形}OPBQ} = S_{\triangle OPB} + S_{\triangle OBQ}$
$= S_{\triangle OQC} + S_{\triangle OBQ}$
$= S_{\triangle COB}$
$= \dfrac{1}{4} S_{\text{正方形}ABCD}$（定值）.

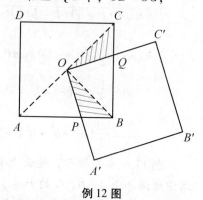

例 12 图

例 13 已知正方形 $ABCD$ 内有一点 E，E 到 A，B，C 三点的距离之和的最小值为 $\sqrt{2}+\sqrt{6}$，求这个正方形的边长.

解： 以 B 为旋转中心，将 $\triangle ABE$ 逆时针旋转 $60°$ 到 $\triangle FBG$（如图所示），则 $\triangle BEG$ 为正三角形.

$\because AE + BE + CE = FG + GE + EC = $ 折线 $FGEC$ 之长 $\geq FC$，

∴ $AE+BE+CE$ 的最小值是 FC,

∴ $FC=\sqrt{2}+\sqrt{6}$,

设正方形边长为 x, 则在 $\triangle FBC$ 中

$FC^2 = BC^2 + FB^2 - 2BC \cdot FB\cos$

($\angle FBC$),

即 $(\sqrt{2}+\sqrt{6})^2 = x^2+x^2-2x^2\cos150°$,

亦即 $x^2=4$, ∴ $x=2$(负值舍去),

故所求正方形边长为 2.

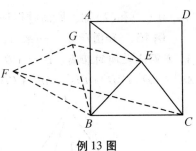

例 13 图

例 14 如图所示, $\triangle ABC$ 和 $\triangle ADE$ 是两个不全等的等腰直角三角形, 现固定 $\triangle ABC$, 而 $\triangle ADE$ 绕 A 点在平面上旋转, 试证: 不论 $\triangle ADE$ 旋转到什么位置, 线段 EC 上必存在点 M, 使 $\triangle BMD$ 为等腰直角三角形.

证明: 如图(1)所示, 因为 $\triangle ABC$ 与 $\triangle ADE$ 不全等, 所以不论 $\triangle ADE$ 在平面上绕 A 怎样旋转, BD 和 CE 都不为零, 且 B, C, D, E 四点不共线, 过 A, C, E 及 CE 的中点 M 作 BD 的垂线, 交 BD 或 BD 的延长线于 A', C', E' 及 M', 于是

$\text{Rt}\triangle AA'B \cong \text{Rt}\triangle BC'C$, $\text{Rt}\triangle AA'D \cong \text{Rt}\triangle DE'E$,

∴ $CC'=BA'$, $EE'=DA'$, $BC'=AA'=DE'$.

又 ∵ $MM' \parallel CC' \parallel EE'$, 且 M 是 EC 的中点,

(1) 当 C 和 E 位于 BD 的同侧时, 如图(1)所示,

$MM' = \frac{1}{2}(CC'+EE') = \frac{1}{2}(BA'+A'D) = \frac{1}{2}BD$,

M' 是 BD 的中点, 故 $\triangle BMD$ 是等腰直角三角形.

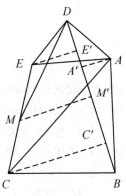

例 14(1) 图

(2) 当 C 和 E 位于 BD 的异侧时, 如图(2)所示, 延长 MM' 交 C' 和 E 的连线 $C'E$ 于 M'', 则 M'' 为 $C'E$ 的中点, $MM'' = \frac{1}{2}CC'$. 又 $M'M'' = \frac{1}{2}EE'$,

∴ $MM' = MM'' - M'M'' = \frac{1}{2}CC' - \frac{1}{2}$

$EE' = \frac{1}{2}(CC'-EE') = \frac{1}{2}(BA'-DA')$

例 14(2) 图

$= \frac{1}{2}BD$. M' 是 BD 的中点, $\triangle BMD$ 同样是等腰直角三角形.

由(1)和(2)知，原命题得证.

例 15 如图所示，如果 A，B，C，D 表示空间中的四个点，AB 表示 A，B 两点之间的距离，BC，CD 同理，证明：
$AC^2 + BD^2 + AD^2 + BD^2 \geq AB^2 + CD^2$.

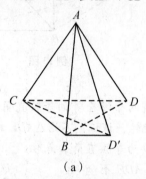   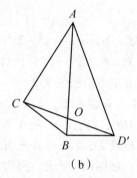

（a）　　　　　　　　　（b）

例 15 图

证明：A，B，C 决定一个平面 ABC，A，B，D 决定一个平面 ABD，以 AB 为轴旋转面 ABD，使之与面 ABC 重合，设 D 旋转后的位置为 D'，如图 (a) 所示，则 $AD' = AD$，$BD' = BD$，$CD' > CD$.

令 O 为 AB 与 CD' 的交点，如图 (b) 所示，$\angle AOC = \theta$，$OA = a$，$OB = b$，$OC = c$，$OD' = d$，则 $AC^2 = a^2 + c^2 - 2ac\cos\theta$，$BD'^2 = b^2 + d^2 - 2bd\cos\theta$，$AD'^2 = a^2 + d^2 + 2ad\cos\theta$，$BC^2 = b^2 + c^2 + 2bc\cos\theta$.

∴ $AC^2 + BD'^2 + AD'^2 + BC^2$
$= (a+b)^2 + (c+d)^2 + (a-b)^2 + (c-d)^2 - 2(a-b)(c-d)\cos\theta$
$\geq (a+b)^2 + (c+d)^2 + (a-b)^2 + (c-d)^2 - 2(a-b)(c-d)$
$= (a+b)^2 + (c+d)^2 + [(a-b) - (c-d)]^2$
$\geq (a+b)^2 + (c+d)^2 = AB^2 + CD'^2$,

即 $AC^2 + BD^2 + AD^2 + BC^2 \geq AB^2 + CD^2$.

§4-4　相似变换

将一个图形变换到另一个图形，如果原图形的任意两点 A，B 与其在新图形中的对应点 A'，B' 总有如下关系 $A'B' = kAB(k > 0)$，那么，这样一种变换叫作相似变换.

位似变换是相似变换的特殊情形. 所谓位似变换是指平面上一个图形变换到另一个图形时，如果存在一个定点 O 及常数 $k(k \neq 0)$，使原图形的任意

A 和新图形的对应点 A' 有：①O，A，A' 三点共线；②$OA' = |k|OA$，那么，这种变换就叫作以 O 为位似中心，k 为位似比的位似变换.

相似变换有如下一些性质：①两个相似图形的对应角相等，对应线段成比例；②两个相似图形的面积(体积)之比等于其相似比的平方(立方).

应用相似变换解答问题的关键是寻找相似图形，构造辅助角或辅助圆是常用的手段.

当问题涉及线段长度和平行(共线)关系时，可将一些线段分别变换到其相似形中的对应线段，以找出其相互关系；当问题涉及过一定点的若干射线，而直接讨论某一图形的形状、大小和位置有困难时，可以这个定点为位似中心，将图形进行位似变换，以便得到易于研究的图形.

例 1 四边形 $ABCD$ 内接于圆，它的一双对边 AD 和 BC 相交于 E，过 E 作 AC 的平行线交 BD 于 M，再从 M 作四边形 $ABCD$ 外接圆的切线 MT，如果 T 是切点，证明：$MT = ME$.

证明：如图所示，∵ MT 与四边形 $ABCD$ 的外接圆相切，

∴ $MT^2 = MD \cdot MB$.

又 $EM // CA$，∴ $\angle MED = \angle EAC$，

而 $\angle EAC = \angle MBE$，∴ $\angle MED = \angle MBE$.

又 $\angle EMD = \angle BME$（公共），

∴ △EMD ∽ △BME，

∴ $\dfrac{ME}{MB} = \dfrac{MD}{ME}$，即 $ME^2 = MD \cdot MB$，

故 $MT^2 = ME^2$，即 $MT = ME$.

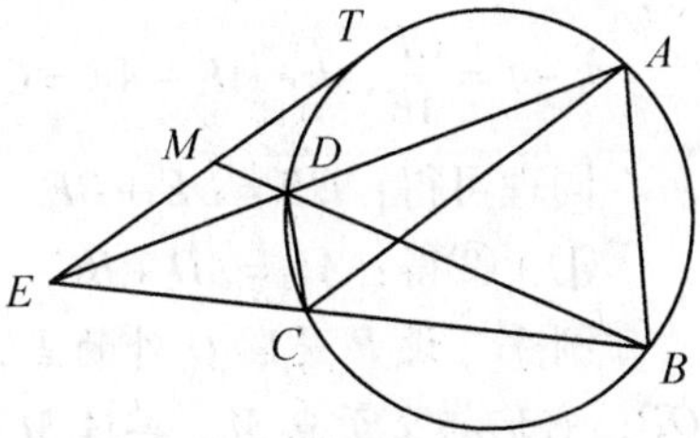

例 1 图

注：寻找相似三角形，运用比例线段是证平行、垂直、线段相等、角相等、定值等的重要方法.

例 2 已知在 △ABC 中，$AB = AC$，BD 是 AC 边的中线，$\angle ADB$ 的平分线交 AB 于 M，过 A，M，D 作圆交 BD 于 N，求证：$BN = 2AM$.

证明：如图所示，连 MN，AN.

∵ $\angle MDA = \angle MDN$，又 $\angle MAN = \angle MDN$，$\angle MNA = \angle MDA$，∴ $\angle MAN = \angle MNA$.

∴ $AM = MN$.

又 ∵ $\angle BMN = \angle ADN$，$\angle ABN = \angle ABD$，

∴ △ABD ∽ △NBM，

∴ $\dfrac{BN}{BA} = \dfrac{MN}{DA}$ 而 $AB = AC = 2CD$，$AD = CD$，

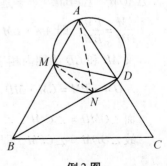

例 2 图

$\therefore \dfrac{BN}{2CD} = \dfrac{AM}{CD}$，故 $BN = 2AM$.

例3 一圆的圆心在顶点共圆的四边形 $ABCD$ 的 AB 边上，其他三边都与圆相切，证明：$AB = AD + BC$.

证明： 设 E，F，G 为切点，延长 OF，DC 相交于 M（如图所示），

$\because A$，B，C，D 共圆，O，F，C，G 共圆，

$\therefore \angle A = \angle MCF = \angle MOG$，

$\therefore \mathrm{Rt} \triangle AOE \backsim \mathrm{Rt} \triangle OMG \backsim \mathrm{Rt} \triangle CMF$，

于是有 $\dfrac{AO}{AE} = \dfrac{OM}{OG} = \dfrac{CM}{CF}$ 及 $\dfrac{MF}{OE} = \dfrac{CM}{OA}$.

令 $\dfrac{AO}{AE} = \dfrac{OM}{OG} = \dfrac{CM}{CF} = k$，$OE = OF = OG = R$，

则 $AO = k \cdot AE$，$OM = k \cdot R$，$CM = k \cdot CF$，

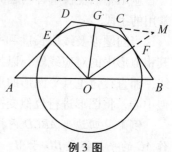

例 3 图

$MF = OM - R$，$\therefore \dfrac{k \cdot R - R}{R} = \dfrac{k \cdot CF}{k \cdot AE}$，

$k - 1 = \dfrac{CF}{AE}$，$k \cdot AE - AE = CF$，即 $OA = AE + CF$. ①

同理可得：$OB = DE + BF$. ②

① + ② 得：$AB = AD + BC$.

例4 设 P 是圆 O 外的点，直线 PA 和 PB 切圆于 A 和 B，连结 AB 和 OP，它们相交于点 M，再过 M 作一弦 CD，证明：$\angle CPO = \angle CDO$.

证明： 如图所示，连 OA，$\because PA$，PB 为圆 O 的切线，$\therefore OP \perp AB$，$\angle AMO = \angle PMB = 90°$.

$\because \angle PBM$ 等于 $\overset{\frown}{AB}$ 上的圆周角，等于 $\overset{\frown}{AB}$ 所对的圆心角的一半，$\therefore \angle PBM = \angle AOM$.

$\therefore \triangle AOM \backsim \triangle PBM$. 于是

$\dfrac{AM}{OM} = \dfrac{PM}{BM}$，即 $AM \cdot BM = OM \cdot PM$.

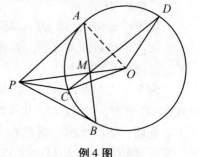

例 4 图

又 AB 和 CD 为圆内相于 M 点的两弦，$\therefore AM \cdot MB = CM \cdot MD$，

$\therefore OM \cdot PM = CM \cdot MD$，即 $\dfrac{OM}{MD} = \dfrac{CM}{MP}$.

而 $\angle OMD = \angle CMP$，$\therefore \triangle OMD \backsim \triangle CMP$.

故 $\angle ODM = \angle CPM$，即 $\angle CPO = \angle CDO$.

例5 已知圆 O 的内接四边形 $ABCD$ 的对角线 AC 和 BD 交于 M，一组对边 AB 和 CD 的中点各为 E 和 F（如图所示），求证：$\angle MEO = \angle MFO$.

证明：∵ $\angle ABD = \angle ACD$，$\angle BAC = \angle BDC$，

∴ $\triangle ABM \sim \triangle DCM$.

又∵ E 和 F 为 AB 和 CD 的中点，

∴ $\dfrac{AM}{DM} = \dfrac{AB}{DC} = \dfrac{2AE}{2DF} = \dfrac{AE}{DF}$,

∴ $\triangle AEM \sim \triangle DFM$，∴ $\angle AEM = \angle DFM$,

而 $\angle OEA = \angle OFD = 90°$,

故 $\angle OEA - \angle AEM = \angle OFD - \angle DFM$,

即 $\angle MEO = \angle MFO$.

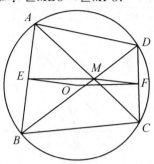

例5图

例6 自圆 O 外一点 P 向圆 O 作切线 PA，切点为 A，再由 PA 的中点 M 作 O 的割线和圆交于 B 和 C 两点，PB 和 PC 分别交圆 O 于 D 点和 E 点，求证：$DE \parallel PA$.

证明：如图所示，∵ PA 切圆 O 于 A，∴ $MA^2 = MB \cdot MC$，而 $MA = MP$,

∴ $MP^2 = MB \cdot MC$，即 $\dfrac{MB}{MP} = \dfrac{MP}{MC}$.

又 $\angle PMB = \angle CMP$,

∴ $\triangle PMB \sim \triangle CMP$,

于是有 $\angle MPB = \angle MCP$.

但 $\angle MCP = \angle BDE$,

∴ $\angle MPB = \angle BDE$,

故 $DE \parallel PA$.

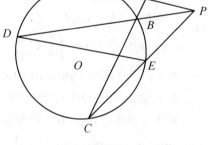

例6图

例7 三角形 ABC 的顶角 A 的平分线交底边 BC 于 D，交其外接圆于 E，则 $AB \cdot AC = AD \cdot AE$.

证明：如图所示，连 EC.

∵ AE 是 $\angle A$ 的平分线，

∴ $\angle BAD = \angle EAC$，又 $\angle ABD = \angle AEC$,

∴ $\triangle ABD \sim \triangle AEC$，于是有 $\dfrac{AB}{AE} = \dfrac{AD}{AC}$,

即 $AB \cdot AC = AD \cdot AE$.

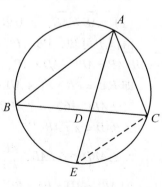

例7图

例8 在四边形 $ABCD$ 中,$\angle ABC = \angle DCB$,DA 和 CB 的延长线相交于 P,求证:$PA \cdot PD = PB \cdot PC + AB \cdot CD$.

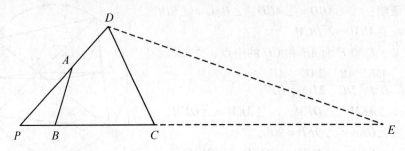

例8图

证明:如图所示,作 $\angle CDE = \angle P$ 交 PC 的延长线于 E,

$\because \angle ABC = \angle DCB$,$\therefore \angle ABP = \angle DCE$,又 $\angle CDE = \angle P$,

$\therefore \triangle ABP \backsim \triangle DCE$,于是有 $\dfrac{PB}{CD} = \dfrac{AB}{CE}$,

即 $PB \cdot CE = AB \cdot CD$, ①

$\angle PAB = \angle E$. 又 $\angle P = \angle P$,

$\therefore \triangle ABP \backsim \triangle EDP$,$\dfrac{PA}{PE} = \dfrac{PB}{PD}$,

即 $PA \cdot PD = PB \cdot PE = PB(PC + CE) = PB \cdot PC + PB \cdot CE$. ②

由①和②可得:$PA \cdot PD = PB \cdot PC + AB \cdot CD$.

例9 在正三角形 ABC 的外接圆的劣弧 BC 上任取一点 P,试证:(1) $PA^2 = PB \cdot PC + BC^2$;(2) $\dfrac{1}{PB} + \dfrac{1}{PC} = \dfrac{1}{PD}$.

证明:如图所示,延长 PC 到 E 使 $CE = BP$,连 AE,则:

(1) $\because \overset{\frown}{AB} = \overset{\frown}{AC}$,$\angle APB = \angle APC$,

由例7可知,$PB \cdot PC = PD \cdot AP = (AP - AD)AP = AP^2 - AD \cdot AP$,

即 $PA^2 = PB \cdot PC + AD \cdot PA$. ①

又 $\angle ABC = 60° = \angle APB$,

$\angle BAD = \angle PAB$,

$\therefore \triangle ABD \backsim \triangle PAB$,$\dfrac{AB}{PA} = \dfrac{AD}{AB}$,

即 $AB^2 = AD \cdot PA = BC^2$. ②

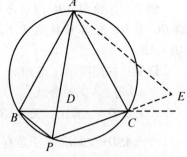

例9图

由①和②可得:$PA^2 = PB \cdot PC + BC^2$.

(2) ∵ $AB = AC$, $BP = CE$, $\angle ABP = \angle ACE$, ∴ $\triangle ABP \cong \triangle ACE$, $AP = AE$. 又 $\angle APE = \angle ABC = 60°$, ∴ $\triangle APE$ 为正三角形, ∴ $PA = PE = PC + CE = PC + PB$, $(PB + PC) \cdot PD = PD \cdot PA$. 而由 $\triangle PBA \backsim \triangle PDC$ 有 $\dfrac{PB}{PD} = \dfrac{PA}{PC}$, 即 $PB \cdot PC = PD \cdot PA$, ∴ $(PB + PC) \cdot PD = PB \cdot PC$. 两边同时除以 $PB \cdot PC \cdot PD$, 得 $\dfrac{1}{PB} + \dfrac{1}{PC} = \dfrac{1}{PD}$.

例 10 从三角形顶点 A 在形内作两射线与 AB, AC 成等角, 且交 BC 于 D, E, 则 $AB^2 : AC^2 = BD \cdot BE : CD \cdot CE$.

证明： 如图所示, 过 A, D, E 作圆交 AB, AC 于 P 及 Q, 连 PQ, 则

∵ $\angle PAD = \angle QAE$,

∴ $\overset{\frown}{PD} = \overset{\frown}{QE}$, ∴ $PQ /\!/ BC$, 于是有 $\dfrac{AB}{BP} = \dfrac{AC}{CQ}$,

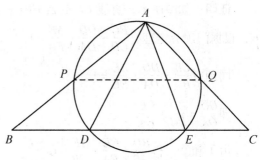

例 10 图

$\dfrac{AB^2}{AB \cdot BP} = \dfrac{AC^2}{AC \cdot CQ}$, $\dfrac{AB^2}{AC^2} = \dfrac{AB \cdot BP}{AC \cdot CQ}$. ①

又∵ A, P, D, E 共圆, 同理 $\left.\begin{array}{l} AB \cdot BP = BD \cdot BE \\ AC \cdot CQ = CD \cdot CE \end{array}\right\}$, ②

由①和②得: $AB^2 : AC^2 = BD \cdot BE : CD \cdot CE$.

例 11 （门涅劳定理）一直线截 $\triangle ABC$ 三边 AB, AC 及 BC 的延长线分别于 D, E, F 三点, 则 $\dfrac{BF}{FC} \cdot \dfrac{CE}{EA} \cdot \dfrac{AD}{DB} = 1$.

证明： 如图所示, 由顶点 A, B, C 分别作直线 l 的垂线, 其垂足分别为 G, H, K, 则由 $\text{Rt}\triangle BHF \backsim \text{Rt}\triangle CKF$ 得

$\dfrac{BF}{FC} = \dfrac{BH}{CK}$. ①

由 $\text{Rt}\triangle CKE \backsim \text{Rt}\triangle AGE$ 得

$\dfrac{CE}{EA} = \dfrac{CK}{AG}$. ②

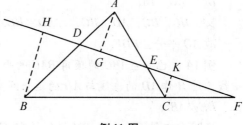

例 11 图

由 Rt△AGD∽Rt△BHD 得 $\dfrac{AD}{DB}=\dfrac{AG}{BH}$ ③

①×②×③, 得: $\dfrac{BF}{FC}\cdot\dfrac{CE}{EA}\cdot\dfrac{AD}{DB}=\dfrac{BH}{CK}\cdot\dfrac{CK}{AG}\cdot\dfrac{AG}{BH}=1.$

例 12 (塞瓦定理)已知 O 为 $\triangle ABC$ 内一点, 连 AO 且延长交 BC 于 D, 连 BO 且延长交 AC 于 E, 连 CO 且延长交 AB 于 F, 求证: $\dfrac{BD}{DC}\cdot\dfrac{CE}{EA}\cdot\dfrac{AF}{FB}=1.$

证明: 如图所示, 直线 CF 截 $\triangle ABD$ 三边 AB, AD 及 BD 分别为 F, O, C, 根据门涅劳定理有 $\dfrac{BC}{CD}\cdot\dfrac{OD}{OA}\cdot\dfrac{AF}{FB}=1.$ ①

同理有 $\dfrac{CB}{BD}\cdot\dfrac{DO}{OA}\cdot\dfrac{AE}{EC}=1,$

即 $\dfrac{DO}{OA}=\dfrac{BD}{BC}\cdot\dfrac{CE}{EA}.$ ②

由①和②, 得 $\dfrac{BD}{DC}\cdot\dfrac{CE}{EA}\cdot\dfrac{AF}{FB}=1.$

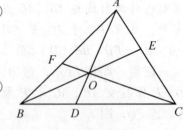

例 12 图

例 13 $\triangle ABC$ 中, $AD\perp BC$ 于 D, O 为 AD 上任一点, 连 BO 且延长交 AC 于 E, 连 CO 且延长交 AB 于 F, 求证: AD 平分 $\angle EDF.$

如图所示, 过 A 点作 BC 的平行线与 DE, DF 的延长线分别交于 G, H, 则根据塞瓦定理有:

证明: $\dfrac{BD}{DC}\cdot\dfrac{CE}{EA}\cdot\dfrac{AF}{FB}=1.$ ①

由 $\triangle CDE\sim\triangle AGE$ 和 $\triangle AFH\sim\triangle BFD$ 有:

$\dfrac{CE}{EA}=\dfrac{CD}{AG}$ 和 $\dfrac{AF}{FB}=\dfrac{AH}{BD}.$ 代入①得:

$\dfrac{BD}{DC}\cdot\dfrac{CD}{AG}\cdot\dfrac{AH}{BD}=1.$ 于是 $AH=AG.$

又 $\because HG\mathbin{/\mkern-6mu/} BC$, $AD\perp BC$, $\therefore AD\perp HG.$

故 AD 平分 $\angle EDF.$

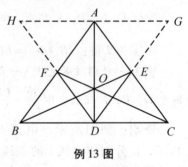

例 13 图

例 14 已知 $\triangle ABC$ 的顶角 BAC 的平分线交 BC 于 D, AM 为 BC 边上的中线, 过 B 作 AD 的垂线与 AD 的延长线交于 P, 与 AM 的延长线交于 E, 求证: $DE\mathbin{/\mkern-6mu/} AB.$

证明: 如图所示, 连 PM 且延长交 AB 于 N, 延长 BP 与 AC 的延长线相交于 H, 则 P 为 BH 的中点, 而 M 为 BC 的中点.

$\therefore PM\mathbin{/\mkern-6mu/} HA$, 于是有 $AN=NB.$

在 $\triangle ABP$ 中, 由塞瓦定理有

$\dfrac{BE}{EP} \cdot \dfrac{PD}{DA} \cdot \dfrac{AN}{NB} = 1$,

$\therefore \dfrac{BE}{EP} \cdot \dfrac{PD}{DA} = 1$, 即 $\dfrac{BE}{EP} = \dfrac{DA}{PD}$,

故 $DE /\!/ AB$.

例15 已知过以 AB 为直径的半圆上一点 P，引切线和过 A，B 引的切线相交 C 和 D，又 AD 和 BC 交于 Q（如图所示），求证：$PQ \perp AB$.

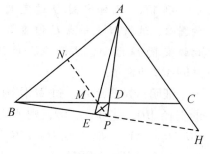

例14 图

证明： $\because AC /\!/ BD$, $\therefore \angle 1 = \angle 2$, $\angle 3 = \angle 4$.

$\therefore \triangle AQC \backsim \triangle DQB$, 于是 $\dfrac{AC}{BD} = \dfrac{AQ}{QD}$.

又 $\because AC = CP$, $BD = DP$,

$\therefore \dfrac{PC}{PD} = \dfrac{AQ}{QD}$, $\therefore PQ /\!/ AC$.

但 $AC \perp AB$, 故 $PQ \perp AB$.

例16 平面上 P，Q 两点，由 P 点引出三条射线，由 Q 点引出二条射线，相交于 A，B，C，E，F，G 六点（如图所示），如果 $AB = BC$，求证：$\dfrac{EA}{EP}$，$\dfrac{FB}{FP}$，$\dfrac{GC}{GP}$ 成等差数列.

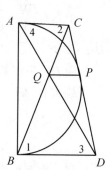

例15 图

证明： 过 A，C 引 AM，CN 平行于 BF，分别交 QG 于点 M，N.

$\because \triangle EAM \backsim \triangle EPF$, $\therefore \dfrac{EA}{EP} = \dfrac{AM}{PF}$,

同理 $\dfrac{GC}{GP} = \dfrac{CN}{PF}$,

$\therefore \dfrac{EA}{EP} + \dfrac{GC}{GP} = \dfrac{AM + CN}{PF}$.

在梯形 $ACNM$ 中，$AB = BC$，且 $BF /\!/ CN$,

$\therefore BF$ 为中位线,

于是有 $AM + CN = 2BF$,

$\therefore \dfrac{EA}{EP} + \dfrac{GC}{GP} = 2 \times \dfrac{BF}{FP}$,

故 $\dfrac{EA}{EP}$，$\dfrac{BF}{FP}$，$\dfrac{GC}{GP}$ 成等差数列.

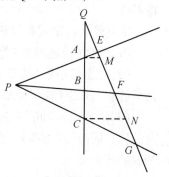

例16 图

例 17 已知定圆 O 过定圆 M 的圆心，过圆 M 上一点 C 作圆 M 的切线交圆 O 于 A，B 两点，求证：$MA \cdot MB$ 为定值.

证明： 如图所示，过 M 作圆 O 的直径 MD，连 MC，AD，则 $MC \perp BC$，$DA \perp AM$. 又 $\because \angle D = \angle B$，

$\therefore \triangle ADM \backsim \triangle CBM$.

于是有 $\dfrac{DM}{BM} = \dfrac{AM}{CM}$，即 $MA \cdot MB = DM \cdot CM$.

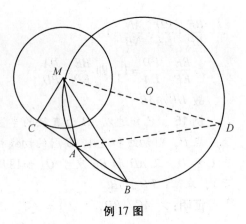

例 17 图

而 DM 为定圆 O 的直径设为 $2R$，CM 为定圆 M 的半径设为 r.

故 $MA \cdot MB = 2Rr$（定值）.

§4-5 等积变换

将一个图形变到与它等面积（或体积）的变换叫作等积变换. 等积变换分为两种类型：一种是等积剖分拼图变换，也就将一个已知图形剖分成若干较小图形，然后用这些较小的图形重新拼合成另一个图形；另一种是变形变换，这种变换不需剖分和拼合，只改变图形的形状，而其面积（或体积）保持不变.

下列性质或定理在等积变换应用中常会用到：

(1) 等底（或底面积）等高的三角形（或锥体）等积；

(2) 三角形（或三棱形）的中线（或中截面）分这个三角形（或三棱形）为两个等积三角形（或三棱形）；

(3) 同底（或等底）三角形（或锥体）的面积（或体积）之比等于此底对应高的比，同高（或等高）三角形（或锥体）的面积（或体积）之比等于此高对应的底的比；

(4) 两个三角形，有一个内角对应相等或互补，则这两个三角形面积之比等于夹此对应角的两边乘积之比；

(5) 相似多边形面积之比等于它们相似比的平方.

应用等积变换的关键是找出与问题相关联的等积图形或构造这样的图形，利用等底等高的三角形（或锥体）等积，或利用面积（或体积）之比转换为线段（或面积）之比作等积变换，是等积变换常用的方法. 作平行线是等

积变换中常用的辅助线.

应用等积变换可解答平面几何中的线段相等、角相等、线段的倍数大小、比例关系、求图形的面积以及图形之间的面积关系、立体几何中的异面直线间的距离、点到平面的距离、平面与平面的距离、求立体图形的体积等问题.

例1 已知在 $\triangle ABC$ 中，$DE \parallel BC$ 交 AB 于 D，交 AC 于 E，AM 为 BC 边上的中线与 DE 相交于 N，求证：$DN = NE$.

证明： 如图所示，作 $DH \perp AM$ 于 H，$EK \perp AM$ 于 K，连 DM，EM. $\because M$ 为 BC 的中点，

$\therefore S_{\triangle ABM} = S_{\triangle ACM}$.

又 $DE \parallel BC$，且 $BM = CM$.

$\therefore S_{\triangle DBM} = S_{\triangle ECM}$，$\therefore S_{\triangle ABM} - S_{\triangle DBM} = S_{\triangle ACM} - S_{\triangle ECM}$，

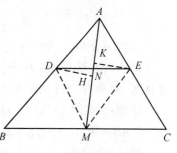

例1图

即 $S_{\triangle ADM} = S_{\triangle AEM}$. 而底边 AM 公共，$\therefore DH = EK$.

又 $\angle DNH = \angle ENK$，$\therefore \mathrm{Rt}\triangle DNH \cong \mathrm{Rt}\triangle ENK$. 故 $DN = EN$.

注：本题用比例证明比较简单.

例2 如图所示，$\triangle ABC$ 的中线 AD，BE 交于 G，求证：$GD = \dfrac{1}{3}AD$.

证明： 连 GC，则 $\dfrac{S_{\triangle ABG}}{S_{\triangle BDG}} = \dfrac{AG}{GD}$，$\dfrac{S_{\triangle ACG}}{S_{\triangle CDG}} = \dfrac{AG}{GD}$，

$\therefore \dfrac{S_{\triangle ABG}}{S_{\triangle BDG}} = \dfrac{S_{\triangle ACG}}{S_{\triangle CDG}}$.

又由 $BD = CD$ 得 $S_{\triangle BDG} = S_{\triangle CDG}$，

$\therefore S_{\triangle ABG} = S_{\triangle ACG}$，同理 $S_{\triangle ABG} = S_{\triangle BGC}$.

而 $S_{\triangle BGC} = S_{\triangle BDG} + S_{\triangle CDG}$，

$\therefore S_{\triangle ABG} = 2S_{\triangle BDG}$. 但 $S_{\triangle ABG}$ 与 $S_{\triangle BDG}$ 同高，

$\therefore AG = 2GD$. 故 $GD = \dfrac{1}{3}AD$.

例2图

例3 如图所示，在 $\square ABCD$ 的 CD，AD 边上各取一点 E，F，使 $AE = CF$，如果 AE，CF 相交于 P，则 PB 平分 $\angle APC$.

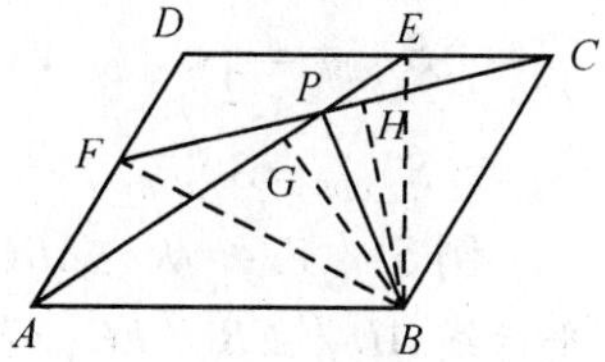

证明： 作 $BG \perp AE$ 于 G，$BH \perp CF$ 于 H，连 BF，BE，则

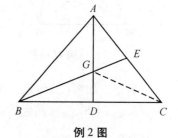

例3图

103

$$S_{\triangle ABE} = \frac{1}{2}S_{\square ABCD}$$
$$S_{\triangle BCF} = \frac{1}{2}S_{\square ABCD}$$
$$\Rightarrow \left. \begin{array}{l} S_{\triangle ABE} = S_{\triangle BCF} \\ S_{\triangle ABE} = \frac{1}{2}AE \cdot BG \\ S_{\triangle BCF} = \frac{1}{2}CF \cdot BH \end{array} \right\} \Rightarrow \left. \begin{array}{l} AE \cdot BG = CF \cdot BH \\ AE = CF \end{array} \right\}$$

$\Rightarrow BG = BH \Rightarrow \angle BPG = \angle BPH$ 即 PB 平分 $\angle APC$.

例 4 在梯形 $ABCD$ 中，$AB // DC$，自 B 作直线与 AD 平行，又自 D 作直线与 AC 平行，设此两直线相交于 E，求证：$S_{\triangle DCE} = S_{\triangle CAB}$.

证明： 如图(1)所示，连 BD，AE.

$\because AB // DC$，$\therefore S_{\triangle CAB} = S_{\triangle DAB}$. ①

又 $\because AD // BE$，$\therefore S_{\triangle DAB} = S_{\triangle DAE}$. ②

又 $AC // DE$，$\therefore S_{\triangle DAE} = S_{\triangle DCE}$. ③

由①，②和③得 $S_{\triangle DCE} = S_{\triangle CAB}$.

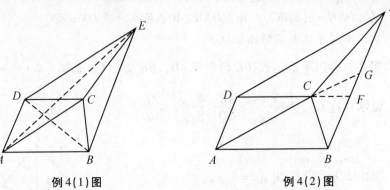

例 4(1) 图　　　　　　　例 4(2) 图

另证： 如图(2)所示，延长 DC，AC 交 BE 于 F，G，则
$S_{\square ADFB} = S_{\square ADEG}$（同底等高）.

又 $S_{\triangle CAB} = \frac{1}{2}S_{\square ADFB}$,

$S_{\triangle CDE} = \frac{1}{2}S_{\square ADEG}$,

$\therefore S_{\triangle CDE} = S_{\triangle CAB}$.

例 5 已知从 $\triangle ABC$ 各顶点作平行线 $AD // EB // FC$，各与对边或其延长线交于 D，E，F，求证：$S_{\triangle DEF} = 2S_{\triangle ABC}$.

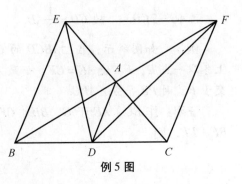

例 5 图

证明：如图所示，∵ $AD \parallel EB \parallel FC$，∴ $S_{\triangle ADE} = S_{\triangle ADB}$，$S_{\triangle BEF} = S_{\triangle BEC}$，$S_{\triangle ADF} = S_{\triangle ADC}$，∴ $S_{\triangle ADE} + S_{\triangle ADF} = S_{\triangle ADB} + S_{\triangle ADC} = S_{\triangle ABC}$，$S_{\triangle BEF} - S_{\triangle BEA} = S_{\triangle BEC} - S_{\triangle BEA}$，即 $S_{\triangle AEF} = S_{\triangle ABC}$．∴ $S_{\triangle ADE} + S_{\triangle ADF} + S_{\triangle AEF} = 2S_{\triangle ABC}$．

即 $S_{\triangle DEF} = 2S_{\triangle ABC}$．

例6 如图所示，设 M 是 $\triangle ABC$ 边 AC 上的中点，过 M 作直线交 AB 的延长线于 E，过 B 作直线平行于 ME，交 AC 于 F，求证：$\triangle AEF$ 的面积等于 $\triangle ABC$ 的面积的一半．

证明：连 BM，则

$S_{\triangle AEF} = S_{\triangle ABF} + S_{\triangle BEF}$．

∵ $BF \parallel ME$，∴ $S_{\triangle BEF} = S_{\triangle BFM}$，

∴ $S_{\triangle AEF} = S_{\triangle ABF} + S_{\triangle BFM} = S_{\triangle BAM}$．

而 $S_{\triangle BAM} = \dfrac{1}{2} S_{\triangle ABC}$，故 $S_{\triangle AEF} = \dfrac{1}{2} S_{\triangle ABC}$．

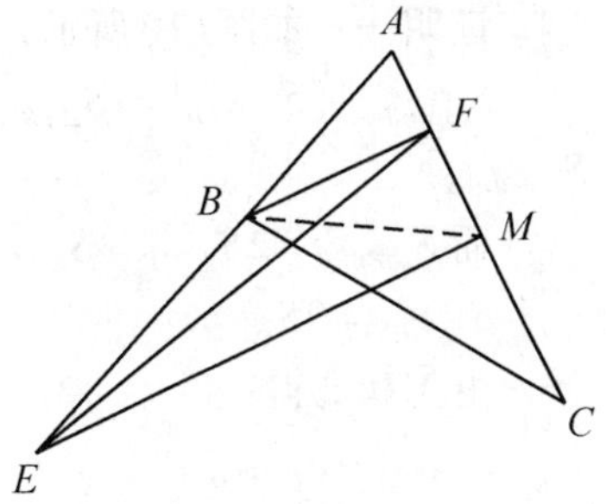

例7 如图所示，在四边形 $ABCD$ 中，AC 和 BD 相交于 E，延长 CA 到 F，使 $AF = CE$，延长 DB 到 G，使 $BG = DE$，并且连接 FG，求证：$\triangle EFG$ 和四边形 $ABCD$ 等积．

例6图

证明：连 AG，则 $S_{\triangle AFG} = S_{\triangle CEG}$，

$S_{\triangle AGB} = S_{\triangle AED}$，$S_{\triangle CBG} = S_{\triangle CDE}$，

∴ $S_{\triangle EFG} = S_{\triangle AFG} + S_{\triangle AGE} = S_{\triangle CEG} + S_{\triangle AGE}$

$= S_{\triangle CEB} + S_{\triangle CBG} + S_{\triangle ABE} + S_{\triangle AGB}$

$= S_{\triangle CEB} + S_{\triangle CDE} + S_{\triangle ABE} + S_{\triangle AED}$

$= S_{\triangle BCD} + S_{\triangle ABD} = S_{\text{四边形} ABCD}$．

例8 直角三角形 ABC 的内切圆与斜边 BC 相切于 D，求证：$\triangle ABC$ 的面积等于以 BD，CD 为边的矩形的面积．

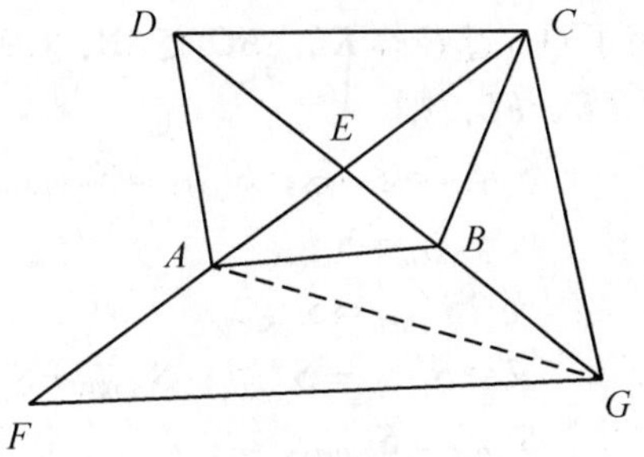

例7图

证明：如图所示，过 B，C 分别作 $BK \parallel AC$，$CK \parallel AB$，BK 和 CK 相交于 K，连 EO，FO 并延长交 BC，BK，CK 于 M，N，G，H，则四边形 $ABKC$ 和 $OGKH$ 等为矩形．

∵ $BD = BF = OG$，$CD = CE = HO$，

∴ $BD \cdot CD = OG \cdot HO = S_{\square HOGK}$．

∵ $CH = OE = OD$，$\angle CNH = \angle OND$，

∴ $Rt\triangle CNH \cong Rt\triangle OND$．

同理，$Rt\triangle MBG \cong Rt\triangle MOD$．

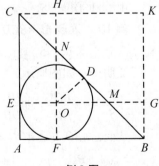

例8图

于是有 $S_{\triangle CNH} = S_{\triangle OND}$, $S_{\triangle MBG} = S_{\triangle MOD}$,

∴ $S_{\triangle CBK} = S_{\square HOGK}$.

而 $\triangle ABC \cong \triangle CBK$, 故 $S_{\triangle ABC} = S_{\square HOGK}$.

即 $\triangle ABC$ 的面积等于以 BD 和 CD 为边的矩形的面积.

例9 过 $\square ABCD$ 内任意一点 P 作各边的平行线分别交 AB, BC, CD, DA 于 E, F, G, H, 求证: $S_{\square ABCD} - S_{\square AEPH} = 2S_{\triangle AFG}$.

证明一: 如图(1)所示, 连 AP.

$S_{\square ABCD} - S_{\square AEPH} = S_{\square EBFP} + S_{\square PFCG} + S_{\square PGDH}$, ①

而 $S_{\square EBFP} = 2S_{\triangle PAF}$, $S_{\square PFCG} = 2S_{\triangle PFG}$,

$S_{\square PGDH} = 2S_{\triangle PGA}$. ②

由①和②得:

$S_{\square ABCD} - S_{\square AEPH}$

$= 2(S_{\triangle PAF} + S_{\triangle PFG} + S_{\triangle PGA})$

$= 2S_{\triangle AFG}$.

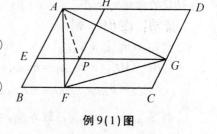

例9(1)图

证明二: 如图(2)所示, 设 AG 和 FH 相交于 Q, 过 Q 作 $KL \parallel BC$ 交 AB, CD 于 K, L, 连 FK, FL, 则

$S_{\triangle KFQ} = S_{\triangle AFQ}$, $S_{\triangle LFQ} = S_{\triangle GFQ}$,

∴ $S_{\triangle KFL} = S_{\triangle AFG}$.

而 $2S_{\triangle KFL} = S_{\square KBCL}$. ③

又 ∵ $S_{\triangle AEG} = S_{\triangle GDA}$, $S_{\triangle AKQ} = S_{\triangle QHA}$,

$S_{\triangle QPG} = S_{\triangle QLG}$,

∴ $S_{\square KEPQ} = S_{\square HQLD}$,

∴ $S_{\square AEPH} = S_{\square AKLD}$. ④

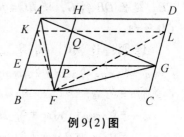

例9(2)图

由③和④得, $S_{\square ABCD} - S_{\square AEPH} = 2S_{\triangle AFG}$.

例10 在梯形 $ABCD$ 中, $AD \parallel BC$, 两对角线交于 O, 设 $S_{\triangle BOC} = p^2$, $S_{\triangle AOD} = q^2$, 求证: $S_{梯形ABCD} = (p+q)^2$.

证明一: 如图所示, ∵ $\triangle BOC \sim \triangle AOD$,

∴ $\dfrac{S_{\triangle BOC}}{S_{\triangle AOD}} = \dfrac{BO^2}{DO^2}$, 即 $\dfrac{BO}{DO} = \sqrt{\dfrac{p^2}{q^2}} = \dfrac{p}{q}$.

然而 $\triangle ABO$ 与 $\triangle AOD$ 有公共高, 故有

$\dfrac{S_{\triangle ABO}}{S_{\triangle ADO}} = \dfrac{BO}{DO} = \dfrac{p}{q}$,

即 $S_{\triangle ABO} = \dfrac{p}{q} S_{\triangle ADO} = \dfrac{p}{q} \cdot q^2 = pq$.

同理 $S_{\triangle CDO} = pq$. 故 $S_{梯形ABCD} = S_{\triangle BOC} + S_{\triangle COD} + S_{\triangle AOB} + S_{\triangle AOD} = p^2 + pq + pq + q^2 = (p+q)^2$.

证明三：作 $OE \perp BC$ 于 E，EO 的延长线交 AD 于 F，

$\because AD /\!/ BC$，$\therefore EF \perp AD$.

设 $BC = a$，$AD = b$，$OE = h_a$，$OF = h_b$，$EF = h = (h_a + h_b)$，

$\because \triangle BOC \backsim \triangle AOD$，$\therefore \dfrac{S_{\triangle BOC}}{S_{\triangle AOD}} = \dfrac{a^2}{b^2} = \dfrac{p^2}{q^2}$，即 $\dfrac{a}{b} = \dfrac{p}{q}$，$\dfrac{a}{p} = \dfrac{b}{q}$.

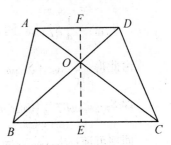

例 10 图

设 $\dfrac{a}{p} = \dfrac{b}{q} = k$，则 $a = pk$，$b = qk$，$a + b = k(p + q)$.

又 $p^2 = \dfrac{1}{2} a h_a = \dfrac{1}{2} p k h_a$，$\therefore h_a = \dfrac{2p}{k}$.

同理 $h_b = \dfrac{2q}{k}$. $\therefore h_a + h_b = \dfrac{2}{k}(p+q)$.

故 $S_{梯形ABCD} = \dfrac{1}{2}(a+b)h = \dfrac{1}{2}k(p+q) \cdot \dfrac{2}{k}(p+q) = (p+q)^2$.

注：证法二是先利用等积变换的性质，然后把几何问题转化为代数问题来解.

例 11 如图所示，已知四边形 $ABCD$ 中，E，F，G，H 及 M，N 分别为 AB，BC，CD，DA 及 AC，BD 的中点，且 $MO /\!/ DB$，$NO /\!/ CA$，MO 与 NO 相交于 O，求证：$S_{四边形AEOH} = S_{四边形BFOE} = S_{四边形CGOF} = S_{四边形DHOG}$.

证明：如图所示，连 HE，HM，EM，则

$\because MO /\!/ DB$，$HE /\!/ DB$，$\therefore MO /\!/ HE$，

由此知 $S_{\triangle HME} = S_{\triangle HOE}$，

$\therefore S_{四边形AEOH} = S_{\triangle AEH} + S_{\triangle HOE}$
$\qquad = S_{\triangle AEH} + S_{\triangle HME}$
$\qquad = S_{四边形AEMH}$.

而 $S_{四边形AEMH} = S_{\triangle AMH} + S_{\triangle AME}$，

$\because H$，M 分别为 AD，AC 的中点，

$\therefore HM \underline{/\!/} \dfrac{1}{2} DC$.

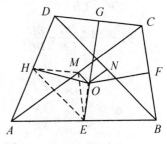

例 11 图

$\therefore S_{\triangle AMH} = \frac{1}{4} S_{\triangle ACD}.$ 同理，$S_{\triangle AME} = \frac{1}{4} S_{\triangle ABC}$，

由此得 $S_{\triangle AMH} + S_{\triangle AME} = \frac{1}{4}(S_{\triangle ACD} + S_{\triangle ABC}) = \frac{1}{4} S_{四边形ABCD}$，

即 $S_{四边形AEMH} = \frac{1}{4} S_{四边形ABCD}$，$\therefore S_{四边形AEOH} = \frac{1}{4} S_{四边形ABCD}.$

同理可证：$S_{四边形BFOE} = \frac{1}{4} S_{四边形ABCD}$，$S_{四边形CGOF} = \frac{1}{4} S_{四边形ABCD}$，$S_{四边形DHOG} = \frac{1}{4} S_{四边形ABCG}.$

故 $S_{四边形AEOH} = S_{四边形BFOE} = S_{四边形CGOF} = S_{四边形DHOD}.$

例 12 如图所示，在 $\triangle ABC$ 中，$AB > AC$，BD、CE 分别是 AC、AB 边上的高，求证：$BD > CE.$

证明： $\because S_{\triangle ABC} = S_{\triangle ABC}$，

$\therefore \frac{1}{2} BD \cdot AC = \frac{1}{2} CE \cdot AB$，

即 $BD \cdot AC = CE \cdot AB.$

但 $AB > AC$，$\therefore BD > CE.$

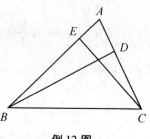

例 12 图

例 13 如图所示，已知 O 为 $\triangle ABC$ 内的任一点，连 AO、BO、CO 并延长分别交 BC、CA、AB 于 D、E、F，求证：$\frac{BD}{DC} \cdot \frac{CE}{EA} \cdot \frac{AF}{FB} = 1.$

证明一： 作 $BG \perp AD$ 交 AD 的延长线于 G，$CH \perp AD$ 于 H，则 $Rt\triangle BGD \backsim Rt\triangle CHD.$

$\therefore \frac{BD}{DC} = \frac{BG}{CH}$，

而 $\frac{S_{\triangle AOB}}{S_{\triangle AOC}} = \frac{BG}{CH} = \frac{BD}{DC}$， ①

同理 $\frac{S_{\triangle COB}}{S_{\triangle AOB}} = \frac{CE}{EA}$， ②

$\frac{S_{\triangle AOC}}{S_{\triangle COB}} = \frac{AF}{FB}$， ③

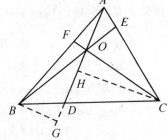

例 13 图

①×②×③，得：$\frac{BD}{DC} \cdot \frac{CE}{EA} \cdot \frac{AF}{FB} = 1.$

证明二： $\because \triangle BOD$ 与 $\triangle COD$ 有同高，$\therefore \dfrac{S_{\triangle BOD}}{S_{\triangle COD}} = \dfrac{BD}{DC}$.

同样，$\dfrac{S_{\triangle COE}}{S_{\triangle AOE}} = \dfrac{CE}{EA}$，$\dfrac{S_{\triangle AOF}}{S_{\triangle BOF}} = \dfrac{AF}{FB}$.

又 $\because \triangle BOD$ 与 $\triangle AOE$ 有等角，$\therefore \dfrac{S_{\triangle BOD}}{S_{\triangle AOE}} = \dfrac{OB \cdot OD}{OA \cdot OE}$，

同样 $\dfrac{S_{\triangle AOF}}{S_{\triangle COD}} = \dfrac{OA \cdot OF}{OC \cdot OD}$，$\dfrac{S_{\triangle COE}}{S_{\triangle BOF}} = \dfrac{OC \cdot OE}{OB \cdot OF}$，

故 $\dfrac{BD}{DC} \cdot \dfrac{CE}{EA} \cdot \dfrac{AF}{FB} = \dfrac{S_{\triangle BOD}}{S_{\triangle COD}} \cdot \dfrac{S_{\triangle COE}}{S_{\triangle AOE}} \cdot \dfrac{S_{\triangle AOF}}{S_{\triangle BOF}} = \dfrac{S_{\triangle BOD}}{S_{\triangle AOE}} \cdot \dfrac{S_{\triangle COE}}{S_{\triangle BOF}} \cdot \dfrac{S_{\triangle AOF}}{S_{\triangle COD}}$

$= \dfrac{OB \cdot OD}{OA \cdot OE} \cdot \dfrac{OC \cdot OE}{OB \cdot OF} \cdot \dfrac{OA \cdot OF}{OC \cdot OD} = 1$.

证明三： $\dfrac{BD}{DC} = \dfrac{S_{\triangle ABD}}{S_{\triangle ACD}} = \dfrac{S_{\triangle BOD}}{S_{\triangle COD}} = \dfrac{S_{\triangle ABD} - S_{\triangle BOD}}{S_{\triangle ACD} - S_{\triangle COD}} = \dfrac{S_{\triangle BOA}}{S_{\triangle COA}}$.

同理 $\dfrac{CE}{EA} = \dfrac{S_{\triangle COB}}{S_{\triangle AOB}}$，$\dfrac{AF}{FB} = \dfrac{S_{\triangle AOC}}{S_{\triangle BOC}}$，

故 $\dfrac{BD}{DC} \cdot \dfrac{CE}{EA} \cdot \dfrac{AF}{FB} = \dfrac{S_{\triangle BOA}}{S_{\triangle COA}} \cdot \dfrac{S_{\triangle COB}}{S_{\triangle AOB}} \cdot \dfrac{S_{\triangle AOC}}{S_{\triangle BOC}}$

$= 1$.

例 14 如图所示，求棱长为 a 的正方体相邻两面上异面直线 BC_1 与 B_1D_1 的距离 h.

解： 连 BD，BD_1，取 B_1D_1 的中点 O，连 C_1O，则

$\because B_1D_1 // BD$，$BD \subset$ 面 BDC_1，

$\therefore B_1D_1 //$ 平面 BDC_1，

$\therefore$ 四面体 $D_1 - BDC_1$ 的面 BDC_1 上的高为异面直线 BC_1 与 B_1D_1 的距离.

又 $V_{D_1-BDC_1} = \dfrac{1}{3} h \cdot S_{\triangle BDC_1}$

$= \dfrac{h}{3} \times \dfrac{1}{2}\sqrt{2}a \times \sqrt{2}a \times \dfrac{\sqrt{3}}{2} = \dfrac{\sqrt{3}}{6}a^2 h$，

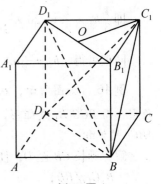

例 14 图

$\left.\begin{array}{l} C_1O \perp B_1D_1 \\ C_1O \perp CC_1 \\ BB_1 // CC_1 \end{array}\right\} \Rightarrow C_1O \perp BB_1 \Big\} \Rightarrow C_1O \perp 平面\ BB_1D_1D \Rightarrow C_1O \perp 平面\ BB_1D_1D \Rightarrow$

C_1O 为四面体 $C_1 - BDD_1$ 的高，

$\therefore V_{C_1-BDD_1} = \frac{1}{3} \times C_1O \cdot S_{\triangle BDD_1} = \frac{1}{3} \times \frac{\sqrt{2}}{2}a \times \frac{1}{2}\sqrt{2}a \times a = \frac{a^3}{6}$.

但 $V_{D_1-BDC_1} = V_{C_1-BDD_1}$, $\therefore \frac{\sqrt{3}}{6}a^2h = \frac{1}{6}a^3$, 故 $h = \frac{\sqrt{3}}{3}a$.

例 15 如图所示，正方体 $ABCD-A_1B_1C_1D_1$ 的棱长为 a，求平面 AB_1D_1 与平面 BDC_1 间的距离。

解：连结对角线 A_1C，则 $A_1C = \sqrt{3}a$.

$\left.\begin{array}{l} A_1C \perp BD \\ A_1C \perp BC_1 \end{array}\right\} \Rightarrow A_1C \perp$ 平面 BDC_1,

同理, $A_1C \perp$ 平面 AB_1D_1,

$\therefore$ 平面 $AB_1D_1 //$ 平面 BDC_1.

平面 AB_1D_1 与平面 BDC_1 的距离为 A_1C 被夹在两个平行平面间的一段.

设 A_1 到平面 AB_1D_1 的距离为 h_1，C 到平面 BDC_1 的距离为 h_2，平面 AB_1D_1 到平面 BDC_1 的距离为 h.

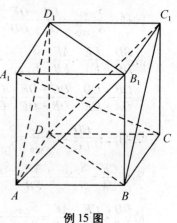

例 15 图

$\because V_{A_1-AB_1D_1} = V_{A-A_1B_1D_1}$, $\therefore \frac{1}{3}h_1 \cdot S_{\triangle AB_1D_1}$

$= \frac{1}{3}AA_1 \cdot S_{\triangle A_1B_1D_1}$,

即 $\frac{1}{3}h_1 \times \frac{1}{2}\sqrt{2}a \times \frac{\sqrt{6}}{2}a = \frac{1}{3}a \times \frac{1}{2}a \times a$, $\therefore h_1 = \frac{\sqrt{3}}{3}a$.

同理可得, $h_2 = \frac{\sqrt{3}}{3}a$. 故 $h = A_1C - h_1 - h_2 = \sqrt{3}a - \frac{\sqrt{3}}{3}a - \frac{\sqrt{3}}{3}a = \frac{\sqrt{3}}{3}a$.

例 16 如图所示，在多面体 $ABCC_1B_1$ 中，面 ABC 是边长为 3 的等边三角形，而 BCC_1B_1 是矩形，且 $CC_1 = 3\sqrt{2}$，$CC_1 \perp$ 平面 ABC，求三棱锥 $B_1 - ABC_1$ 的体积.

解：延长 CB 至 D，使 $BD = BC$，连 AD，B_1C，则

$\because B_1C_1 // BD$,

$\therefore$ 四边形 BDB_1C_1 是平行四边形,

$\therefore S_{\triangle BDB_1} = S_{\triangle C_1B_1B} = S_{\triangle B_1BC}$,

$\therefore V_{B_1-ABC_1} = V_{A-BDB_1} = V_{A-C_1B_1B} = V_{B_1-ABC}$.

又 $BB_1 // CC_1$，且 $CC_1 \perp$ 面 ABC,

$\therefore BB_1 \perp$ 面 ABC.

而 $S_{\triangle ABC} = \dfrac{1}{2} \times 3 \times 3 sin60° = \dfrac{9}{4}\sqrt{3}$,

$\therefore \overline{V}_{B_1-ABC} = \dfrac{1}{3} \times \dfrac{9}{4}\sqrt{3} \times 3\sqrt{2} = \dfrac{9}{4}\sqrt{6}$,

$\therefore \overline{V}_{B_1-ABC_1} = \dfrac{9}{4}\sqrt{6}$,即三棱锥 B_1-ABC_1 的体积是 $\dfrac{9}{4}\sqrt{6}$.

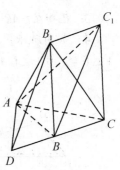

例 16 图

例 17 求证正四面体内任意一点到四面的距离之和为定值.

证明： 设正四面体 $ABCD$ 棱长、各面的面积、各面的高分别为 a, s, h, p 为正四面体内任一点，p 到各面的距离分别为 h_1, h_2, h_3, h_4.

$\because \overline{V}_{p-ABC} + \overline{V}_{p-BCD} + \overline{V}_{p-CDA} + \overline{V}_{p-ABD} = \overline{V}_{ABCD}$,

又 $S_{\triangle ABC} = S_{\triangle BCD} = S_{\triangle CDA} = S_{\triangle ABD} = S$, $\therefore \dfrac{1}{3}h_1 S + \dfrac{1}{3}h_2 S + \dfrac{1}{3}h_3 S + \dfrac{1}{3}h_4 S = \dfrac{1}{3}hS$,

故 $h_1 + h_2 + h_3 + h_4 = h$(定值).

习 题 四

1. 已知在 $\triangle ABC$ 中，AT 平分 $\angle BAC$，$BE \perp AT$ 于 E，$CF \perp AT$ 于 F，且 M 是 BC 的中点，求证：$ME = MF$.

2. 设 l 是圆 O 外的一条直线，P 是 l 上的一点，$OP \perp l$，过 P 任意作两条割线，分别交圆于 C, D 与 E, F，连结 DE 与 CF 分别交 l 于 A, B 两点，求证：$AP = PB$.

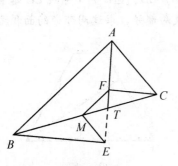

第 1 题图

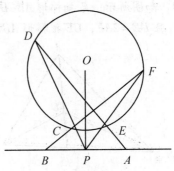

第 2 题图

3. 已知在△ABC中，∠A = 2∠B，CD平分∠ACB，求证：BC = AC + AD.

4. 如图所示，在等边六边形 ABCDEF(凸)中，其顶角满足：∠A + ∠C + ∠E = ∠B + ∠C + ∠F，求证：∠A = ∠D，∠B = ∠E，∠C = ∠F.

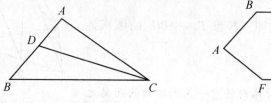

第 3 题图　　　　　　第 4 题图

5. 已知：在△ABC中，AD是∠BAC的平分线，若 AB = AC + CD，试证：∠C = 2∠B.

6. 在△ABC内取一点P，使 CP = CB，则 AB > AP.

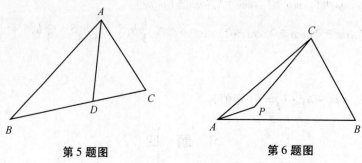

第 5 题图　　　　　　第 6 题图

7. 在△ABC中，AB > AC，在∠A的平分线上任取一点D，则 AB − AC > DB − DC.

8. 自三角形的顶点引线垂直于两底角的平分线，则两垂足的连线必平行于底边.

9. 如图所示，已知梯形 ABCD 中，AB∥CD，∠C的平分线 CE 垂直 AD 于 E，且 DE = 2AE，CE 把梯形 ABCD 分成两部分，求这两部分的面积之比.

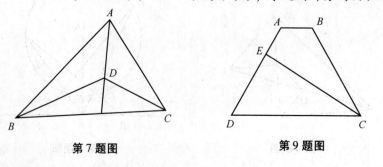

第 7 题图　　　　　　第 9 题图

10. 已知在正方形 $ABCD$ 中，E，F，G，H 分别是各边上的点，且有 $EG \perp HF$，求证：$EG = HF$.

11. 在四边形 $ABCD$ 中，$AB = CD$，M，N 分别为 AD，BC 的中点，NM 的延长线与 BA，CD 的延长线相交于 P，Q，求证：$\angle 1 = \angle 2$.

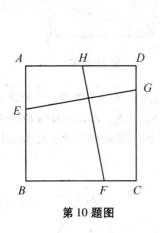

第 10 题图

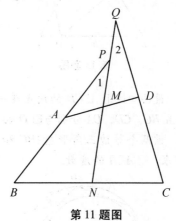

第 11 题图

12. 如图所示，在 $\triangle ABC$ 中，$AB > AC$，BE 和 CF 都是中线，求证：$BE > CF$.

13. 线段 AB 的两端分别在直二面角 $M - CD - N$ 的两个面内，并且与这两面所成的角均为 $30°$，求异面直线 AB 与 CD 所成的角.

14. 线段 AB 平行平面 M，且与平面 M 的距离为 h，AC 和 BD 都和 AB 垂直，C 和 D 都在平面 M 内，并且 AC，BD 和平面 M 所成角分别为 α 和 β，如果 AB 的长为 a，求 CD 的长.

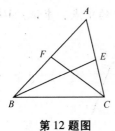

第 12 题图

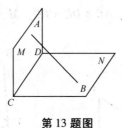

第 13 题图

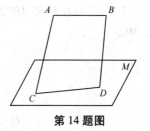

第 14 题图

15. 在等边 $\triangle ABC$ 中，P 为 AB 的中点，Q 为 AC 的中点，R 为 BC 的中点，M 是 RC 上任意一点，且 $\triangle PMS$ 是等边三角形，求证：$RM = QS$.

16. 已知 E 是正方形 $ABCD$ 的 BC 边上任意一点，AF 平分 $\angle DAE$ 与 CD 交于 F，求证：$AE = FD + BE$.

113

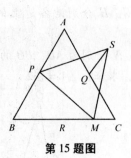
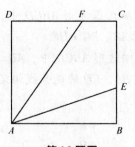

第15题图　　　　　　　　第16题图

17. 设凸四边形 ABCD 的顶点在一个圆周上，另一个圆 O，它的圆心在边 AB 上，且 BC，CD，DA 分别与圆 O 切于 M，N，P 点，求证：AD + BC = AB.

18. 设两个等边三角形 △ABC 和 △DCE 其位置如图所示，已知 ∠EBD = 62°，试求：∠AEB 的度数.

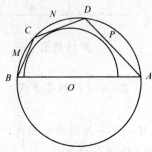
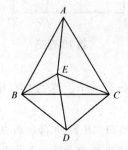

第17题图　　　　　　　　第18题图

19. 已知 △ABC 中，∠C = 90°，D 是 AB 上一点，作 DE ⊥ BC 于 E，如图所示，若 BE = AC，$BD = \frac{1}{2}$，DE + BC = 1，求证：∠ABC = 30°.

20. 已知在梯形 ABCD 中，AB + DC = BC，M 为 AD 的中点，求证：MB ⊥ MC.

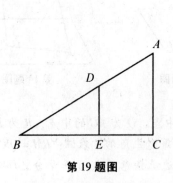
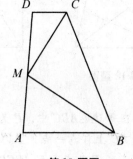

第19题图　　　　　　　　第20题图

第四章 初等几何变换

21. 已知：如图所示，正方形 $A_1B_1C_1D_1$ 在正方形 $ABCD$ 的内部，A_2，B_2，C_2，D_2 分别是 AA_1，BB_1，CC_1，DD_1 的中点，求证：A_2，B_2，C_2，D_2 也是正方形.

22. 已知△ABC 中，D 是 BA 的中点，点 E，F 分别在 AC，BC 上，求证：$S_{\triangle DEF} \leq S_{\triangle ADE} + S_{\triangle BDF}$.

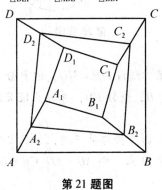

第 21 题图

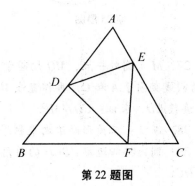

第 22 题图

23. 假设：在△ABC 中，$AB = AC$，D 是形内一点，$\angle ADB > \angle ADC$，求证：$DC > DB$.

24. 在△ABC 中，作和边 BC 平行的直线，交 AB 于 D，交 AC 于 E，如果 BE 和 CD 相交于 O，AO 和 DE 相交于 F，AO 的延长线和 BC 相交于 G，求证：$BG = GC$.

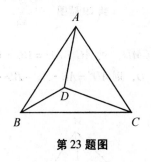

第 23 题图

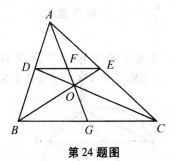

第 24 题图

25. 如图所示，自圆外一点 P 作直线 PA 切圆 O 于 A，过 PA 的中点 M 作割线交圆 O 于 B 和 C，求证：$\angle MPB = \angle MCP$.

26. 已知：AD 是圆 O 的切线，D 是切点，ABC 是圆 O 的割线，$DE \perp AO$ 于 E，求证：$\angle AEB = ACO$.

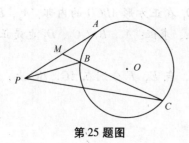
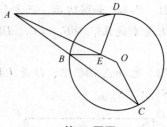

第 25 题图   第 26 题图

27. M 是圆外一点, MQ 切圆于 Q, 过 M 作线段 $MP = MQ$, 过 P 任作这圆的割线交圆于 A 和 C, 再作直线 MA 交圆于 B, 连接 PB, 并延长使交圆于 D, 连接 CD, 求证: $CD /\!/ MP$.

28. 求证: 三角形两边之乘积等于其外接圆直径与第三边上的高之积.

29. 圆内接四边形 $ABCD$ 的对角线相交于 O 点, 则 $AB \cdot AD : CB \cdot CD = AO : OC$.

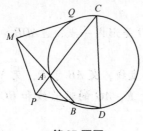
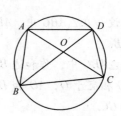

第 27 题图   第 29 题图

30. 过圆 O 的弦 AB 的中点 M 任作一弦 CMD, 则 $AC \cdot AD = BC \cdot BD$.

31. $\triangle ABC$ 的顶角 A 的平分线交底边 BC 于 D, 则 $AD^2 = AB \cdot AC - BD \cdot CD$.

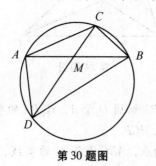
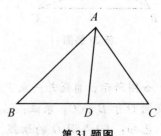

第 30 题图   第 31 题图

32. C 为圆 O 直径 AB 上的一点, TD 切圆 O 于 D, $CE \perp TD$ 于 E, 则

$AC \cdot CB + CD^2 = CE \cdot AB$.

33. 如图所示，AB 和 AC 为圆 O 的二弦，过 A，C 两点的切线相交于 P，$PE \perp AB$ 于 E，$PF \perp CD$ 于 F，求证：$PE : PF = AB : CD$.

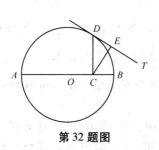

第 32 题图

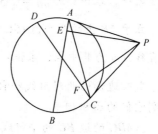

第 33 题图

34. 在 $\square ABCD$ 中，自对角线的交点 O 引 $OE \perp BC$ 于 E，延长 OE 交 AB 的延长线于 F，求证：$BE \cdot (AB + 2BF) = BC \cdot BF$.

35. 如图所示，已知段 $AD \perp BC$ 于 D，且 $AD = BC$，H 为 $\triangle ABC$ 的垂心，M 为 BC 的中点，求证：$MH + HD$ 为定值.

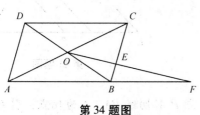

第 34 题图

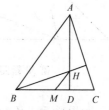

第 35 题图

36. 已知由圆 O 外一点引圆的两条割线 PAB 与 PCD 交圆 O 于 A，B 及 C，D，且 $PAB \perp PCD$，求证：$S_{\triangle OAC} = S_{\triangle OBD}$.

37. $\triangle ABC$ 的三条中线 AD，BE，CF 相交于 O，求证：

(1) $S_{\triangle AOF} = S_{\triangle FOB} = S_{\triangle BOD} = S_{\triangle DOC} = S_{\triangle COE} = S_{\triangle EOA}$；

(2) 以 AD，BE，CF 为边的三角形面积 S 等于原三角形面积的四分之三.

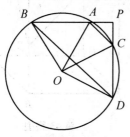

第 36 题图

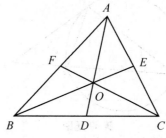

第 37 题图

38. 在△ABC的各边AB，BC，CA上分别取AD，BE，CF，使各等于边长的三分之一，求证：$S_{\triangle DEF} = \frac{1}{3} S_{\triangle ABC}$.

39. 立于AB上的两个△ABC和△ABD，其$S_{\triangle ABD} > S_{\triangle ABC}$，其顶点C，D连成一直线，E为其中点，求证：$S_{\triangle ABE} = \frac{1}{2}(S_{\triangle ABD} \mp S_{\triangle ABC})$.

40. 若四边形的两对角线和它们的夹角分别等于一个三角形的两边及其夹角，则它们的面积相等。

41. △ABC的边BC的平行线分别交AB，AC于D，E，过E点AB的平行线交BC于F，M，P，N分别为AB，BC，CA的中点，求证：$S_{\square BPNM} - S_{\square BFED} = 2S_{\triangle EON}$.

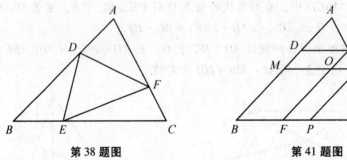

第38题图   第41题图

42. 如图所示，已知从圆外一点P引切线PA，A为切点，引割线PCB交圆于C，B，求证：$PB:PC = AB^2:AC^2$.

43. 如图所示，E，F，G分别是棱长为a的正方形$ABCD-A_1B_1C_1D_1$的BB_1，B_1C_1，A_1B_1的中点，求点B_1到平面EFG的距离。

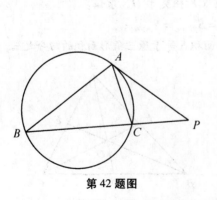 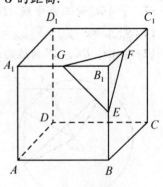

第42题图   第43题图

44. 已知 $ABCD$ 是边长为 4 的正方形，E 和 F 分别是 AB 和 AD 的中点，GC 垂直于 $ABCD$ 所在的平面，且 $GC=2$，求点 B 到平面 EFG 的距离.

45. 如图所示，正方体 $ABCD-A_1B_1C_1D_1$ 中，E 和 F 分别是 BB_1 和 CD 的中点，设 $AA_1=2$，求三棱锥 $F-A_1ED_1$ 的体积.

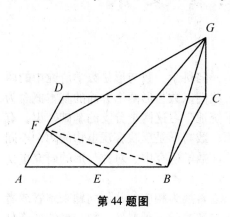

第 44 题图

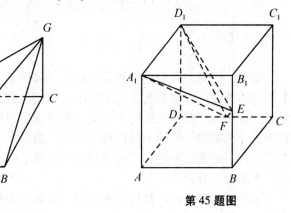

第 45 题图

第五章 数形变换

数学是研究空间形式与数量关系的一门科学，数与形是数学研究中的两个不同的侧面．在初等数学的研究中，我们以数与形两个方面的基本概念为主干，分化为代数与几何两个分支，系统地学习这两个分支的基础知识，有利于充分认识数与形的不同特征．然而，数与形是反映客观事物的两个不同方面，它们是紧密相连、不可分割的．在数学研究中，对数与形的研究也从来就不是绝对分开的．

数与形的变换就是将代数或三角问题转换为相应的几何问题来解答或者将几何问题用代数或三角或解析的方法来解答的一种变换．数与形的变换是事物相互联系、对立统一这一辩证法则在数学中的又一体现．

数与形的变换分为两种：一种是形转化为数的变换(简称"形数变换")，另一种是数转化为形的变换(简称"数形变换")．

利用数与形的变换解答问题时，往往会将数与形的变换交叉结合使用．

§5-1 形与数的变换

形数变换就是将几何问题转化为代数、三角或用坐标系中的解析式子来表示的问题，通过对后者的解答达到解决原几何问题的目的．形数变换按变换后的问题的性质可分为代数法(形与代数系的变换)、三角法(形与三角式的变换)、解析法(形与解析式的变换)等．

1. 代数法

如果在一个几何问题中的条件和结论都容易用代数式子表示出来，那么我们就可以把这个几何问题转化为一个代数问题，通过对代数式的演算得出问题的解答，这种方法就叫代数法．

用代数法解答几何问题的关键是找出用代数式表示的几何元素．因此，我们必须熟悉几何问题中的有关定理和公式，因为这些定理和公式通常就是表示有关几何元素的关系式．

例1 设四边形 $ABCD$ 外切于圆 O，且两对角线 AC 和 BD 互相垂直，试证四边形 $ABCD$ 是关于一条对角线为轴对称的图形．

证明：（1）如图所示，设 $AB = a$，$BC = b$，$CD = c$，$DA = d$，

则问题的条件可以用代数关系式表示如下：

$a + c = b + d$, ①

$a^2 + c^2 = b^2 + d^2$. ②

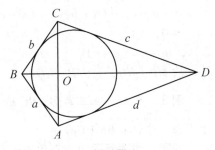

例 1 图

从①和②中消去 c，得：

$a^2 + (b + d - a)^2 = b^2 + d^2$,

即 $(a - b)(a - d) = 0$,

∴ $a = b$ 或 $a = d$.

∴ AB 与 BC 关于 BD 为轴对称，同理 CD 与 DA 也关于 BD 为轴对称. 或 AB 与 AD 关于 AC 为轴对称，同理 BC 与 CD 关于 CA 为轴对称.

故四边形 $ABCD$ 是关于一条对角线为轴对称图形.

(2) 由证法(1)中①^2 - ②，得 $2ac = 2bd$ 即 $ac = bd$.

设 $a + c = b + d = p$，$ac = bd = q$，则 a 和 c 及 b 和 d 都是方程 $x^2 - px + q = 0$ 的两根，由此可得 $a = b$，$c = d$ 或 $a = d$，$c = b$.

同样可得上述结论.

注：证法(1)是利用式子变换，证法(2)是解方程，这是用代数法解几何问题常用的两种方法.

例 2 已知在四边形 $ABCD$ 中，$AC \perp BD$，$AC = BD$. 另有四个同向的相似三角形：$\triangle DPC$，$\triangle CNB$，$\triangle BMA$，$\triangle AQD$. 求证：$MP \perp NQ$，$MP = NQ$.

证明： 如图所示，点 A，B，C，D 分别对应复数 a，b，c，d，点 M，N，P，Q 分别对应复数 m，n，p，q，则 $a - c$ 与 $d - b$ 的模相等，幅角相差 $90°$，

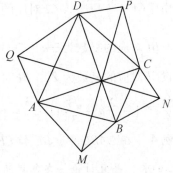

例 2 图

∴ $(a - c) - (d - b)i = 0$. ①

又∵ $\triangle AMB \sim \triangle BNC \sim \triangle CPD \sim \triangle DQA$,

∴ $\dfrac{m - a}{b - a} = \dfrac{n - b}{c - b} = \dfrac{p - c}{d - c} = \dfrac{q - d}{a - d}$

$= \alpha$（α 为复数），

∴ $m = a + (b - a)\alpha$，$n = b + (c - b)\alpha$，

$p = c + (d - c)\alpha$，$q = d + (a - d)\alpha$.

由(1)得：$(m - p) - (q - n)i$

$= (a - c) - (d - b)i - [(a - c) + (d - b)i]\alpha - [(a - c) - (d - b)]\alpha i$

$= (a - c) - (d - b)i - [(a - c) - (d - b)i]\alpha - [(d - b) + (a - c)i]\alpha$

$= (a-c) - (d-b)\mathrm{i} - [(a-c) - (d-b)\mathrm{i}]\alpha - [(a-c) - (d-b)\mathrm{i}]\alpha\mathrm{i}$
$= 0,$
$\therefore m - p = (q - n)\mathrm{i}$
故 $MP \perp NQ$，且 $MP = NQ$．

例3 已知：正三角形 ABC 边长为 a，且 $BD = AE = \dfrac{1}{3}a$，AD 和 CE 交于 F 点，求证：$BF \perp CE$．

证明： 如图所示建立直角坐标系，$\triangle BCE$ 各边被 AD 所截，据梅内劳斯定理有：

$\dfrac{BD}{CD} \cdot \dfrac{CF}{FE} \cdot \dfrac{AE}{AB} = 1$，$\dfrac{1}{2} \cdot \dfrac{CE}{FE} \cdot \dfrac{1}{3} = 1$，

$\therefore CF = 6FE$，$CF = \dfrac{6}{7}CE$．

向量 $\overrightarrow{BC}$ 对应复数 a，$\overrightarrow{BC}$ 旋转 $60°$ 得 $\overrightarrow{BA}$，所以 $\overrightarrow{BA}$ 对应的复数为 $a(\cos 60° + \mathrm{i}\sin 60°) = \dfrac{1}{2}a + \dfrac{\sqrt{3}}{2}a\mathrm{i}$．

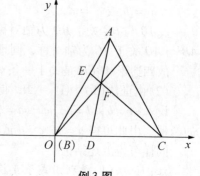

例 3 图

$\overrightarrow{BE}$ 对应的复数为 $\dfrac{a}{3} + \dfrac{\sqrt{3}}{3}a\mathrm{i}$，$\overrightarrow{CE} = \overrightarrow{BE} - \overrightarrow{BC}$，$\therefore \overrightarrow{CE}$ 对应的复数为 $-\dfrac{2}{3}a + \dfrac{\sqrt{3}}{3}a\mathrm{i}$，

由于 $\overrightarrow{CF} = \dfrac{6}{7}\overrightarrow{CE}$，$\therefore \overrightarrow{CF}$ 对应的复数为 $-\dfrac{4}{7}a + \dfrac{2}{7}\sqrt{3}a\mathrm{i}$，$\overrightarrow{BF} = \overrightarrow{BC} + \overrightarrow{CF}$，

$\therefore \overrightarrow{BF}$ 对应的复数为 $\dfrac{3}{7}a + \dfrac{2}{7}\sqrt{3}a\mathrm{i}$．

设 $\overrightarrow{CE}$ 对应的复数为 Z_1，$\overrightarrow{BF}$ 对应的复数为 Z_2，则

$\dfrac{Z_1}{Z_2} = \left(-\dfrac{2}{3}a + \dfrac{\sqrt{3}}{3}a\mathrm{i}\right) \Big/ \left(\dfrac{3}{7}a + \dfrac{2}{7}\sqrt{3}a\mathrm{i}\right) = \dfrac{7}{9}\sqrt{3}\mathrm{i}$，故 $BF \perp CE$．

例4 在 $\triangle ABC$ 中，BE 和 CF 是中线，已知 $AC = b$，$AB = c$，$BE \perp CF$，求 BC 的长，并且讨论 $\dfrac{b}{c}$ 在怎样的范围内这样的三角形存在．（1983 年西宁市初中数学竞赛题）

解： 如图所示，中线 BE 和 CF 相交于 O，设 $OE = x$，$OF = y$，$BC = a$，则 $OB = 2x$，$OC = 2y$．又 $BE \perp CF$，$BF = \dfrac{c}{2}$，$CE = \dfrac{b}{2}$，所以由 $\mathrm{Rt}\triangle OCE$，$\mathrm{Rt}\triangle OBF$，$\mathrm{Rt}\triangle OBC$ 可得：

第五章　数形变换

$$\begin{cases} x^2+4y^2=\dfrac{b^2}{4}, \\ 4x^2+y^2=\dfrac{c^2}{4}, \\ 4x^2+4y^2=a^2. \end{cases}$$ 消去 x 和 y，得 $a^2=\dfrac{b^2+c^2}{5}$，

$$\therefore BC=\sqrt{\dfrac{b^2+c^2}{5}}.$$

讨论：这样的三角形存在必须满足如下条件：

$$\begin{cases} b+c>a, \\ b-c<a \end{cases} \Rightarrow \begin{cases} 5(b+c)^2>b^2+c^2, \\ 5(b-c)^2>b^2+c^2. \end{cases}$$

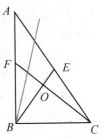

例 4 图

第一个不等式永远成立，第二个不等式可化为 $b^2-\dfrac{5}{2}bc+c^2<0$，

即 $\left(\dfrac{b}{c}\right)^2-\dfrac{5}{2}\left(\dfrac{b}{c}\right)+1<0$，解得 $\dfrac{1}{2}<\dfrac{b}{c}<2$，这就是所求的范围.

例 5　已知 I 是 $\triangle ABC$ 的内心，$ID \perp BC$，D 是垂足，且 $AB \cdot AC = 2BD \cdot DC$，求证：$\angle A = 90^\circ$．（1984 年福建省初中数学竞赛题）

证明： 如图所示，过 I 点作 $IE \perp AC$，$IF \perp AB$，垂足分别为 E 和 F，设 $BD=m$，则 $DC=BC-m$，$CE=CD=BC-m$，$AE=AF=AB-BF=AB-m$，

$\therefore AC=AE+CE=AB+BC-2m$，

$\therefore m=\dfrac{AB+BC-AC}{2}$，

$DC=BC-\dfrac{AB+BC-AC}{2}=\dfrac{BC+AC-AB}{2}$.

又 $\because AB \cdot AC = 2BD \cdot DC$，

$\therefore AB \cdot AC = 2 \cdot \dfrac{AB+BC-AC}{2} \cdot \dfrac{BC+AC-AB}{2}$，

整理，得 $BC^2=AB^2+AC^2$，

$\therefore \angle A = 90^\circ$.

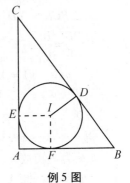

例 5 图

例 6　在 $\triangle ABC$ 中，底边 BC 上的两点 E 和 F 把 BC 三等分，BM 是 AC 边上的中线，AE 和 AF 交 BM 于点 P 和 Q，求 $BP:PQ:QM$ 的值.

解： 如图所示，设 $BP=x$，$PQ=y$，$QM=z$，过点 M 作 $ME' \parallel BC$ 交 AE 和 AF 于 E' 和 F' 点，由相似三角形性质可得：

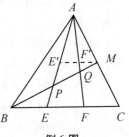

例 6 图

$$\begin{cases} x = y+z, \\ x+y = 4z. \end{cases}$$ 视 z 为已知量，解得 $x = \dfrac{5}{2}z$，$y = \dfrac{3}{2}z$．

∴ $x:y:z = 5:3:2$．

即 $BP:PQ:QM = 5:3:2$．

例 7 在 $\triangle ABC$ 中，已知 $\angle C = 2\angle A$，求证：$AB^2 = BC^2 + BC \cdot AC$．

证明：如图所示，作 $\angle C$ 的平分线交 AB 于 D，易知 $AD = CD$，设为 x，令 $BC = a$，$AC = b$，$AB = c$，则有：

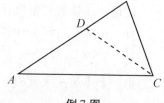

例 7 图

$$\begin{cases} \dfrac{a}{c} = \dfrac{x}{b} \;(\triangle ABC \sim \triangle CBD), \\ \dfrac{x}{c-x} = \dfrac{b}{a} \;(\text{三角形内角平分线性质}). \end{cases}$$

消去 x，整理得 $c^2 = a^2 + ab$．

即 $AB^2 = BC^2 + BC \cdot AC$．

例 8 过正方形 $ABCD$ 的顶点 C 作任意一条直线，与 AB 和 AD 的延长线分别交于 E 和 F，求证：$AE + AF \geq 4AB$．

证明：如图所示设 $AB = a$，$AE = x$，$AF = y$，则

∵ $\triangle BCE \sim \triangle DFC$，

∴ $\dfrac{DF}{DC} = \dfrac{BC}{BE}$，即 $\dfrac{y-a}{a} = \dfrac{a}{x-a}$，

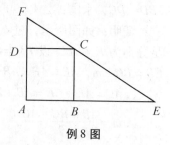

例 8 图

$xy - a(x+y) = 0$．

又设 $x + y = m$，则 $y = m - x$．代入 $xy - a(x+y) = 0$，

得 $x^2 - mx + ma = 0$．

∵ x 为正实数，∴ $\Delta = m^2 - 4ma \geq 0$，

∴ $m \geq 4a$，即 $AE + AF \geq 4AB$．

例 9 已知过点 O 且两两垂直的三射线 ox，oy 和 oz，平面 α 与 ox，oy 和 oz 的交点分别为 A，B 和 C，求证 $\triangle ABC$ 必为锐角三角形．

证明：如图所示，$\triangle ABC$ 的最大边为 AB，$OA = a$，$OB = b$，$OC = c$，则

$$AB^2 = a^2 + b^2, \quad ①$$
$$AC^2 = a^2 + c^2, \quad ②$$
$$BC^2 = b^2 + c^2. \quad ③$$

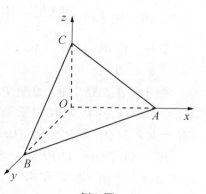

例 9 图

②+③得：$AC^2 + BC^2 = a^2 + c^2 + b^2 + c^2 = a^2 + b^2 + 2c^2$， ④

比较①和④知，$AB^2 < AC^2 + BC^2$，

∴ ∠ACB 为锐角，从而 ∠CAB 和 ∠CBA 均为锐角. 故 △ABC 为锐角△.

例 10 已知线段 BC 的长为 4，BC 的中点 M，又 A 与 B 和 C 两点距离之和为 6，求 AM 的最大值与最小值.

解：如图所示，设 $AB = x$，$AM = y$，由 $BM = MC = 2$，再由余弦定理可得：$x^2 = y^2 + 2^2 - 4y\cos\angle BMA$.

$(6-x)^2 = y^2 + 2^2 - 4y\cos\angle AMC$
$\qquad = y^2 + 4 - 4y\cos(\pi - \angle BMA)$，

上面两式相加得 $x^2 + (6-x)^2 = 2y^2 + 8$.

由于 y 为正，故可得

$y = \sqrt{x^2 - 6x + 14} = \sqrt{(x-3)^2 + 5}$.

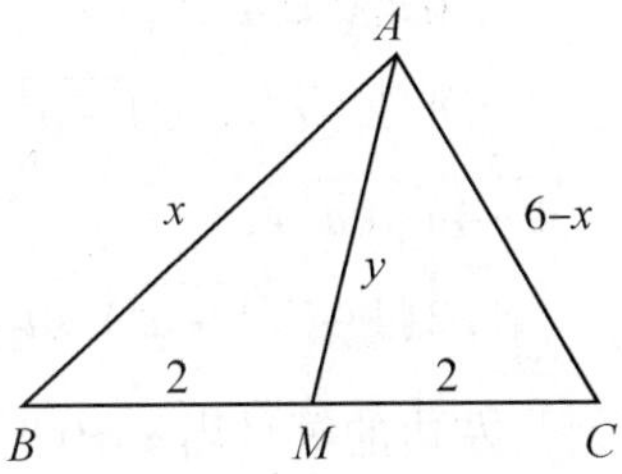

因为 A，B 和 C 构成三角形，必须满足以下条件：

$\begin{cases} 4 + x > 6 - x, \\ 4 + (6-x) > x, \\ x + (6-x) > 4, \end{cases}$ 解之得 $1 < x < 5$.

至此，切不可立即断言定义域是 (1, 5)，因为我们发现 A 可以有两种特殊情况，即 A 在 CB 的延长线或 BC 的延长线上，从而 $x = 1$ 或 $x = 5$ 亦在定义域之内，所以 $y = \sqrt{(x-3)^2 + 5}$ 的定义域为 [1, 5].

当 $x = 3$ 时，y 有最小值，$y_{\min} = \sqrt{(3-3)^2 + 5} = \sqrt{5}$.

当 $x = 1$ 或 5 时，y 有最大值，$y_{\max} = \sqrt{(5-3)^2 + 5} = \sqrt{(1-3)^2 + 5} = 3$.

注：当问题转化为求 $y = \sqrt{(x-3)^2 + 5}$ 的最大值与最小值时，如果我们按二次函数求极值的方法说 y 无最大值就错了，必须考虑函数的定义域，然后再下结论.

例 11 在定点 O 为中心，半径为 1 的圆内，有一定点 A，过 A 引互相垂直的二弦 PQ 和 RS，试用线段 OA 的长 a 表示 PQ + RS 的最大值和最小值.

解：如图所示，设 PQ 和 RS 的中点为 M 和 N. 令 $OM = x$，$ON = y$.

∵ $OM \perp PQ$，$ON \perp RS$，

∴ 四边形 OMAN 为矩形，∴ $x^2 + y^2 = a^2$.

又令 $PQ = l_1$，$RS = l_2$，则 $l_1 = 2\sqrt{1-x^2}$，

$l_2 = 2\sqrt{1-y^2}$，

$$\therefore (l_1+l_2)^2 = (2\sqrt{1-x^2}+2\sqrt{1-y^2})^2$$
$$=4[2-x^2-y^2+2\sqrt{(1-x^2)(1-y^2)}]$$
$$=4[2-a^2+2\sqrt{(1-a^2+x^2)(1-x^2)}]$$
$$=4[2-a^2+2\sqrt{1-a^2+\frac{a^4}{4}-(x^2-\frac{a^2}{2})^2}].$$

$\because 0 \le x^2 \le a^2,$

$\therefore 4(2-a^2+\sqrt{1-a^2}) \le (l_1+l_2)^2 \le 4(2-a^2+\sqrt{4-4a^2+a^4}),$

$\therefore 2(1+\sqrt{1-a^2}) \le l_1+l_2 \le 2\sqrt{2(2-a^2)}.$

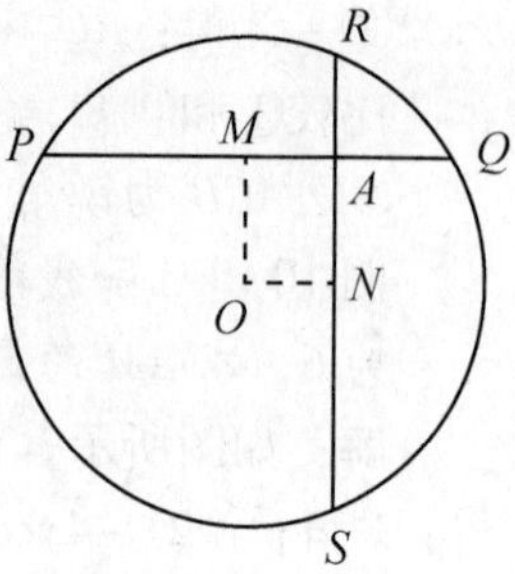

左边的等号当 $x=0$ 时成立，右边的等号当 $x=\dfrac{a}{\sqrt{2}}$ 时成立.

故最大值为 $2\sqrt{2(2-a^2)}$，最小值为 $2(1+\sqrt{1-a^2})$.

例11 图

例 12 从定点 A 向定圆 O 作任意直线 AP 交圆于 P，求线段 AP 的中点的轨迹.

解：取定圆的圆心 O 为坐标原点，点 A 与点 O 的连线为横轴建立直角坐标系(如图所示).

设点 A 和 P 分别表示复数 $2a(\cos\pi + i\sin\pi)$ 和 $\gamma(\cos\theta + i\sin\theta)$ 所对应的点，其中 Q 可任意改变，而 a 和 γ 都是实常数.

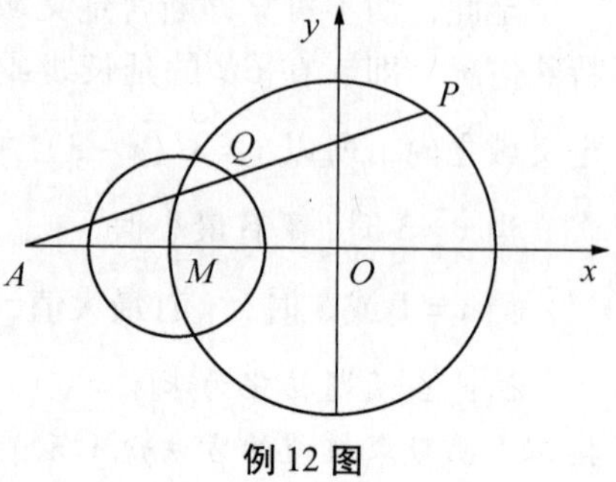

设 AP 的中点 Q 表示复数 z.

$\because \overrightarrow{AQ}=\overrightarrow{QP}$，由复数减法的几何意义知

$\overrightarrow{AQ}=\overrightarrow{OQ}-\overrightarrow{OA}=z-2a(\cos\pi+i\sin\pi),$

$\overrightarrow{QP}=\overrightarrow{OP}-\overrightarrow{OQ}=\gamma(\cos\theta+i\sin\theta)-z,$

$\therefore z-2a(\cos\pi+i\sin\pi)=\gamma(\cos\theta+i\sin\theta)-z,$

即 $z+a=\dfrac{r}{2}(\cos\theta+i\sin\theta)$，$\therefore |z+a|=\dfrac{r}{2}.$

例12 图

此式表示动点 Q 与定点 M(因为 AO 的中点 M 表示复数 $-a$)的距离是一个常数 $\dfrac{r}{2}$. 因此，点 Q 的轨迹是以 M 为圆心、以 $\dfrac{r}{2}$ 为半径的圆.

例 13 若四边形 $ABCD$ 内有一点 P，使得 $\triangle PAB$ 与 $\triangle PBC$ 且 $\triangle PCD$ 与 $\triangle PDA$ 分别有相等的面积. 求证：P 或是为对角线 AC 的中点，或者在对角

线 BD 上.

解：以 P 为坐标原点建立复平面坐标系. 不妨设顶点 A，B，C，D 是逆时针方向排列，且分别有复数 a，b，c，d 表示，由于 P 是四边形的内点，所以 a，b，c，d 都不是零.

$\because \triangle PAB$ 的面积为 $\frac{1}{2}Im(\overline{a}b)$，这里 $Im(z)$ 表示复数 z 的虚部，即
$Im(z) = (z - \overline{z})/(2i)$.

因此题设条件为 $Im(\overline{a}b) = Im(\overline{b}c)$，$Im(\overline{c}d) = Im(\overline{d}a)$，

$\therefore b(\overline{a} + \overline{c}) = \overline{b}(a + c)$，$d(\overline{a} + \overline{c}) = \overline{d}(a + c)$. ①

若 $a + c = 0$，则表明 P 是 AC 的中点；

若 $a + c \neq 0$，则①式中的两式双方分别作除法，得 $\frac{b}{d} = (\frac{\overline{b}}{\overline{d}})$.

这表明 $\frac{b}{d}$ 为一实数，就是说 B，P，D 三点共线，即这时 P 在对角线 BD 上.

例 14 如图所示，$\triangle ABC$ 和 $\triangle ADE$ 是两个不全等的等腰直角三角形，现固定 $\triangle ABC$，而将 $\triangle ADE$ 绕 A 点在平面上旋转. 试证：不论 $\triangle ADE$ 旋转到什么位置，线段 EC 上必存在点 M，使 $\triangle BMD$ 为等腰直角三角形.（1987 年高中数学联赛第二试第一题）

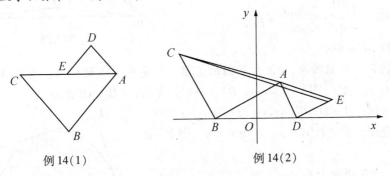

例 14(1)　　　　例 14(2)

证明：设 $\triangle ABE$ 绕点 A 旋转到如图所示

$\because |AB| \neq |AD|$，

$\therefore B$ 和 D 不重合，以 BD 直线为实轴，BD 的中点为原点构造复平面.

设 $Z_B = -1$，$Z_D = 1$，则由 $\overrightarrow{DE} = \overrightarrow{DA}(-i)$ 得：

$Z_E = Z_D + (Z_A - Z_D)(-i) = 1 - (Z_A - 1)i$.

$Z_C = Z_B + (Z_A - Z_B)i = -1 + (Z_A + 1)i$.

设 EC 的中点为 M，则 $Z_M = \frac{Z_E + Z_C}{2} = i$.

∵ $Z_B = -1$,$Z_D = 1$,$Z_M = i$,

故 $\triangle BMD$ 为等腰直角三角形.

注：本题在第四章中曾用平几方法作解答.

2. 三角法

如果一个几何问题可以借助三角函数把这些几何关系根据图形的性质写出三角式子，我们就可以把这个几何问题转化为三角问题，通过对三角式的演算达到解答几何问题的目的，这种方法叫三角法.

用三角法解答几何问题的关键是找出与问题相关的角，一般要到有关的三角形中去找．正弦定理和余弦定理在用三角法解答几何问题时常常用到，我们必须熟练地掌握它.

例 1 在 $\triangle ABC$ 中，$\angle ABC = 60°$，H 为 $\triangle ABC$ 的垂心，O 为 $\triangle ABC$ 的外心，求证：$BH = BO$.

证明：如图所示，设 $BO = R$，则在 $\triangle ABH$ 中，$\angle BAH = 90° - \angle ABC = 30°$，$\angle AHB = \angle EHD = 180° - \angle C$.

根据正弦定理，有

$$\frac{BH}{AB} = \frac{\sin 30°}{\sin(180° - \angle C)},$$

$$BH = \frac{\frac{1}{2}AB}{\sin C} = \frac{2R\sin C}{2\sin C} = R.$$

故 $BH = BO$.

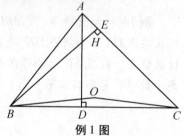

例1图

例 2 如图所示，AB 是半圆的直径，C 是半圆上的一点，直线 MN 切圆于 C 点，$AM \perp MN$ 于 M 点，$BN \perp MN$ 于 N 点，$CD \perp AB$ 于 D 点.

求证：$(1) CD = CM = CN$；$(2) CD^2 = AM \cdot BN$.

证明：设 $\angle BAC = \varphi$，$\angle ABC = \theta$，则 $\theta + \varphi = 90°$.

∵ MN 切圆于 C.

∴ $\angle ACM = \theta$，$\angle BCN = \varphi$．于是有

$CD = AC\sin\varphi = BC\sin\theta$,

$CM = AC\cos\theta = AC\sin\varphi$,

$CN = BC\cos\varphi = BC\sin\theta$,

$AM = AC\sin\theta$，$BN = BC\sin\varphi$.

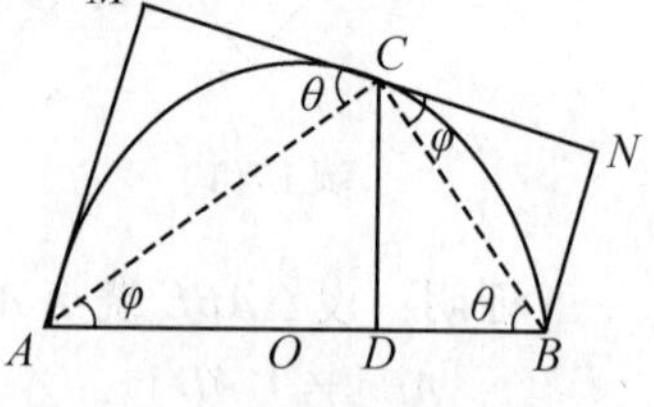

故 $(1) CD = CM = CN$；

$(2) CD^2 = AC\sin\varphi \cdot BC\sin\theta = AC\sin\theta \cdot BC\sin\varphi = AM \cdot BN.$

例2图

例3 在 $\triangle ABC$ 的每边上，分别以该边为底向外作顶角为 $120°$ 的等腰 $\triangle MAB$，$\triangle NBC$，$\triangle PCA$，证明：$\triangle MNP$ 是等边三角形.

证明：设 $\triangle ABC$ 的三边分别为 a，b，c，则

$$BM = \frac{1}{2}c\sec 30° = \frac{c}{\sqrt{3}}, \quad BN = \frac{1}{2}a\sec 30° = \frac{a}{\sqrt{3}},$$

$$\angle MBN = 30° + \angle B + 30° = \angle B + 60°$$

由余弦定理，有

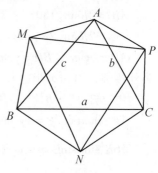

例3图

$$MN^2 = BM^2 + BN^2 - 2BM \cdot BN\cos(\angle B + 60°)$$

$$= \frac{c^2}{3} + \frac{a^2}{3} - \frac{2ac}{3}\left(\frac{1}{2}\cos\angle B - \frac{\sqrt{3}}{2}\sin\angle B\right)$$

$$= \frac{c^2}{3} + \frac{a^2}{3} - \frac{2ac}{3}\left(\frac{a^2+c^2-b^2}{4ac} - \frac{\sqrt{3}S}{ac}\right)$$

$$= \frac{a^2+b^2+c^2}{6} + 2\sqrt{3}S. \quad (\text{其中 } S \text{ 为 } \triangle ABC \text{ 的面积})$$

此式关于 a，b，c 成对称，同理可求得 NP^2 和 PM^2 有相同的表达式.

$\therefore MN = NP = PM$，即 $\triangle MNP$ 是等边三角形.

例4 已知 BF 和 CG 是 $\triangle ABC$ 的两条中线（如图所示），在 BC 边上取 D 和 E 两点，使 $BD = EC$，连接 AD 交 BF 于 M，连接 AE 交 CG 于 N，求证：$MN // BC$.

证明：如图所示所设，根据正弦定理，在 $\triangle AMF$ 和 $\triangle MBD$ 中，有

$$AM = \frac{AF\sin\angle 4}{\sin\angle 1}, \quad MD = \frac{BD\sin\angle 3}{\sin\angle 2}$$

$$\therefore \frac{AM}{MD} = \frac{AF\sin\angle 4 \sin\angle 2}{BD\sin\angle 3 \sin\angle 1} = \frac{AF\sin\angle 4}{BD\sin\angle 3}.$$

又在 $\triangle FBC$ 中，由正弦定理可得

$$\frac{BC}{FC} = \frac{\sin\angle 5}{\sin\angle 3} = \frac{\sin\angle 4}{\sin\angle 3},$$

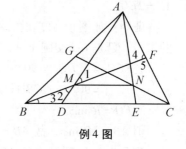

例4图

$AF = FC$，$\therefore \frac{AM}{MD} = \frac{BC}{BD}$.

同理，由 $\triangle AGN$，$\triangle NCE$ 和 $\triangle CGB$ 可得：$\frac{AN}{NE} = \frac{BC}{EC}$.

但 $BD = EC$，$\therefore \frac{AM}{MD} = \frac{AN}{NE}$. 故 $MN // BC$.

例5 如图所示，已知圆 O 内切于 $\triangle ABC$，切点 D，E 和 F，且 $AC \cdot BC = 2AD \cdot BD$. 求证：$\triangle ABC$ 是直角三角形.

证明：连 OA，OB 和 OD，设 $\angle OAD = \alpha$，$\angle OBD = \beta$。在 $\triangle ABC$ 中，根据正弦定理，有 $AC = 2R\sin 2\beta$，$BC = 2R\sin 2\alpha$.

$$AB = 2R\sin[180° - (2\alpha + 2\beta)]$$
$$= 2R\sin(2\alpha + 2\beta),$$

$AD = \gamma \operatorname{ctg}\alpha$，$BD = \gamma \operatorname{ctg}\beta$，（$R$，$\gamma$ 分别为外接圆、内切圆半径）.

由已知 $AC \cdot BC = 2AD \cdot BD$，得

$$4R^2 \sin 2\alpha \sin 2\beta = 2\gamma^2 \operatorname{ctg}\alpha \operatorname{ctg}\beta,$$

$$16R^2 \sin\alpha \sin\beta \cos\alpha \cos\beta = \frac{2\gamma^2 \cos\alpha \cos\beta}{\sin\alpha \sin\beta},$$

$$2R = \frac{\gamma}{\sqrt{2}\sin\alpha\sin\beta}. \qquad ①$$

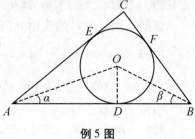

例 5 图

又由 $AB = AD + DB$ 得：$2R\sin(2\alpha + 2\beta) = \gamma(\operatorname{ctg}\alpha + \operatorname{ctg}\beta)$，$4R\sin(\alpha+\beta)\cos(\alpha+\beta) = \frac{\gamma\sin(\alpha+\beta)}{\sin\alpha\sin\beta}$，$2R = \frac{\gamma}{2\sin\alpha\sin\beta\cos(\alpha+\beta)}.$ ②

由（1）和（2）得 $\cos(\alpha+\beta) = \frac{\sqrt{2}}{2}.$

$\because \alpha + \beta$ 是锐角，$\therefore \alpha + \beta = 45°$，即 $\angle C = 90°$.

例 6 已知：四边形 $ABCD$ 内接于圆 O，且对角线 $AC \perp BD$，$OE \perp CD$，垂足是 E. 求证：$AB = 2EO$.

证明：如图所示，设 $\angle ACB = \varphi$，R 为圆 O 的半径，延长 CO 交圆于 F，连 FD，则

$$\angle ECO = \angle DCF = 90° - \angle F$$
$$= 90° - \angle CBD = \varphi,$$

$\therefore EO = R\sin\varphi.$

但 $AB = 2R\sin\varphi$，故 $AB = 2EO.$

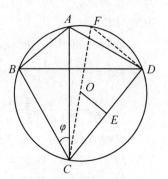

例 6 图

例 7 已知圆 O 直径 AB，P 是 $\overset{\frown}{AB}$ 的中点，弦 PE 与 AB 交于 D，在圆 O 上取 $PF = PD$，连 EF 与 AB 交于 G. 求证：$\angle PGD = \angle PGF$.

证明：如图所示，设 $\angle PGD = \alpha$，$\angle PGF = \beta$，$\angle PDB = \theta$.

$\because \overset{\frown}{PFB} + \overset{\frown}{AE} = \overset{\frown}{PA} + \overset{\frown}{AE} = \overset{\frown}{PAE},$

而 $\angle PDB$ 的度数等于 $\frac{1}{2}(\overset{\frown}{PFB} + \overset{\frown}{AE})$，

$\angle PFE$ 的度数等于 $\frac{1}{2}\overset{\frown}{PAE}$，

∴ ∠PDB = ∠PFE = θ.

在 △PDG 中，由正弦定理，有

$\dfrac{PD}{\sin\alpha} = \dfrac{PG}{\sin\theta}$，即 $\dfrac{PD}{PG} = \dfrac{\sin\alpha}{\sin\theta}$.

在 △PFG 中，$\dfrac{PF}{PG} = \dfrac{\sin\beta}{\sin\theta}$.

∵ PD = PF，∴ $\dfrac{\sin\alpha}{\sin\theta} = \dfrac{\sin\beta}{\sin\theta}$，∴ sinα = sinβ.

又 ∵ $0 < \alpha, \beta < \dfrac{\pi}{2}$，∴ α = β，即 ∠PGD = ∠PGF.

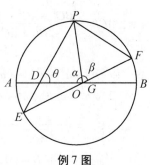

例 7 图

例 8 已知空间四边形 ABCD 中，$AB^2 + CD^2 = BC^2 + DA^2$，试求 AC 与 BD 所成的角.

解：过点 A 作平面 BCD 的垂线，垂足为 H，连接 HB, HC 和 HD（如图所示），则在 Rt△ABH 与 Rt△ADH 中，有

$AB^2 = AH^2 + BH^2$，$AD^2 = AH^2 + DH^2$.

由已知得 $BH^2 + CD^2 = BC^2 + DH^2$. ①

在四边形 BCDH 中，令 BD 与 CH 的交点为 O，OH, OB, OC 和 OD 的长分别为 a, b, c 和 d，则由余弦定理，得

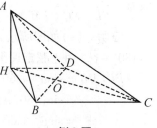

例 8 图

$HB^2 = a^2 + b^2 - 2ab\cos\angle HOB$，$CD^2 = c^2 + d^2 - 2cd\cos\angle HOB$，
$HD^2 = a^2 + d^2 - 2ad\cos\angle HOD$，$BC^2 = b^2 + c^2 - 2bc\cos\angle HOD$.

代入①得 $(ab + cd)\cos\angle HOB = (ad + bc)\cos\angle HOD$.

又 ∠HOD = 180° − ∠HOB，

∴ $(ab + bc + ad + cd)\cos\angle HOB = 0$.

∵ $ab + bc + ad + cd > 0$，$0° < \angle HOB < 180°$，

∴ ∠HOB = 90°，即 BD ⊥ HC.

但 CH 为斜线 AC 在平面 BCDH 上的射影，由三垂线定理知 AC⊥BD，故 AC 与 BD 所成角为直角.

例 9 已知过点 O 且两两垂直的三条射线 Ox, Oy 和 Oz，平面 α 与 Ox, Oy 和 Oz 的交点分别为 A, B 和 C，求证：△ABC 必为锐角三角形.（代数法中的例 9）

证明：如图所示，设 OA = a，OB = b 和 OC = c，△ABC 的最大边为 AB，由余弦定理，有

$$\cos \angle ACB = \frac{BC^2 + AC^2 - AB^2}{2BC \cdot AC}$$

$$= \frac{(b^2+c^2)+(a^2+c^2)-(a^2+b^2)}{2\sqrt{b^2+c^2} \cdot \sqrt{a^2+c^2}}$$

$$= \frac{c^2}{\sqrt{b^2+c^2} \cdot \sqrt{a^2+c^2}} > 0,$$

于是 $\cos \angle ACB \in (0, 1)$,

∴ $\angle ACB$ 为锐角.

又∵ AB 为最大边,其所对的角为锐角,则 $\angle ABC$ 和 $\angle BAC$ 均为锐角,故 $\triangle ABC$ 必为锐角三角形.

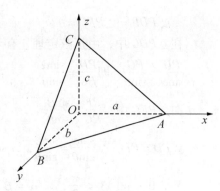

例9图

例 10 已知 P 是正三角形 ABC 的外接圆 $\overset{\frown}{BC}$ 上任一点,AP 交 BC 于 M,求证: $\dfrac{1}{PB} + \dfrac{1}{PC} = \dfrac{1}{PM}$.

证明:(1)如图所示 $\angle BPM = \angle CPM = 60°$,$\beta = 180° - \alpha$. 由正弦定理得

$PB : MB = \sin\alpha : \sin 60°$

$\qquad = \sin(180° - \beta) : \sin 60°$

$\qquad = \sin\beta : \sin 60° = PC : MC,$

∴ $(PB + PC) : (MB + MC) = PC : MC,$

即 $(PB + PC) : BC = PC : MC.$

在 $\triangle PBC$ 与 $\triangle PMC$ 中,由正弦定理有

$BC : PB = \sin \angle BPC : \sin \angle BCP,$

$MC : PM = \sin \angle CPM : \sin \angle PCM,$

而 $\sin \angle BPC = \sin \angle CPM = \sin 60°$,$\angle BCP = \angle PCM$,

∴ $BC : PB = MC : PM$,即 $MC = \dfrac{BC \cdot PM}{PB}$. ②

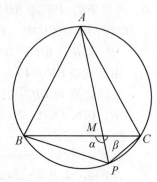

例 10 图

②代入①得 $\dfrac{PB + PC}{PB \cdot PC} = \dfrac{1}{PM}$,故 $\dfrac{1}{PB} + \dfrac{1}{PC} = \dfrac{1}{PM}$.

证(2):如图所示,∵ $S_{\triangle PBC} = S_{\triangle PBM} + S_{\triangle PCM}$,

∴ $\dfrac{1}{2} PB \cdot PC \sin \angle BPC = \dfrac{1}{2} PB \cdot PM \sin \angle BPM + \dfrac{1}{2} PC \cdot PM \sin \angle CPM$,

即 $PB \cdot PC \sin 120° = PB \cdot PM \sin 60° + PC \cdot PM \sin 60°$,

亦即 $PB \cdot PC = PB \cdot PM + PC \cdot PM$.

两边除以 $PB \cdot PC \cdot PM$，得 $\dfrac{1}{PB} + \dfrac{1}{PC} = \dfrac{1}{PM}$.

例 11　正方形 $ABCD$ 中，延长 BC 至 P，连 AP 交 DC 于 Q，求证：

(1) $AP + AQ > 2AC$；(2) $\dfrac{1}{AP^2} + \dfrac{1}{AQ^2}$ 为定值.

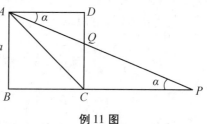

例 11 图

证明：(1) 设 $\angle APB = \alpha$，正方形边长为 a（如图所示），则 $\angle DAQ = \alpha$. 在 $\mathrm{Rt}\triangle ABP$ 与 $\mathrm{Rt}\triangle ADQ$ 中，有

$AP = a\csc\alpha$，$AQ = a\sec\alpha$，其中 $0 < \alpha < \dfrac{\pi}{4}$，

$\therefore AP + AQ = a(\csc\alpha + \sec\alpha) \geq \dfrac{2a}{\sqrt{\sin\alpha\cos\alpha}} = \dfrac{2\sqrt{2}a}{\sqrt{\sin 2\alpha}} \geq 2\sqrt{2}a = 2AC$.

由于等号仅在 $\csc\alpha = \sec\alpha$，且 $2\alpha = \dfrac{\pi}{2}$，即 $\alpha = \dfrac{\pi}{4}$ 时成立. 但 $0 < \alpha < \dfrac{\pi}{4}$，因此，等号不成立，故 $AP + AQ > 2AC$.

(2) $\dfrac{1}{AP^2} + \dfrac{1}{AQ^2} = a^2\sin^2\alpha + a^2\cos^2\alpha = a^2$（定值）.

例 12　锐角 $\triangle ABC$ 中，$BE \perp AC$，$CG \perp AB$，E 和 G 分别为垂足，若 $AB > AC$，求证：$AB + CG > AC + BE$.

证明：设 $\angle ABE = \angle ACG = \alpha$（如图所示），则

$BE = AB\cos\alpha$，$CG = AC\cos\alpha$.

$\because \triangle ABC$ 为锐角三角形，

$\therefore 0 < \cos\alpha < 1$，$1 - \cos\alpha > 0$.

又 $AB > AC$，

$\therefore AB(1 - \cos\alpha) > AC(1 - \cos\alpha)$，

即 $AB - AB\cos\alpha > AC - AC\cos\alpha$，

亦即 $AB - BE > AC - CG$.

故 $AB + CG > AC + BE$.

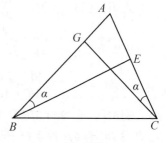

例 12 图

例 13　正方形 $ABCD$ 中，延长 CB 至 P，使 $PB = 2BC$，求证：$\angle APD < \dfrac{1}{2}\angle DPC$.

证明：如图所示，设 $\angle APD = \alpha$，$\angle DPC = \beta$，正方形边长为 a，则

在 $\mathrm{Rt}\triangle PDC$ 中，$\mathrm{tg}\beta = \dfrac{1}{3}$；　　　　　　　　①

在 Rt△APB 中，

$$\text{tg}(\alpha+\beta) = \frac{1}{2} = \frac{\text{tg}\alpha + \text{tg}\beta}{1 - \text{tg}\alpha\text{tg}\beta}. \quad ②$$

将①代入②，得 $\text{tg}\alpha = \frac{1}{7}$.

$$\therefore \text{tg}2\alpha = \frac{2\text{tg}\alpha}{1-\text{tg}^2\alpha} = \frac{7}{24} < \frac{1}{3} = \text{tg}\beta.$$

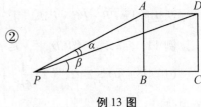

例 13 图

又 $0 < 2\alpha < \frac{\pi}{2}$，$0 < \beta < \frac{\pi}{2}$，$\therefore 2\alpha < \beta$，$\alpha < \frac{1}{2}\beta$，即 $\angle APD < \frac{1}{2}\angle DPC$.

例 14 设 $CEDF$ 是一个已知圆内接矩形，过 D 作该圆的切线与 CE 的延长线相交于 A 点，与 CF 的延长线相交于 B 点，求证 $\frac{BF}{AE} = \frac{BC^3}{AC^3}$.

证明：（1）：如图所示连接 CD，设 $\angle BAC = \varphi$，则 $\angle BDF = \angle DCF = \angle BAC = \varphi$.

$$\therefore \frac{BC}{AC} = \text{tg}\varphi, \quad \therefore \frac{BC^3}{AC^3} = \text{tg}^3\varphi.$$

又 $BF = DF\text{tg}\varphi = 2R\sin\varphi\text{tg}\varphi$,

$AE = DE\text{ctg}\varphi = 2R\cos\varphi\text{ctg}\varphi$,

$$\therefore \frac{BF}{AE} = \frac{2R\sin\varphi\text{tg}\varphi}{2R\cos\varphi\text{ctg}\varphi} = \text{tg}^3\varphi = \frac{BC^3}{AC^3}.$$

（R 为外接圆半径）

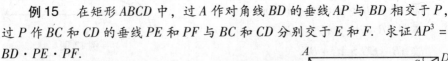

例 14 图

证明：（2）：$\because \text{tg}\varphi = \frac{BC}{AC} = \frac{DE}{AE} = \frac{BF}{DF} = \frac{DF}{CF}$,

$$\therefore \text{tg}^3\varphi = \frac{BC^3}{AC^3} = \frac{DE \cdot BF \cdot DF}{AE \cdot DF \cdot CF} = \frac{DE \cdot BF}{AE \cdot CF}.$$

又 $DE = CF$，故 $\frac{BF}{AE} = \frac{BC^3}{AC^3}$.

例 15 在矩形 $ABCD$ 中，过 A 作对角线 BD 的垂线 AP 与 BD 相交于 P，过 P 作 BC 和 CD 的垂线 PE 和 PF 与 BC 和 CD 分别交于 E 和 F. 求证 $AP^3 = BD \cdot PE \cdot PF$.

证明：如图所示，设 $\angle BAP = \alpha$，则 $\angle EBP = \angle DPF = \angle ADB = \alpha$.

在 Rt△ABD 和 Rt△ABP 中，

$$BD = \frac{AB}{\sin\alpha} = \frac{AP}{\sin\alpha\cos\alpha};$$

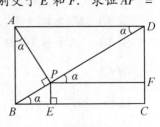

例 15 图

在 Rt△PBE 和 Rt△ABP 中，$PE = BP\sin\alpha = AP\text{tg}\alpha\sin\alpha$；

在 Rt△PDF 和 Rt△APD 中，$PF = PD\cos\alpha = AP\text{ctg}\alpha\cos\alpha$.

$\therefore BD \cdot PE \cdot PF = \dfrac{AP}{\sin\alpha\cos\alpha} AP\text{tg}\alpha\sin\alpha \cdot AP\text{ctg}\alpha\cos\alpha = AP^3$.

例 16 设直角三角形 ABC 的内切圆半径和外接圆半径分别为 γ 和 R，问何时 $\dfrac{\gamma}{R}$ 取极大值，极大值是多少？

解： 对于相似的直角三角形，$\dfrac{\gamma}{R}$ 是定值，是由两个锐角决定的.

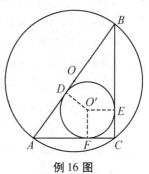

例 16 图

如图所示，△ABC 中，$\angle C = 90°$，$BC = a$，$AC = b$，$AB = c$，则

$2R = c$，$2\gamma = a + b - c$，

$\therefore \dfrac{\gamma}{R} = \dfrac{a+b-c}{c} = \dfrac{a}{c} + \dfrac{b}{c} - 1$

$= \sin\angle A + \cos\angle A - 1$

$= \sqrt{2}\sin(\angle A + 45°) - 1$.

当 $\sin(\angle A + 45°) = 1$，即 $\angle A + 45° = 90°$，亦即 $A = 45° = B$ 时，也就是 Rt△ABC 为等腰直角三角形时，$\dfrac{\gamma}{R}$ 取极大值 $\sqrt{2} - 1$.

例 17 已知扇形 OAB 的圆心角 $\angle AOB = \alpha\left(0 < \alpha < \dfrac{\pi}{2}\right)$，半径为 R，在弧 AB 上有动点 P，由 P 引平行于 OA 的直线交 OB 于 Q，求△POQ 的面积的最大值.

解： 如图所示，设 $\angle AOP = \theta$，则 $\angle POQ = \alpha - \theta$.

在△OQP 中，有 $\dfrac{OQ}{\sin\angle QPO} = \dfrac{R}{\sin\angle OQP}$，

即 $\dfrac{OQ}{\sin\theta} = \dfrac{R}{\sin(\pi - \alpha)}$，$OQ = \dfrac{R\sin\theta}{\sin\alpha}$，

△POQ 的面积为

$S = \dfrac{1}{2}OP \cdot OQ\sin(\alpha - \theta) = \dfrac{R^2\sin\theta\sin(\alpha-\theta)}{2\sin\alpha}$

$= \dfrac{R^2[\cos(2\theta - \alpha) - \cos\alpha]}{4\sin\alpha} \leq \dfrac{R^2(1 - \cos\alpha)}{4\sin\alpha}$

$= \dfrac{1}{4}R^2\text{tg}\dfrac{\alpha}{2}$，

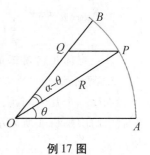

例 17 图

∴ 当 $\theta = \dfrac{\alpha}{2}$ 时，$S_{\max} = \dfrac{1}{4}R^2 \operatorname{tg} \dfrac{\alpha}{2}$.

例 18 设球半径为 r，求外切此球的圆锥全面积的最小值.

解：由对称性，作圆锥的轴截面（如图所示），$\triangle PAB$ 是圆锥轴截面，内切圆 O 是截内切球的大圆.

设圆锥底面半径为 R，母线为 l，全面积为 $S_{全}$，母线 l 与底面所成角为 2θ，则

$\angle OAD = \theta(0° < \theta < 45°)$，

$R = l\cos 2\theta$，$R = r\operatorname{ctg}\theta$，

∴ $l = R\sec 2\theta = r\operatorname{ctg}\theta \sec 2\theta$，

$S_{全} = \pi R l + \pi R^2 = \pi R(l + R)$

$\quad = \pi \gamma \operatorname{ctg}\theta(\gamma \operatorname{ctg}\theta + \gamma \operatorname{ctg}\theta \sec 2\theta)$

$\quad = \pi \gamma^2 \operatorname{ctg}^2\theta(1 + \sec 2\theta)$.

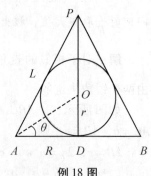

例 18 图

令 $f(Q) = \operatorname{ctg}^2\theta(1 + \sec 2\theta)$，

则 $f(Q) = \operatorname{ctg}^2\theta(1 + \sec 2\theta) = \operatorname{ctg}^2\theta\left(1 + \dfrac{1}{\cos^2\theta - \sin^2\theta}\right)$

$\quad = \operatorname{ctg}^2\theta \cdot \dfrac{2\cos^2\theta}{\cos^2\theta - \sin^2\theta} = \dfrac{2}{\operatorname{tg}^2\theta(1 - \operatorname{tg}^2\theta)}$.

∵ $\operatorname{tg}^2\theta + (1 - \operatorname{tg}^2\theta) = 1$ 为定值，

当 $\operatorname{tg}^2\theta = 1 - \operatorname{tg}^2\theta$，即 $\operatorname{tg}^2\theta = \dfrac{1}{2}$ 时 $\operatorname{tg}^2\theta(1 - \operatorname{tg}^2\theta)$ 有最大值.

∵ $0° < \theta < 45°$，

∴ $\operatorname{tg}\theta = \dfrac{\sqrt{2}}{2}$，即 $\theta = \operatorname{arctg} \dfrac{\sqrt{2}}{2}$ 时，$f(\theta)$ 取最小值.

故 $S_{全最小值} = \pi \gamma^2 \dfrac{2}{\dfrac{1}{2}\left(1 - \dfrac{1}{2}\right)} = 8\pi \gamma^2$.

注：空间几何用三角方法解要适当地取剖面或截面，以得到关系式.

3. 解析法

如果一个几何问题，通过引入平面坐标系之后，可以用解析式来表示，然后由解决解析式所表示的问题，达到解答几何问题的目的，这种方法叫解析法.

用解析法解答几何问题的关键是选择恰当的坐标系，图形的某一顶点、某一边的中点或对称中心往往会选作坐标系的原点，我们可根据具体条件选定.

例 1 以 $\triangle ABC$ 的两边 AB 和 AC 为边, 分别向三角形外作两个正方形 $ABDE$ 和 $ACFG$, 设 K 和 L 为它们的中心, M 为 BC 的中点. 求证: $|KM| = |LM|$, $KM \perp LM$.

证明: 如图所示, 以直线 BC 为 x 轴, BC 边上高 AO 所在直线为 y 轴, 建立直角坐标系, 设点 A, B 和 C 的坐标分别是 (o, a), (b, o) 和 (c, o), 则点 M 的坐标为 $\left(\dfrac{b+c}{2}, 0\right)$. 设正方形 $ACFG$ 的中心 L 的坐标为 (x, y), 则因 $AL \perp CL$ 且 $|AL| = |CL|$, 得

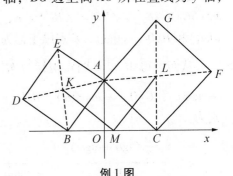

例 1 图

$$\begin{cases} \dfrac{y-a}{x} \cdot \dfrac{y}{x-c} = -1, \\ x^2 + (y-a)^2 = (x-c)^2 + y^2. \end{cases}$$

解之得 $\begin{cases} x = \dfrac{1}{2}(c-a), \\ y = \dfrac{1}{2}(a-c); \end{cases}$ $\begin{cases} x = \dfrac{1}{2}(c+a), \\ y = \dfrac{1}{2}(c+a). \end{cases}$

根据图形位置应取 $\begin{cases} x = \dfrac{1}{2}(c+a), \\ y = \dfrac{1}{2}(c+a). \end{cases}$

∴ 点 L 的坐标为 $\left(\dfrac{c+a}{2}, \dfrac{c+a}{2}\right)$, 同理求得正方形 $ABDE$ 的中心 K 的坐标为 $\left(\dfrac{b-a}{2}, \dfrac{a-b}{2}\right)$.

∵ $|ML| = \sqrt{\left(\dfrac{c+a}{2} - \dfrac{c+b}{2}\right)^2 + \left(\dfrac{c+a}{2}\right)^2} = \dfrac{1}{2}\sqrt{(a-b)^2 + (a+c)^2}$,

$|MK| = \sqrt{\left(\dfrac{b-a}{2} - \dfrac{b+c}{2}\right)^2 + \left(\dfrac{b-a}{2}\right)^2} = \dfrac{1}{2}\sqrt{(a-b)^2 + (a+c)^2}$,

∴ $|ML| = |MK|$.

又 $K_{ML} \cdot K_{MK} = \dfrac{\dfrac{c+a}{2}}{\dfrac{c+a}{2} - \dfrac{b+c}{2}} \cdot \dfrac{\dfrac{a-b}{2}}{\dfrac{b-a}{2} - \dfrac{b+c}{2}} = \dfrac{c+a}{a-b} \cdot \dfrac{a-b}{-(a+c)} = -1$,

∴ $ML \perp MK$.

例2 在 $\triangle ABC$ 中,$|AB|=|AC|$,作高 AD、BE 相交于 H,引 $EF \perp BC$,垂足 F,延长 AD 至 G,使 $|DG|=|EF|$,点 M 为 AH 的中点,求证:$BM \perp BG$。

解:如图所示,取 BC 所在直线为 x 轴,D 为原点,建立直角坐标系,设 $|BC|=2a$,$\angle ABC = \angle BCA = \alpha$,则各点坐标分别为 $B(a,0)$,$A(0,a\text{tg}\alpha)$ 和 $H(0,a\text{ctg}\alpha)$,E 点纵坐标为 $y_E = 2a\sin\alpha\cos\alpha = a\sin2\alpha$。

从而可得 M 和 G 两点坐标为 $M[0,\dfrac{a}{2}(\text{tg}\alpha+\text{ctg}\alpha)]$,$G(0,-a\sin2\alpha)$,$BM$ 与 BG 斜率分别为:

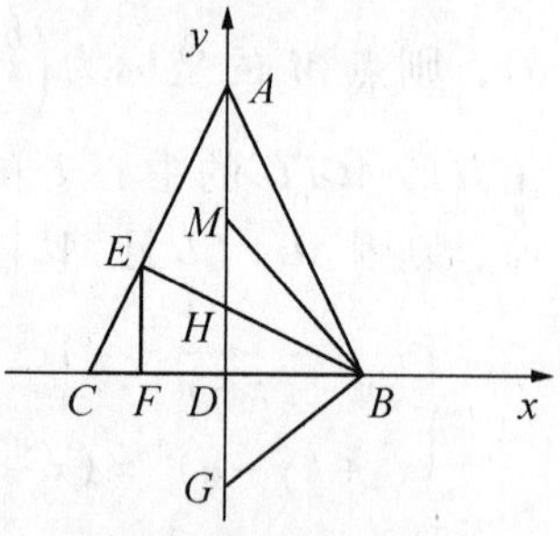

$$k_{BM} = \dfrac{\dfrac{a}{2}(\text{tg}\alpha+\text{ctg}\alpha)}{0-a} = \dfrac{1}{-2\sin\alpha\cos\alpha} = -\dfrac{1}{\sin2\alpha},$$

$$k_{BG} = \dfrac{-a\sin2\alpha - 0}{0-a} = \sin2\alpha.$$

$\because k_{BM} \cdot k_{BG} = -1$,$\therefore BM \perp BG$。

例 2 图

例3 平行四边形 $ABCD$ 中,$|BC|=2|AB|$,若将 AB 向两方延长,使 $|AE|=|AB|=|BF|$,求证:$CE \perp DF$。

证明:如图所示,取 A 为原点,AB 所在直线为 x 轴,建立直角坐标系. 设 $|AB|=a$,$\angle BAD = \theta$,则各点坐标为:$A(0,0)$,$E(-a,0)$,$F(2a,0)$,$C(a+2a\cos\theta,2a\sin\theta)$,$D(2a\cos\theta,2a\sin\theta)$。$CE$ 和 DF 的斜率分别是:

$$k_{CE} = \dfrac{2a\sin\theta}{a+2a\cos\theta+a} = \dfrac{\sin\theta}{1+\cos\theta},$$

$$k_{DF} = \dfrac{2a\sin\theta}{2a\cos\theta-2a} = \dfrac{\sin\theta}{\cos\theta-1}.$$

$\because k_{CE} \cdot k_{DF} = \dfrac{\sin^2\theta}{\cos^2\theta-1} = -1$,

$\therefore CE \perp DF$。

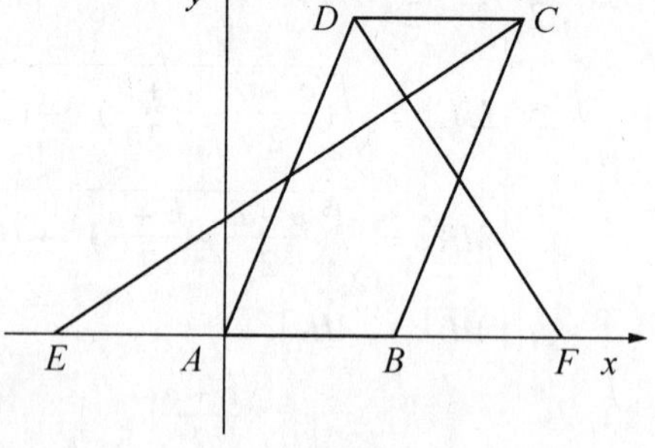

例 3 图

例4 在 $\triangle ABC$ 中,AD 为 $\angle A$ 的平分线,AM 为中线,过 B 作 AD 的垂线与 AM 的延长线相交于 E,求证:$ED \parallel AB$。

证明： 如图所示，取 A 为原点，直线 AD 为 x 轴，建立直角坐标系，设 $|AB|=2c$，$|AC|=2b$，$\angle CAB=2\theta$，则 $B(2c\cos\theta, 2c\sin\theta)$，$C(2b\cos\theta, -2b\sin\theta)$，点 M 的坐标为：$x_M=(b+c)\cos\theta$，$y_M=(c-b)\sin\theta$。

令点 E 的坐标为 (x_E, y_E)，则 $x_E=2c\cos\theta$。

$\because A, M$ 和 E 三点共线，

$\therefore \dfrac{(c-b)\sin\theta}{(c+b)\cos\theta}=\dfrac{y_E}{2c\cos\theta}$，$y_E=\dfrac{2c(c-b)}{c+b}\sin\theta$。

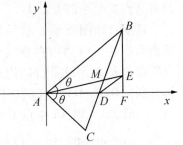

例4图

令点 D 的坐标为 $(x_D, 0)$，

$\because B, D$ 和 C 三点共线，

$\therefore BC$ 和 BD 斜率相同，即 $\dfrac{2(c+b)\sin\theta}{2(c-b)\cos\theta}=\dfrac{2c\sin\theta}{2c\cos\theta-x_D}$，从此解出

$x_D=2c\cos\theta-\dfrac{2c(c-b)}{c+b}$，$\cos\theta=\dfrac{4bc}{b+c}\cos\theta$，

$\therefore$ 直线 DE 的斜率为 $k_{DE}=\dfrac{\dfrac{2c(c-b)}{c+b}\cdot\sin\theta}{2c\cos\theta-\dfrac{4bc\cos\theta}{c+b}}=\dfrac{c-b}{c+b-2b}\cdot\text{tg}\theta=\text{tg}\theta$，

$\therefore k_{DE}=k_{AB}=\text{tg}\theta.$ 故 $DE/\!/AB$.

例5 $\triangle ABC$ 中，AT 是 $\angle A$ 的平分线，T 在 BC 上，D 和 E 分别在 AB 和 AC 内，且 $BD=CE$，M 和 N 分别是 BC 和 DE 的中点，求证：$MN/\!/AT$.

证明： 如图所示，建立直角坐标系，设 $\angle A=2\theta$（θ 为锐角）.

$AC=b$，$AB=c$，$CE=BD=t$，则 $C(b\cos\theta, b\sin\theta)$，$B(c\cos\theta, c\sin\theta)$，$E[(b-t)\cos\theta, (b-t)\sin\theta]$，$D((c-t)\cos\theta, (c-t)\sin\theta)$，由此可得

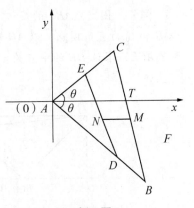

例5图

$M\left(\dfrac{b+c}{2}\cos\theta, \dfrac{b-c}{2}\sin\theta\right)$，

$N\left(\dfrac{b+c-2t}{2}\cos\theta, \dfrac{b-c}{2}\sin\theta\right)$，$\therefore y_M=y_N$，故 $MN/\!/AT$.

· 139 ·

例6 证明：平行四边形一顶点和任意一条对边中点的连线与不过此顶点的对角线互相分割为 $1:2$.

证明： 如图所示，以平行四边形一顶点为原点，一边所在直线为 x 轴，建立直角坐标系，设平行四边形四顶点坐标分别是 $O(0,0)$，$A(b,c)$，$B(b+a,c)$，$C(a,0)$，则 AB 中点 D 的坐标为 $(b+\dfrac{a}{2},c)$，设线段 DC 上 $1:2$ 的分点为 E'，E' 的坐标为 (x',y')，则

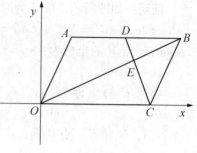

例6图

$$x'=\dfrac{b+\dfrac{a}{2}+\dfrac{a}{2}}{1+\dfrac{1}{2}}=\dfrac{2b+2a}{3},\quad y'=\dfrac{c+0}{1+\dfrac{1}{2}}=\dfrac{2c}{3},\quad \therefore E' \text{ 的坐标为 } \left(\dfrac{2b+2a}{3},\dfrac{2c}{3}\right).$$

设对角线 BO 上 $1:2$ 的分点为 E''，E'' 的坐标为 (x'',y'')，则

$$x''=\dfrac{b+a+0}{1+\dfrac{1}{2}}=\dfrac{2b+2a}{3},\quad y''=\dfrac{c+0}{1+\dfrac{1}{2}}=\dfrac{2c}{3},\quad \therefore E'' \text{ 的坐标为 } \left(\dfrac{2b+2a}{3},\dfrac{2c}{3}\right).$$

$\because E''$ 和 E' 坐标相同，$\therefore E''$ 与 E' 重合，即顶点和对边中点的连线与不过此顶点的对角线互相分割为 $1:2$.

如果取 OA 中点 D，同理可证.

例7 固定 $\triangle ABC$ 的底边 BC 的位置，使顶点 A 在 BC 一侧移动，分别以 B 和 C 为直角顶点，以 AB 和 AC 为腰向三角形外作两个等腰直角 $\triangle ABD$ 和 $\triangle ACE$，求证 DE 的中点为定点.

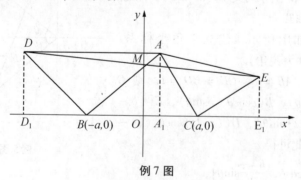

例7图

证明： 如图所示，以直线 BC 为 x 轴，BC 的中点 O 为原点，并使点 A 在 x 轴上方，建立直角坐标系，设 $|BC|=2a$，则 $B(-a,0)$，$C(a,0)$，设

点 A 的坐标为 (x_0, y_0).

$\because \triangle AA_1C \cong \triangle CE_1E$, $\therefore |CE_1| = |AA_1|$, $\therefore x_E = OE_1 = a + y_0$, $y_E = |A_1C| = a - x_0$. 同理可得 $x_D = -a - y_0$, $y_D = a + x_0$.

设 DE 的中点 M 的坐标为 (x_M, y_M), 则 $x_M = \dfrac{x_D + x_E}{2} = 0$, $y_M = \dfrac{y_D + y_E}{2} = a$,

即点 M 的坐标为 $(0, a)$, 故为定点.

例 8 在 $\triangle ABC$ 中, $\angle B = 2\angle C$, 求证 $|AC| < 2|AB|$.

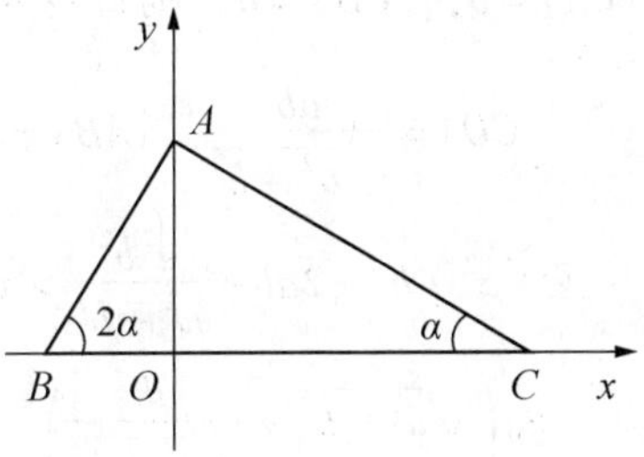

证明: 如图所示, 取 BC 所在直线为 x 轴, 点 A 在 BC 上的射影 O 为原点建立直角坐标系, 设点 A 的坐标为 $(0, a)$, $\angle c = \alpha$, 则 $\angle B = 2\alpha$, B 和 C 两点的坐标分别为 $(-a\mathrm{ctg}2\alpha, 0)$, $(a\mathrm{ctg}\alpha, 0)$.

$\because 2|AB| - |AC| = 2\sqrt{a^2 + a^2\mathrm{ctg}^2 2\alpha} - \sqrt{a^2 + a^2\mathrm{ctg}^2\alpha}$

$= 2a\csc 2\alpha - a\csc\alpha = \dfrac{2a}{\sin 2\alpha} - \dfrac{a}{\sin\alpha}$

$= \dfrac{2a\sin\alpha(1 - \cos\alpha)}{\sin\alpha \sin 2\alpha} = \dfrac{2a(1 - \cos\alpha)}{\sin 2\alpha} > 0$.

$(\because \cos\alpha < 1, 0 < 2\alpha < \pi, \sin 2\alpha > 0)$, $\therefore |AC| < 2|AB|$.

例 8 图

例 9 已知正 $\triangle ABC$ 的边长为 a, P 为平面上任意一点, 求证: $|PA^2| + |PB^2| + |PC^2| \geq a^2$.

证明: 如图所示, 以 CA 所在直线为 x 轴, CA 的中垂线为 y 轴, 建立直角坐标系, 设正三角形三个顶点的坐标分别是 $A\left(\dfrac{a}{2}, 0\right)$、$B\left(0, \dfrac{\sqrt{3}}{2}a\right)$ 和 $C\left(-\dfrac{a}{2}, 0\right)$, 点 P 的坐标为 (x, y), 则

$|PA|^2 + |PB|^2 + |PC|^2$

$= (x - \dfrac{a}{2})^2 + y^2 + (x - 0)^2 + (y - \dfrac{\sqrt{3}}{2}a)^2 + (x + \dfrac{a}{2})^2 + y^2 = 3x^2 + \dfrac{1}{4}(a - 2\sqrt{3}y)^2 + a^2 \geq a^2$.

当且仅当 $x = 0$, $y = \dfrac{\sqrt{3}}{6}a$, 即 P 为

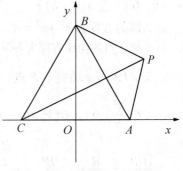

例 9 图

△ABC 的中心时, 等号成立.

∴ $|PA|^2 + |PB|^2 + |PC|^2 \geq a^2$.

例 10 证明直角三角形斜边上的高与斜边之和大于两直角边之和.

证明：如图所示, 在 Rt△ABC 中, $\angle C = 90°$, $CD \perp AB$ 于 D.

以 C 点为坐标原点, CA 和 CB 所在直线为 x 轴和 y 轴建立坐标系. 设 $|CA| = b$, $|CB| = a$, 则直线 AB 的方程为 $\dfrac{x}{b} + \dfrac{y}{a} = 1$.

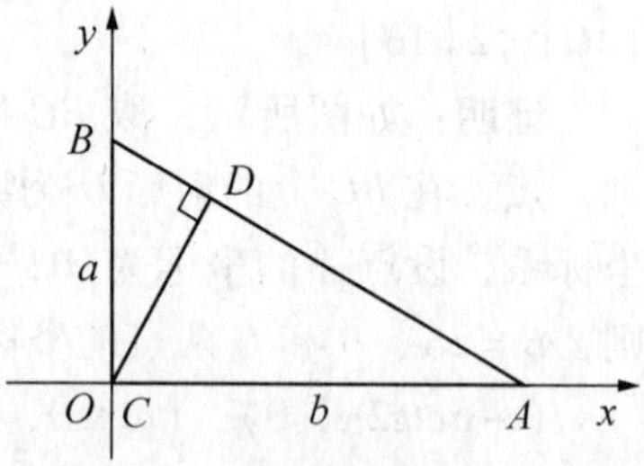

$|CD| = \dfrac{ab}{\sqrt{a^2+b^2}}$, $|AB| = \sqrt{a^2+b^2}$.

∵ $a^2 + b^2 + 2ab + \dfrac{a^2 b^2}{a^2+b^2} > a^2 + b^2 + 2ab$,

即 $\left(\sqrt{a^2+b^2} + \dfrac{ab}{\sqrt{a^2+b^2}}\right)^2 > (a+b)^2$,

而 $a > 0$, $b > 0$, ∴ $ab > 0$, $a + b > 0$,

∴ $\sqrt{a^2+b^2} + \dfrac{ab}{\sqrt{a^2+b^2}} > a + b$,

即 $|AB| + |CD| > |CB| + |CA|$.

故原命题得证.

例 10 图

例 11 已知 PA 和圆 O 相切于 A, PO 交圆 O 于 B 和 C, $AD \perp PO$, D 为垂足, 求证: $\dfrac{OB}{CD} = \dfrac{OP}{CP}$.

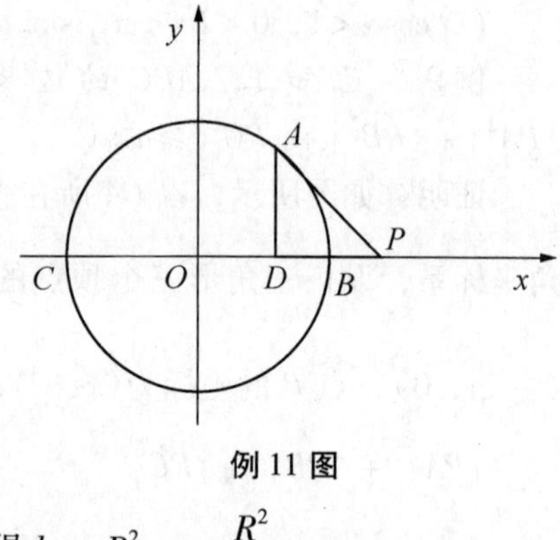

证明：如图所示, 建立直角坐标系, 并设圆的半径为 R, 则有 $B(R, 0)$ 和 $C(-R, 0)$. 设 $A(k, h)$,

∵ 圆的方程为 $x^2 + y^2 = R^2$,

∴ 过 A 点的切线方程为 $kx + hy = R^2$.

例 11 图

又 ∵ PA 与 x 轴交于 P 点, 令 $y = 0$, 得 $kx = R^2$, $x = \dfrac{R^2}{k}$,

∴ $P\left(\dfrac{R^2}{k}, 0\right)$, $D(k, 0)$, $|CD| = k + R$, $|CP| = \dfrac{R^2}{k} + R$,

$\dfrac{|OB|}{|CD|} = \dfrac{R}{k+R}$, $\dfrac{|OP|}{|CP|} = \dfrac{\dfrac{R^2}{k}}{\dfrac{R^2}{k} + R} = \dfrac{R}{k+R}$, ∴ $\dfrac{OB}{CD} = \dfrac{OP}{CP}$.

例12 定长为 a 的线段 AB 的两端分别在 x，y 轴上滑动，以 A 为直角顶点作等腰直角三角形 ABC（A，B 和 C 的旋转方向是顺时针的），试求 $|OC|$ 的最大值和最小值.

解：如图所示，设 AB 的倾角为 φ，点 C 的坐标为 (x, y)，则

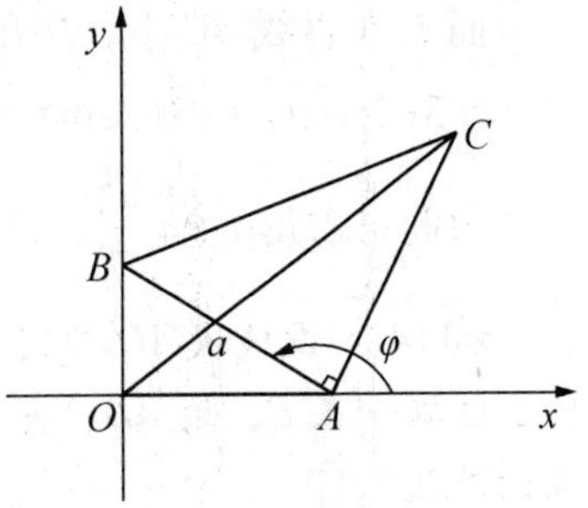

$$x = a\cos(\pi - \varphi) + a\cos\left(\varphi - \frac{\pi}{2}\right)$$

$$= a\sin\varphi - a\cos\varphi,$$

$$y = a\sin\left(\varphi - \frac{\pi}{2}\right) = -a\cos\varphi,$$

$$|OC| = \sqrt{x^2 + y^2}$$

$$= a\sqrt{(\sin\varphi - \cos\varphi)^2 + \cos^2\varphi}$$

$$= a\sqrt{1 - 2\sin\varphi\cos\varphi + \cos^2\varphi} = a\sqrt{1 - \sin 2\varphi + \frac{1}{2}(1 + \cos 2\varphi)}$$

$$= a\sqrt{\frac{3}{2} + \frac{1}{2}(\cos 2\varphi - \sin 2\varphi)} = a\sqrt{\frac{3}{2} + \frac{\sqrt{5}}{2}\cos(2\varphi + \alpha)} \ (\text{tg}\,\alpha = 2).$$

例12图

当 $\cos(2\varphi + \alpha) = 1$ 时，$|OC|$ 有最大值 $a\sqrt{\frac{3}{2} + \frac{\sqrt{5}}{2}} = \frac{1}{2}(\sqrt{5} + 1)a$；

当 $\cos(2\varphi + \alpha) = -1$ 时，$|OC|$ 有最小值 $a\sqrt{\frac{3}{2} - \frac{\sqrt{5}}{2}} = \frac{1}{2}(\sqrt{5} - 1)a$.

以上假设 $\triangle ABC$ 在第一象限时的情况，若 $\triangle ABC$ 在其他象限时，亦可类似地求解.

例13 过正三角形 ABC 的中心 O 引一直线 DF 与这三角形两边 AB 和 AC 分别交于 D 和 F 两点，且 $DO = 3$，$OF = 2$，求这三角形的边长.

解：如图所示建立平面直角坐标系，设正三角形边长为 a，则 $A\left(0, \frac{\sqrt{3}}{3}a\right)$，直线 AB 的倾斜角为 $60°$，直线 AC 的倾斜角为 $120°$，

$\therefore$ 直线 AB 的方程为 $-3x + \sqrt{3}y = a$，

直线 AC 的方程为 $3x + \sqrt{3}y = a$，

设直线 DF 的参数方程为

$$\begin{cases} x = t\cos\theta \\ y = t\sin\theta \end{cases} (t \text{ 为参数}),$$

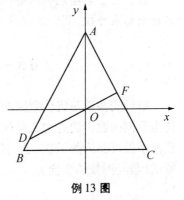

例13图

由已知，F 和 D 点的对应参数分别为 2 和 -3，

∴ $F(2\cos\theta, 2\sin\theta)$，$D(-3\cos\theta, -3\sin\theta)$.

而 F 在直线 AC 上，D 在直线 AB 上，

∴ $3(2\cos\theta) + \sqrt{3}(2\sin\theta) = a$，$-3(-3\cos\theta) + \sqrt{3}(-3\sin\theta) = a$，

由此可求得 $\text{tg}\theta = \dfrac{\sqrt{3}}{5}$，∴ $\cos\theta = \dfrac{5}{2\sqrt{7}}$，$\sin\theta = \dfrac{\sqrt{3}}{2\sqrt{7}}$，故 $a = \dfrac{18\sqrt{7}}{7}$.

例 14 设线段 AO 为定长，以 O 为圆心，以 AO 的长为直径作圆，在圆 O 上任取一点 B，连 AB，并在线段 AB 上取点 P，使 $AP:PB = 1:2$，试求 P 点的轨迹.

解：如图所示，以点 A 为极点，射线 AO 为极轴建立坐标系，设 $AO = 2a$，则圆 O 的方程为

$$\rho^2 - 2(2a)\rho\cos\theta + (2a)^2 = a^2,$$

即 $\rho^2 - 4a\rho\cos\theta + 3a^2 = 0$

设 P 的坐标为 (ρ', θ')，B 的坐标为 (ρ_1, θ') 则由 $AP:PB = 1:2$

得 $\dfrac{AP}{AP+PB} = \dfrac{1}{1+2}$，即 $\rho_1 = 3\rho'$.

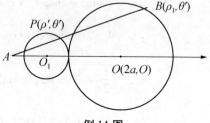

例 14 图

而 B 的坐标满足圆 O 的方程，于是有

$(3\rho')^2 - 4a(3\rho')\cos\theta' + 3a^2 = 0$，

即 $\rho'^2 - 2\left(\dfrac{2a}{3}\right)\rho'\cos\theta' + \left(\dfrac{2a}{3}a\right)^2 = \left(\dfrac{a}{3}\right)^2$.

这就是说，点 P 的轨迹是一个以 $O_1\left(\dfrac{2a}{3}, 0\right)$ 为圆心，以 $\dfrac{a}{3}$ 为半径的圆.

注：对于某些几何问题，用直角坐标系求其曲线方程不易解答，可考虑用极坐标来处理.

§5-2 数与形的变换

数形变换就是将代数问题、三角问题或者说用解析式子所表达的问题转化为几何问题，通过对几何问题的解答，得出原问题的结论. 数形变换按其变换手段可分为图示法（数与图示的变换）、图解法（数与图解的变换）和图像法（数与图像的变换）.

1. 图示法

图示法即将一个代数或三角问题的条件和结论,或者是它的部分条件或结论利用几何图形或非几何图形进行直观分析,从而使问题得到解决.

图示法不仅可以用来解答某些代数或三角问题,还可以用它找出命题或解题证题过程中的错误,以及用它检测和思索,以作出某些有益的猜想.

例1 学校订有甲、乙、丙三种报纸,订甲报的有 45 人,同时订甲、乙两报的有 10 人,同时订甲、丙两报的有 8 人,同时订甲、乙、丙三报的有 3 人,问只订甲报的人数是多少?

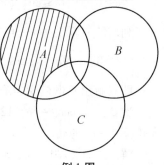

例1 图

解:设 A 表示订甲报的人,B 表示订乙报的人,C 表示订丙报的人,画出韦恩图,则只订甲报的人可表示为影区 $A \cap \bar{B} \cap \bar{C}$,

∴ $n(A \cap \bar{B} \cap \bar{C}) = n(A) - n(A \cap B) - n(A \cap C) + n(A \cap B \cap C) = 45 - 10 - 8 + 3 = 30$(人).

例2 在一次数学竞赛中共出甲、乙、丙三题,在所有 25 个参加的学生中,每个学生至少解出一题;在没有解出甲题的那些学生中,解出乙题的人数是解决丙题的人数的 2 倍;只解出甲题的人数比余下的学生中解出甲题的人数多 1;只解出一题的人数,有一半没有解出甲题. 问有多少学生只解出乙题?

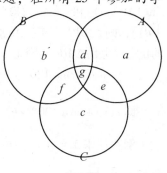

例2 图

解:设解出甲、乙、丙各题学生的集合分别是 A,B,C,画出韦恩图,则重叠部分表示同时解出两题或三题的学生的集合,这样得七个部分,如图所示,其人数分别用 a,b,c,d,e,f 和 g 表示.

∵ 每个学生至少解出一题,

∴ $a+b+c+d+e+f+g=25$.　　　　　　　　①

∵ 没有解出甲题的学生中,解出乙题的人数是解出丙题人数的 2 倍,

∴ $b+f=2(c+f)$.　　　　　　　　　　　　②

∵ 只解出甲题的人数比余下的学生中解出甲题的人数多 1,

∴ $a=d+e+g+1$.　　　　　　　　　　　　③

∵ 只解出一题的学生中有一半没有解出甲题,

∴ $a=b+c$.　　　　　　　　　　　　　　　④

由②得 $b=2c+f$,$f=b-2c$,　　　　　　　　⑤

将⑤代入①消去 f，得：$a+2b-c+d+e+g=25$，⑥

以③和④分别代入⑥，得：$2b-c+2d+2c+2g=24$，⑦

$3b+d+e+g=25$ ⑧

于是⑧×2-⑦，得：$4b+c=26$. ⑨

∵ $c \geq 0$，∴ $4b \leq 26$，$b \leq 6\frac{1}{2}$.

利用⑤-⑨消去 c，可得：$f=b-2(2b-4b)=9b-52$.

∵ $f \geq 0$，∴ $9b-52 \geq 0$，$b \geq 5\frac{7}{9}$，∴ $5\frac{7}{9} \leq b \leq 6\frac{1}{2}$，但 $b \in \mathbf{Z}$，$b=6$，

即只解出乙题的学生有 6 人.

例3 求 $\cos\theta + \cos(120°-\theta) + \cos(120°+\theta)$ 的值.

解：∵ $\cos(120°-\theta)=\cos(240°+\theta)$.
构造如图所示的单位圆，设 A，B 和 C 三点的坐标为 $A(\cos\theta, \sin\theta)$ 和 $B[\cos(120°+\theta), \sin(120°+\theta)]$ 和 $C[\cos(240°+\theta), \sin(240°+\theta)]$，则 $\triangle ABC$ 为正三角形，O 是 $\triangle ABC$ 的重心，也是 $\triangle ABC$ 的外心，于是有

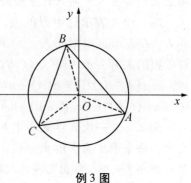

例3图

$$x_0 = \frac{\cos\theta + \cos(120°+\theta) + \cos(240°+\theta)}{3} = 0,$$

即 $\cos\theta + \cos(120°-\theta) + \cos(120°+\theta) = 0$.

例4 求函数 $y=\sqrt{\sin x}+\sqrt{\cos x - \frac{1}{2}}$ 的定义域

解：$\begin{cases}\sin x \geq 0, \\ \cos x - \frac{1}{2} \geq 0\end{cases} \Rightarrow \begin{cases}\sin x \geq 0, \\ \cos x \geq \frac{1}{2}.\end{cases}$

作单位圆，如图所示，由弧线法可得到不等式组的解集，即函数的定义域为

$\{x \mid 2k\pi \leq x \leq 2k\pi + \frac{\pi}{3}, k \in \mathbf{Z}\}$

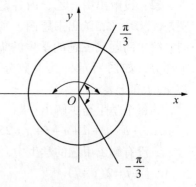

例4图

例5 若 $\cos\alpha + \cos\beta = 1$，求 $\sin\alpha + \sin\beta$ 的范围.

解：如图所示，设角 α 和 β 的终边与单位圆分别交于 A 和 B 两点，那么 A 和 B 两点的坐标分别为 $A(\cos\alpha, \sin\alpha)$ 和 $B(\cos\beta, \sin\beta)$. 设该弦 AB 的中点为 $P(x_0, y_0)$，则

第五章 数形变换

$$x_0 = \frac{\cos\alpha + \cos\beta}{2} = \frac{1}{2},$$

$$y_0 = \frac{\sin\alpha + \sin\beta}{2}.$$

显然,当 α 和 β 变化时,弦 AB 的中点轨迹为弦 CD

$$x = \frac{1}{2}\left(-\frac{\sqrt{3}}{2} \leqslant y \leqslant \frac{\sqrt{3}}{2}\right),$$

即 $y_0 \in \left[\frac{-\sqrt{3}}{2}, \frac{\sqrt{3}}{2}\right]$.

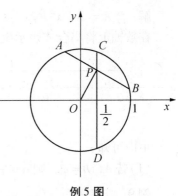

例 5 图

故 $\sin\alpha + \sin\beta \in [-\sqrt{3}, \sqrt{3}]$.

例 6 解下列不等式:$|x+7| - |x-2| \leqslant 3$.

解:根据绝对值的几何意义,$|x+7| - |x-2|$ 是指数轴上坐标为 x 的动点到坐标为 -7 的点的距离与到坐标为 2 的点的距离之差,在数轴上作出这些点,找到这个差等于 3 的点,即 $x = -1$,如图所示.

例 6 图

由图可知 $|x+7| - |x-2| \leqslant 3$ 的解为 $x \leqslant -1$.

例 7 关于 x 的不等式 $\left|x - \frac{(a+1)^2}{2}\right| \leqslant \frac{(a-1)^2}{2}$ 与 $x^2 - 3(a+1)x + 2(3a+1) \leqslant 0 (a \in \mathbf{R})$ 的解集分别是 A 和 B,求使 $A \subseteq B$ 的 a 的取值范围.

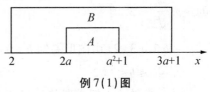

例 7(1) 图

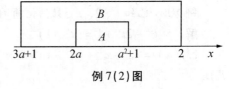

例 7(2) 图

解:借助数轴,如图所示:
∵ $A = \{x \mid 2a \leqslant x \leqslant a^2 + 1\}$,
  $B = \{x \mid (x-2)(x-3a-1) \leqslant 0\}$,
且 $A \subseteq B$,

∴ $\begin{cases} 2 \leqslant 2a, \\ a^2 + 1 \leqslant 3a + 1 \end{cases} \Rightarrow 1 \leqslant a \leqslant 3$,或 $\begin{cases} 3a + 1 \leqslant 2a, \\ a^2 + 1 \leqslant 2 \end{cases} \Rightarrow a = -1$.

故 a 的范围是 $\{a \mid a = -1$ 或 $1 \leqslant a \leqslant 3\}$.

例 8 已知集合 $A = \{x \mid x^2 - 2x - 8 < 0\}$,$B = \{x \mid x - a < 0\}$,

(1) 若 $A \cap B = \varphi$,求实数 a 的取值范围;

(2) 若 $A \subsetneq B$,求实数 a 的取值范围.

解：$\because A = \{x \mid x^2 - 2x - 8 < 0\} = \{x \mid -2 < x < 4\}$，$B = \{x \mid x < a\}$，在数轴上将集合 A 表示出来

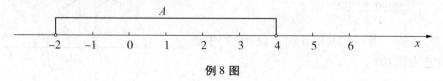

例 8 图

由图可知：

(1) 若 $A \cap B = \varphi$，则 $a \leqslant -2$；(2) 若 $A \subsetneqq B$，则 $a \geqslant 4$.

例 9 已知 $M = \{(x, y) \mid y = x + b\}$，$N = \{(x, y) \mid y = \sqrt{9 - x^2}\}$，若 $M \cap N \neq \varphi$，求 b 的取值范围.

解：集合 M 是斜率为 1、在 y 轴上的截距为 b 的一束平行线，集合 N 是以原点为圆心、半径为 3 的圆在 x 轴上方的部分（包括与 x 轴的交点），由题意作出图形，如图所示.

当直线 $y = x + b$ 过 $A(3, 0)$ 时，$b = -3$；

当直线与半圆相切时，原点到直线的距离 $\dfrac{|b|}{\sqrt{2}} = 3$.

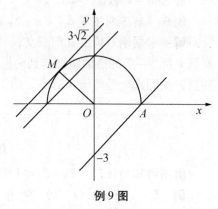

例 9 图

$\therefore b = \pm 3\sqrt{2}$（由图形易知 $b > 0$），故 $b = 3\sqrt{2}$.

$\therefore -3 \leqslant b \leqslant 3\sqrt{2}$

注：在涉及半圆或圆的一部分题目时，应用数形结合较合适.

例 10 已知 $t > 0$，$x \in \mathbf{R}$，化简 $f(x) = |1 - x| + \sqrt{t^{2x} - 2t^x + 1} - (x - t^x)$

解：$\because t^{2x} - 2t^x + 1 = (t^x - 1)^2$，

$\therefore f(x) = |1 - x| + |t^x - 1| - (x - t^x)$.

令 $|1 - x| = 0$，得 $x = 1$；

令 $|t^x - 1| = 0$，得 $t \neq 1$ 时，$x = 0$.

$t = 1$ 时，$x \in \mathbf{R}$，为此把数轴分为八段序轴：

(1) $0 < t < 1$，$x < 0$ 时，

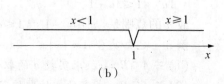

(b)

148

$f(x) = 1 - x + t^x - 1 - (x - t^x) = 2t^x - 2x$；

(2) $0 < t < 1$，$0 \leqslant x < 1$ 时，

$f(x) = 1 - x + 1 - t^x - (x - t^x) = 2 - 2x$；

(3) $0 < t < 1$，$x \geqslant 1$ 时，$f(x) = x - 1 + 1 - t^x - (x - t^x) = 0$；［如图（a）所示］

(4) $t = 1$，$x < 1$ 时，$f(x) = 1 - x + 0 - (x - t^x) = 1 - 2x + t^x$；

(5) $t = 1$，$x \geqslant 1$ 时，$f(x) = x - 1 + 0 - (x - t^x) = t^x - 1$；［如图（b）所示］

(6) $t > 1$，$x < 0$ 时，$f(x) = 1 - x + 1 - t^x - (x - t^x) = 2 - 2x$；

(7) $t > 1$，$0 \leqslant x < 1$ 时，$f(x) = 1 - x + t^x - 1 - (x - t^x) = 2t^x - 2x$；

(8) $t > 1$，$x \geqslant 1$ 时，$f(x) = x - 1 + t^x - 1 - (x - t^x) = 2t^x - 2$［如图（c）所示］．

例 11 已知 $\cos\alpha + \cos\beta = 2m$（$m \neq 0$），$\sin\alpha + \sin\beta = 2n$．

求证：(1) $\text{tg}\alpha \cdot \text{tg}\beta = \dfrac{(m^2 + n^2)^2 - m^2}{(m^2 + n^2)^2 - n^2}$；

(2) $\text{tg}(\alpha + \beta) = \dfrac{2mn}{m^2 - n^2}$．

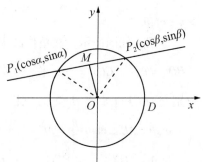

例 11 图

证明：（1）设单位圆上 P_1 和 P_2 两点坐标分别是 $P_1(\cos\alpha, \sin\alpha)$ 和 $P_2(\cos\beta, \sin\beta)$，如图所示，由图已知，点 $M(m, n)$ 为弦 P_1P_2 的中点，连 OM，则 $OM \perp P_1P_2$，直线 P_1P_2 的方程为：$y - n = -\dfrac{m}{n}(x - m)$，

即 $y = -\dfrac{m}{n}x + \dfrac{m^2 + n^2}{n}$．

代入 $x^2 + y^2 = 1$，消去 y，并整理，得 $x^2 - 2mx + (m^2 + n^2) - \dfrac{n^2}{m^2 + n^2} = 0$．

于是 $x_1 \cdot x_2 = \cos\alpha \cos\beta = \dfrac{(m^2 + n^2)^2 - n^2}{m^2 + n^2}$． ①

仿此，消去 x，得 $f(y) = 0$ 的二次方程，于是

$y_1 y_2 = \sin\alpha \sin\beta = \dfrac{(m^2 + n^2)^2 - m^2}{m^2 + n^2}$ ②

$\dfrac{②式}{①式}$ 得：$\mathrm{tg}\alpha\mathrm{tg}\beta = \dfrac{(m^2+n^2)^2 - m^2}{(m^2+n^2)^2 - n^2}$.

(2)连接 OP_1 和 OP_2，则有 $\angle DOP_1 = \alpha$，$\angle DOP_2 = \beta$，$\angle DOM = \dfrac{\alpha+\beta}{2}$，

从而 $\mathrm{tg}\dfrac{\alpha+\beta}{2} = \mathrm{tg}\angle DOM = \dfrac{n}{m}$，$\therefore \mathrm{tg}(\alpha+\beta) = \dfrac{2\mathrm{tg}\dfrac{\alpha+\beta}{2}}{1-\mathrm{tg}^2\dfrac{\alpha+\beta}{2}} = \dfrac{2mn}{m^2-n^2}$.

注：若令 $2m = \dfrac{1}{3}$，$2n = \dfrac{1}{4}$，便可求得 $\mathrm{tg}(\alpha+\beta) = \dfrac{24}{7}$，即为 1990 年高考数学试题的第 22 大题.

例 12 若 θ 为锐角，求证 $\mathrm{ctg}\dfrac{\theta}{2} > 1 + \mathrm{ctg}\theta$.

证明：如图所示，在单位圆中，令 $\angle BOx = \theta$，$\angle COx = \dfrac{\theta}{2}$，作 $AC \parallel X$ 轴分别交 OB 和 OC 于 B 和 C，则

$\mathrm{ctg}\theta = AB$，$\mathrm{ctg}\dfrac{\theta}{2} = AC$.

$\because AC \parallel OX$，$\therefore \angle BCO = \angle COX = \angle BOC$，$\therefore OB = BC$.

在 $\mathrm{Rt}\triangle OAB$ 中，$OB > OA$，故 $\mathrm{ctg}\dfrac{\theta}{2} = AC = AB + BC = AB + OB > AB + OA$

$= 1 + \mathrm{ctg}\theta$.

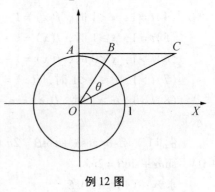

例 12 图

例 13 当 $x \in \left(0, \dfrac{\pi}{2}\right)$ 时，比较 $\sin x$，$\mathrm{tg}x$ 和 x 的大小.

解：$x \in \left(0, \dfrac{\pi}{2}\right)$，可用单位圆，设 x 的终边与单位圆的交点是 A. 作 $AC \perp x$ 轴于 C，$BD \perp x$ 轴交 OA 于 D，连 AB（如图所示），于是 $S_{\triangle ABO} < S_{扇形 ABO} < S_{\triangle OBD}$，即 $\dfrac{1}{2}\sin x < \dfrac{1}{2}x < \dfrac{1}{2}\mathrm{tg}x$，故 $\sin x < x < \mathrm{tg}x$.

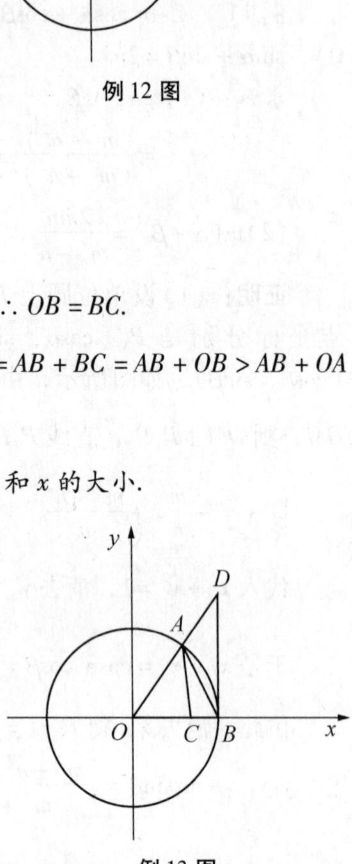

例 13 图

2. 图解法

图解法即将代数、三角等数量关系的问题通过几何图形的数量性质转化为几何图形问题,由解答几何图形的数量关系达到解决原问题的目的.

用图解法解题的关键在于根据具体问题的有关数量关系给出恰当的几何解释,构造出所需要的图形. 这就要求我们要熟悉几何图形的数量性质,善于对所给数量关系进行适当变形,一边变形,一边联想,以构造出所需的几何图形.

例1 已知 $7\sin2\theta = 5\sin2\varphi$,$7\cos2\theta + 5\cos2\varphi = 7$ [$\theta, \varphi \in (0, \frac{\pi}{2})$],求 $\theta + 2\varphi$ 的大小.

解:∵ $|\cos2\theta| \leq 1$,$|\cos2\varphi| \leq 1$,

∴ 由 $7\cos2\theta + 5\cos2\varphi = 7$ 知 2θ 与 2φ 都是锐角.

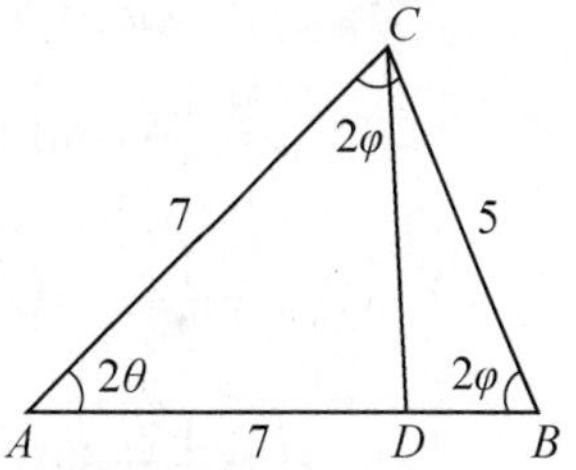

构造 $\triangle ABC$,使 $\angle A = 2\theta$,$\angle B = \angle C = 2\varphi$,$AC = AB = 7$,$BC = 5$,如图所示,则

$7\sin2\theta = CD = 5\sin2\varphi$,

$7\cos2\theta + 5\cos2\varphi = AD + DB = AB = 7$,

即 $\triangle ABC$ 为符合题意的三角形.

∵ $\angle A + \angle B + \angle C = 2\theta + 4\varphi = \pi$,故 $\theta + 2\varphi = \frac{\pi}{2}$.

例1 图

例2 已知 x,y 和 z 为正数,且满足方程组

$$\begin{cases} x + y = 13, \\ y^2 + z^2 - yz = 25, \\ z^2 + x^2 + xz = 144. \end{cases}$$ 试求 z 的值.

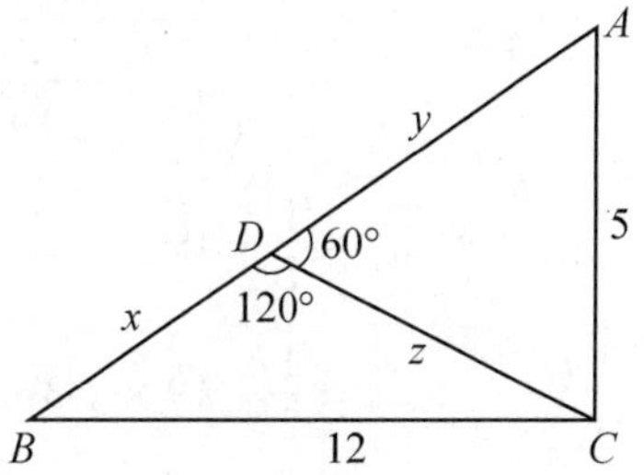

解:原方程组可变形为

$$\begin{cases} x + y = 13, \\ y^2 + z^2 - 2yz\cos60° = 5^2, \\ z^2 + x^2 - 2zx\cos120° = 12^2. \end{cases}$$

构造 $\triangle ABC$. ∵ $5^2 + 12^2 = 13^2$,

∴ $\triangle ABC$ 是直角三角形,$\angle ACB = 90°$(如图所示).

由 $S_{\triangle ABC} = S_{\triangle ACD} + S_{\triangle BCD}$

$\Rightarrow \frac{1}{2} \times 5 \times 12 = \frac{1}{2} yz\sin60° + \frac{1}{2} xz\sin120°$

$\Rightarrow z(x+y) = 40\sqrt{3}$,

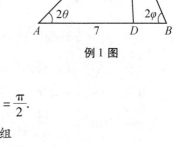

例2 图

∴ $z = \dfrac{40\sqrt{3}}{13}$.

例3 设 $x, y, z \in \mathbf{R}$，且 $x^2 + xy + y^2 = 19$，$y^2 + yz + z^2 = 37$，$z^2 + zx + x^2 = 28$，求 $xy + yz + zx$ 的值.

解：由已知三个方程变形为

$$\begin{cases} x^2 - 2xy\cos120° + y^2 = (\sqrt{19})^2, \\ y^2 - 2yz\cos120° + z^2 = (\sqrt{37})^2, \\ z^2 - 2zx\cos120° + x^2 = (\sqrt{28})^2, \end{cases}$$

由此构造 $\triangle ABC$，如图所示.

∵ $S_{\triangle ABC} = S_{\triangle AOB} + S_{\triangle BOC} + S_{\triangle COA}$， ①

$S_{\triangle AOB} = \dfrac{1}{2}xy\sin120° = \dfrac{\sqrt{3}}{4}xy$， ②

$S_{\triangle BOC} = \dfrac{1}{2}yz\sin120° = \dfrac{\sqrt{3}}{4}yz$， ③

$S_{\triangle COA} = \dfrac{1}{2}zx\sin120° = \dfrac{\sqrt{3}}{4}zx$， ④

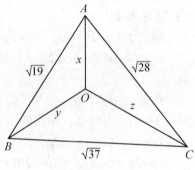

例3 图

而 $(\sqrt{28})^2 = (\sqrt{19})^2 + (\sqrt{37})^2 - 2(\sqrt{19}) \times \sqrt{37}\cos\angle ABC$，

$\cos\angle ABC = \dfrac{14}{\sqrt{19 \times 37}}$，$\sin\angle ABC = \sqrt{1 - \cos^2\angle ABC}$

$= \sqrt{1 - \left(\dfrac{14}{\sqrt{19 \times 37}}\right)^2} = \dfrac{13\sqrt{3}}{\sqrt{19 \times 37}}$，

∴ $S_{\triangle ABC} = \dfrac{1}{2}\sqrt{19} \times \sqrt{37} \times \sin\angle ABC$

$= \dfrac{1}{2}\sqrt{19} \times \sqrt{37} \times \dfrac{13\sqrt{3}}{\sqrt{19 \times 37}} = \dfrac{13\sqrt{3}}{2}$. ⑤

将②、③、④、⑤式代入①，得 $\dfrac{13\sqrt{3}}{2} = \dfrac{\sqrt{3}}{4}xy + \dfrac{\sqrt{3}}{4}yz + \dfrac{\sqrt{3}}{4}zx$，

故 $xy + yz + zx = 26$.

例4 解方程组：$\begin{cases} \sqrt{x+1} + \sqrt{y-2} = 5, \\ x - y = 12. \end{cases}$

解：将原方程组变形为

第五章 数形变换

$$\begin{cases}\sqrt{x+1}+\sqrt{y-2}=5, \\ (\sqrt{x+1})^2-(\sqrt{y-2})^2=(\sqrt{15})^2.\end{cases} \quad ① \quad (2)$$

$\because \sqrt{x+1}>0, \sqrt{y-2}>0$.

设 $\sqrt{x+1}=c, \sqrt{y-2}=b$.

将 b 和 c 与线段类比,构造 $\triangle ABC$,如图所示,延长 CA 至 D,使 $AD=AB$,连 BD,则 $DC=5, BD=\sqrt{40}, AC=5-c$.

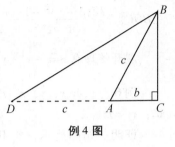

例 4 图

在 Rt$\triangle ABC$ 中,$\cos\angle BAC=\dfrac{5-c}{c}$;在 Rt$\triangle BAD$ 中,$\cos\angle BAD=\dfrac{c^2-20}{c^2}$.

又 $\cos\angle BAC=-\cos\angle BAD$,$\therefore \dfrac{5-c}{c}=-\dfrac{c^2-20}{c^2}$,

解之得 $c=4$,$\therefore b=DC-DA=1$.

由 $\begin{cases}\sqrt{x+1}=4, \\ \sqrt{y-2}=1\end{cases}$,解得 $\begin{cases}x=15, \\ y=3.\end{cases}$ 经检验 $\begin{cases}x=15, \\ y=3\end{cases}$ 是原方程组的解.

例 5. 证明:$\cos\dfrac{\pi}{7}-\cos\dfrac{2\pi}{7}+\cos\dfrac{3\pi}{7}=\dfrac{1}{2}$(第五届国际数学奥林匹克竞赛第 5 题).

解: $\because \dfrac{\pi}{7}+\dfrac{3\pi}{7}+\dfrac{3\pi}{7}=\pi, \dfrac{2\pi}{7}=\dfrac{3\pi}{7}-\dfrac{\pi}{7}$,

故可构造腰长为 1、顶角为 $\dfrac{\pi}{7}$ 的等腰三角形 ABC,如图所示,设 $BC=x$,在 $\triangle ABC$ 内作 $\angle ABD=\angle A=\dfrac{\pi}{7}$,则 $\angle DBC=\angle BDC=\dfrac{2\pi}{7}, DC=BC=x$.

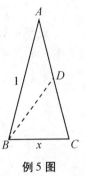

例 5 图

在 $\triangle ABC$ 中,根据余弦定理有:$\cos\dfrac{\pi}{7}=\dfrac{2-x^2}{2}$,$\cos\dfrac{3\pi}{7}=\dfrac{x}{2}$.

在 $\triangle BCD$ 中,同理有 $\cos\dfrac{2\pi}{7}=\dfrac{1-x}{2x}$,

$\therefore \cos\dfrac{\pi}{7}-\cos\dfrac{2\pi}{7}+\cos\dfrac{3\pi}{7}=\dfrac{1}{2}(2-x^2-\dfrac{1-x}{x}+x)=\dfrac{-x^3+x^2+3x-1}{2x}$.

又 $\cos\angle BDA=\dfrac{2(1-x)^2-1}{2(1-x)^2}$,$\cos\angle BDC=\dfrac{1-x}{2x}$,$\cos\angle BDA=-\cos$

$\angle BDC$, $\therefore \dfrac{2(1-x)^2 - 1}{2(1-x)^2} = \dfrac{x-1}{2x}$.

展开整理有 $x = -x^3 + x^2 + 3x - 1$, 故 $\cos\dfrac{\pi}{7} - \cos\dfrac{2\pi}{7} + \cos\dfrac{3\pi}{7} = \dfrac{1}{2}$.

例6 已知 x, y, z, r 均为正数, 且 $x^2 + y^2 = z^2$, $z\sqrt{x^2 - r^2} = x^2$, 求证: $xy = rz$.

证明: 如图所示, 作 Rt $\triangle ABC$, $\angle C = 90°$, $CD \perp AB$, 且 $AC = y$, $BC = x$, $AB = z$, 则由射影定理, 得

$x^2 = BC^2 = AB \cdot DB = z\sqrt{x^2 - CD^2}$.

$\therefore z\sqrt{x^2 - r^2} = x^2 \therefore CD = r$.

又 $S_{\triangle ABC} = \dfrac{1}{2}xy = \dfrac{1}{2}zr$, 故 $xy = zr$.

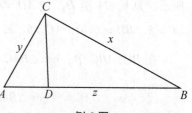

例6图

例7 求证: $\sqrt{(1 - \cos\dfrac{2\pi}{n})(1 - \cos\dfrac{4\pi}{n})} +$

$\sqrt{(1 - \cos\dfrac{4\pi}{n})(1 - \cos\dfrac{6\pi}{n})} + \cdots +$

$\sqrt{(1 - \cos\dfrac{2n-4}{n}\pi)(1 - \cos\dfrac{2n-2}{n}\pi)} = n\cos\dfrac{\pi}{n}$.

证明: 如图所示, 作单位圆及内接正 n 边形 $A_1 A_2 \cdots A_n$, 则

$A_1 A_i = \sqrt{OA_1^2 + OA_i^2 - 2OA_1 \cdot OA_i \cos\angle A_1 OA_i}$

$= \sqrt{2[1 - \cos\dfrac{2\pi}{n}(i-1)]}$ $(i = 2, 3, \cdots, n)$.

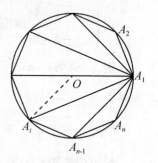

例7图

$\therefore$ 原式可化为求证

$\dfrac{1}{2}[A_1A_2 \cdot A_1A_3 + A_1A_3 \cdot A_1A_4 + \cdots + A_1A_{n-1} \cdot A_1A_n] = n\cos\dfrac{\pi}{n}$

$S_{\text{正}n\text{边形}} = S_{\triangle A_1A_2A_3} + S_{\triangle A_1A_3A_4} + \cdots + S_{\triangle A_1A_{n-1}A_n}$

$= \dfrac{1}{2}\sin\dfrac{\pi}{n}(A_1A_2 \cdot A_1A_3 + A_1A_3 \cdot A_1A_4 + \cdots + A_1A_{n-1} \cdot A_1A_n)$

又 $\because S_{\text{正}n\text{边形}} = S_{\triangle OA_1A_2} + S_{\triangle OA_2A_3} + \cdots + S_{\triangle OA_{n-1}A_n}$

$= \dfrac{1}{2}\sin\dfrac{2\pi}{n}(OA_1 \cdot OA_2 + OA_2 \cdot OA_3 + \cdots + OA_{n-1} \cdot OA_n)$

$= \dfrac{n}{2}\sin\dfrac{2\pi}{n} = n\sin\dfrac{\pi}{n}\cos\dfrac{\pi}{n}$.

但 $\sin\frac{\pi}{n} \neq 0$，$\therefore \frac{1}{2}(A_1A_2 \cdot A_1A_3 + A_1A_3 \cdot A_1A_4 + \cdots + A_1A_{n-1} \cdot A_1A_n) = n\cos\frac{\pi}{n}$.

故原式得证.

例8 求 $y = \sqrt{x^2 + a^2} + \sqrt{(c-x)^2 + b^2}$ 的最小值，其中 a，b，c 是正数.

解：如图所示，构造阶梯折线 $ABCD$，使 $AB = a$，$BC = c$，$CD = b$. 则(1)当 $0 \leq x \leq c$ 时，设 $BF = x$，$FC = c - x$，于是 $AF + FD \geq AD$，即

$$\sqrt{a^2 + x^2} + \sqrt{(c-x)^2 + b^2} \geq \sqrt{(a+b)^2 + c^2}.$$

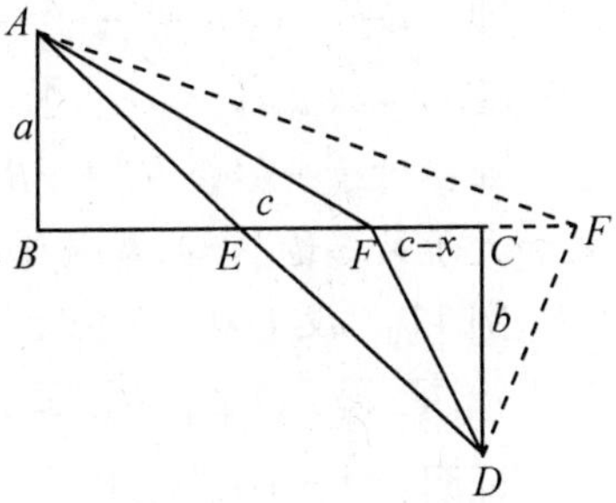

(2)当 $x < 0$ 时，

$$y > \sqrt{0^2 + a^2} + \sqrt{(c-0)^2 + b^2} \geq \sqrt{(a+b)^2 + c^2}.$$

(3)当 $x > 0$ 时，F 点落在 BC 的延长线上，也有 $AF + FD \geq AD$（图中虚线），

$\therefore$ 对于任何 x，都有 $\sqrt{a^2 + x^2} + \sqrt{(c-x)^2 + b^2} \geq \sqrt{(a+b)^2 + c^2}$，

故 $y_{\min} = \sqrt{(a+b)^2 + b^2}$.

当 F 点落在 E 点上，即 $x = \frac{ac}{a+b}$ 时，y 取最小值.

例8图

例9 设 $a^2 + b^2 = 1$，a，$b > 0$，求 $ax + by$ 的最大值，其中 $x^2 + y^2 = 1$.

解：如图所示，作直径为1的圆，在圆周上任取两点 A，B，则

$AC^2 + AD^2 = BC^2 + BD^2 = CD^2 = 1$.

由此可设 $AC = a$，$AD = b$，$BD = x$，$BC = y$.

由托勒米定理，有

$BD \cdot AC + BC \cdot AD = CD \cdot AB$，

但 $CD = 1$，$AB \leq 1$，$\therefore BD \cdot AC + BC \cdot AD \leq 1$，

即 $ax + by \leq 1$.

当 $x = a$，$y = b$ 时，$ax + by$ 有极大值1.

注：此题前面我们曾利用三角变换解答.

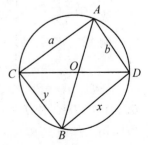

例9图

例10 若 $a \geq 3$，求证：$\sqrt{a} - \sqrt{a-1} < \sqrt{a-2} - \sqrt{a-3}$.

证明：$\because (\sqrt{a})^2 - (\sqrt{a-1})^2 = 1$，$(\sqrt{a-2})^2 - (\sqrt{a-3})^2 = 1$. 联想到勾

股定理，构造以 $AB=\sqrt{a}$ 为斜边，$AC=\sqrt{a-1}$，$BC=1$ 为直角边的 Rt$\triangle ABC$；以 $BD=\sqrt{a-2}$ 为斜边，$CD=\sqrt{a-3}$，$BC=1$ 为直角边的 Rt$\triangle DBC$，如图所示，则在 $\triangle ABD$ 中，$BD+DA>AB$，

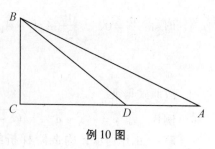

例 10 图

即 $\sqrt{a-2}+(\sqrt{a-1}-\sqrt{a-3})>\sqrt{a}$，
故 $\sqrt{a}-\sqrt{a-1}<\sqrt{a-2}-\sqrt{a-3}$。

注：对于一些含有"$A+B\geqslant C$"结构的不等式问题，可联想"三角形两边之和大于第三边"等关系进行构图。

例 11 设 $x>0$，$y>0$，$z>0$，求证：
$\sqrt{x^2-xy+y^2}+\sqrt{y^2-yz+z^2}>\sqrt{z^2-zx+x^2}$。

证明：∵ $x>0$，$y>0$，$z>0$，又
$\sqrt{x^2-xy+y^2}=\sqrt{x^2+y^2-2xy\cos 60°}$，
∴ $\sqrt{x^2-xy+y^2}$ 可看作以 x 和 y 为边，夹角为 $60°$ 的三角形的第三边。

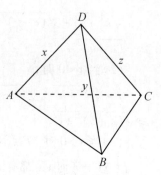

同理 $\sqrt{y^2-yz+z^2}$，$\sqrt{z^2-zx+x^2}$ 也可作类似的理解。

例 11 图

构造以 D 为顶点的四面体 $D-ABC$，如图所示，使 $\angle ADB=\angle BDC=\angle CDA=60°$，且 $DA=x$，$DB=y$，$DC=z$，则
$AB=\sqrt{x^2-xy+y^2}$，$BC=\sqrt{y^2-yz+z^2}$，$CA=\sqrt{z^2-zx+x^2}$，
在 $\triangle ABC$ 中，$AB+BC>CA$。
故 $\sqrt{x^2-xy+y^2}+\sqrt{y^2-yz+z^2}>\sqrt{z^2-zx+x^2}$。

例 12 设 a，b，x，y 皆为正实数，且 $x^2+y^2=1$，试证：$\sqrt{a^2x^2+b^2y^2}+\sqrt{a^2y^2+b^2x^2}\geqslant a+b$。

证明： 作线段 $AC\perp BD$，垂足为 P，连 AB，BC，CD，DA，使 $PA=ax$，$PB=ay$，$PC=bx$，$PD=by$，如图所示。

由 Rt$\triangle PAB$，Rt$\triangle PCD$ 及 $x^2+y^2=1$，易得 $AB=a$，$CD=b$。

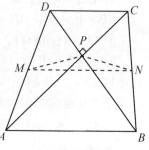

例 12 图

又 $AD=\sqrt{a^2x^2+b^2y^2}$，$BC=\sqrt{a^2y^2+b^2x^2}$，

(1) 当 $a=b$ 时，显然 $PA=ax=bx=PC$，

$PB = ay = by = PD$. 四边形 $ABCD$ 为菱形,此时 $AD + BC = AB + DC$,

即 $\sqrt{a^2x^2 + b^2y^2} + \sqrt{a^2y^2 + b^2x^2} = a + b$.

(2)当 $a \neq b$ 时,由 $\dfrac{PA}{PC} = \dfrac{ax}{bx} = \dfrac{ay}{by} = \dfrac{PB}{PD} \Rightarrow \text{Rt}\triangle PAB \sim \text{Rt}\triangle PCD \Rightarrow \angle PAB = \angle PCD \Rightarrow AB // DC$. 知四边形 $ABCD$ 为一梯形,作其中位线 MN,连 PM 和 PN.

在 $\text{Rt}\triangle PAD$ 与 $\text{Rt}\triangle PBC$ 中

$PM = \dfrac{1}{2}AD = \dfrac{1}{2}\sqrt{a^2x^2 + b^2y^2}$,$PN = \dfrac{1}{2}BC = \dfrac{1}{2}\sqrt{a^2y^2 + b^2x^2}$.

又 $MN = \dfrac{1}{2}(AB + DC) = \dfrac{1}{2}(a+b)$,$\because PM + PN > MN$,

$\therefore \sqrt{a^2x^2 + b^2y^2} + \sqrt{a^2y^2 + b^2x^2} > a + b$.

综合(1)和(2),故有 $\sqrt{a^2x^2 + b^2y^2} + \sqrt{a^2y^2 + b^2x^2} \geq a + b$.

例 13 设实数 a,b,c 满足:$a > 0$,$b > 0$,$2c > a + b$,求证:$c^2 > ab$ 且 $c - \sqrt{c^2 - ab} < a < c + \sqrt{c^2 - ab}$.

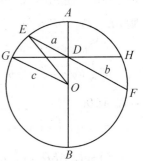

证明: 如图所示,作直径为 $2c$ 的圆 O,AB 为直径,在 OA 上取异于 O 的点 D,过 D 作弦 EF,设 $ED = a$,$DF = b$,则 $2c > a + b$,过 D 作 $GH \perp AB$.

$\because GD \cdot DH = ED \cdot DF$,$\therefore GD^2 = ab$,

$\therefore c^2 > GD^2 = ab$.

又 $\because DO = \sqrt{c^2 - GD^2} = \sqrt{c^2 - ab}$,

$\therefore$ 在 $\triangle EDO$ 中有 $EO + DO > ED > EO - DO$,

即 $c - \sqrt{c^2 - ab} < a < c + \sqrt{c^2 - ab}$.

例13 图

例 14 若 a,b,c 都是正数,求证:$\sqrt{a^2 + b^2} + \sqrt{b^2 + c^2} + \sqrt{c^2 + a^2} \geq \sqrt{2}(a + b + c)$.

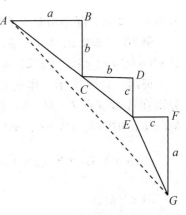

证明: 如图所示,构造直角阶梯折线 $ABCDEFG$,使 $AB = FG = a$,$BC = CD = b$,$DE = EF = c$,则 $AC = \sqrt{a^2 + b^2}$,$CE = \sqrt{b^2 + c^2}$,$EG = \sqrt{c^2 + a^2}$,$AG = \sqrt{2}(a + b + c)$,但 $AC + CE + EG \geq AG$,

故 $\sqrt{a^2 + b^2} + \sqrt{b^2 + c^2} + \sqrt{c^2 + a^2} \geq \sqrt{2}$

例14 图

$(a+b+c)$.

当且仅当 C 和 E 在直线 AG 上, 就是 $a=b=c$ 时, 取等号.

例 15 设 $a>c$, $b>c$, $c>0$, 求证: $\sqrt{c(a-c)}+\sqrt{c(b-c)} \leqslant \sqrt{ab}$, 并确定等号成立的条件.

证明: ∵ $(\sqrt{b-c})^2+(\sqrt{c})^2=(\sqrt{b})^2$,

$(\sqrt{a-c})^2+(\sqrt{c})^2=(\sqrt{a})^2$,

又 $\sqrt{c(a-c)}+\sqrt{c(b-c)}=\sqrt{c}(\sqrt{a-c}+\sqrt{b-c})$, 于是在长度为 $2\sqrt{c}$ 的线段 BC 上作 Rt$\triangle ABE$ 和 Rt$\triangle ECD$, 使 $AB=\sqrt{b-c}$, $CD=\sqrt{a-c}$, $BE=EC=\sqrt{c}$, 连 AD, 如图所示, 则 $AE=\sqrt{b}$, $DE=\sqrt{a}$.

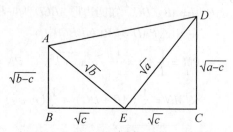

例 15 图

∵ $S_{梯形ABCD}=S_{\triangle ABE}+S_{\triangle CDE}+S_{\triangle AED}$,

即 $\dfrac{1}{2}(\sqrt{a-c}+\sqrt{b-c})\cdot 2\sqrt{c}=\dfrac{1}{2}\sqrt{c}\cdot\sqrt{b-c}+\dfrac{1}{2}\sqrt{c}\cdot\sqrt{a-c}+\dfrac{1}{2}\sqrt{a}\cdot\sqrt{b}\sin\angle AED$.

∴ $\sqrt{c(a-c)}+\sqrt{c(b-c)}=\sqrt{ab}\sin\angle AED \leqslant \sqrt{ab}$.

当 $\sin\angle AED=1$, 即 $\angle AEB$ 与 $\angle CED$ 互余, 亦即 $\dfrac{AB}{EC}=\dfrac{AE}{ED}$, 也就是 $ab=ac+bc$ 时取等号.

注: 对于一些含有 "$A\cdot B$ 或 $\dfrac{1}{2}(A+B)\cdot C$" 结构的不等式问题, 可联想三角形、矩形、梯形面积等进行构图.

例 16 正数 a, b, c, A, B, C 满足条件 $a+A=b+B=c+C=k$, 求证 $aB+bC+cA<k^2$. (第 21 届全苏奥林匹克竞赛试题)

证明: 如图所示, 作边长为 k 的正 $\triangle PQR$, 分别在各边取点 L, M, N, 使 $QL=A$, $LR=a$, $RM=B$, $MP=b$, $PN=C$, $NQ=c$, 则

$S_{\triangle LRM}+S_{\triangle MPN}+S_{\triangle NQL}<S_{\triangle PQR}$, 即 $\dfrac{\sqrt{3}}{4}aB+\dfrac{\sqrt{3}}{4}bC+\dfrac{\sqrt{3}}{4}cA<\dfrac{\sqrt{3}}{4}k^2$,

故 $aB+bC+cA<k^2$.

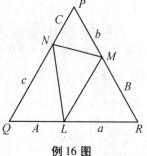

例 16 图

例17 已知 a, b, c 都是正数，且 $a^2 + b^2 + c^2 = 1$，求证：$\sqrt{1-a^2} + \sqrt{1-b^2} + \sqrt{1-c^2} > 3 - (a+b+c)$.

证明： $\because a^2 + b^2 + c^2 = 1$，可构造以 a, b, c 为三度的长方体，$ABCD - A_1B_1C_1D_1$，如图所示，则 $AC_1 = 1$.

$\because AC = \sqrt{a^2 + b^2}$，$CC_1 = c$，

在 Rt$\triangle ACC_1$ 中，$AC + CC_1 > AC_1$，即

$\sqrt{a^2 + b^2} + c > 1$. ①

同理可得 $\sqrt{c^2 + a^2} + b > 1$, ②

$\sqrt{b^2 + c^2} + a > 1$. ③

①+②+③，得

$\sqrt{a^2+b^2} + \sqrt{b^2+c^2} + \sqrt{c^2+a^2} + a + b + c > 3$.

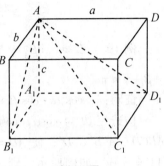

例17 图

但 $a^2 + b^2 + c^2 = 1$，$\therefore a^2 + b^2 = 1 - c^2$，$b^2 + c^2 = 1 - a^2$，$c^2 + a^2 = 1 - b^2$，

故 $\sqrt{1-a^2} + \sqrt{1-b^2} + \sqrt{1-c^2} > 3 - (a+b+c)$.

注： 对于一些含有"$a^2 + b^2 + c^2 = m^2$"结构的不等式问题，可联想长方体中有关公式和性质进行构图.

例18 已知 α, β, $\gamma \in \left(0, \dfrac{\pi}{2}\right)$，且 $\cos^2\alpha + \cos^2\beta + \cos^2\gamma = 2$，求证：ctg$\alpha$ + ctgβ + ctg$\gamma \geq 3\sqrt{2}$.

证明： $\because \cos^2\alpha + \cos^2\beta + \cos^2\gamma = 2$，可构造长、宽、高分别为 a, b, c 的长方体 $ABCD - A_1B_1C_1D_1$，使其对角线 AC_1 与面 AB_1、面 AC、面 AD_1 所成的角分别为 α, β, γ，如图所示，则 $\angle B_1AC_1 = \alpha$，$\angle CAC_1 = \beta$，$\angle D_1AC_1 = \gamma$.

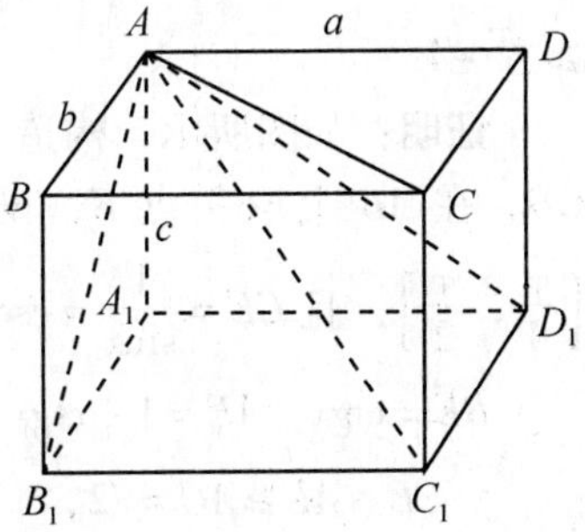

$\because$ ctg$\alpha \dfrac{\sqrt{b^2+c^2}}{a}$，ctg$\beta \dfrac{\sqrt{b^2+a^2}}{c}$，

ctg$\gamma \dfrac{\sqrt{c^2+a^2}}{b}$，又 α, β, $\gamma \in \left(0, \dfrac{\pi}{2}\right)$，

例18 图

ctg$\alpha > 0$，ctg$\beta > 0$，ctg$\gamma > 0$，

$\therefore$ ctgα + ctgβ + ctgγ = $\dfrac{\sqrt{b^2+c^2}}{a} + \dfrac{\sqrt{b^2+a^2}}{c} + \dfrac{\sqrt{c^2+a^2}}{b}$.

$$\geqslant \frac{\sqrt{2}}{2}\left(\frac{b+c}{a}+\frac{c+a}{b}+\frac{a+b}{c}\right)$$

$$=\frac{\sqrt{2}}{2}\left[\left(\frac{b}{a}+\frac{a}{b}\right)+\left(\frac{c}{a}+\frac{a}{c}\right)+\left(\frac{c}{b}+\frac{b}{c}\right)\right]$$

$$\geqslant \frac{\sqrt{2}}{2}(2+2+2)=3\sqrt{2}.$$

例19 已知 α, β, γ 皆为锐角，$\cos^2\alpha+\cos^2\beta+\cos^2\gamma=1$，求证：$\frac{3\pi}{4}<\alpha+\beta+\gamma<\pi$.

证明：$\because \cos^2\alpha+\cos^2\beta+\cos^2\gamma=1$，

构造三边为 $\cos\alpha, \cos\beta, \cos\gamma$ 的长方体 $ABCD-A'B'C'D'$，使 $AD=\cos\alpha$，$AB=\cos\beta$，$AA'=\cos\gamma$，如图所示，则 $AC'=1$，$\angle DAC'=\alpha$，$\angle BAC'=\beta$，$\angle A'AC'=\gamma$.

$\because \alpha+\beta>\frac{\pi}{2}$，$\beta+\gamma>\frac{\pi}{2}$，$\gamma+\alpha>\frac{\pi}{2}$，

$\therefore \alpha+\beta+\gamma>\frac{3\pi}{4}$.

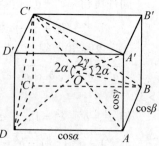

例19 图

又取 AC' 中点 O，则 $\angle DOC'=2\alpha=\angle A'OB$，$\angle A'OC'=2\gamma$，$\angle BOC'=2\beta$，

$\therefore 2\alpha+2\beta+2\gamma<2\pi$，故 $\alpha+\beta+\gamma<\pi$.

例20 设 $x\in\left[\frac{\pi}{4},\frac{\pi}{2}\right]$，求证：$\csc x-\operatorname{ctg}x\geqslant\sqrt{2}-1$.

证明：如图所示，构造一个单位正方形 $ABCD$，在 AB 上取一点 E，设 $\angle CEB=x$，则 $x\in\left[\frac{\pi}{4},\frac{\pi}{2}\right]$，且 $CE=\frac{1}{\sin x}=\csc x$，

$BE=\operatorname{ctg}x$，$AE=1-\operatorname{ctg}x$.

$\because CE+AE\geqslant AC=\sqrt{2}$，

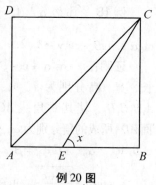

例20 图

（当且仅当 E 与 A 重合，即 $x=\frac{\pi}{4}$ 时，等号成立）

$\therefore \csc x+(1-\operatorname{ctg}x)\geqslant\sqrt{2}$，即 $\csc x-\operatorname{ctg}x\geqslant\sqrt{2}-1$.

例21 若 $0\leqslant\theta<\pi$，求证：$\sin2\theta\operatorname{tg}\frac{\theta}{2}\leqslant\frac{1}{2}$.

证明：（1）当 $\frac{\pi}{2} \leqslant \theta \leqslant \pi$，$\theta = 0$ 时，

$\sin 2\theta \leqslant 0$，$\text{tg}\frac{\theta}{2} \geqslant 0$.

$\therefore \sin 2\theta \text{tg}\frac{\theta}{2} \leqslant 0 < \frac{1}{2}$ 原式成立.

（2）当 $0 < \theta < \frac{\pi}{2}$ 时，如图所示作

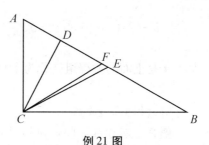

例21 图

Rt$\triangle ABC$，使 $\angle ACB = 90°$，$\angle A = \theta$，并作 AB 上的高 CD，中线 CE（当且仅当 $\theta = 45°$ 时，CD 与 CE 重合），$\angle BCD$ 的平分线 CF，则

$\angle BCF = \angle FCD = \frac{\theta}{2}$，$\angle AFC = \angle ACF = \angle B + \frac{\theta}{2}$，

$\therefore AF = AC$，$DF = AF - AD = AC - AD = \sqrt{AB \cdot AD} - AD$， ①

$\therefore (\sqrt{AB} - 2\sqrt{AD})^2 \geqslant 0$（当 $AB = 4AD$，即 $\theta = 60°$ 时取等号），

即 $4(\sqrt{AB \cdot AD} - AD) \leqslant AB$. ②

由①和②知 $4DF \leqslant AB$.

$\because \sin 2\theta = \sin(180° - 2\theta) = \sin \angle CED = \frac{CD}{CE} = \frac{2CD}{AB}$，

又 $\text{tg}\frac{\theta}{2} = \text{tg} \angle FCD = \frac{DF}{CD}$. $\therefore \sin 2\theta \text{tg}\frac{\theta}{2} = \frac{2CD}{AB} \cdot \frac{DF}{CD} = \frac{4DF}{2AB} \leqslant \frac{AB}{2AB} = \frac{1}{2}$.

3. 图像法

图像法即将代数三角等数量关系的问题通过建立坐标系变换为坐标图像，特别是函数图像的几何问题，由解答图像表示的几何问题得出原问题的结论.

应用图像法解答问题的关键是找出原数量关系的几何意义. 在实际问题中，往往要对原关系式进行适当变形，通过变形找出它的几何意义.

例1 解方程：$\sqrt{x^2 - 10\sqrt{3}x + 80} + \sqrt{x^2 + 10\sqrt{3} + 80} = 20$.

解： 原方程可化为 $\sqrt{(x - 5\sqrt{3})^2 + 5} + \sqrt{(x + 5\sqrt{3})^2 + 5} = 20$

此方程与下列方程组同解.

$\begin{cases} y^2 = 5, \\ \sqrt{(x - 5\sqrt{3})^2 + y^2} + \sqrt{(x + 5\sqrt{3})^2 + y^2} = 20. \end{cases}$

由方程组的第二个方程联想椭圆的定义知，它代表一个椭圆.

$\because 2a = 20$，$\therefore a = 10$，又 $c = 5\sqrt{3}$，

$$\therefore b = \sqrt{10^2 - (5\sqrt{3})^2} = 5,$$

于是上面的方程组转化为下列方程组 $\begin{cases} y^2 = 5, \\ \dfrac{x^2}{100} + \dfrac{y^2}{25} = 1. \end{cases}$

解之得 $x = \pm 4\sqrt{5}$.

例2 解方程：$\||3x-4| - |3x-8|\| = 2 (x \in \mathbf{R})$.

解：原方程可变为 $\left|\left|x - \dfrac{4}{3}\right| - \left|x - \dfrac{8}{3}\right|\right| = \dfrac{2}{3}$.

上式可以看作点 $(x, 0)$ 到两定点 $(\dfrac{4}{3}, 0)$ 与 $(\dfrac{8}{3}, 0)$ 的距离之差的绝对值为 $\dfrac{2}{3}$, 故 x 为双曲线 $\left(x - \dfrac{6}{3}\right)^2 \bigg/ \dfrac{1}{9} - y^2 \bigg/ \dfrac{1}{3} = 1 \left(a = \dfrac{1}{3}, c = \dfrac{2}{3}\right)$ 的两个顶点的横坐标.

$$\therefore x_1 = \dfrac{6}{3} - \dfrac{1}{3} = \dfrac{5}{3}, \quad x_2 = \dfrac{6}{3} + \dfrac{1}{3} = \dfrac{7}{3}.$$

例3 解不等式 $\dfrac{t}{\sqrt{1+t^2}} + \dfrac{1-t^2}{1+t^2} > 0$.

解：设 $x = \cos\theta = \dfrac{1}{\sqrt{1+t^2}} > 0$, $y = \sin\theta = \dfrac{t}{\sqrt{1+t^2}}$, 则 $\mathrm{tg}\theta = t$, $\cos^2\theta - \sin^2\theta = \dfrac{1-t^2}{1+t^2}$ 或 $2\cos^2\theta - 1 = \dfrac{1-t^2}{1+t^2}$, 即 $2x^2 - 1 = \dfrac{1-t^2}{1+t^2}$.

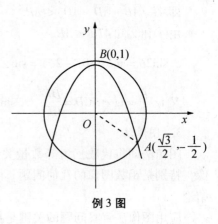

例3 图

由此原不等式变为 $\begin{cases} y > -2x^2 + 1, \\ x > 0, \\ x^2 + y^2 = 1. \end{cases}$

求出抛物线 $y = -2x^2 + 1$ 与圆 $x^2 + y^2 = 1$ 在 $x \geq 0$ 时的交点 $A(\dfrac{\sqrt{3}}{2}, -\dfrac{1}{2})$, $B(0, 1)$.

则满足不等式组的解集在坐标平面中所对应的点都在 $\overset{\frown}{AB}$ 上（除去 A 和 B 点），如图所示，而 $\angle XOA = -\dfrac{\pi}{6}$.

第五章　数形变换

$\therefore -\dfrac{\pi}{6} < \theta < \dfrac{\pi}{2}$，$\therefore \text{tg}\theta > -\dfrac{\sqrt{3}}{3}$。故原不等式的解为 $t > -\dfrac{\sqrt{3}}{3}$。

例 4　解不等式 $\sqrt{2} - 1 < \dfrac{1 + \sin\theta}{\cos\theta} < \sqrt{2} + 1$。

解：令 $x = \cos\theta$，$y = \sin\theta$，

则 $\dfrac{1 + \sin\theta}{\cos\theta} = \dfrac{y - (-1)}{x - 0}$。

如图所示，视 $\dfrac{1 + \sin\theta}{\cos\theta}$ 为过定点 $M(0, -1)$ 与单位圆 $x^2 + y^2 = 1$ 上的动点 (x, y) 的直线斜率 k，确定 θ 的范围使得 $\sqrt{2} - 1 < k < \sqrt{2} + 1$。

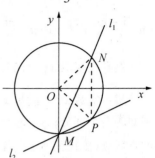

例 4 图

过点 M 分别作斜率为 $\sqrt{2} + 1$ 与 $\sqrt{2} - 1$ 的直线 $l_1: y + 1 = (\sqrt{2} + 1)x$ 和 $l_2: y + 1 = (\sqrt{2} - 1)x$，$l_1$ 和 l_2 与圆的交点（除 M 外）分别是 $N\left(\dfrac{\sqrt{2}}{2}, \dfrac{\sqrt{2}}{2}\right)$，$P\left(\dfrac{\sqrt{2}}{2}, -\dfrac{\sqrt{2}}{2}\right)$，$N$ 和 P 两点对应的圆心角分别为 $\theta_1 = 2k\pi + \dfrac{\pi}{4}$，$\theta_2 = 2k\pi - \dfrac{\pi}{4}$ $(k \in \mathbf{Z})$。

故原不等式的解为 $2k\pi - \dfrac{\pi}{4} < \theta < 2k\pi + \dfrac{\pi}{4}$ $(k \in \mathbf{Z})$。

例 5　求函数 $y = \lg(\text{tg}\theta - \cos\theta)$ 的定义域。

解：求 $y = \lg(\text{tg}\theta - \cos\theta)$ 的定义域即是解不等式 $\text{tg}\theta > \cos\theta$，令 $x = \cos\theta$，$y = \sin\theta$，则 $\dfrac{y}{x} > x$，且 $x^2 + y^2 = 1$，它与下面不等式组同解：

(1) $\begin{cases} x > 0, \\ y > x^2, \\ x^2 + y^2 = 1; \end{cases}$　(2) $\begin{cases} x < 0, \\ y < x^2, \\ x^2 + y^2 = 1. \end{cases}$

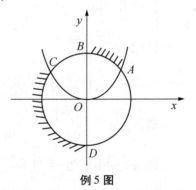

例 5 图

如图所示 (1) 的解集对应点集位于第一象限抛物线 $y = x^2$ 上方单位圆的 $\overparen{AB}$ 上；(2) 的解集对应的点集位于第二、三象限抛物线 $y = x^2$ 下方的单位圆 $\overparen{CD}$ 上，但都不包括端点。求出 $y = x^2$ 与 $x^2 + y^2 = 1$ 的交点纵坐标 $y = \dfrac{\pm\sqrt{5} - 1}{2}$，易知在 $(0, 2\pi)$ 内，A 和 C 所对应的角度分别是 $\arcsin\dfrac{\sqrt{5} - 1}{2}$ 和 $\pi - \arcsin\dfrac{\sqrt{5} - 1}{2}$。

· 163 ·

故原函数的定义域是 $(2k\pi + \arcsin\dfrac{\sqrt{5}-1}{2}, 2k\pi + \dfrac{\pi}{2})$ 或 $[(2k+1)\pi - \arcsin\dfrac{\sqrt{5}-1}{2}, (2k+1)\pi + \dfrac{\pi}{2}]$ $(k \in \mathbf{Z})$.

例 6 实数 x, y 满足 $x^2 + y^2 \leq 3$,且 $x \geq 0$,求 $m = \dfrac{y+3}{x+1}$ 的值域.

解:实数 x, y 满足 $x^2 + y^2 \leq 3$,且 $x \geq 0$ 是以原点为圆心、$\sqrt{3}$ 为半径的圆面的右半部分;$y + 3 = m(x+1)$ 这方程表示过点 $M(-1, -3)$ 且斜率为 m 的直线族(如图所示),当直线经过 $B(0, \sqrt{3})$ 时,m 有极大值.

$$m_{\max} = k_{MB} = \dfrac{\sqrt{3}+3}{1} = 3 + \sqrt{3}.$$

设切点 (x_0, y_0),则圆的切线方程为 $x_0 x + y_0 y = 3$.

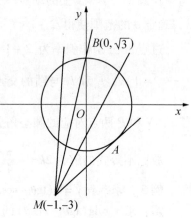

例 6 图

根据图形得:

$$\begin{cases} -x_0 - 3y_0 = 3, \\ x_0^2 + y_0^2 = 3. \end{cases}$$ 解之得

$$\begin{cases} x_0 = \dfrac{-3 \pm \sqrt{21}}{10}, \\ y_0 = \dfrac{-9 \mp \sqrt{21}}{10}. \end{cases}$$

$\because x \geq 0$,$\therefore$ 切点 $A\left(\dfrac{-3+\sqrt{21}}{10}, \dfrac{-9-\sqrt{21}}{10}\right)$,

则 $m_{\min} = \dfrac{21 - \sqrt{21}}{10} \div \dfrac{7 + 3\sqrt{21}}{10} = \dfrac{\sqrt{21}-3}{2}$. 故 $\dfrac{\sqrt{21}-3}{2} \leq m \leq 3 + \sqrt{3}$,

即函数的值域为 $\left[\dfrac{\sqrt{21}-3}{2}, 3+\sqrt{3}\right]$.

例 7 若不等式 $4 \leq 3\sin^2 x - \cos^2 x + 4\cos x + a^2 \leq 20$ 对一切实数 x 恒成立,求实数 a 的取值范围.

解:$3\sin^2 x - \cos^2 x + 4\cos x + a^2$
$= -4\cos^2 x + 4\cos x + a^2 + 3$.

令 $\cos x = t$,并记 $f(t) = -4t^2 + 4t + a^2 + 3$ $(-1 \leq t \leq 1)$,则原不等式可转化为 $4 \leq f(t) \leq 20$ 在 $[-1, 1]$ 内恒成立.

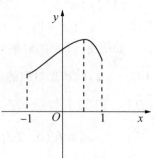

例 7 图

二次函数 $f(t) = -4t^2 + 4t + a^2 + 3 (-1 \leq t \leq 1)$ 的图像顶点横坐标为 $t = \dfrac{1}{2}$,所以满足条件的图像如图所示,由此有:$\begin{cases} f(-1) = a^2 - 5 \geq 4, \\ f\left(\dfrac{1}{2}\right) = a^2 + 4 \leq 20, \end{cases}$

解得 $-4 \leq a \leq -3$ 或 $3 \leq a \leq 4$ 为所求.

例8 已知 $\sin x + \cos x = m$ 在 $[0, \pi]$ 内有且只有两个不同的解 α 和 β,求实数 m 的取值范围,并求 $\alpha + \beta$ 的值.

解:原方程可化为 $\sin\left(x + \dfrac{\pi}{4}\right) = \dfrac{m}{\sqrt{2}}$,$x \in [0, \pi]$. 在坐标系内画函数 $y_1 = \sin\left(x + \dfrac{\pi}{4}\right)$,$x \in [0, \pi]$ 的图像. 如图所示:

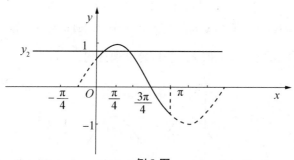

例 8 图

$y_2 = \dfrac{m}{\sqrt{2}}$ 是平行于 x 轴的平行直线,由图知当 $\dfrac{\sqrt{2}}{2} \leq \dfrac{m}{\sqrt{2}} < 1$,即 $1 \leq m < \sqrt{2}$ 时,两图像有两个不同的交点,即原方程有两解,且两交点关于直线 $x = \dfrac{\pi}{4}$ 对称.

∴ $\alpha + \beta = \dfrac{\pi}{2}$.

例9 设 $0 < \theta < 2\pi$,且方程 $\sin\theta + \sqrt{3}\cos\theta = m$ 有两个不同的实根,求 m 的取值范围.

解:令 $x = \cos\theta$,$y = \sin\theta$,则原方程变为:$y + \sqrt{3}x = m$,且 $x^2 + y^2 = 1$.

方程在 $(0, 2\pi)$ 内有两个不同的实根,就是直线 $y + \sqrt{3}x = m$ 与 $x^2 + y^2 = 1$ 有两个不同的交点,其充要条件是

$$\dfrac{|\sqrt{3} \times 0 + 1 \times 0 - m|}{\sqrt{(\sqrt{3})^2 + 1^2}} < 1,$$

即 $|m| < 2$,且有 $m \neq \sqrt{3}$($\theta \neq 0$ 和 $\theta \neq 2\pi$),因此,当且仅当 $-2 < m < \sqrt{3}$ 或 $\sqrt{3} < m < 2$ 时,方程 $\sin\theta + \sqrt{3}\cos\theta = m$ 在 $(0, 2\pi)$ 内有两个不同的实根.

例 10 求方程 $\lg x = \sin x$ 的根的个数.

解：在同一坐标系中作出函数 $y = \lg x$ 与 $y = \sin x$ 的图像，如下图所示：

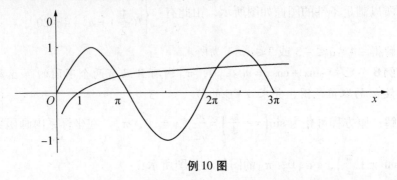

例 10 图

由图知 $y = \lg x$ 与 $y = \sin x$ 与的交点为 3 个 $(\because \lg 4\pi > 1)$．故根的个数为 3.

例 11 求函数 $y = \left|\cos\left(x - \dfrac{\pi}{4}\right)\right|$ 的单调区间．

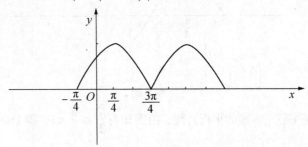

例 11 图

解：利用变换作图法作函数 $y = \left|\cos\left(x - \dfrac{\pi}{4}\right)\right|$ 的图像，如图所示：

由图像知函数的增区间为 $\left[k\pi - \dfrac{\pi}{4}, k\pi + \dfrac{\pi}{4}\right]$，$k \in \mathbf{Z}$；减区间为：$\left[k\pi + \dfrac{\pi}{4}, k\pi + \dfrac{3\pi}{4}\right]$，$k \in \mathbf{Z}$.

注：写函数的单调区间时，要注意函数的周期是 π.

例 12 求 $f(x) = |\sin x|$ 的最小正周期．

解：如图所示，先作图像．

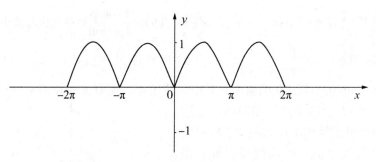

例12 图

通过图像不难看出最小正周期 $T = \pi$.

注：对于含有绝对值的三角函数，求它的周期可利用图像求出.

例13 已知方程 $2^x + x - \pi = 0$ 与方程 $\log_2 x + x - \pi = 0$ 的根分别是 α 和 β，求 $\alpha + \beta$ 之值.

解：α 和 β 分别可以看作曲线 $c_1: y = 2^x$ 与曲线 $c_2: y = \log_2 x$ 与直线 $y = -x + \pi$ 的交点 P 和 Q 的横坐标（如图所示）.

由 $y = 2^x$ 与 $y = \log_2 x$ 互为反函数，并且直线 $y = -x + \pi$ 与直线 $y = x$ 互相垂直可知，$P(\alpha, 2^\alpha)$ 与 $Q(\beta, \log_2\beta)$ 关于直线 $y = x$ 对称，于是 $2^\alpha = \beta$. 又 $2^\alpha + \alpha = \pi$，

$\therefore \alpha + \beta = \pi$.

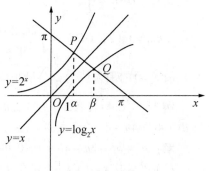

例13 图

例14 锐角 α 和 β 满足 $\cos\alpha + \cos\beta - \cos(\alpha+\beta) = \dfrac{3}{2}$，试求 α 和 β 的值.

解：由已知得 $(1 - \cos\alpha)\cos\beta + \sin\alpha\sin\beta + \cos\alpha - \dfrac{3}{2} = 0$.

令 $x = \cos\beta$，$y = \sin\beta$，则点 $(\cos\beta, \sin\beta)$ 可视为直线 $(1 - \cos\alpha)x + y\sin\alpha + \cos\alpha - \dfrac{3}{2} = 0$ 与单位圆 $x^2 + y^2 = 1$ 的公共点，

$\therefore \dfrac{|\cos\alpha - \dfrac{3}{2}|}{\sqrt{(1-\cos\alpha)^2 + \sin^2\alpha}} \leq 1$. 化简得 $(\cos\alpha - \dfrac{1}{2})^2 \leq 0$,

$\therefore \cos\alpha - \dfrac{1}{2} = 0$, $\alpha = \dfrac{\pi}{3}$. 同理可得 $\beta = \dfrac{\pi}{3}$.

例15 设 $\theta \in (-\infty, +\infty)$，求函数 $f(\theta) = \dfrac{1+\sin\theta}{2+\cos\theta}$ 的最大值与最小值.

解：$f(\theta) = \dfrac{\sin\theta - (-1)}{\cos\theta - (-2)}$，则 $f(\theta)$ 可视作过两点 $P(-2, -1)$ 和 $Q(\cos\theta, \sin\theta)$ 的直线 PQ 的斜率，其中 P 为定点，而 Q 是单位圆 $x^2 + y^2 = \cos^2\theta + \sin^2\theta = 1$ 上的动点，如图所示，这样原问题就变换为求动直线 PQ 斜率的最大值与最小值，由几何知识知，当 PQ 与圆相切时分别达到最大值和最小值，处于 PA 的位置时为最大值，处于 PB 的位置时为最小值.

$\because PB // OX, \therefore k_{PB} = 0.$

又 $\text{tg}\angle OPB = \dfrac{1}{2}$，

$\therefore k_{PA} = \text{tg}(2\angle OPB) = \dfrac{2\text{tg}\angle OPB}{1 - \text{tg}^2\angle OPB} = \dfrac{4}{3}.$

故 $f(\theta)$ 的最大值为 $\dfrac{4}{3}$，最小值为 0.

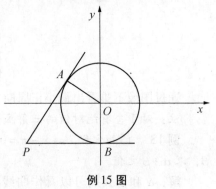

例15 图

例16 已知实数 a, b, c, d 满足关系式 $a^2 + b^2 + 2a - 4b + 4 = 0$，且 $c^2 + d^2 - 4c + 4d + 4 = 0$，求 $w = (a-c)^2 + (b-d)^2$ 的最大（最小）值.

解：$a^2 + b^2 + 2a - 4b + 4 = 0$ 可化为 $(a+1)^2 + (b-2)^2 = 1.$

$c^2 + d^2 - 4c + 4d + 4 = 0$ 可化为 $(c-2)^2 + (d+2)^2 = 4.$

由此可知，满足已知条件的是平面坐标中以 $O_1(-1, 2)$ 为圆心，1 为半径的圆上的点 $P(a, b)$ 和以 $O_2(2, -2)$ 为圆心，2 为半径的圆上的点 $Q(c, d)$，求 W 的最大（小）值问题便转化为求 P 和 Q 的最大（小）距离问题，如图所示.

根据圆的几何性质，$|PQ|$ 的最大值为 O_1O_2 与两圆相交的线段 $|P_1Q_1|$，最小值为 $|P_2Q_2|$.

$\because |O_1O_2| = \sqrt{(-1-2)^2 + (2+2)^2} = 5.$

$\therefore |P_1Q_1| = 5 + 1 + 2 = 8，|P_2Q_2| = 5 - 1 - 2 = 2.$

故 $W_{\max} = 8, W_{\min} = 2.$

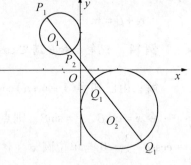

例16 图

例17 求函数 $y = \sqrt{x^2+9} + \sqrt{x^2-10x+29}$ 的最小值.

解：$\because y = \sqrt{x^2+9} + \sqrt{x^2-10x+29}$
$= \sqrt{(x-0)^2+(0-3)^2} + \sqrt{(x-5)^2+(0+2)^2}$

由此可以看出，当 x 取值时，函数 y 的值等于 $P(x, 0)$ 到两定点 $A(0, 3)$ 与 $B(5, -2)$ 的距离之和，即折线 APB 的长，如图所示.

从图上易知，当取线段 AB 与横轴的交点 $P_0(3, 0)$ 时，上述折线化为直线，其长度最短.

$\therefore$ 当 $x = 3$ 时，
$y_{\min} = \sqrt{(5-0)^2 + (-2-3)^2} = 5\sqrt{2}.$

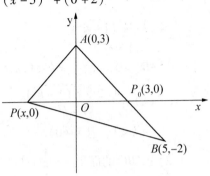

例17 图

例18 已知 $x^2 + y^2 = 4$，求 $4x + 3y$ 的最值.

解：令 $t = 4x + 3y$，则原命题在 $x^2 + y^2 = 4$ 的条件下，求 $4x + 3y$ 的最值问题看成求与圆 $x^2 + y^2 = 4$ 有公共点时的平行直线系 $t = 4x + 3y$ 的截距的最大值和最小值，如图所示.

由图观察知当直线系中的直线与圆相切时，所得的直线截距最大和最小，由 $t = 4x + 3y$ 得 $4x + 3y - t = 0$.

令 d 为原点到直线的距离，则 $d = \dfrac{|-t|}{5}$. 又 $\because$ 直线与圆相切，$\therefore \dfrac{|-t|}{5} = 2$，

$\therefore |t| \leq 10$，$-10 \leq t \leq 10$.

故 $4x + 3y$ 的最大值为 10，最小值为 -10.

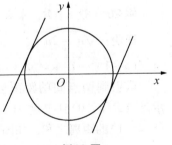

例18 图

例19 已知直线 $l: y = k(x + 2\sqrt{2})$ 与圆 $O: x^2 + y^2 = 4$ 相交于 A 和 B 两点，O 为坐标原点，三角形 ABO 的面积为 S. (1) 试将 S 表示成 k 的函数 $S(k)$，并指出它的定义域；(2) 求 S 的最大值，并求取得最大值时的 k 值.

解：(1) 如图所示，直线 l 的方程为 $kx - y + 2\sqrt{2}k = 0 (k \neq 0)$，$O$ 到 l 的距离为 $|OC| = \dfrac{2\sqrt{2}k}{\sqrt{k^2+1}}$.

弦长 $|AB| = 2\sqrt{|OA|^2 - |OC|^2}$

$$=2\sqrt{4-\frac{8k^2}{1+k^2}}=4\sqrt{\frac{1-k^2}{1+k^2}}.$$

$$S_{\triangle AOB}=\frac{1}{2}|AB|\cdot|OC|$$

$$=\frac{4\sqrt{2}\sqrt{k^2(1-k^2)}}{1+k^2}.$$

∵ $|AB|>0$，∴ $-1<k<1(k\neq 0)$，

∴ $S(k)=\frac{4\sqrt{2}\sqrt{k^2(1-k^2)}}{1+k^2}$

($-1<k<1$，且 $k\neq 0$）.

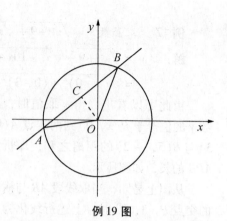

例 19 图

(2) △ABO 的面积 $S=\frac{1}{2}|OA|\cdot|OB|\sin\angle AOB=2\sin\angle AOB$.

当 $\angle AOB=90°$ 时 $S_{\max}=2$.

此时 $|OC|=\sqrt{2}$，$|OA|=2$，即 $\frac{2\sqrt{2}k}{\sqrt{1+k^2}}=\sqrt{2}$. ∴ $k=\pm\frac{\sqrt{3}}{3}$.

注：在涉及直线被圆截得的弦长时，要巧妙利用圆的有关几何性质，如本题中的 Rt△BOC，其中 |OB| 为圆半径，|BC| 为弦的一半.

例 20 设 $a\in\mathbf{R}$，求证 $\sqrt{a^2-2a+2}+\sqrt{a^2+2a+2}\geq 2\sqrt{2}$.

证明： $\sqrt{a^2-2a+2}+\sqrt{a^2+2a+2}$

$=\sqrt{(a-1)^2+1^2}+\sqrt{(a+1)^2+1^2}$

联想到两点间的距离公式，它表示动点 $P(a,0)$ 到定点 $A(1,-1)$，$B(-1,1)$ 的距离之和，如图所示：

∵ $|PA|=\sqrt{(a-1)^2+1^2}$，

$|PB|=\sqrt{(a+1)^2+1^2}$，

$|AB|=\sqrt{(-1-1)^2+(1+1)^2}=2\sqrt{2}$，

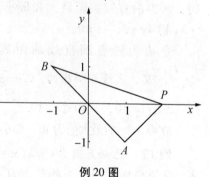

例 20 图

$|PA|+|PB|\geq|AB|$，∴ $\sqrt{(a-1)^2+1^2}+\sqrt{(a+1)^2+1^2}\geq 2\sqrt{2}$，

即 $\sqrt{a^2-2a+2}+\sqrt{a^2+2a+2}\geq 2\sqrt{2}$.

例 21 若实数 x,y,z 满足 $x+y+z=a$，$x^2+y^2+z^2=\frac{a^2}{2}(a>0)$，求证：$0\leq x\leq\frac{2}{3}a$，$0\leq y\leq\frac{2}{3}a$，$0\leq z\leq\frac{2}{3}a$.

证明： 由已知条件作几何联想：直线 $x+y+(z-a)=0$ 与圆 $x^2+y^2=\dfrac{a^2}{2}-z^2$（视 z 为常量）有公共点（如图所示），因此圆心 O 到直线的距离 $d=\dfrac{|a-z|}{\sqrt{2}}\leqslant\sqrt{\dfrac{a^2}{2}-z^2}$．

由此解得 $0\leqslant z\leqslant\dfrac{2a}{3}$，同理可得 $0\leqslant x\leqslant\dfrac{2a}{3}$，$0\leqslant y\leqslant\dfrac{2a}{3}$．

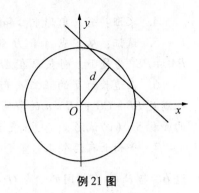

例21图

例 22 已知 $a>b>0$，θ 是锐角，求证：$a\sec\theta-b\operatorname{tg}\theta\geqslant\sqrt{a^2-b^2}$．

证明： 设 $t=a\sec\theta-b\operatorname{tg}\theta=\dfrac{a-b\sin\theta}{0-(-\cos\theta)}$，

则 t 表示两点 $P(0,a)$ 和 $Q(-\cos\theta,b\sin\theta)$ 连线的斜率．

∵ Q 点的轨迹方程为 $x^2+\dfrac{y^2}{b^2}=1(x<0,y>0)$ 其图像在第二象限（如图所示），

∴ 过 P 点的曲线的切线 PQ' 的斜率 k 是 t 的最小值．

∵ 切线 PQ' 的方程为 $y=kx+\sqrt{k^2+b^2}$，且它过 $P(0,a)$，

∴ $a=\sqrt{k^2+b^2}$，即有 $k=\sqrt{a^2-b^2}(\because k>0)$，

∴ $t\geqslant k=\sqrt{a^2-b^2}$，即 $a\sec\theta-b\operatorname{tg}\theta\geqslant\sqrt{a^2-b^2}$．

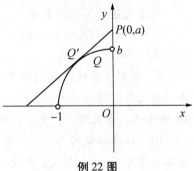

例22图

习 题 五

用代数法解答下列各题：

1. 过正 $\triangle ABC$ 的中心 O 引一直线 DF 与这三角形的两边 AB 和 AC 分别交于 D 和 F 两点，且 $DO=3$，$OF=2$，求这正三角形的边长．

2. 在正方形 $ABCD$ 的外接圆劣弧 $\overset{\frown}{AD}$ 上任取一点 P，求证：$PA+PC=\sqrt{2}PB$，$PA\cdot PC=PB^2-AB^2$．

3. 已知 $\triangle ABC$ 的高为 BE 和 CF，在其上分别取 $BP=AC$，$CQ=BA$，求证：$AQ\perp PA$．

4. 求证：若三角形重心和它的外心重合，则三角形为正三角形.

5. 试证：从定点 A 和 B 到定圆 O 上一点 P，作两线段 PA 和 PB，若 $PA^2 + PB^2$ 为最小，则点 P 在 AB 中点 M 与圆心 O 的连线上.

6. 在边长为 a 的正三角形 ABC 中，边 BC，CA，AB 上的点 P，Q，R 在满足 $BP + CQ + AR = a$ 的条件下移动，设 $BP = x$，$CQ = y$，$AR = z$，$\triangle PQR$ 的面积 S. （1）试用 x，y，z 表示 S；（2）求 S 的最大值.

7. 平面上有两个正三角形 ABC 和 $A_1B_1C_1$（顶点均按顺时针方向排列）边 BC 与 B_1C_1 有相同的中点 O，求证：$AA_1 \perp BB_1$ 且 $\dfrac{|AA_1|}{|BB_1|} = \sqrt{3}$（第六届全国数学奥林匹克竞赛试题）.

用三角法解答下列各题.

8. 已知 $\triangle ABC$ 的内切圆 O 切 BC 于 D，DF 是直径，AF 交 BC 于 E，求证：$BE = DC$.

9. 设有一直线与两同心圆相截，交点顺次为 A，B，C，D，过 A 和 B 各引大圆与小圆的平行弦 AE 和 BF，过 C 作 BF 的垂线，垂足为 G；过 D 作 AE 的垂线，垂足为 H. 求证：$EH = FG$.

10. 以 $\triangle ABC$ 的各边为一边，在三角形外侧分别作正三角形. 求证：三个正三角形的中心 P，Q，R 是一个正三角形的顶点.

11. 已知 AC 是圆 O 的直径，半径 $OB \perp AC$，P 是 $\overset{\frown}{AB}$ 上任一点，连 PB，作 $QB \perp PB$ 交 PC 于 Q，求证：$PQ = PC - PA$.

12. 矩形 $ABCD$ 由三个全等的正方形联成，求证：$\angle AFB + \angle ACB = 45°$，如图所示.

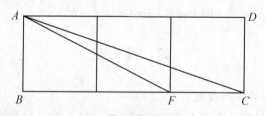

第12题图

13. 已知 $\angle xOy$ 为定角，P 为其角平分线上一定点，过 P 任作一直线交角的两边于 A 和 B，求证：$\dfrac{1}{OA} + \dfrac{1}{OB}$ 为定值.

14. 已知 C 为 $\overset{\frown}{AB}$ 的中点，P 为 AB 弦所对的另一弧上任一点，求证：

$\dfrac{PC}{PA+PB}$ 为定值.

15. 已知 $\triangle ABC$ 中，$AB=AC$，P 为 $\triangle ABC$ 的外接圆 $\overset{\frown}{AC}$ 上任意一点，求证：$AB+AC>PB+PC$.

16. 已知：P 是正 $\triangle ABC$ 的外接圆 $\overset{\frown}{BC}$ 上的任意一点，求证：(1) $PA=PB+PC$；(2) $PA^2=BC^2+PB\cdot PC$.

17. 已知 AB 是半圆的直径，弦 AC，BD 相交于 E，求证：$AB^2=AE\cdot AC+BE\cdot BD$.

18. 已知正 $\triangle ABC$ 边长为 a，当一点 P 在 $\triangle ABC$ 的外接圆 $\overset{\frown}{AB}$ 上移动时，求 $S_{\triangle PAC}+S_{\triangle PAB}$ 的最大值.

19. 已知正三棱锥 $V-ABC$ 的底面边长为 a，侧棱与底面所成角为 β，过底边一边作这个棱锥的截面，试问当截面与底面所成的二面角为何值时，截面面积有最小值，并求最小值.

用解析法解答下列各题：

20. $\triangle ABC$ 两边 BC 和 CA 上的高分别为 AD 和 BE，M 为边 AB 的中点，N 为 DE 的中点，求证：$MN\perp DE$.

21. $\triangle ABO$ 中，$\angle AOB=90°$，分别以 OA 和 OB 为边在这三角形外侧作正方形 $OACD$ 和 $OBEF$，M 是 AB 的中点，求证：$OM\perp DF$.

22. 在 Rt$\triangle ABC$ 中，$\angle C=90°$，$\angle A$ 的平分线 AT 交 BC 于 T，$CD\perp AB$ 交 AT 于 Q，$TR\perp AB$ 交 AB 于 R，求证：$QR/\!/BC$.

23. 在 $\triangle ABC$ 中，已知 $\angle C=2\angle A$，求证：$AB^2=BC^2+BC\cdot AC$.

24. 设 l 和 m 为两相交直线，A，B 为 l 上两定点，P 为 m 上的动点，问 P 到什么位置时才能使：(1) $|AP|^2+|BP|^2$ 取最小值；(2) $\big||AP|^2-|BP|^2\big|$ 取最小值.

用图示法解答下列各题：

25. 就有关 A 和 B 两事，向 50 名学生调查赞成与否，赞成 A 的人数是全体的 3/5，其余不赞成；赞成 B 的人比赞成 A 的多 3 人，其余不赞成．另外，对 A 和 B 都不赞成的学生比对 A 和 B 都赞成的学生的 1/3 多 1 人，问对 A 和 B 都赞成和都不赞成的学生，各有多少人？

26. 解不等式：$1<|2x+1|\leq 3$.

27. 求使不等式 $|x-4|+|x-3|<a$ 有解的 a 的取值范围.

用图解法解答下列各题：

28. 求 $\cos 5° + \cos 77° + \cos 149° + \cos 221° + \cos 293°$ 的值.

29. 已知 x, y, z 是正数, 且满足方程组 $\begin{cases} x^2 + y^2 + xy = 1, \\ y^2 + z^2 + yz = 3, \\ z^2 + x^2 + zx = 4. \end{cases}$ 求 $x + y + z$ 的值.

30. 正数 x, y, z 满足方程组: $\begin{cases} x^2 + xy + \dfrac{1}{3}y^2 = 25, \\ \dfrac{1}{3}y^2 + z^2 = 9, \\ z^2 + zx + x^2 = 16. \end{cases}$ 试求 $xy + 2yz + 3xz$ 的值.

31. 解方程组 $\begin{cases} \sqrt{x+1} + \sqrt{y-1} = 5, \\ x + y = 13. \end{cases}$

32. 已知 α 和 β 是锐角, 且 $3\sin^2\alpha + 2\sin^2\beta = 1$, ①
$3\sin 2\alpha - 2\sin 2\beta = 0$. ②

求证: $\alpha + 2\beta = \dfrac{\pi}{2}$.

33. 设 x 和 y 皆为正数, a, b, c 是已知正数, 且 $x + y = c$, 求 $\sqrt{a^2 + x^2} + \sqrt{b^2 + y^2}$ 的最小值.

34. 已知 a 和 b 是正数, 求证: $\dfrac{a+b}{2} \geq \sqrt{ab}$.

35. 已知 $a > 0$, $b > 0$, $a + b = 1$, 求证: $\sqrt{2} < \sqrt{a + \dfrac{1}{2}} + \sqrt{b + \dfrac{1}{2}} < 2$.

36. 设 c 是直角三角形斜边的长, 另两边的长是 a 和 b, 求证: $a + b \leq \sqrt{2}c$, 等式什么时候成立? (加拿大第一届中学数学竞赛试题)

37. 已知 $a > 0$, $b > 0$, $c > 0$, $q > 0$, 求证: $(a^2 + b^2)(c^2 + q^2) \geq (bc + aq)^2$.

38. 若 $0 < x_1 < a$, $0 < x_2 < a$, $x_1 \neq x_2$, 求证: $\dfrac{1}{2}(\sqrt{a^2 - x_1^2} + \sqrt{a^2 - x_2^2}) < \sqrt{a^2 - \left(\dfrac{x_1 + x_2}{2}\right)^2}$.

39. 在锐角 $\triangle ABC$ 中, 求证: $\cos A + \cos B + \cos C > 1$.

40. 在锐角三角中, 求证: $\sin A + \sin B + \sin C > \cos A + \cos B + \cos C$.

41. 已知 α, β, γ 均为锐角, 且 $\cos^2\alpha + \cos^2\beta + \cos^2\gamma = 1$. 求证: $\text{tg}\alpha \text{tg}\beta \text{tg}\gamma \geq 2\sqrt{2}$.

用图像法解答下列各题：

42. 解方程：$\sqrt{x^2+6x+33}=|x-3|$.

43. 解下列不等式：$(1) 4x^2-4x>15$；$(2) 4x\leqslant 1+4x^2$；$(3) -x^2+x-1>0$.

44. 求不等式 $\sin|x|>|\cos x|$ 在 $[-\pi,\pi]$ 上的解集.

45. 对于任意实数 x，若不等式 $|x+1|-|x-2|>k$ 恒成立，求 k 的取值范围.

46. 若不等式 $\sqrt{x}>ax+\dfrac{3}{2}$ 的解集是 $(4,b)$，求 a 和 b 的值.

47. 若不等式 $|x-4|+|3-x|<a$ 的解集是空集，求 a 的取值范围.

48. 求函数 $y=\dfrac{\sin x}{2+\cos x}$ 的值域.

49. 已知 $a\cos\theta+b\sin\theta=c$，$a\cos\varphi+b\sin\varphi=c\left(\dfrac{\varphi-\theta}{2}\neq 2k\pi,k\in\mathbf{Z}\right)$，求证：$\dfrac{a}{\cos\dfrac{\theta+\varphi}{2}}+\dfrac{b}{\sin\dfrac{\theta+\varphi}{2}}=\dfrac{c}{\cos\dfrac{\theta-\varphi}{2}}$.

50. 求函数 $y=\sqrt{x^2+2x+5}-\sqrt{x^2-4x+5}$ 的最大值.

51. 已知 $x^2+4y^2-8x-16y+28\leqslant 0$，求 $u=\dfrac{y}{x}$ 的最大值与最小值.

52. 求函数 $y=\sqrt{x^2+1}+\sqrt{x^2-4x+8}$ 的最小值.

53. 已知 a,b,m,n 都是实数，且 $a^2+b^2=1$，$m^2+n^2=1$，求证：$|am+bn|\leqslant 1$.

54. 已知 $a,\theta\in\mathbf{R}$，求证：$2-\sqrt{3}\leqslant\dfrac{a^2+2a\sin\theta+2}{a^2+2a\cos\theta+2}\leqslant 2+\sqrt{3}$.

习题解答

习 题 一

1. 解：$\because x^2 + x + 1 = 0$,
   $\therefore (x-1)(x^2+x+1) = 0$,
   即 $x^3 - 1 = 0$, $x^3 = 1$.
   故 $x^{14} + x^{-14}$
   $= x^{12} \cdot x^2 + x^{-15} \cdot x$
   $= (x^3)^4 \cdot x^2 + (x^3)^{-5} \cdot x$
   $= x^2 + x$
   $= -1$.

2. 解：$\because x^3 + y^2 x + x^2 y + y^2 = 0$,
   即 $(x+y)(x^2+y^2) = 0$,
   $\therefore x + y = 0$ 或 $x^2 + y^2 = 0$,
   即 $x = -y$ 或 $\begin{cases} x = 0, \\ y = 0. \end{cases}$
   但 $\begin{cases} x = 0, \\ y = 0 \end{cases}$ 包含在 $x = -y$ 中.
   故 $\sin x + \sin y = \sin x + \sin(-x) = 0$.

3. 解：$\because |z_1 + z_2|^2 = (z_1 + z_2)(\bar{z}_1 + \bar{z}_2)$
   $= z_1 \bar{z}_1 + z_2 \bar{z}_2 + \bar{z}_1 z_2 + z_1 \bar{z}_2 = 2$
   又 $z_1 \bar{z}_1 = |z_1|^2 = 1$, $z_2 \bar{z}_2 = |z_2|^2 = 1$,
   $\therefore \bar{z}_1 z_2 + z_1 \bar{z}_2 = 0$,
   $|z_1 - z_2|^2 = (z_1 - z_2)(\bar{z}_1 - \bar{z}_2)$
   $= z_1 \bar{z}_1 + z_2 \bar{z}_2 - (z_1 \bar{z}_2 + \bar{z}_1 z_2) = 2$,
   故 $|z_1 - z_2| = \sqrt{2}$.

4. 解：设 $x + y - 3z = 0$, ①
   $3x - y - z = 4$, ②
   ① + ②, 得 $4x - 4z = 4$.
   $x = z + 1$,
   代入(1)得 $y = 3z - x = 3z - (z+1) = 2z - 1$,

   $\therefore z^2 + y^2 + z^2 = (z+1)^2 + (2z-1)^2 + z^2$
   $= 6z^2 - 2z + 2$
   $= 6\left(z - \dfrac{1}{6}\right)^2 + \dfrac{11}{6} \geq \dfrac{11}{6}$.
   当 $z = \dfrac{1}{6}$, 从而 $x = \dfrac{7}{6}$, $y = -\dfrac{2}{3}$ 时等号成立.
   故当 $x = \dfrac{7}{6}$, $y = -\dfrac{2}{3}$, $z = \dfrac{1}{6}$ 时, $x^2 + y^2 + z^2$ 取最小值 $\dfrac{11}{6}$.

5. 解：由 $g(x) = 1 - x^2 = \dfrac{1}{2}$ 得 $x^2 = \dfrac{1}{2}$,
   $\therefore f\left(\dfrac{1}{2}\right) = \dfrac{1 - \dfrac{1}{2}}{\dfrac{1}{2}} = 1$.

6. 解：$\because f(x) = 2^x - 2^{-x}$, $f(\log_2 a_n) = -2n$,
   $\therefore 2^{\log_2 a_n} - 2^{-\log_2 a_n} = -2n$,
   即 $a_n - \dfrac{1}{a_n} = -2n$,
   $\therefore a_n^2 + 2n a_n - 1 = 0$,
   解得 $a_n = -n \pm \sqrt{n^2 + 1}$.
   又 $a_n > 0$,
   $\therefore a_n = \sqrt{n^2 + 1} - n$.

7. 证明：$\because a$, b, x 是实数, 且
   $\left(x^3 + \dfrac{1}{x^3} - a\right)^2 + \left|x + \dfrac{1}{x} - b\right| = 0$,
   $\therefore x^3 + \dfrac{1}{x^3} - a = 0$, 即 $x^3 + \dfrac{1}{x^3} = a$;

· 176 ·

$x + \dfrac{1}{x} - b = 0$，即 $x + \dfrac{1}{x} = b$.

故 $b(b^2 - 3) = b^3 - 3b = \left(x + \dfrac{1}{x}\right)^3 -$

$3\left(x + \dfrac{1}{x}\right). = x^3 + \dfrac{1}{x^3} = a.$

8. 证明：∵ $\dfrac{x}{y+z} = a$, $\dfrac{y}{z+x} = b$, $\dfrac{z}{x+y} = c$,

∴ $x = a(y+z)$, $y = b(z+x)$, $z = c(x+y)$,

$1 + a = \dfrac{x+y+z}{y+z}$, $1 + b = \dfrac{x+y+z}{z+x}$, $1 + c = \dfrac{x+y+z}{x+y}$,

$\dfrac{x+y+z}{x+y}$, $\dfrac{a}{1+a} = \dfrac{x}{x+y+z}$, $\dfrac{b}{1+b} = \dfrac{y}{x+y+z}$,

$\dfrac{c}{1+c} = \dfrac{z}{x+y+z}$,

故 $\dfrac{a}{1+a} + \dfrac{b}{1+b} + \dfrac{c}{1+c} = \dfrac{x}{x+y+z} + \dfrac{y}{x+y+z} + \dfrac{z}{x+y+z} = 1.$

9. 证明：由 $a^x = (ab)^z$ 得 $x = (1 + \log_a b) \cdot z$,

即 $z = \dfrac{x}{1 + \log_a b}$.

由 $a^x = b^y$ 得 $\log_a b = \dfrac{x}{y}$,

∴ $z = \dfrac{x}{1 + \log_a b} = \dfrac{x}{1 + \dfrac{x}{y}} = \dfrac{xy}{x+y}$.

10. 证明：由 $\log_{2a} a = x$ 得 $(2a)^x = a$, $2^x = a^{1-x}$.

由 $\log_{3a} 2a = y$ 得 $(3a)^y = 2a$, $3^y = 2a^{1-y}$.

∴ $3^{y-xy} = 3^{y(1-x)} = [2a^{1-y}]^{(1-x)}$

$= 2^{1-x} a^{(1-y)(1-x)}$

$= 2^{1-x} \cdot 2^{x(1-y)}$

$= 2^{1-xy}$.

11. 证明：由 $\dfrac{1}{a} + \dfrac{1}{b} + \dfrac{1}{c} = \dfrac{1}{a+b+c}$ 得

$\dfrac{ab+bc+ca}{abc} = \dfrac{1}{a+b+c}$,

$(a+b+c)(ab+bc+ca) - abc = 0$,

即 $(a+b)(b+c)(c+a) = 0$,

∴ $a = -b$ 或 $b = -c$ 或 $c = -a$.

若 $a = -b$ 则 $a^{2m+1} = -b^{2m+1}$,

∴ $\dfrac{1}{a^{2m+1}} + \dfrac{1}{b^{2m+1}} + \dfrac{1}{c^{2m+1}} = \dfrac{1}{c^{2m+1}} =$

$\dfrac{1}{a^{2m+1} + b^{2m+1} + c^{2m+1}}$.

同理，若 $b = -c$ 或 $c = -a$，仍可证得上式成立.

故原式得证.

12. 证明：由 $\dfrac{\sin(\theta - \alpha)}{\sin(\theta - \beta)} = \dfrac{a}{b}$ 得

$\dfrac{\sin\theta\cos\alpha - \cos\theta\sin\alpha}{\sin\theta\cos\beta - \cos\theta\sin\beta} = \dfrac{a}{b}$, ∴ $\sin\theta(b\cos\alpha - a\cos\beta) = \cos\theta(b\sin\alpha - a\sin\beta)$. ①

由 $\dfrac{\cos(\theta - \alpha)}{\cos(\theta - \beta)} = \dfrac{c}{d}$ 得 $\dfrac{\cos\theta\cos\alpha + \sin\theta\sin\alpha}{\cos\theta\cos\beta + \sin\theta\sin\beta} = \dfrac{c}{d}$, ∴ $\sin\theta(d\sin\alpha - c\sin\beta) = \cos\theta(c\cos\theta - d\cos\alpha)$. ②

$\dfrac{①}{②}$ 得 $\dfrac{b\cos\alpha - a\cos\beta}{d\sin\alpha - c\sin\beta} = \dfrac{b\sin\alpha - a\sin\beta}{c\cos\beta - d\cos\alpha}$,

∴ $(bc + ad)\cos\alpha\cos\beta - a\cos^2\beta - bd\cos^2\alpha$

$= -(bc + ad)\sin\alpha\sin\beta + ac\sin^2\beta + bd\sin^2\alpha$,

$(bc + ad)(\cos\alpha\cos\beta + \sin\alpha\sin\beta) = ac + bd$,

故 $\cos(\alpha - \beta) = \dfrac{ac + bd}{bc + ad}$.

13. 证明：由已知条件得 $\dfrac{\cos^4 A}{\cos^2 B} + \dfrac{(1 - \cos^2 A)^2}{1 - \cos^2 B}$

$= 1$,

∴ $\cos^4 A(1 - \cos^2 B) + \cos^2 B(1 - \cos^2 A)^2 = \cos^2 B(1 - \cos^2 B)$,

$\cos^4 A - \cos^4 A\cos^2 B + \cos^2 B - 2\cos^2 A\cos^2 B + \cos^4 A\cos^2 B$,

$= \cos^2 B - \cos^4 B$,

即 $\cos^4 A - 2\cos^2 A\cos^2 B + \cos^4 B = 0$,

$(\cos^2 A - \cos^2 B)^2 = 0$,

由此得 $\cos^2 A = \cos^2 B$.

又 $1 - \cos^2 A = 1 - \cos^2 B$,

∴ $\sin^2 A = \sin^2 B$.

故 $\dfrac{\cos^4 B}{\cos^2 B} + \dfrac{\sin^4 B}{\sin^2 B} = \dfrac{\cos^4 A}{\cos^2 B} + \dfrac{\sin^4 A}{\sin^2 B} = \cos^2 A + \sin^2 A = 1$.

14. 证明：由已知得 $a_1 + 2a_2 + \cdots + na_n = \dfrac{1}{2}n(n+1)b_n$, ①

那么 $a_1 + 2a_2 + \cdots + (n-1)a_{n-1} = \dfrac{1}{2}(n-1)nb_{n-1}$ $(n \geq 2)$. ②

①-②并整理得

177

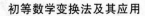

$$a_n = \frac{1}{2}(n+1)b_n - \frac{1}{2}(n-1)b_{n-1}.$$

设 $\{b_n\}$ 的公差为 d, 由已知 $a_1 = b_1$,

$$\therefore a_n = \frac{1}{2}(n+1)[a_1 + (n-1)d] - \frac{1}{2}(n-1)[a_1 + (n-2)d]$$

$$= a_1 + (n-1) \cdot \frac{3}{2}d.$$

故数列 $\{a_n\}$ 是首项为 a_1、公差为 $\frac{3}{2}d$ 的等差数列.

15. 证明: $\because x_1 \geq y_1, x_2 \geq y_2,$

$\therefore x_1 - y_1 \geq 0, x_2 - y_2 \geq 0,$

$\therefore (x_1 - y_1)(x_2 - y_2) \geq 0,$

即 $x_1 x_2 + y_1 y_2 - x_1 y_2 - x_2 y_1 \geq 0,$

故 $x_1 x_2 + y_1 y_2 \geq x_1 y_2 + x_2 y_1.$

16. 证明: $\because a^n + b^n - (a^{n-1}b + ab^{n-1})$

$= a^n - a^{n-1}b + b^n - ab^{n-1}$

$= a^{n-1}(a-b) - b^{n-1}(a-b)$

$= (a-b)(a^{n-1} - b^{n-1})$

$= (a-b)^2(a^{n-2} + a^{n-3}b + \cdots + ab^{n-3} + b^{n-2}),$

而 a 和 b 为不相等的正数,

$\therefore (a-b)^2 > 0, (a^{n-2} + a^{n-3}b + \cdots + ab^{n-3} + b^{n-2}) > 0,$

$\therefore (a-b)^2(a^{n-2} + a^{n-3}b + \cdots + ab^{n-3} + b^{n-2}) > 0,$

故 $a^n + b^n > a^{n-1}b + ab^{n-1}.$

17. 证明: 设三位数 $\overline{abc}$ 是 37 的倍数, 则

$\because 10\overline{cba} = 1000c + 100a + 10b = \overline{abc} + 999c$

$= \overline{abc} + 37 \times 27c,$

$\therefore 10\overline{cab}$ 是 37 的倍数.

但 $(10, 37) = 1, \therefore \overline{cab}$ 是 37 的倍数.

同理, $\overline{bca}$ 也是 37 的倍数. 故命题得证.

18. 证明: $\because 3n^5 + 5n^3 + 7n = 3(n-2)(n-1) \cdot n(n+1)(n+2) + 2D(n-1)n(n+1) + 15n,$

右端第一项是 $3 \times 5! = 360$ 的倍数, 第二项是 $20 \times 3! = 120$ 的倍数, 第三项是 15 的倍数, $\therefore$ 左端必是 15 的倍数.

19. 证明: $\because (\sin\alpha + \csc\alpha)^2 + (\cos\alpha + \sec\alpha)^2 -$

$\text{tg}^2\alpha - \text{ctg}^2\alpha - 7$

$= \sin^2\alpha + 2\sin\alpha\csc\alpha + \csc^2\alpha + \cos^2\alpha + 2\cos\alpha\sec\alpha + \sec^2\alpha - \text{tg}^2\alpha - \text{ctg}^2\alpha - 7$

$= (\sin^2\alpha + \cos^2\alpha) + (\csc^2\alpha - \text{ctg}^2\alpha) + (\sec^2\alpha - \text{tg}^2\alpha) + 2\sin\alpha\csc\alpha + 2\cos\alpha\sec\alpha - 7$

$= 1 + 1 + 1 + 2 + 2 - 7 = 0,$

$\therefore$ 原式成立.

20. 证明: $\because A + B + C = n\pi + \frac{\pi}{2},$

$\therefore C = n\pi + \frac{\pi}{2} - (A+B),$

$\therefore \text{ctg}C = \text{ctg}\left[n\pi + \frac{\pi}{2} - (A+B)\right] = \text{tg}(A+B)$

$= \frac{\text{ctg}A + \text{ctg}B}{\text{ctg}A\text{ctg}B - 1},$

$\therefore \text{ctg}A\text{ctg}B\text{ctg}C - \text{ctg}C = \text{ctg}A + \text{ctg}B.$

故 $\text{ctg}A + \text{ctg}B + \text{ctg}C = \text{ctg}A\text{ctg}B\text{ctg}C.$

21. 证明: $\left(\frac{1}{\sin^4\alpha} - 1\right)\left(\frac{1}{\cos^4\alpha} - 1\right)$

$= \frac{1}{\sin^4\alpha\cos^4\alpha} - \frac{1}{\sin^4\alpha} - \frac{1}{\cos^4\alpha} + 1$

$= \frac{1}{\sin^4\alpha\cos^4\alpha} - \frac{\sin^4\alpha + \cos^4\alpha}{\sin^4\alpha\cos^4\alpha} + 1$

$= \frac{1}{\sin^4\alpha\cos^4\alpha} - \frac{(\sin^2\alpha + \cos^2\alpha)^2 - 2\sin^2\alpha\cos^2\alpha}{\sin^4\alpha\cos^4\alpha} + 1$

$= \frac{2}{\sin^2\alpha\cos^2\alpha} + 1 = \frac{2 \times 4}{(\sin 2\alpha)^2} + 1 \geq 8 + 1 = 9.$

当且仅当 $\sin^2 2\alpha = 1,$ 即 $\alpha = k\pi \pm \frac{\pi}{4}$ (k 为整数) 时取等号.

22. 解: $\because x^2 + 2x - 1 = 0,$ 解之得 $x = -1 \pm \sqrt{2},$

$\therefore 2x^4 + x^3 - 3x^2 + 14x - 4$

$= 2x^2(x^2 + 2x - 1) - 3x(x^2 + 2x - 1) + 5(x^2 + 2x - 1) + x + 1 = x + 1 = -1 \pm \sqrt{2} + 1$

$= \pm\sqrt{2}.$

23. 解: $\log_4 45 = \frac{2 + \log_3 5}{2\log_3 2}.$ ①

$\because \log_3 10 = \log_3 2 + \log_3 5,$

$\therefore \log_3 2 + \log_3 5 = a.$ ②

178

又 $\because \log_6 25 = \dfrac{2\log_3 5}{1+\log_3 2}$,

$\therefore \dfrac{2\log_3 5}{1+\log_3 2} = b.$ ③

解②和③组成的关于 $\log_3 5$ 和 $\log_3 2$ 的方程组, 得

$\log_3 2 = \dfrac{2a-b}{b+2}$, $\log_3 5 = \dfrac{ab+b}{b+2}$,

代入①, 得

$\log_4 45 = \dfrac{2+\dfrac{ab+b}{b+2}}{2 \cdot \dfrac{2a-b}{b+2}} = \dfrac{ab+3b+4}{2(2a-b)}$.

24. 解: $\because 0 < \beta < \dfrac{\pi}{4}$, $\dfrac{\pi}{4} < \alpha < \dfrac{3\pi}{4}$,

由 $\cos\left(\dfrac{\pi}{4} - \alpha\right) = \dfrac{3}{5}$ 得 $\sin\left(\dfrac{\pi}{4} - \alpha\right) = -\dfrac{4}{5}$,

由 $\sin\left(\dfrac{3\pi}{4} + \beta\right) = \dfrac{5}{13}$ 得 $\cos\left(\dfrac{3\pi}{4} + \beta\right) = -\dfrac{12}{13}$.

$\therefore \sin(\alpha+\beta) = -\cos\left(\dfrac{\pi}{2} + \alpha + \beta\right)$

$= -\cos\left[\left(\dfrac{3\pi}{4} + \beta\right) - \left(\dfrac{\pi}{4} - \alpha\right)\right]$

$= -\left[\cos\left(\dfrac{3\pi}{4} + \beta\right)\cos\left(\dfrac{\pi}{4} - \alpha\right) + \sin\left(\dfrac{3\pi}{4} + \beta\right)\sin\left(\dfrac{\pi}{4} - \alpha\right)\right]$

$= -\left[\left(-\dfrac{12}{13}\right) \times \dfrac{3}{5} + \dfrac{5}{13} \times \left(-\dfrac{4}{5}\right)\right]$

$= \dfrac{56}{65}.$

25. 解: $\because \alpha - \dfrac{\beta}{2}$ 为第二象限角, $\dfrac{\alpha}{2} - \beta$ 为第三象限角.

$\therefore \text{tg}\left(\alpha - \dfrac{\beta}{2}\right) = -\dfrac{4}{3}$, $\text{tg}\left(\dfrac{\alpha}{2} - \beta\right) = -\dfrac{5}{12}$,

$\therefore \text{tg}\dfrac{\alpha+\beta}{2} = \text{tg}\left[\left(\alpha - \dfrac{\beta}{2}\right) - \left(\dfrac{\alpha}{2} - \beta\right)\right]$

$= \dfrac{\text{tg}\left(\alpha - \dfrac{\beta}{2}\right) - \text{tg}\left(\dfrac{\alpha}{2} - \beta\right)}{1 + \text{tg}\left(\alpha - \dfrac{\beta}{2}\right)\text{tg}\left(\dfrac{\alpha}{2} - \beta\right)}$

$= \dfrac{-\dfrac{4}{3} - \dfrac{5}{12}}{1 + \left(-\dfrac{4}{3}\right) \times \dfrac{5}{12}} = \dfrac{-\dfrac{63}{36}}{\dfrac{20}{36}} = -\dfrac{63}{16}.$

26. 解: 依题意: $x > 0$, $y > 0$, 且 $xy = 100$,

$\therefore \dfrac{1}{x} + \dfrac{1}{y} = \dfrac{x+y}{xy} = \dfrac{x+y}{100} \geq \dfrac{2\sqrt{xy}}{100} = \dfrac{20}{100} = \dfrac{1}{5}.$

故 $\dfrac{1}{x} + \dfrac{1}{y}$ 的最小值为 $\dfrac{1}{5}$.

27. 证明: $\because 2ay - 3y^2 = (z-x)^2$, $2az - 3z^2 = (x-y)^2$, $\therefore 2a(y-z) - 3(y^2-z^2) = (z-x)^2 - (x-y)^2$, $2a(y-z) - 3(y+z)(y-z) = (y-z)(2x-y-z).$

又 y 和 z 互不相等, $y - z \neq 0$, $\therefore 2a - 3(y+z) = 2x - y - z$, 即 $x + y + z = a$. 由此可得 $2a - 3(z+x) = 2y - (z+x).$

$\because z - x \neq 0$, $\therefore 2a(z-x) - 3(z^2-x^2) = 2y(z-x) - (z^2-x^2).$

但 $2az - 3z^2 = (x-y)^2$, $\therefore 2ax - 3x^2 = (x-y)^2 - 2y(z-x) + (z^2-x^2)$

$= (y-z)^2.$

故 $2a - 3x = \dfrac{(y-z)^2}{x}.$

28. 证明: $\because \cos\theta - \sin\theta = \sqrt{2}\sin\theta$,

$\therefore \cos\theta = (1+\sqrt{2})\sin\theta$,

$\dfrac{\cos\theta - \sin\theta}{\cos\theta + \sin\theta} = \dfrac{(1+\sqrt{2})\sin\theta - \sin\theta}{(1+\sqrt{2})\sin\theta + \sin\theta}$

$= \dfrac{\sqrt{2}\sin\theta}{(2+\sqrt{2})\sin\theta} = \sqrt{2} - 1.$

又 $\because \text{tg}\theta = \dfrac{\sin\theta}{\cos\theta} = \dfrac{1}{\sqrt{2}+1} = \sqrt{2} - 1$,

$\therefore$ 原式成立.

29. 证明: $\because \text{tg}^2\theta = \text{tg}(\theta-\alpha)\text{tg}(\theta-\beta)$,

$\therefore \text{tg}^2\theta = \dfrac{\text{tg}\theta - \text{tg}\alpha}{1+\text{tg}\theta\text{tg}\alpha} \cdot \dfrac{\text{tg}\theta - \text{tg}\beta}{1+\text{tg}\theta\text{tg}\beta}.$

令 $\text{tg}\theta = x$, 则

$x^2(1+x\text{tg}\alpha)(1+x\text{tg}\beta) = (x - \text{tg}\alpha)(x - \text{tg}\beta).$

整理得 $(\text{tg}\alpha + \text{tg}\beta)(x^2+1)x = \text{tg}\alpha\text{tg}\beta(1-x^4).$

$\because 2\theta \neq \dfrac{\pi}{2} + k\pi (k \in \mathbf{Z})$,

$\therefore x = \text{tg}\theta \neq \pm 1$, 故 $1 - x^4 \neq 0$.

又 $\because \alpha + \beta \neq k'\pi (k' \in \mathbf{Z})$,

$\therefore \text{tg}\alpha \neq -\text{tg}\beta$, 即 $\text{tg}\alpha + \text{tg}\beta \neq 0$,

$\therefore \dfrac{x}{1-x^2} = \dfrac{\text{tg}\alpha\text{tg}\beta}{\text{tg}\alpha + \text{tg}\beta} = \dfrac{\sin\alpha\sin\beta}{\sin(\alpha+\beta)}.$

179

故 $tg2\theta = \dfrac{2x}{1-x^2} = 2\dfrac{\sin\alpha\sin\beta}{\sin(\alpha+\beta)}$.

30. 证明：$\because w = -\dfrac{1}{2} + \dfrac{\sqrt{3}}{2}i$, $w^3 = 1$,

$\therefore$ 左式 $= [(2a-b-c)+(b-c)\sqrt{3}i]^3$
$= (2a+2bw+2cw^2)^3$
$= 8(a+bw+cw^2)^3$,

右式 $= [(2b-c-a)+(c-a)\sqrt{3}i]^3$
$= 8(aw^2+b+cw)^3$
$= 8[w^2(a+bw+cw^2)]^3$
$= 8(a+bw+cw^2)^3$.

故原式成立.

31. 解：由 $\begin{cases} \sin\alpha\cos\alpha = \dfrac{60}{169}, & ① \\ \sin^2\alpha + \cos^2\alpha = 1 \left(\dfrac{\pi}{4} < \alpha < \dfrac{\pi}{2}\right), & ② \end{cases}$

得 $\sin\alpha + \cos\alpha = \dfrac{17}{13}$. ③

①和③联立解之得

$\begin{cases} \sin\alpha = \dfrac{12}{13}, \\ \cos\alpha = \dfrac{5}{13} \end{cases}$ 或 $\begin{cases} \sin\alpha = \dfrac{5}{13}, \\ \cos\alpha = \dfrac{12}{13} \end{cases}$

$\because \dfrac{\pi}{4} < \alpha < \dfrac{\pi}{2}$, $\sin\alpha > \cos\alpha$,

$\therefore \sin\alpha = \dfrac{5}{13}$, $\cos\alpha = \dfrac{12}{13}$, 应舍去.

32. 解：$8^{x-2y-1} = 1 \Rightarrow 8^{x-2y-1} = 8^0 \Rightarrow x-2y-1 = 0$
$\Rightarrow x = 2y+1$, ①
$\lg(x+2y) + \lg(x-y) = 1 \Rightarrow \lg(x+2y) + \lg(x-y) = \lg 10$
$\Rightarrow \lg(x+2y)(x-y) = \lg 10$
$\Rightarrow (x+2y)(x-y) = 10$
$\Rightarrow x^2 + xy - 2y^2 = 10$. ②

把①代入②，得
$(2y+1)^2 + (2y+1)y - 2y^2 = 10$
$\Rightarrow 4y^2 + 5y - 9 = 0 \Rightarrow (y-1)(4y+9) = 0$,
$\therefore y = 1$ 或 $y = -\dfrac{9}{4}$, 代入(1)得 $x = 3$ 或 $x = -\dfrac{7}{2}$.

经检验 $\begin{cases} x = 3 \\ y = 1 \end{cases}$ 是原方程组的解.

33. 解：$\because \left(\dfrac{1}{5}\right)^{\log_5 \log_{\frac{1}{5}} \left(x^2 - \frac{4}{5}\right)} < 1 = \left(\dfrac{1}{5}\right)^0$,

$\therefore \log_5 \log_{\frac{1}{5}} \left(x^2 - \dfrac{4}{5}\right) > 0$,

即 $\log_5 \log_{\frac{1}{5}} \left(x^2 - \dfrac{4}{5}\right) > 0 = \log_5 1$,

$\therefore \log_{\frac{1}{5}} \left(x^2 - \dfrac{4}{5}\right) > 1 = \log_{\frac{1}{5}} \dfrac{1}{5}$,

$\therefore x^2 - \dfrac{4}{5} < \dfrac{1}{5}$,

解得 $-1 < x < 1$.

又因为函数的定义域为

$\begin{cases} x^2 - \dfrac{4}{5} > 0, \\ \log_{\frac{1}{5}} \left(x^2 - \dfrac{4}{5}\right) > 0, \end{cases}$

解之得 $-\dfrac{3\sqrt{5}}{5} < x < -\dfrac{2\sqrt{5}}{5}$ 或 $\dfrac{2\sqrt{5}}{5} < x < \dfrac{3\sqrt{5}}{5}$.

故原不等式的解为 $-1 < x < -\dfrac{2\sqrt{5}}{5}$ 或 $\dfrac{2\sqrt{5}}{5} < x < 1$.

34. 证明：由于 $|a|^2 = a \cdot \bar{a} = 1$,

$\therefore \bar{a} = \dfrac{1}{a}$, $\bar{b} = \dfrac{1}{b}$, $\bar{c} = \dfrac{1}{c}$.

另外，$|a+b+c| = |\overline{a+b+c}|$
$= |\bar{a} + \bar{b} + \bar{c}| = 1$,

$\therefore \left|\dfrac{ab+bc+ca}{a+b+c}\right| = \dfrac{|ab+bc+ca|}{|a+b+c|}$

$= \dfrac{|ab+bc+ca|}{|\bar{a}+\bar{b}+\bar{c}|}$

$= \dfrac{|ab+bc+ca|}{\left|\dfrac{1}{a}+\dfrac{1}{b}+\dfrac{1}{c}\right|} = \dfrac{|ab+bc+ca|}{|ab+bc+ca|}$.

$|\bar{a}| \cdot |\bar{b}| \cdot |\bar{c}| = 1$.

35. 证明：$\because |z_1|^2 = z_1 \cdot \bar{z}_1 = 1$, $|z_2|^2 = z_2 \cdot \bar{z}_2 = 1$,

$\therefore \bar{z}_1 = \dfrac{1}{z_1}$, $\bar{z}_2 = \dfrac{1}{z_2}$. ①

由 $|z_1 + z_2| = 1$ 得 $(z_1+z_2)(\bar{z}_1+\bar{z}_2) = 1$.

以①代入，得 $(z_1+z_2)\left(\dfrac{1}{z_1} + \dfrac{1}{z_2}\right) = 1$.

去分母，整理得 $z_1^2 + z_1 z_2 + z_2^2 = 0$,

于是 $z_1^3 - z_2^3 = (z_1 - z_2)(z_1^2 + z_1 z_2 + z_2^2) = 0$,

∴ $z_1^3 = z_2^3$.

36. 证明：∵ $|z| = 1$,

∴ $z\bar{z} = 1$.

∴ $\dfrac{z-1}{z+1} + \overline{\left(\dfrac{z-1}{z+1}\right)} = \dfrac{z-1}{z+1} + \dfrac{\bar{z}-1}{\bar{z}+1}$

$= \dfrac{z\bar{z} + z - \bar{z} - 1 + z\bar{z} + \bar{z} - z - 1}{(z+1)(\bar{z}+1)}$

$= \dfrac{2z\bar{z} - 2}{(z+1)(\bar{z}+1)} = 0$.

而 $z \neq \pm 1$, ∴ $\dfrac{z-1}{z+1} \neq 0$,

故 $\dfrac{z-1}{z+1}$ 为纯虚数.

37. 证明：左式 $= (\csc^2\alpha - \operatorname{ctg}^2\alpha)(\csc^4\alpha + \csc^2\alpha \operatorname{ctg}^2\alpha + \operatorname{ctg}^4\alpha)$

$= 1 \cdot [(\csc^2\alpha - \operatorname{ctg}^2\alpha)^2 + 3\csc^2\alpha \operatorname{ctg}^2\alpha]$

$= 1 + 3\csc^2\alpha \operatorname{ctg}^2\alpha$.

38. 证明：$\dfrac{\sin x}{1 + \cos x} = \dfrac{2\sin\frac{x}{2}\cos\frac{x}{2}}{1 + \cos^2\frac{x}{2} - \sin^2\frac{x}{2}}$

$= \dfrac{2\sin\frac{x}{2}\cos\frac{x}{2}}{\sin^2\frac{x}{2} + \cos^2\frac{x}{2} + \cos^2\frac{x}{2} - \sin^2\frac{x}{2}}$

$= \dfrac{2\sin\frac{x}{2}\cos\frac{x}{2}}{2\cos^2\frac{x}{2}}$

$= \operatorname{tg}\dfrac{x}{2}$.

39. 证明：

左式 $= \dfrac{2(\cos\theta - \sin\theta)(\cos\theta + \sin\theta - 1)}{(\cos\theta + \sin\theta)^2 - 1}$

$= \dfrac{\cos^2\theta - \sin^2\theta - \cos\theta + \sin\theta}{\sin\theta \cos\theta}$

右式 $= \dfrac{1 - \sin\theta}{\cos\theta} - \dfrac{1 - \cos\theta}{\sin\theta}$

$= \dfrac{\cos^2\theta - \sin^2\theta - \cos\theta + \sin\theta}{\sin\theta \cos\theta}$

∴ 左式 = 右式.

40. 证明：左式 $= \dfrac{1 + 2\sin\alpha \cos\alpha}{\cos^2\alpha - \sin^2\alpha}$

$= \dfrac{(\cos\alpha + \sin\alpha)^2}{(\cos\alpha + \sin\alpha)(\cos\alpha - \sin\alpha)}$

$= \dfrac{\cos\alpha + \sin\alpha}{\cos\alpha - \sin\alpha} = \dfrac{1 + \operatorname{tg}\alpha}{1 - \operatorname{tg}\alpha}$

$= \operatorname{tg}\left(\dfrac{\pi}{4} + \alpha\right)$

$=$ 右式.

41. 证明：∵ $\rho > 0$, $\alpha > 1$, ∴ $1 + \rho > 0$, $1 + \alpha\rho > 0$.

设 $\alpha = \dfrac{m}{n}$ ($m > n$ 且 m, $n \in \mathbf{N}$), 则原不等式

为 $(1 + \rho)^{\frac{m}{n}} > 1 + \alpha\rho$.

亦即 $1 + \rho > (1 + \alpha\rho)^{\frac{n}{m}}$.

而 $(1 + \alpha\rho)^{\frac{n}{m}}$

$= \sqrt[m]{(1 + \alpha\rho)^n \underbrace{(1 \cdot 1 \cdots 1)}_{m-n\,个}}$

$< \dfrac{n(1 + \alpha\rho) + (m - n) \cdot 1}{m}$

$= \dfrac{n\left(1 + \dfrac{m}{n}\rho\right) + m - n}{m}$

$= 1 + \rho$,

∴ $(1 + \rho)^\alpha > 1 + \alpha\rho$.

42. 证明：把 "1" 分拆成 $\dfrac{5}{6}$ 与 n 个 $\left(1 + \dfrac{1}{6n}\right)$ 之和的 $\dfrac{1}{n+1}$ 倍，再由均值不等式得

$1 = \dfrac{\dfrac{5}{6} + n\left(1 + \dfrac{1}{6n}\right)}{n + 1} > \sqrt[n+1]{\dfrac{5}{6}\left(1 + \dfrac{1}{6n}\right)^n}$,

∴ $\left(1 + \dfrac{1}{6n}\right)^n < \dfrac{6}{5}$.

43. 证明：把 2 拆成 $1 + 1$, 则

$2 + a_1 = 1 + 1 + a_1 \geq 3\sqrt[3]{a_1}$.

同理 $2 + a_2 \geq 3\sqrt[3]{a_2}$, $\cdots$, $2 + a_n \geq 3\sqrt[3]{a_n}$,

∴ $(2 + a_1)(2 + a_2)\cdots(2 + a_n)$

$\geq 3^n \sqrt[3]{a_1 a_2 \cdots a_n} = 3^n$.

等号当且仅当 $a_1 = a_2 = \cdots = a_n = 1$ 时成立.

初等数学变换法及其应用

习 题 二

1. 解：$(1.998)^4 = (2-0.002)^4 = \left(2-\dfrac{2}{1000}\right)^4$

   $= 2^4 + 4 \times 2^3 \times \left(-\dfrac{2}{1000}\right)^1 + \dfrac{4 \times 3}{2 \times 1} \times 2^2 \times$

   $\left(-\dfrac{2}{1000}\right)^2 + \cdots, \therefore (1.998)^4 \approx 2^4 + 4 \times 2^3 \times$

   $\left(-\dfrac{2}{1000}\right) + \dfrac{4 \times 3}{2 \times 1} \times 2^2 \times \left(-\dfrac{2}{1000}\right)^2 \approx 16 -$

   $0.064 + 0.001 \approx 15.937.$

2. 解：$\dfrac{1}{10^2} + \dfrac{1}{11^2} + \dfrac{1}{12^2} + \cdots + \dfrac{1}{1000^2}$

   $> \dfrac{1}{10 \times 11} + \dfrac{1}{11 \times 12} + \dfrac{1}{12 \times 13} + \cdots +$

   $\dfrac{1}{1000 \times 1001} = \left(\dfrac{1}{10} - \dfrac{1}{11}\right) + \left(\dfrac{1}{11} - \dfrac{1}{12}\right) +$

   $\left(\dfrac{1}{12} - \dfrac{1}{13}\right) + \cdots + \left(\dfrac{1}{1000} - \dfrac{1}{1001}\right) = \dfrac{1}{10} - \dfrac{1}{1001}$

   $> 0.1 - 0.001 = 0.099,$ 又 $\dfrac{1}{10^2} + \dfrac{1}{11^2} + \dfrac{1}{12^2} +$

   $\cdots + \dfrac{1}{1000^2} < \dfrac{1}{9 \times 10} + \dfrac{1}{10 \times 11} + \dfrac{1}{11 \times 12} + \cdots +$

   $\dfrac{1}{999 \times 1000} = \left(\dfrac{1}{9} - \dfrac{1}{10}\right) + \left(\dfrac{1}{10} - \dfrac{1}{11}\right) +$

   $\left(\dfrac{1}{11} - \dfrac{1}{12}\right) + \cdots + \left(\dfrac{1}{999} - \dfrac{1}{1000}\right) = \dfrac{1}{9} - \dfrac{1}{1000}$

   $< 0.112 - 0.001 = 0.111, \therefore$ 原式之值为

   $0.105 [(0.099 + 0.111) \div 2],$ 误差不超过

   $0.006.$

3. 证明：$3^{3n+2} - 8n - 9 = 9 \cdot 9^n - 8n - 9 = 9(8+1)^n - 8n - 9 = 9(8^n + C_n^1 \cdot 8^{n-1} + \cdots + C_n^{n-2} \cdot 8^2 + C_n^{n-1} \cdot 8 + 1) - 8n - 9 = 9(8^n + C_n^1 \cdot 8^{n-1} + \cdots + C_n^{n-2} \cdot 8^2) + 64n.$

   $\because$ 上式中各项均含有因数 $64,$

   $\therefore 3^{3n+2} - 8n - 9$ 能被 64 整除.

4. 解：$\because 77 = 4 \times 19 + 1,$

   $\therefore 77^{77} - 7 = (76+1)^{77} - 7$

   $= C_{77}^0 \cdot 76^{77} + C_{77}^1 \cdot 76^{76} + \cdots + C_{77}^{76} \cdot 76 + C_{77}^{77} \cdot 1 - 7$

   $= 76(C_{77}^0 \cdot 76^{76} + C_{77}^1 \cdot 76^{75} + \cdots + C_{77}^{76}) - 6$

   $= 76(C_{77}^0 \cdot 76^{76} + C_{77}^1 \cdot 76^{75} + \cdots + C_{77}^{76}) - 19$
   $+ 19 - 6.$

   而 $76(C_{77}^0 \cdot 76^{76} + C_{77}^1 \cdot 76^{75} + \cdots + C_{77}^{76}) - 19$

   能被 19 整除，故 $77^{77} - 7$ 被 19 除所得余数
   是 $19 - 6 = 13.$

   注意：余数不能为负数，所以如果答 -6 就错了.

5. 证明：$\underbrace{11\cdots1}_{(n-1)\text{个}}\underbrace{22\cdots25}_{n\text{个}} = 10^{n+1} \times \underbrace{1\cdots1}_{(n-1)\text{个}} + 2 \times$

   $10 \times \underbrace{1\cdots1}_{(n)\text{个}} + 5 = 10^{n+1} \times \dfrac{10^{n-1} - 1}{9} + 2 \times 10 \times$

   $\dfrac{10^n - 1}{9} + 5$

   $= \dfrac{1}{9}(10^{2n} - 10^{n+1} + 2 \times 10^{n+1} - 20 + 45)$

   $= \dfrac{1}{9}(10^{2n} + 10^{n+1} + 25)$

   $= \left(\dfrac{10^n + 5}{3}\right)^2,$

   $\therefore$ 数 $\underbrace{11\cdots1}_{(n-1)\text{个}}\underbrace{22\cdots25}_{n\text{个}}$ 是一个完全平方数.

6. 解：$\because a_n = \dfrac{1}{n(n+1)(n+2)}$

   $= \dfrac{1}{2}\left[\dfrac{1}{n(n+1)} - \dfrac{1}{(n+1)(n+2)}\right],$

   $\therefore S_n = \dfrac{1}{1 \times 2 \times 3} + \dfrac{1}{2 \times 3 \times 4} + \dfrac{1}{3 \times 4 \times 5} + \cdots +$

   $\dfrac{1}{n(n+1)(n+2)}$

   $= \dfrac{1}{2}\left[\left(\dfrac{1}{1 \times 2} - \dfrac{1}{2 \times 3}\right) + \left(\dfrac{1}{2 \times 3} - \dfrac{1}{3 \times 4}\right)\right.$

   $\left. + \cdots + \left(\dfrac{1}{n(n+1)} - \dfrac{1}{(n+1)(n+2)}\right)\right]$

   $= \dfrac{1}{2}\left[\dfrac{1}{1 \times 2} - \dfrac{1}{(n+1)(n+2)}\right]$

   $= \dfrac{(n+1)(n+2) - 2}{4(n+1)(n+2)}$

   $= \dfrac{n(n+3)}{4(n+1)(n+2)}.$

7. 解：$\because \operatorname{arctg}\dfrac{x}{1+(n-1)nx^2}$

182

$= \text{arctg} \dfrac{nx - (n-1)x}{1 + nx \cdot (n-1)x}$,

令 $\text{arctg} nx = \alpha$, $\text{arctg}(n-1)x = \beta$,

即 $\text{tg}\alpha = nx$, $\text{tg}\beta = (n-1)x (0 < \beta < \alpha < \dfrac{\pi}{2})$,

$\text{tg}(\alpha - \beta) = \dfrac{\text{tg}\alpha - \text{tg}\beta}{1 + \text{tg}\alpha \text{tg}\beta} = \dfrac{nx - (n-1)x}{1 + nx \cdot (n-1)x}$,

$\therefore \text{arctg} \dfrac{x}{1 + (n-1)nx^2} = \alpha - \beta = \text{arctg} nx - \text{arctg}(n-1)x$,

$\therefore \text{arctg} \dfrac{x}{1 + x^2} + \text{arctg} \dfrac{x}{1 + 1 \times 2x^2} + \text{arctg}$

$\dfrac{x}{1 + 2 \times 3x^2} + \cdots + \text{arctg} \dfrac{x}{1 + (n-1)nx^2}$

$= \text{arctg} x + (\text{arctg} 2x - \text{arctg} x) + (\text{arctg} 3x - \text{arctg} 2x) + \cdots$

$\quad + [\text{arctg} nx - \text{arctg} n(n-1)x]$

$= \text{arctg} nx$.

8. 解：$\because \text{arctg} \dfrac{1}{2n^2} = \text{arctg} \dfrac{2}{4n^2} = \text{arctg} \dfrac{2n - 2n + 2}{1 + 4n^2 - 1}$

$= \text{arctg} \dfrac{(2n+1) - (2n-1)}{1 + (2n+1)(2n-1)}$,

令 $\text{arctg}(2n+1) = \alpha$, $\text{arctg}(2n-1) = \beta$,

$\text{tg}\alpha = 2n+1$, $\text{tg}\beta = 2n-1 (0 < \beta < \alpha < \dfrac{\pi}{2})$,

$\text{tg}(\alpha - \beta) = \dfrac{\text{tg}\alpha - \text{tg}\beta}{1 + \text{tg}\alpha \text{tg}\beta} = \dfrac{(2n+1) - (2n-1)}{1 + (2n+1)(2n-1)}$,

$\therefore \text{arctg} \dfrac{1}{2n^2} = \alpha - \beta = \text{arctg}(2n+1) - \text{arctg}(2n-1)$,

故 $\text{arctg} 1 + \text{arctg} \dfrac{1}{2} + \text{arctg} \dfrac{1}{8} + \cdots + \text{arctg} \dfrac{1}{2n^2}$

$= \text{arctg} 1 + (\text{arctg} 3 - \text{arctg} 1) + (\text{arctg} 5 - \text{arctg} 3)$

$\quad + \cdots + [\text{arctg}(2n+1) - \text{arctg}(2n-1)]$

$= \text{arctg}(2n+1)$.

9. 证明：$\because \dfrac{1}{(n+2)n!} = \left(1 - \dfrac{1}{n+2}\right) \dfrac{1}{(n+1)!} =$

$\dfrac{1}{(n+1)!} - \dfrac{1}{(n+2)!}$,

$\therefore \dfrac{1}{3 \times 1!} + \dfrac{1}{4 \times 2!} + \dfrac{1}{5 \times 3!} + \cdots + \dfrac{1}{(n+2) \times n!}$

$= \left(\dfrac{1}{2!} - \dfrac{1}{3!}\right) + \left(\dfrac{1}{3!} - \dfrac{1}{4!}\right) + \left(\dfrac{1}{4!} - \dfrac{1}{5!}\right) +$

$\cdots + \left[\dfrac{1}{(n+1)!} - \dfrac{1}{(n+2)!}\right]$

$= \dfrac{1}{2} - \dfrac{1}{(n+2)!} < \dfrac{1}{2}$.

10. 证明：$\because a_n = \dfrac{n}{1 \times 3 \times 5 \times 7 \times \cdots \times (2n+1)}$

$= \dfrac{1}{2}\left(1 - \dfrac{1}{2n+1}\right) \dfrac{1}{1 \times 3 \times 5 \times 7 \times \cdots \times (2n-1)}$

$= \dfrac{1}{2}\left[\dfrac{1}{1 \times 3 \times 5 \times 7 \times \cdots \times (2n-1)} \right.$

$\left. - \dfrac{1}{1 \times 3 \times 5 \times 7 \times \cdots \times (2n+1)}\right]$,

$S_n = \sum_{n=1}^{n} a_n = \dfrac{1}{2}[(1 - \dfrac{1}{1 \times 3})$

$+ (\dfrac{1}{1 \times 3} - \dfrac{1}{1 \times 3 \times 5}) + (\dfrac{1}{1 \times 3 \times 5} - \dfrac{1}{1 \times 3 \times 5 \times 7})$

$+ \cdots + \dfrac{1}{1 \times 3 \times 5 \times 7 \times \cdots \times (2n-1)} -$

$\dfrac{1}{1 \times 3 \times 5 \times 7 \times \cdots \times (2n+1)})]$

$= \dfrac{1}{2}[1 - \dfrac{1}{1 \times 3 \times 5 \times 7 \times \cdots \times (2n+1)}]$

$< \dfrac{1}{2}$

11. 解：原数列可写成

$(100 - 19)$, $(1000 - 109)$, $(10000 - 1009)$, $\cdots$, 又可拆为

$100, 1000, 10000, \cdots,$

$-10, -100, -1000, \cdots,$

$-9, -9, -9, \cdots.$

三个数列之和.

$\therefore$ 原数列前 n 项之和为

$S_n = \dfrac{100(10^n - 1)}{9} - \dfrac{10(10^n - 1)}{9} - 9n$

$= 10^{n+1} - 9n - 10$.

12. 解：$S_n = 5 + 55 + 555 + \cdots + \underbrace{55\cdots5}_{n\text{个}}$

$= \dfrac{5}{9}(9 + 99 + 999 + \cdots + \underbrace{99\cdots9}_{n\text{个}})$

$= \dfrac{5}{9}[(10 - 1) + (100 - 1) + (1000 - 1)$

$+ \cdots + (10^n - 1)]$

$= \dfrac{5}{9}[(10 + 10^2 + 10^3 + \cdots + 10^n) - (1 + 1$

$+ 1 + \cdots + 1)]$

· 183 ·

$$= \frac{5}{9}\left[\frac{10(10^n-1)}{9}-n\right]$$
$$= \frac{5}{81}(10^{n+1}-9n-10).$$

13. 解：$\because \text{tg}46°=\text{ctg}44°,\ \text{tg}47°=\text{ctg}43°,\ \cdots$
$\text{tg}89°=\text{ctg}1°,\ \therefore \text{lgtg}1°+\text{lgtg}2°+\text{lgtg}3°+\cdots+\text{lgtg}89°$
$= (\text{lgtg}1°+\text{lgtg}89°)+(\text{lgtg}2°+\text{lgtg}88°)+\cdots$
$\quad + (\text{lgtg}44°+\text{lgtg}46°)+\text{lgtg}45°$
$= (\text{lgtg}1°+\text{lg ctg}1°)+(\text{lgtg}2°+\text{lg ctg}2°)$
$\quad +\cdots+(\text{lgtg}44°+\text{lg ctg}44°)+\text{lgtg}45°$
$= \lg(\text{tg}1°\text{ctg}1°)+\lg(\text{tg}2°\text{ctg}2°)$
$\quad +\cdots+\lg(\text{tg}44°\text{ctg}44°)+\text{lgtg}45°$
$= \lg1+\lg1+\cdots+\lg1+\lg1=0.$

14. 证明：$\because a+b\geq 2\sqrt{ab}>0,$
$\frac{1}{a}+\frac{1}{b}\geq 2\sqrt{\frac{1}{ab}}>0,$
$\therefore (a+b)\left(\frac{1}{a}+\frac{1}{b}\right)\geq 2\sqrt{ab}\times 2\sqrt{\frac{1}{ab}}=4.$

15. 证明：$1+\frac{b}{a}\geq 2\sqrt{\frac{b}{a}},\ 1+\frac{c}{b}\geq 2\sqrt{\frac{c}{b}},$
$1+\frac{a}{c}\geq 2\sqrt{\frac{a}{c}},$
三式相乘，得
$\left(1+\frac{b}{a}\right)\left(1+\frac{c}{b}\right)\left(1+\frac{a}{c}\right)\geq 8.$

16. 证明：$\because a$ 和 b 为不相等的正数，
$\therefore a+b>2\sqrt{ab}>0,\ a^2+b^2>2ab>0,$
$a^3+b^3>2\sqrt{a^3b^3}>0.$
三式相乘，得
$(a+b)(a^2+b^2)(a^3+b^3)>8a^3b^3.$

17. 证明：$a^2b^2+b^2c^2\geq 2ab^2c,$
$b^2c^2+c^2a^2\geq 2abc^2,$
$c^2a^2+a^2b^2\geq 2a^2bc,$
三式相加，得
$2(a^2b^2+b^2c^2+c^2a^2)\geq 2(ab^2c+abc^2+a^2bc),$
即 $a^2b^2+b^2c^2+c^2a^2\geq abc(a+b+c).$

18. 证明：$\because ab\leq\frac{a^2+b^2}{2},\ ac\leq\frac{a^2+c^2}{2},\ ad\leq\frac{a^2+d^2}{2},$

$bc\leq\frac{b^2+c^2}{2},\ bd\leq\frac{b^2+d^2}{2},\ cd\leq\frac{c^2+d^2}{2},$
$\therefore ab+ac+ad+bc+bd+cd\leq\frac{3(a^2+b^2+c^2+d^2)}{2}.$
又 $a^2+b^2+c^2+d^2=4,$ 故 $a^2+b^2+c^2+d^2$
$+ab+ac+ad+bc+bd+cd\leq 4+\frac{3\times 4}{2}=10.$

19. 证明：$\because \frac{bc}{a}+\frac{ac}{b}\geq 2\sqrt{\frac{bc}{a}\cdot\frac{ac}{b}}=2c,$
同理 $\frac{ac}{b}+\frac{ab}{c}\geq 2a,\ \frac{ab}{c}+\frac{bc}{a}\geq 2b,$
$\therefore 2\left(\frac{bc}{a}+\frac{ca}{b}+\frac{ab}{c}\right)\geq 2(a+b+c),$
即 $\frac{bc}{a}+\frac{ca}{b}+\frac{ab}{c}\geq a+b+c.$

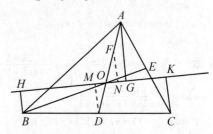

第20题图

20. 证明：分别过 OA 的中点 F 和 BC 的中点 D 作 DM 和 FN 垂直于 HK，则 $\triangle DMO$ 与 $\triangle FNO$ 为直角三角形.
$\because O$ 为重心，$\therefore OD=\frac{1}{2}OA=OF.$
又 $\angle DOM=\angle FON,$
$\therefore \text{Rt}\triangle DMO\cong\text{Rt}\triangle FNO,$
$\therefore DM=FN.$
又 $DM=\frac{1}{2}(BH+CK),\ FN=\frac{1}{2}AG,$

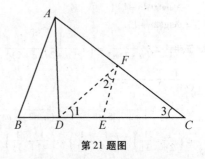

第21题图

故 $AG = BH + CK$.

21. 证明：过 E 作 $EF \parallel AB$ 交 AB 于 F（如图所示），则

$EF = \frac{1}{2}AB$,

$DF = FC$,

∴ $\angle 1 = \angle 3$.

又 $\left.\begin{array}{l}\angle FEC = \angle B = \angle 3 \\ \angle FEC = \angle 1 + \angle 2\end{array}\right\} \Rightarrow \angle 1 + \angle 2 = \angle 3$

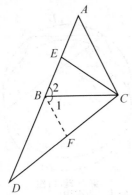

第22题图

∴ $\angle 2 = \angle 3$, ∴ $\angle 1 = \angle 2$, ∴ $DF = EF$,

故 $DE = \frac{1}{2}AB$, 即 $AB = 2DE$.

22. 证明：如图所示，过 B 作 $BF \parallel AC$ 与 CD 交于 F，则 $DF = FC$.

$\left.\begin{array}{l}BF = \frac{1}{2}AC = \frac{1}{2}AB = BE \\ BC = BC \\ \angle 1 = \angle ACB = \angle 2\end{array}\right\} \Rightarrow \triangle BEC \cong \triangle BFC$

$\Rightarrow CE = CF = \frac{1}{2}CD \Rightarrow CD = 2CE$.

23. 证明：取 AB 的中点 D，连 CD（如图所示），则 $CD = AD = BD$.

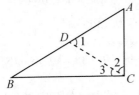

第23题图

∴ $\angle B = \angle 3$
又 $\left.\begin{array}{l}\angle B = \angle 3 \\ \angle 1 = \angle B + \angle 3\end{array}\right\} \Rightarrow \angle 1 = 2\angle B$
$\angle A = 2\angle B$

$\Rightarrow \left.\begin{array}{l}\angle 1 = \angle A \\ \angle 2 = \angle A\end{array}\right\} \angle 1 = \angle 2 \Rightarrow$

$\left.\begin{array}{l}AD = AC \\ AD = \frac{1}{2}AB\end{array}\right\} \frac{1}{2}AB = AC \Rightarrow AB = 2AC$.

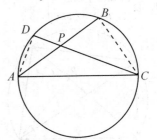

第24题图

24. 证明：如图所示，连接 BC 和 AD，则
$AC^2 = AB^2 + BC^2 = AB^2 + (PC^2 - PB^2)$
$= AB^2 + PC^2 - (AB - AP)^2$
$= AB^2 + PC^2 - AB^2 + 2AB \cdot AP - AP^2$
$= PC^2 - AP^2 + 2AB \cdot AP$. ①

同理，
$AC^2 = AD^2 + DC^2 = DC^2 + (AP^2 - DP^2)$
$= DC^2 + AP^2 - (DC - PC)^2$
$= DC^2 + AP^2 - DC^2 + 2DC \cdot PC - PC^2$
$= AP^2 - PC^2 + 2DC \cdot PC$. ②

①+②得：$2AC^2 = 2AP \cdot AB + 2PC \cdot CD$,

即 $AC^2 = AP \cdot AB + PC \cdot CD$.

注：这里分割线段 AB, CD.

25. 证明：如图所示，过 E 作 $EH \perp AB$，交 AB 于 H, 连接 AD, BC，则 $\angle ADB = \angle EHA = 90°$.

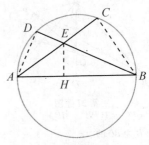

第25题图

∴ A, H, E, D 四点共圆,
∴ BH · BA = BE · BD,   ①
同理可证 AH · AB = AE · AC.   ②
① + ② 得:
$AB(AH + BH) = AC \cdot AE + BD \cdot BE$,
即 $AB^2 = AC \cdot AE + BD \cdot BE$.

26. 证明: 如图所示, 在 AC 上取一点 R, 连接 BR, 使 $\left.\begin{array}{l}\angle ABR = \angle DBC \\ \text{又} \angle BAR = \angle BDC\end{array}\right\}$

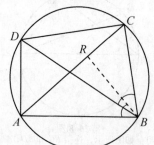

第 26 题图

$\Rightarrow \triangle BDC \backsim \triangle BAR \Rightarrow \dfrac{BD}{AB} = \dfrac{CD}{AR}$

$\Rightarrow BD \cdot AR = AB \cdot CD$,   ①

$\left.\begin{array}{l}\angle ABD = \angle RBC \\ \angle ADB = \angle RCB\end{array}\right\} \Rightarrow \triangle ABD \backsim \triangle RBC$

$\Rightarrow \dfrac{BD}{BC} = \dfrac{AD}{RC}$

$\Rightarrow BD \cdot RC = AD \cdot BC$.   ②

① + ② 得:
$AB \cdot CD + AD \cdot BC = BD(AR + RC) = BD \cdot AC$.

27. 证明: 如图所示, 取 AG 的中点 H, 连 PH 和 PD, 则 $AH = HG = GD$,

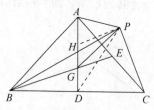

第 27 题图

$PA^2 + PG^2 = 2(PH^2 + AH^2)$.   ①

又 ∵ D 为 BC 的中点,
∴ $BP^2 + CP^2 = 2(BD^2 + DP^2)$.   ②

① + ② 得:
$PA^2 + PG^2 + BP^2 + CP^2$
$= 2(PH^2 + AH^2 + BD^2 + DP^2)$
$= 2(PH^2 + PD^2) + 2(GD^2 + BD^2)$
$= 2[2(HG^2 + PG^2)] + BG^2 + CG^2$
$= AG^2 + BG^2 + CG^2 + 4PG^2$.

28. 证明: 如图所示, 过三点 B, P, Q 作一圆, 设交 AC 于 S, 连 BS, PQ, QR, 则:
$AP \cdot AB = AS \cdot AQ$.   ①

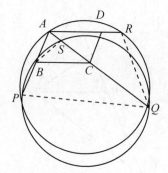

第 28 题(1)图

在 △CBS 和 △AQR 中,
$\left.\begin{array}{l}\angle SCB = \angle RAQ \\ \angle BSC = \angle BPQ (\text{或补角}) = \angle QRA\end{array}\right\}$
$\Rightarrow \triangle CBS \backsim \triangle AQR$

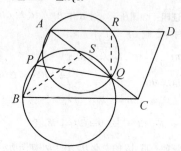

第 28 题(2)图

$\Rightarrow \dfrac{CB}{CS} = \dfrac{AQ}{AR} \Rightarrow BC \cdot AR = AQ \cdot CS$

$\Rightarrow AD \cdot AR = AQ \cdot CS$.   ②

① + ② 得:
$AB \cdot AP + AD \cdot AR = AQ(AS + CS) = AC \cdot AQ$.

29. 证明: 如图所示, 分别过 A 和 D 作 BC 的垂线 AE 和 DF 交 BC 于 E 和 F, 则 $AD = EF$.

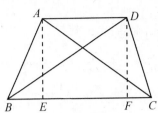

第29题图

∵ $AC^2 = AB^2 + BC^2 - 2BC \cdot BE$,

$BD^2 = CD^2 + BC^2 - 2BC \cdot FC$,

∴ $AC^2 + BD^2$

$= AB^2 + BC^2 - 2BC \cdot BE + CD^2 + BC^2 - 2BC \cdot FC$

$= AB^2 + CD^2 + 2BC(BC - BE - FC)$

$= AB^2 + CD^2 + 2BC \cdot EF$

$= AB^2 + CD^2 + 2BC \cdot AD$.

30. 证明：如图所示，连 BM 和 DM，则

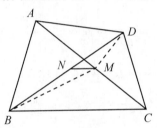

第30题图

$AB^2 + BC^2 = 2(BM^2 + AM^2)$,

$CD^2 + DA^2 = 2(AM^2 + DM^2)$,

∴ $AB^2 + BC^2 + CD^2 + DA^2$

$= 4AM^2 + 2(BM^2 + DM^2)$

$= 4AM^2 + 2[2(MN^2 + BN^2)]$

$= 4AM^2 + 4BN^2 + 4MN^2$

$= AC^2 + BD^2 + 4MN^2$.

31. 证明：如图所示，分别过 P 作 AB 和 AC 的平行线 PD 和 PE 交 BC 于 D 和 E，则

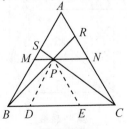

第31题图

$PD = MB = \dfrac{a}{2}$, $PE = NC = \dfrac{a}{2}$,

$\angle DPE = \angle A = 60°$,

∴ △PDE 为等边△，且边长为 $\dfrac{a}{2}$.

又 △$BPE \backsim$ △BRC,

∴ $\dfrac{a}{CR} = \dfrac{BC}{CR} = \dfrac{BE}{EP} = \dfrac{BE}{\dfrac{a}{2}}$

同理可得 $\dfrac{a}{BS} = \dfrac{DC}{\dfrac{a}{2}}$,

∴ $\dfrac{a}{CR} + \dfrac{a}{BS} = \dfrac{BE + DC}{\dfrac{a}{2}} = \dfrac{BC + DE}{\dfrac{a}{2}} = \dfrac{a + \dfrac{a}{2}}{\dfrac{a}{2}} = 3$.

故 $\dfrac{1}{CR} + \dfrac{1}{BS} = \dfrac{3}{a}$（定值）.

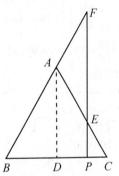

第32题图

32. 证明：如图所示，作 BC 边上的高线 AD，并设为 h.

∵ $PE // AD$,

∴ $\dfrac{PE}{AD} = \dfrac{PC}{DC}$ ①

⇒ $PE = \dfrac{h \cdot PC}{DC}$,

$\dfrac{PF}{AD} = \dfrac{PB}{BD} \Rightarrow PF = \dfrac{h \cdot PB}{BD}$ ②

①+②，并注意 $BD = DC$，得：

$PE + PF = \dfrac{h(BP + PC)}{BD}$

$= \dfrac{h \cdot BC}{BD} = 2h$（定值）.

33. 证明：如图所示，连 BE 和 CE.

在 △ABD 和 △AEC 中，

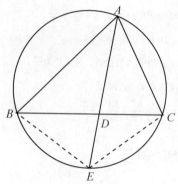

第33题图

$$\left.\begin{array}{l}\angle BAD=\angle EAC\\ \angle ABD=\angle AEC\end{array}\right\}\Rightarrow \triangle ABD\backsim\triangle AEC$$

$$\Rightarrow \frac{AB}{AE}=\frac{AD}{AC}\Rightarrow AB\cdot AC=AD\cdot AE,\qquad ①$$

$$\left.\begin{array}{l}\angle EBD=\angle CAD\\ \angle BDE=\angle ADC\end{array}\right\}\Rightarrow \triangle BDE\backsim\triangle ADC$$

$$\Rightarrow \frac{BD}{AD}=\frac{DE}{DC}\Rightarrow BD\cdot DC=AD\cdot DE.\qquad ②$$

①-②，得：

$AB\cdot AC-BD\cdot DC=AD\cdot AE-AD\cdot DE=$
$AD(AE-DE)=AD^2,$

即 $AD^2=AB\cdot AC-BD\cdot DC.$

34. 证明：如图所示,

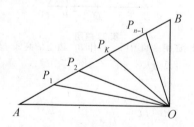

第34题图

$$\therefore \frac{OP_k}{\sin A}=\frac{a}{\sin\angle AP_kO}=\frac{a}{\sin[\pi-(\angle A+\angle AOP_k)]}$$

$$=\frac{a}{\sin(\angle A+\angle AOP_k)}=\frac{a}{\sin(\angle A+\frac{k\pi}{2n})},$$

$$\therefore \frac{1}{OP_k}=\sin(\angle A+\frac{k\pi}{2n})/a\sin A\therefore \frac{1}{OP_1}+\frac{1}{OP_2}+\cdots$$

$$+\frac{1}{OP_{n-1}}=\frac{1}{a\sin A}[\sin(\angle A+\frac{\pi}{2n})+\sin(\angle A+$$

$$\frac{2\pi}{2n})+\cdots+\sin(\angle A+\frac{n-1}{2n}\pi)]$$

$$=\frac{1}{2a\sin A\sin\frac{\pi}{4n}}$$

$$[2\sin\frac{\pi}{4n}\sin(\angle A+\frac{\pi}{2n})+2\sin\frac{\pi}{4n}\sin(\angle A+\frac{2\pi}{2n})$$

$$+\cdots+2\sin\frac{\pi}{4n}\sin(\angle A+\frac{n-1}{2n}\pi)]=\frac{1}{2a\sin A\sin\frac{\pi}{4n}}$$

$$[\cos(\angle A+\frac{\pi}{4n})-\cos(\angle A+\frac{3\pi}{4n})+\cos(\angle A+\frac{3\pi}{4n})$$

$$-\cos(\angle A+\frac{5\pi}{4n})+\cdots+\cos(\angle A+\frac{2n-3}{4n}\pi)$$

$$-\cos(\angle A+\frac{2n-1}{4n}\pi)]=\frac{1}{2a\sin A\sin\frac{\pi}{4n}}$$

$$[\cos(\angle A+\frac{\pi}{4n})-\cos(\angle A+\frac{2n-1}{4n}\pi)]$$

$$=\frac{1}{2a\sin A\sin\frac{\pi}{4n}}[\cos(\angle A+\frac{\pi}{4n})-\sin(\frac{\pi}{4n}-\angle A)]$$

$$=\frac{1}{2a\sin A\sin\frac{\pi}{4n}}(\cos\angle A\cos\frac{\pi}{4n}-\sin\angle A\sin\frac{\pi}{4n}-$$

$$\sin\frac{\pi}{4n}\cos\angle A+\cos\frac{\pi}{4n}\sin\angle A)=\frac{1}{2a}$$

$$(\operatorname{ctg}\angle A\operatorname{ctg}\frac{\pi}{4n}-1-\operatorname{ctg}\angle A+\operatorname{ctg}\frac{\pi}{4n})$$

$$=\frac{1}{2a}[(\operatorname{ctg}A+1)(\operatorname{ctg}\frac{\pi}{4n}-1)]$$

$$=\frac{1}{2a}[(\frac{a}{b}+1)(\operatorname{ctg}\frac{\pi}{4n}-1)]$$

$$=\frac{a+b}{2ab}(\operatorname{ctg}\frac{\pi}{4n}-1).$$

35. 解：如图所示，所求三棱锥 B_1-ACD_1 是正方体分割去三棱锥 $A_1-AB_1D_1$，$B-ACB_1$，$C_1-B_1D_1C$，$D-ACD_1$ 后剩余部分.

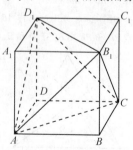

第35题图

而 $\overline{V}_{A_1-AB_1D_1} = \overline{V}_{B-ACB_1} = \overline{V}_{C_1-B_1D_1C_1} = \overline{V}_{D-ACD_1} = \overline{V}_{B_1-ABC} = \frac{1}{3} \times \frac{1}{2} a \times a \times a = \frac{1}{6} a^3$, $\overline{V}_{三棱锥B_1-ACD_1} = a^3 - 4 \times \frac{1}{6} a^3 = \frac{1}{3} a^3$.

36. 解：如图（1）所示，连 DB 交 AC 于 O，连 EO，B_1O，则 $\overline{V}_{B_1-EAC} = 2\overline{V}_{A-EOB_1}$.

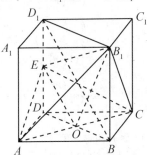

第36题(1)图

$\because AO \perp$ 面 BDD_1B_1，

$\therefore AO$ 是三棱锥 $A-EOB_1$ 的高 $AO = \frac{\sqrt{2}}{2} a$.

在正方形 BDD_1B_1 中，E 和 O 分别是 D_1D 和 DB 的中点，如图（2）所示．

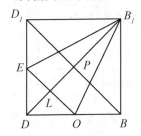

第36题(2)图

$S_{\triangle EOB_1} = \frac{3}{4} a^2$，$\therefore \overline{V}_{B_1-EAC} = 2 \times \frac{1}{3} \times \frac{3}{4} a^2 \times \frac{\sqrt{2}}{2} a = \frac{\sqrt{2}}{4} a^3$.

故三棱锥 B_1-EAC 的体积是 $\frac{\sqrt{2}}{4} a^3$.

37. 解：如图所示，连 FA，FB，EC，EC_1，则易知三棱锥 $F-A_1ED$ 可以看作正方体切割去以 F 为顶点的两个四棱锥 $F-ADD_1A_1$，$F-ABEA_1$ 和以 E 为顶点的两个四棱锥 $E-A_1B_1C_1D_1$，$E-CC_1D_1F$ 以及一个三棱锥 $E-BCF$ 而得到的.

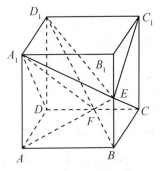

第37题图

$\overline{V}_{F-ADD_1A_1} = \overline{V}_{E-A_1B_1C_1D_1} = \frac{1}{3} \times 1 \times 4 = \frac{4}{3}$,

$\overline{V}_{F-ABEA_1} = \overline{V}_{E-CC_1D_1F} = \frac{1}{3} \times 2 \times \frac{(1+2) \times 2}{2} = 2$,

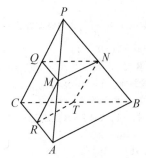

第38题图

$\overline{V}_{E-BCF} = \frac{1}{3} \times 1 \times (\frac{1}{2} \times 1 \times 2) = \frac{1}{3}$,

$\therefore \overline{V}_{F-A_1EBD_1} = 2^3 - 2 \times \frac{4}{3} - 2 \times 2 - \frac{1}{3} = 1.$

38. 证明：如图所示，设 PC 的中点为 Q，连 MQ，QN，易知 $MNQ-RTC$ 为三棱柱，

$S_{\triangle MNQ} = \frac{1}{4} S_{\triangle ABC}$.

设三棱锥 $P-ABC$ 的高为 h，则

$\overline{V}_{PC-MNTR} = \overline{V}_{P-MNQ} + \overline{V}_{MNQ-RTC}$

$= \frac{1}{3} \times \frac{1}{4} S_{\triangle ABC} \times \frac{1}{2} h + \frac{1}{4} S_{\triangle ABC} \times \frac{1}{2} h$

$= \frac{1}{6} S_{\triangle ABC} \cdot h = \frac{1}{2} \times \frac{1}{3} S_{\triangle ABC} \cdot h = \frac{1}{2} \overline{V}_{P-ABC}$,

$\therefore \overline{V}_{PC-MNTR} = \overline{V}_{AB-MNTR}$.

习 题 三

1. 解：令 $x^2 + 2x - 2 = t$，则
   原式 $= t(t-2) - 3 = t^2 - 2t - 3 = (t-3)(t+1)$
   $= (x^2 + 2x - 5)(x^2 + 2x - 1)$.

2. 解：令 $t = \sqrt{13 - 4x}(t \geq 0)$，则 $2x = \frac{1}{2}(13 - t^2)$，
   $\therefore y = \frac{1}{2}(13 - t^2) - 3 - t = -\frac{1}{2}t^2 - t + \frac{7}{2}$
   $= -\frac{1}{2}(t+1)^2 + 4 (t \geq 0)$，
   $\therefore y \leq \frac{7}{2}$ 当 $t = 0$ 时，取等号.
   故函数的值域是 $(-\infty, \frac{7}{2}]$.

3. 解：设 $u = \log_2 \frac{2a}{a+1}$，则原不等式 $\Leftrightarrow x^2(3 - u) + 2ux - 2u > 0$. (1)
   $\because x \in \mathbf{R}$ 时，不等式恒成立，但当 $u = 3$ 时，
   上式变为 $6x - 6 > 0 \Leftrightarrow x > 1$，
   与条件 $x \in \mathbf{R}$ 不符，$\therefore u \neq 3$.
   当 $u \neq 3$ 时，(1)式对 $x \in \mathbf{R}$ 恒成立.
   $(3 - u)x^2 + 2ux - 2u > 0$
   $\Leftrightarrow \begin{cases} 3 - u > 0 \\ \Delta = 4u^2 - 4(3-u)(-2u) < 0 \end{cases}$
   $\Leftrightarrow \begin{cases} u < 3 \\ u < 0 \text{ 或 } u > 6 \end{cases} \Leftrightarrow u < 0$，
   即 $\log_2 \frac{2a}{a+1} < 0$.
   于是有 $\begin{cases} \frac{2a}{a+1} > 0 \\ \frac{2a}{a+1} < 1 \end{cases}$，解之得 $0 < a < 1$，
   即 $a \in (0, 1)$.

4. 解：设 $t = \sin x, t \in [-1, 1]$，则
   $y = 1 - \sin^2 x + 2p \sin x + q = 1 + q + p^2 - (\sin x - p)^2$
   $= 1 + p^2 + q - (t - p)^2$.
   设 $f(t) = 1 + p^2 + q - (t - p)^2, t \in [-1, 1]$.
   (1) 当 $p < -1$ 时，有
   $\begin{cases} f(-1) = 1 + p^2 + q - (-1-p)^2 = 10 \\ f(1) = 1 + p^2 + q - (1-p)^2 = 7 \end{cases}$，

   即 $\begin{cases} q - 2p = 10 \\ q + 2p = 7 \end{cases}$，解之得 $\begin{cases} p = -\frac{3}{4} \\ q = \frac{17}{2} \end{cases}$（舍）.

   (2) 当 $p > 1$ 时，有
   $\begin{cases} f(-1) = 1 + p^2 + q - (-1-p)^2 = 7 \\ f(1) = 1 + p^2 + q - (1-p)^2 = 10 \end{cases}$，
   即 $\begin{cases} q - 2p = 7 \\ q + 2p = 10 \end{cases}$，解之得 $\begin{cases} p = \frac{3}{4} \\ q = \frac{17}{2} \end{cases}$（舍）.

   (3) 当 $-1 \leq p \leq 0$ 时，有
   $\begin{cases} f(1) = 1 + p^2 + q - (1-p)^2 = 7 \\ f(p) = 1 + p^2 + q = 10 \end{cases}$，
   即 $\begin{cases} q + 2p = 7 \\ 1 + p^2 + q = 10 \end{cases}$，解之得 $\begin{cases} p = 1 - \sqrt{3} \\ q = 5 + 2\sqrt{3} \end{cases}$.

   (4) 当 $0 < p \leq 1$ 时，有
   $\begin{cases} f(-1) = 1 + p^2 + q - (-1-p)^2 = 7 \\ f(p) = 1 + p^2 + q = 10 \end{cases}$，
   即 $\begin{cases} q - 2p = 7 \\ 1 + p^2 + q = 10 \end{cases}$，解之得 $\begin{cases} p = -1 + \sqrt{3} \\ q = 5 + 2\sqrt{3} \end{cases}$.

   综上所述：即 $\begin{cases} p = 1 - \sqrt{3} \\ q = 5 + 2\sqrt{3} \end{cases}$ 或 $\begin{cases} p = -1 + \sqrt{3} \\ q = 5 + 2\sqrt{3} \end{cases}$.

5. 解：原式变形为 $f(\frac{x+1}{x}) = (\frac{x+1}{x})^2 - 2(\frac{x+1}{x}) + 2$.
   令 $t = \frac{x+1}{x}(\because x + 1 \neq x, \therefore t \neq 1)$，则
   $f(t) = t^2 - 2t + 2 (t \neq 1)$，
   $\therefore f(x) = x^2 - 2x + 2 (x \neq 1)$.

6. 解：令 $2x - 3 = u$，则 $x = \frac{u+3}{2}$，
   于是 $af(u) + bf(-u) = u + 3$，
   从而 $af(-u) + bf(u) = -u + 3$，
   $\therefore a^2 f(u) + abf(-u) = au + 3a$， ①
   $abf(-u) + b^2 f(u) = -bu + 3b$， ②
   ① - ②，得：

$(a^2 - b^2)f(u) = (a+b)u + 3(a-b)$,

$\therefore f(u) = \dfrac{u}{a-b} + \dfrac{3}{a+b}$,

故 $f(x) = \dfrac{x}{a-b} + \dfrac{3}{a+b}$.

7. 解：设 $\cos x = t$，则

$y = t^2 - 3t + 2 = (t - \dfrac{3}{2})^2 - \dfrac{1}{4}$, $t \in [-1, 1]$.

在 $[-1, 1]$ 上函数是递减的，所以 $t = 1$ 时，函数有最小值 $1^2 - 3 \times 1 + 2 = 0$.

8. 解：设 $\sin x + \cos x = t$.

$\because \sin x + \cos x = \sqrt{2}\sin(x + \dfrac{\pi}{4})$,

由 $-\pi \le x \le \pi$，知 $-\dfrac{3\pi}{4} \le x + \dfrac{\pi}{4} \le \dfrac{5\pi}{4}$,

$\therefore t \in [-\sqrt{2}, \sqrt{2}]$，且 $\sin x \cos x = \dfrac{t^2 - 1}{2}$,

$\therefore y = 1 + t + \dfrac{t^2 - 1}{2} = \dfrac{t^2}{2} + \dfrac{1}{2} = \dfrac{1}{2}(t+1)^2$,

可求得 $y \in [0, \dfrac{3}{2} + \sqrt{2}]$.

故 $y_{\max} = \dfrac{3}{2} + \sqrt{2}$，$y_{\min} = 0$.

9. 解：当 $0 \le x \le 1$ 时 $\sqrt{x} \ge x$，所求的差为 $f(x) = \sqrt{x} - x$.

设 $\sqrt{x} = t$，则 $0 \le t \le 1$,

$f(t) = t - t^2 = -(t - \dfrac{1}{2})^2 + \dfrac{1}{4}$.

当 $t = \sqrt{x} = \dfrac{1}{2}$，即 $x = \dfrac{1}{4}$ 时，所求之差取得最大值 $\dfrac{1}{4}$.

10. 解：(1) 令 $\sqrt[4]{3x^2 + 4} = y$，则原方程可化为

$y - y^2 = -2$，即 $y^2 - y - 2 = 0$.

解之得 $y_1 = 2$，$y_2 = -1$（舍去），

$\therefore \sqrt[4]{3x^2 + 4} = 2$，即 $3x^2 + 4 = 16$

解之得 $x_{1,2} = \pm 2$.

经检验，$x_{1,2} = \pm 2$ 都是原方程的解.

(2) 原方程可变为：$3^4 \times 3^{-4\sin^2 x} + 3^{4\sin^2 x} = 30$.

令 $3^{4\sin^2 x} = y$，则有 $y^2 - 30y + 81 = 0$,

解之得 $y_1 = 3$，$y_2 = 3^3$.

从而得到四个三角方程

$\sin x = \pm \dfrac{1}{2}$，$\sin x = \pm \dfrac{\sqrt{3}}{2}$.

最后求出解：$x_k = \dfrac{1}{6}k\pi$ ($k = 1, 2, 4, 5, 7, 8, 10, 11$).

(3) 令 $\lg x = t$，则 $x = 10^t$，代入原方程得

$t^t = 10^{10}$，即 $(\dfrac{t}{10})^t = 1$. ①

当 $\dfrac{t}{10} = 1$，即 $t = 10$ 时，方程①成立，此时 $\lg x = 10$,

$\therefore x = 10^{10}$.

当 $\dfrac{t}{10} = -1$，即 $t = -10$ 时，方程①也成立，此时 $\lg x = -10$,

$\therefore x = 10^{-10}$.

经检验，$x = 10^{10}$，$x = 10^{-10}$ 都是原方程的解.

11. 解：$\because (x + \dfrac{1}{x})^3 = (x^3 + \dfrac{1}{x^3}) + 3(x + \dfrac{1}{x})$,

$\therefore x^3 + \dfrac{1}{x^3} = (x + \dfrac{1}{x})^3 - 3(x + \dfrac{1}{x})$.

令 $x + \dfrac{1}{x} = y$，得 $x^3 + \dfrac{1}{x^3} = y^3 - 3y$.

原方程可化为：

$y^3 - 3y = 6y$，即 $y^3 - 9y = 0$.

解之得 $y = 0$ 或 $y^2 = 9$.

$\because x + \dfrac{1}{x} \ne 0$，$\therefore$ 舍去 $y = 0$,

$\therefore y = \pm 3$.

由 $x + \dfrac{1}{x} = 3$ 得 $x^2 - 3x + 1 = 0$,

解之得 $x_{1,2} = \dfrac{3}{2} \pm \dfrac{\sqrt{5}}{2}$.

由 $x + \dfrac{1}{x} = -3$，得 $x^2 + 3x + 1 = 0$,

解之得 $x_{3,4} = -\dfrac{3}{2} \pm \dfrac{\sqrt{5}}{2}$.

经检验，以上四个根都是原方程的解.

12. 解：令 $2x+5=y$，原方程可化为：
$(y+4)^4+(y-4)^4=904$.
展开，整理得 $y^4+96y^2-196=0$，
即 $(y^2-2)(y^2+98)=0$，
由此得 $y^2=2$ 或 $y^2=-98$，
$\therefore y=\pm\sqrt{2}$ 或 $\pm 7\sqrt{2}\mathrm{i}$.
代入 $x=\frac{1}{2}(y-5)$，即得原方程的解为：
$x_1=\frac{1}{2}(\sqrt{2}-5)$，$x_2=-\frac{1}{2}(\sqrt{2}+5)$，
$x_3=-\frac{5}{2}+\frac{7}{2}\sqrt{2}\mathrm{i}$，$x_4=-\frac{5}{2}-\frac{7}{2}\sqrt{2}\mathrm{i}$.

13. 解：由原方程得
$\left(\frac{1}{\sqrt{2+\sqrt{3}}}\right)^x+\left(\sqrt{2+\sqrt{3}}\right)^x=4$.
令 $(\sqrt{2+\sqrt{3}})^x=y$，则上述方程变为：
$\frac{1}{y}+y=4$ 即 $y^2-4y+1=0$，
解之得 $y_1=2+\sqrt{3}$，$y_2=2-\sqrt{3}$，
即 $(\sqrt{2+\sqrt{3}})^x=2+\sqrt{3}$，$\therefore x=2$；
或 $(\sqrt{2+\sqrt{3}})^x=2-\sqrt{3}$，$\therefore x=-2$.
故原方程的解为 $x=2$ 或 $x=-2$.

14. 解：原方程可变为
$2x^2+5x-3-2\sqrt{2x^2+5x-3}-3=0$.
令 $\sqrt{2x^2+5x-3}=y$，则有
$y^2-2y-3=0$.
解之得 $y_1=3$，$y_2=-1$（舍去），
$\therefore \sqrt{2x^2+5x-3}=3$，即 $2x^2+5x-12=0$，
解之得 $x_1=\frac{3}{2}$，$x_2=-4$.
经检验，$x_1=\frac{3}{2}$，$x_2=-4$ 是原方程的根.

15. 解：令 $x^2-8=y$，则原方程可化为
$\frac{1}{y+11x}+\frac{1}{y+2x}+\frac{1}{y-13x}=0$.
通分，去分母，整理得
$y^2=49x^2$，$\therefore y=\pm 7x$.
代入 $x^2-8=y$ 得 $x^2-8=\pm 7x$.
于是有 $x^2+7x-8=0$ 和 $x^2-7x-8=0$.
解之得 $x_1=-8$，$x_2=1$，$x_3=8$，$x_4=-1$.

经检验，x_1，x_2，x_3，x_4 都是原方程的根.

16. 解：设 $y=2^x+2^{-x}$ 则 $4^x+4^{-x}=y^2-2$，
$\therefore$ 原方程可化为 $2y^2-7y+6=0$.
解之得 $y_1=2$，$y_2=\frac{3}{2}$.
由 $2^x+2^{-x}=2$ 得 $2^{2x}+2\cdot 2^x+1=0$.
即 $(2^x-1)^2=0$，$\therefore 2^x=1$，$x=0$.
由 $2^x+2^{-x}=\frac{3}{2}$ 得 $2\cdot 2^{2x}-3\cdot 2^x+2=0$.
$\therefore \Delta=(-3)^2-16<0$，$\therefore$ 此方程无实根.
故原方程的解为 $x=0$.

17. 解：(1) 设过 $M(2, 1)$ 的直线的方程为
$\begin{cases}x=2+t\cos\theta \\ y=1+t\sin\theta\end{cases}$，($t$ 为参数).
代入椭圆方程，得
$(2+t\cos\theta)^2+4(1+t\sin\theta)^2=16$，
整理得
$(\cos^2\theta+4\sin^2\theta)t^2+4(\cos\theta+2\sin\theta)t-8=0$.
$\because M$ 是弦的中点，$\therefore t_1+t_2=0$，即 $\cos\theta+2\sin\theta=0$，
$\therefore \mathrm{tg}\theta=-\frac{1}{2}$，
$\therefore$ 所求弦所在的直线方程为 $y-1=-\frac{1}{2}(x-2)$，
即 $x+2y-4=0$.

(2) 同 (1) 得
$(\cos^2\theta+4\sin^2\theta)t^2+4(\cos\theta+2\sin\theta)t-8=0$，
$t_1+t_2=-\frac{4\cos\theta+8\sin\theta}{\cos^2\theta+4\sin^2\theta}$，
$t_1t_2=-\frac{8}{\cos^2\theta+4\sin^2\theta}$.
$\because M$ 是弦的三等分点，不妨设 $t_2=-2t_1$，
则 $\begin{cases}t_1+t_2=-t_1 \\ t_1t_2=-2t_1^2\end{cases}$，
$\therefore t_1t_2=-2(t_1+t_2)^2$，
即 $-\frac{8}{\cos^2\theta+2\sin^2\theta}=-2\left(\frac{4\cos\theta+8\sin\theta}{\cos^2\theta+2\sin^2\theta}\right)^2$，
整理，得 $12\sin^2\theta+16\sin\theta\cos\theta+3\cos^2\theta=0$.
$\therefore 12\mathrm{tg}^2\theta+16\mathrm{tg}\theta+3=0$，
$\mathrm{tg}\theta=\frac{-4\pm\sqrt{7}}{6}$.

故弦所在的直线方程为 $y - 1 = \dfrac{-4 \pm \sqrt{7}}{6}(x - 2)$.

18. **解**：如图所示，设动直线 l 的斜率为 k，则 l 的方程为

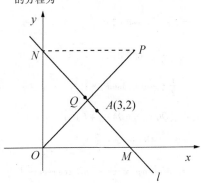

第18题图

$y - 2 = k(x - 3)$.

显然 $k \neq 0$，由此可得 M 的坐标为 $(3 - \dfrac{2}{k}, 0)$，点 N 的坐标为 $(0, 2 - 3k)$.

∵ 点 Q 是线段 MN 的中点，

∴ 其坐标为 $\left(\dfrac{3k-2}{2k}, \dfrac{2-3k}{2}\right)$.

设点 P 的坐标为 (x, y)，

∵ $|OQ| = |QP|$，且 P 是 OQ 延长线上的点，

∴ $x = \dfrac{3k-2}{k}$， ①

$y = 2 - 3k$. ②

由①和②消去 k，得 $xy - 2x - 3y = 0$ 为所求的轨迹方程.

19. **解**：设 $\dfrac{\sin\theta}{x} = \dfrac{\cos\theta}{y} = k$，则

$\sin\theta = kx$，$\cos\theta = ky$，

$k^2x^2 + k^2y^2 = \sin^2\theta + \cos^2\theta = 1$，

∴ $k^2 = \dfrac{1}{x^2 + y^2}$，

∴ $\sin^2\theta = \dfrac{x^2}{x^2+y^2}$，$\cos^2\theta = \dfrac{y^2}{x^2+y^2}$，

∴ $\dfrac{y^2}{x^2(x^2+y^2)} + \dfrac{x^2}{y^2(x^2+y^2)} = \dfrac{10}{3(x^2+y^2)}$，

$3x^4 - 10x^2y^2 + 3y^4 = 0$，

$(3x^2 - y^2)(x^2 - 3y^2) = 0$，

∴ $x_1 = \pm\dfrac{\sqrt{3}}{3}y$，$x_2 = \pm\sqrt{3}y$，

即 $x : y = \pm\dfrac{\sqrt{3}}{3} : 1$，或 $x : y = \pm\sqrt{3} : 1$.

20. **证明**：设 $ax^3 = by^3 = cz^3 = k$，则

$\sqrt[3]{ax^2 + by^2 + cz^2} = \sqrt[3]{\dfrac{k}{x} + \dfrac{k}{y} + \dfrac{k}{z}}$

$= \sqrt[3]{k} \cdot \sqrt[3]{\dfrac{1}{x} + \dfrac{1}{y} + \dfrac{1}{z}}$

$= \sqrt[3]{k}\left(\dfrac{1}{x} + \dfrac{1}{y} + \dfrac{1}{z}\right) = \dfrac{\sqrt[3]{k}}{x}$

$+ \dfrac{\sqrt[3]{k}}{y} + \dfrac{\sqrt[3]{k}}{z} = \dfrac{x\sqrt[3]{a}}{x} + \dfrac{y\sqrt[3]{b}}{y} + \dfrac{z\sqrt[3]{c}}{z}$

$= \sqrt[3]{a} + \sqrt[3]{b} + \sqrt[3]{c}$.

21. **证明**：令 $a^x = b^y = c^z = k$，则

$x = \log_a k$，$y = \log_b k$，$z = \log_c k$.

∵ $\dfrac{1}{x} + \dfrac{1}{z} = \dfrac{2}{y}$，∴ $\dfrac{1}{\log_a k} + \dfrac{1}{\log_c k} = \dfrac{2}{\log_b k}$，

∴ $\dfrac{\lg a}{\lg k} + \dfrac{\lg c}{\lg k} = \dfrac{2\lg b}{\lg k}$，即 $\lg a + \lg c = 2\lg b$，

∴ $b^2 = ac$.

又 ∵ a，b，c 均不为 0，

故 a，b，c 成等比数列.

22. **证明**：令 $x = \sqrt[n]{a} - 1$.

∵ $a > 1$，∴ $x > 0$，

则 $a = (1+x)^n$.

而 $(1+x)^n = 1^n + C_n^1 \cdot 1^{n-1} \cdot x + C_n^2 \cdot 1^{n-2}$

$x^2 + \cdots + x^n > 1 + nx$，

∴ $x < \dfrac{(1+x)^n - 1}{n}$，

即 $\sqrt[n]{a} - 1 < \dfrac{a-1}{n}$.

23. **证明**：∵ $a \geq b \geq 0$，设 $a = b + h(h \geq 0)$，

则 $\sqrt{2ab - b^2} + \sqrt{a^2 - b^2} = \sqrt{2b(b+h) - b^2}$

$+ \sqrt{(b+h)^2 - b^2}$

$= \sqrt{b^2 + 2bh} + \sqrt{h^2 + 2bh} \geq b + h = a$，

∴ $\sqrt{2ab - b^2} + \sqrt{a^2 - b^2} \geq a$.

24. **解**：设 $a = \gamma\sin\alpha$，$b = \gamma\cos\alpha$，$0 \leq \alpha < 2\pi$，

则 $ab = \gamma\sin\alpha \cdot \gamma\cos\alpha = \gamma^2\sin\alpha\cos\alpha = \dfrac{1}{2}$

· 193 ·

$y^2\sin2\alpha$.

$\because -1 \leqslant \sin2\alpha \leqslant 1$

$\therefore -\dfrac{y^2}{2} \leqslant ab \leqslant \dfrac{y^2}{2}$.

25. 解：设 $x = \text{tg}\theta$，其中 $-\dfrac{\pi}{2} < \theta < \dfrac{\pi}{2}$，则原方程可化为：

$\sqrt{1+\text{tg}^2\theta} + \dfrac{\sqrt{1+\text{tg}^2\theta}}{\text{tg}\theta} = 2\sqrt{2}$,

$\sec\theta + \dfrac{\sec\theta}{\text{tg}\theta} = 2\sqrt{2}$,

$\sin\theta + \cos\theta = 2\sqrt{2}\sin\theta\cos\theta$,

即 $\sqrt{2}\sin(\theta + \dfrac{\pi}{4}) = \sqrt{2}\sin2\theta$,

$\therefore 2\theta = 2k\pi + \theta + \dfrac{\pi}{4}$ 或 $2\theta = (2k+1)\pi - \theta - \dfrac{\pi}{4}$,

$\theta = 2k\pi + \dfrac{\pi}{4}$ 或 $\theta = \dfrac{2}{3}k\pi + \dfrac{\pi}{4}(k \in \mathbf{Z})$.

但 $-\dfrac{\pi}{2} < \theta < \dfrac{\pi}{2}$, $\therefore \theta_1 = \dfrac{\pi}{4}$, $\theta_2 = -\dfrac{5}{12}\pi$,

$\therefore x_1 = 1$, $x_2 = -2-\sqrt{3}$.

经检验，$x_1 = 1$，$x_2 = -2-\sqrt{3}$ 都是原方程的根.

26. 解：设 $c(x,y)$ 为轨迹上任意一点，取 $\angle xOB = \theta$ 为参数，点 B 的坐标为 $(\cos\theta, \sin\theta)$，$\angle xAB = \varphi$（如图所示）.

$\because \overrightarrow{OC} = \overrightarrow{OA} + \overrightarrow{AC}$,

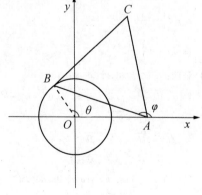

第26题图

$\therefore x = (\overrightarrow{OC})_{ox} = (\overrightarrow{OA})_{ox} + (\overrightarrow{AC})_{ox}$

$= 2 + |AC|\cos(\varphi - \dfrac{\pi}{3})$

$= 2 + |AB|\cos\varphi\cos\dfrac{\pi}{3} + |AB|\sin\varphi\sin\dfrac{\pi}{3}$

$= 2 + \dfrac{1}{2}(\cos\theta - 2)$

$+ \dfrac{\sqrt{3}}{2}(\sin\theta - 0)$

$= \dfrac{1}{2}(\cos\theta + \sqrt{3}\sin\theta) + 1$.

$y = (\overrightarrow{OC})_{oy} = (\overrightarrow{OA})_{oy} + (\overrightarrow{AC})_{oy}$

$= 0 + |AB|\sin(\varphi - \dfrac{\pi}{3})$

$= |AB|\sin\varphi\cos\dfrac{\pi}{3} - |AB|\cos\varphi\sin\dfrac{\pi}{3}$

$= \dfrac{1}{2}(\sin\theta - 0) - \dfrac{\sqrt{3}}{2}(\cos\theta - 2)$

$= \dfrac{1}{2}(\sin\theta - \sqrt{3}\cos\theta) + \sqrt{3}$,

$\therefore (x-1)^2 + (y-\sqrt{3})^2 = 1$，所求轨迹为以 $(1,\sqrt{3})$ 为圆心，1 为半径的圆.

当 $0 < \theta < \pi$ 时，$\because S_{\triangle AOB} = \dfrac{1}{2} \times 2\sin\theta = \sin\theta$,

又 $|AB|^2 = 2^2 + 1^2 - 2 \times 2\cos\theta = 5 - 4\cos\theta$,

$\therefore S_{\triangle ABC} = \dfrac{1}{2}|AB| \cdot |AB|\sin\dfrac{\pi}{3} = \dfrac{\sqrt{3}}{4}(5-4\cos\theta)$,

$S_{OACB} = S_{\triangle OAB} + S_{\triangle ABC} = \dfrac{1}{2} \times 2\sin\theta + \dfrac{\sqrt{3}}{4}(5-4\cos\theta)$

$= 2(\dfrac{1}{2}\sin\theta - \dfrac{\sqrt{3}}{2}\cos\theta) + \dfrac{5\sqrt{3}}{4}$

$= 2\sin(\theta - \dfrac{\pi}{3}) + \dfrac{5\sqrt{3}}{4}$,

$\therefore$ 当 $\theta - \dfrac{\pi}{3} = \dfrac{\pi}{2}$，即 $\theta = \dfrac{5\pi}{6}$ 时，S_{OACB} 有最大值 $S = \dfrac{8+5\sqrt{3}}{4}$.

27. 解：将已知椭圆方程化为 $\dfrac{(x-2)^2}{4} + \dfrac{y^2}{1} = 1$. 设椭圆上动点 P 为 $(2+2\cos\theta, \sin\theta)$，则

$$z = x^2 - y^2 = (2 + 2\cos\theta)^2 - \sin^2\theta$$
$$= 5\cos^2\theta + 8\cos\theta + 3 = 5(\cos\theta + \frac{4}{5})^2 - \frac{1}{5}.$$

故当 $\cos\theta = -\frac{4}{5}$, 即点 P 坐标为 $(\frac{2}{5},$ $\frac{3}{5})$ 或 $(\frac{2}{5}, -\frac{3}{5})$ 时, $z_{\min} = -\frac{1}{5}$.

28. 解: 如图所示, 设椭圆方程为 $\frac{x^2}{a^2} + \frac{y^2}{b^2} = 1$.

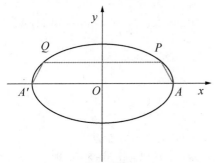

第28题图

内接梯形另一底的一端点 P 的坐标为 $(a\cos\varphi, b\sin\varphi)$ (φ 为锐角), 则其面积:

$$S = (a\cos\varphi + a)b\sin\varphi$$
$$= ab(1 + \cos\varphi)\sin\varphi$$
$$= 4ab\cos^3\frac{\varphi}{2}\sin\frac{\varphi}{2}$$
$$= \frac{4ab}{\sqrt{3}}\sqrt{3\cos^6\frac{\varphi}{2}\sin^2\frac{\varphi}{2}} \leq \frac{4ab}{\sqrt{3}} \cdot$$
$$\sqrt{\frac{(\cos^2\frac{\varphi}{2} + \cos^2\frac{\varphi}{2} + \cos^2\frac{\varphi}{2} + 3\sin^2\frac{\varphi}{2})^4}{4^2}}$$
$$= \frac{9ab}{4\sqrt{3}} = \frac{3\sqrt{3}}{4}ab.$$

当且仅当 $\cos^2\frac{\varphi}{2} = 3\sin^2\frac{\varphi}{2}$, 即 $\text{tg}^2\frac{\varphi}{2} = \frac{1}{3}$, 亦即 $\theta = 30°$ 时, 椭圆内接梯形的面积最大, 其最大值为 $\frac{3\sqrt{3}}{4}ab$.

29. 解: 令 $x = \cos\theta, y = \sin\theta (-\pi \leq \theta < \pi)$, 则 $f(x, y) = \cos^2\theta - 2\cos\theta\sin\theta + \sin^2\theta = 1 - \sin2\theta$,

∴ 当 $\sin2\theta = -1$, 即 $\theta = \frac{3\pi}{4}$ 时, $f_{\max}(x, y)$ $= 2$, 这时

$$x = \cos\frac{3\pi}{4} = -\frac{\sqrt{2}}{2}, y = \sin\frac{3\pi}{4} = \frac{\sqrt{2}}{2}.$$

当 $\sin2\theta = 1$, 即 $\theta = \frac{\pi}{4}$ 时, $f_{\min}(x, y) = 0$,

这时 $x = y = \frac{\sqrt{2}}{2}$.

故当 $\begin{cases} x = -\frac{\sqrt{2}}{2} \\ y = \frac{\sqrt{2}}{2} \end{cases}$ 时, $f_{\max}(x, y) = 2$.

当 $x = y = \frac{\sqrt{2}}{2}$ 时, $f_{\min}(x, y) = 0$.

30. 解: 设 $a = c\cos\theta, b = c\sin\theta$, 则

$$\frac{ma + nb}{c} = \frac{mc\cos\theta + nc\sin\theta}{c} = \sqrt{m^2 + n^2}\sin(\theta + \varphi) \leq \sqrt{m^2 + n^2},$$

其中 φ 由 $\sin\varphi = \frac{m}{\sqrt{m^2 + n^2}}, \cos\varphi = \frac{n}{\sqrt{m^2 + n^2}}, 0 \leq \varphi < 2\pi$ 所确定.

故 $\frac{ma + nb}{c}$ 的最大值为 $\sqrt{m^2 + n^2}$.

31. 解: 设 $x = \gamma\cos\theta, y = \gamma\sin\theta, 0 \leq \theta < 2\pi, 1 \leq \gamma \leq \sqrt{2}$, 则

$$u = \gamma^2\cos^2\theta - \gamma^2\sin\theta\cos\theta + \gamma^2\sin^2\theta$$
$$= \gamma^2(1 - \frac{1}{2}\sin2\theta).$$

当 $\gamma = \sqrt{2}, 2\theta = \frac{3\pi}{2}$ 或 $\frac{7\pi}{2}$, 即 $x = -1, y = 1$ 或 $x = 1, y = -1$ 时, 有 $u_{\max} = 3$.

当 $\gamma = 1, 2\theta = \frac{\pi}{2}$ 或 $\frac{5\pi}{2}$, 即 $x = \frac{\sqrt{2}}{2}, y = \frac{\sqrt{2}}{2}$ 或 $x = -\frac{\sqrt{2}}{2}, y = -\frac{\sqrt{2}}{2}$ 时, 有 $u_{\min} = \frac{1}{2}$.

32. 解: 设 $x = 2\cos\theta, y = \sin\theta(-\pi \leq \theta \leq \pi)$, 则

$$M = 4 + 4\sin\theta\cos\theta + 2(\sin\theta + \cos\theta).$$

令 $t = \sin\theta + \cos\theta = \sqrt{2}\sin(\theta + \frac{\pi}{4}) (|t| \leq \sqrt{2})$,

则 $\sin\theta\cos\theta = \frac{t^2 - 1}{2}$,

$$\therefore M = 4 + 4 \times \frac{t^2-1}{2} + 2t = 2t^2 + 2t + 2$$

$$= 2(t+\frac{1}{2})^2 + \frac{3}{2} \quad (|t| \leq \sqrt{2}),$$

$\therefore$ 当 $t = \sqrt{2}$ 时,M 的最大值为 $2(\sqrt{2}+\frac{1}{2})^2$

$+\frac{3}{2} = 6 + 2\sqrt{2}.$

33. 证明：如图所示，设点 M, N, K 的坐标分别为 $(a\cos\theta, b\sin\theta)$, $(x_N, 0)$, $(x_K, 0)$.

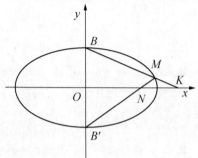

第33题图

$\because N$ 和 K 分别为直线 $B'M$ 和 BM 与 x 轴的交点，

$\therefore x_N = \frac{a\cos\theta}{1+\sin\theta}$, $x_K = \frac{a\cos\theta}{1-\sin\theta}$

故 $ON \cdot OK = x_N \cdot x_K$

$= \frac{a\cos\theta}{1+\sin\theta} \cdot \frac{a\cos\theta}{1-\sin\theta}$

$= a^2$（定值）.

34. 证明：设 $x = r\cos\alpha$, $y = r\sin\alpha$, 则 $x^2 + y^2 = r^2$.

（1）若 $a^2 + b^2 \neq 0$, 有

$|ax^2 + 2bxy - ay^2|$

$= |ar^2\cos^2\alpha + 2br^2\sin\alpha\cos\alpha - ar^2\sin^2\alpha|$

$= r^2 |a\cos 2\alpha + b\sin 2\alpha|$

$= r^2 |\sqrt{a^2+b^2}\sin(2\alpha + \varphi)|$

$\leq r^2 \sqrt{a^2+b^2} = \sqrt{a^2+b^2}(x^2+y^2),$

其中 φ 由 $\sin\varphi = \frac{a}{\sqrt{a^2+b^2}}$,

$\cos\varphi = \frac{b}{\sqrt{a^2+b^2}}$, $0 \leq \varphi < 2\pi$ 所确定.

（2）若 $a^2 + b^2 = 0$, 则 $a = b = 0$, 被证式显然成立.

由①和②有

$|ax^2 + 2bxy - ay^2| \leq \sqrt{a^2+b^2}(x^2+y^2).$

35. 证明：设 $a = 2\text{tg}\theta$, 其中 $-\frac{\pi}{2} < \theta < \frac{\pi}{2}$, 则

$\frac{a^2+5}{\sqrt{a^2+4}} = \frac{4\text{tg}^2\theta + 5}{\sqrt{4\text{tg}^2\theta + 4}} = \frac{4\sec^2\theta + 1}{2\sec\theta} = 2\sec\theta +$

$\frac{1}{2}\cos\theta > 2.$

36. 证明：设 $x = \sqrt{2}\sin\alpha$, $y = \sqrt{2}\cos\alpha$, $0 \leq \alpha \leq 2\pi$,

则 $x^2 - 2xy - y^2 = 2\cos^2\alpha - 4\sin\alpha\cos\alpha - 2\sin^2\alpha$

$= 2\cos 2\alpha - 2\sin 2\alpha$

$= 2\sqrt{2}\cos(2\alpha + \frac{\pi}{4}).$

$\because |\cos(2\alpha + \frac{\pi}{4})| \leq 1,$

$\therefore |x^2 - 2xy - y^2| \leq 2\sqrt{2}.$

37. 解：令 $a^2 + 1 = u$, $a^2 + 5 = v$, 则

$u + v = 2(a^2 + 3).$

原式 $= u^2 + v^2 - (u+v)^2 = -2uv$

$= -2(a^2+1)(a^2+5).$

38. 解：设 $\sin\alpha = a$, $\cos\alpha = b$, $\sin\beta = c$, $\cos\beta = d$,

则 $ac + bd = \sin\alpha\sin\beta + \cos\alpha\cos\beta = \cos(\alpha - \beta)$

$= 0,$

$\therefore ab + cd = \sin\alpha\cos\alpha + \sin\beta\cos\beta = \frac{1}{2}(\sin 2\alpha$

$+ \sin 2\beta)$

$= \sin(\alpha+\beta)\cos(\alpha-\beta) = 0.$

39. 解：（1）令 $\frac{3}{x-4} = u$, $\frac{2}{y-1} = v$, 则原方程组可变为：

$\begin{cases} u + 2v = 3 \\ 3u - v = 2 \end{cases}$, 解之得 $\begin{cases} u = 1 \\ v = 1 \end{cases}$.

代入有 $\frac{3}{x-4} = 1$, $\therefore x = 7$, $\frac{2}{y-1} = 1$, $\therefore y = 3.$

故原方程组的解为 $\begin{cases} x = 7 \\ y = 3 \end{cases}$.

（2）原方程组可化为：

$\begin{cases} (x+y)[(x+y)^2 - 3xy] = 5 \\ (x+y)^2 - 2xy = 3 \end{cases}$

令 $x + y = u$, $xy = v$, 则原方程组化为：

$\begin{cases} u(u^2-3v), \\ u^2-2v=3, \end{cases}$ 解之得 $\begin{cases} u=2, \\ v=\dfrac{1}{2}. \end{cases}$

代入有 $\begin{cases} x+y=2, \\ xy=\dfrac{1}{2}, \end{cases}$

解之得 $\begin{cases} x_1=\dfrac{2+\sqrt{2}}{2},x_2=\dfrac{2-\sqrt{2}}{2}; \\ y_1=\dfrac{2-\sqrt{2}}{2},y_2=\dfrac{2+\sqrt{2}}{2}. \end{cases}$

故原方程组的解为

$\begin{cases} x_1=\dfrac{2+\sqrt{2}}{2}, \\ y_1=\dfrac{2-\sqrt{2}}{2}; \end{cases} \begin{cases} x_2=\dfrac{2-\sqrt{2}}{2}, \\ y_2=\dfrac{2+\sqrt{2}}{2}. \end{cases}$

40. 解：设 $a+b=u$，$a-b=v$，则 $a=\dfrac{u+v}{2}$，$b=\dfrac{u-v}{2}$，$3a-2b=\dfrac{1}{2}u+\dfrac{5}{2}v$．

由已知 $\begin{cases} 1\leq u\leq 5, \\ -1\leq v\leq 3 \end{cases} \Rightarrow \begin{cases} \dfrac{1}{2}\leq \dfrac{1}{2}u\leq \dfrac{5}{2}, \\ -\dfrac{5}{2}\leq \dfrac{5}{2}v\leq \dfrac{15}{2} \end{cases}$

$\Rightarrow -2\leq \dfrac{1}{2}u+\dfrac{5}{2}v\leq 10$．

故 $-2\leq 3a-2b\leq 10$．

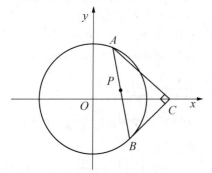

第41题图

41. 解：如图所示，设圆 $x^2+y^2=a^2$ 在定点 C 张直角之弦为 AB，其中点 P 的坐标为 (x,y)，点 A 和 B 的坐标分别为 $(a\cos\alpha, a\sin\alpha)$ 和 $(a\cos\beta, a\sin\beta)$，则

$x=\dfrac{a}{2}(\cos\alpha+\cos\beta)$， ①

$y=\dfrac{a}{2}(\sin\alpha+\sin\beta)$． ②

又直线 AC 的方程为

$(a\sin\alpha)x+(c-a\cos\alpha)y=ac\sin\alpha$，

直线 BC 的方程为

$(a\sin\beta)x+(c-a\cos\beta)y=ac\sin\beta$．

$\because AC\perp BC$，$\therefore a^2\sin\alpha\sin\beta+a^2\cos\alpha\cos\beta-ac(\cos\alpha+\cos\beta)+c^2=0$，

$a^2\cos(\alpha-\beta)-ac(\cos\alpha+\cos\beta)+c^2=0$． ③

①^2 + ②^2 并化简得 $a^2\cos(\alpha-\beta)=2x^2+2y^2-a^2$． ④

将①和④代入③，即得所求的轨迹方程

$2x^2+2y^2-2cx-a^2+c^2=0$，即 $(x-\dfrac{c}{2})^2+y^2=\dfrac{2a^2-c^2}{4}$．当 $2a^2<c^2$ 时，轨迹不存在；

当 $2a^2=c^2$ 时，轨迹为一点 $(\dfrac{c}{2}, 0)$；当 $2a^2>c^2$（但 $a^2\neq c^2$）时，轨迹为圆 $(x-\dfrac{c}{2})^2+y^2=\dfrac{2a^2-c^2}{4}$，在已知圆的内部分．

42. 证明：设 $a=\sin\alpha(-\dfrac{\pi}{2}\leq \alpha\leq \dfrac{\pi}{2})$，$b=\sin\beta(-\dfrac{\pi}{2}\leq \beta\leq \dfrac{\pi}{2})$，

则 $a\sqrt{1-b^2}+b\sqrt{1-a^2}=\sin\alpha\sqrt{1-\sin^2\beta}+\sin\beta\sqrt{1-\sin^2\alpha}$

$=\sin\alpha\cos\beta+\cos\alpha\sin\beta=1$，

$\therefore \sin(\alpha+\beta)=1$．

又 $\because -\pi\leq \alpha+\beta\leq \pi$，$\therefore \alpha+\beta=\dfrac{\pi}{2}$．

故 $a^2+b^2=\sin^2\alpha+\sin^2\beta=\sin^2\alpha+\sin^2(\dfrac{\pi}{2}-\alpha)$

$=\sin^2\alpha+\cos^2\alpha=1$．

43. 证明：(1) 设 $\text{tg}A=\dfrac{a+b}{a-b}=m_1$，$\text{tg}B=\dfrac{c+d}{c-d}=m_2$，$\text{tg}C=\dfrac{ac-bd}{ad+bc}=m_3$．

则 $\text{tg}(A+B)=\dfrac{\text{tg}A+\text{tg}B}{1-\text{tg}A\text{tg}B}=\dfrac{\dfrac{a+b}{a-b}+\dfrac{c+d}{c-d}}{1-\dfrac{a+b}{a-b}\cdot\dfrac{c+d}{c-d}}$

$=\dfrac{(a+b)(c-d)+(a-b)(c+d)}{(a-b)(c-d)-(a+b)(c+d)}$

197

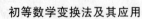

$$= -\frac{ac-bd}{ad+bc} = -\text{tg}C = \text{tg}(-C),$$

$\therefore A + B = n\pi - C$，即 $A + B + C = n\pi$。

故 $\text{tg}A + \text{tg}B + \text{tg}C = \text{tg}A\text{tg}B\text{tg}C$。

即 $m_1 + m_2 + m_3 = m_1 m_2 m_3$。

（2）设 $\text{tg}A = \dfrac{b}{a}$，$\text{tg}B = \dfrac{d}{c}$，则

$$m_1 = \text{tg}\left(\frac{\pi}{4} + A\right), \quad m_2 = \text{tg}\left(\frac{\pi}{4} + B\right),$$

$$m_3 = \frac{ac-bd}{ad+bc} = \frac{1 - \dfrac{bd}{ac}}{\dfrac{d}{c} + \dfrac{b}{a}} = \frac{1 - \text{tg}A\text{tg}B}{\text{tg}A + \text{tg}B}$$

$$= \text{ctg}(A+B) = \text{tg}\left(\frac{\pi}{2} - A - B\right).$$

$\because \left(\dfrac{\pi}{4} + A\right) + \left(\dfrac{\pi}{4} + B\right) + \left(\dfrac{\pi}{2} - A - B\right) = \pi$，

$\therefore \text{tg}\left(\dfrac{\pi}{4} + A\right) + \text{tg}\left(\dfrac{\pi}{4} + B\right) + \text{tg}\left(\dfrac{\pi}{2} - A - B\right)$

$= \text{tg}\left(\dfrac{\pi}{4} + A\right) \text{tg}\left(\dfrac{\pi}{4} + B\right) \text{tg}\left(\dfrac{\pi}{2} - A - B\right)$，

即 $m_1 + m_2 + m_3 = m_1 m_2 m_3$。

44. **证明**：设 $x = \text{tg}\alpha$，$y = \text{tg}\beta$，$z = \text{tg}\gamma$，

$\because \dfrac{y-z}{1+yz} + \dfrac{z-x}{1+zx} + \dfrac{x-y}{1+xy} = 0$，

$\therefore \text{tg}(\beta-\gamma) + \text{tg}(\gamma-\alpha) + \text{tg}(\alpha-\beta) = 0$。

但 $\text{tg}(\beta-\gamma) + \text{tg}(\gamma-\alpha) + \text{tg}(\alpha-\beta)$

$= \text{tg}(\beta-\gamma+\gamma-\alpha)[1 - \text{tg}(\beta-\gamma)\text{tg}(\gamma-\alpha)]$

$+ \text{tg}(\alpha-\beta)$

$= \text{tg}(\beta-\alpha) + \text{tg}(\alpha-\beta)\text{tg}(\beta-\gamma)\text{tg}(\gamma-\alpha)$

$+ \text{tg}(\alpha-\beta)$

$= \text{tg}(\alpha-\beta)\text{tg}(\beta-\gamma)\text{tg}(\gamma-\alpha) = 0$，

$\therefore \text{tg}(\alpha-\beta) = 0$，$\text{tg}(\beta-\gamma) = 0$，$\text{tg}(\gamma-\alpha)$

$= 0$ 中必有一个成立，

即 $\alpha - \beta = n\pi$，$\beta - \gamma = n\pi$，$\gamma - \alpha = n\pi$ 中必有一个成立，

亦即 $\text{tg}\alpha = \text{tg}(n\pi + \beta) = \text{tg}\beta$，$\text{tg}\beta = \text{tg}\gamma$，$\text{tg}\gamma$

$= \text{tg}\alpha$ 中必有一个成立。

故 x，y，z 中必有两个互相相等。

45. **证明**：设 $z_1 = a + bi$，$z_2 = c + di$，则

$z_1 \pm z_2 = (a \pm c) + (b \pm d)\text{i}$。

$\because |z_1 \pm z_2| \leq |z_1| + |z_2|$ 而 $|z_1| = \sqrt{a^2 + b^2}$，$|z_2| = \sqrt{c^2 + d^2}$，

$|z_1 \pm z_2| = \sqrt{(a \pm c)^2 + (b \pm d)^2}$，

故 $\sqrt{(a \pm c)^2 + (b \pm d)^2} \leq \sqrt{a^2 + b^2} + \sqrt{c^2 + d^2}$，

即不等式成立。

46. **证明**：基于 a，b，c 的全对称性，可设 $a \geq b \geq c > 0$。

令 $a = c + \delta_1$，$b = c + \delta_2$，其中 $\delta_1 \geq \delta_2 \geq 0$，则

$abc - (b + c - a)(c + a - b)(a + b - c)$

$= (c + \delta_1)(c + \delta_2)c - [(c + \delta_2) + c - (c + \delta_1)]$

$[c + (c + \delta_1) - (c + \delta_2)] \cdot [(c + \delta_1) + (c + \delta_2) - c]$

$= c^3 + (\delta_1 + \delta_2)c^2 + \delta_1\delta_2 c - (c + \delta_2 - \delta_1)(c + \delta_1 - \delta_2)(c + \delta_1 + \delta_2)$

$= c^2(c + \delta_1 + \delta_2) + \delta_1\delta_2 c - [c^2 - (\delta_1 - \delta_2)^2](c + \delta_1 + \delta_2)$

$= \delta_1\delta_2 c + (c + \delta_1 + \delta_2)[c^2 - c^2 + (\delta_1 - \delta_2)^2]$

$= \delta_1\delta_2 c + (c + \delta_1 + \delta_2)(\delta_1 - \delta_2)^2 \geq 0$。

故 $abc \geq (b + c - a)(c + a - b)(a + b - c)$。

47. **证明**：令 $\text{ctg}^2\alpha = a$，$\text{tg}^2\beta = b$，$\sin^2\gamma = c$，则

$\csc^2\alpha = 1 + \text{ctg}^2\alpha = 1 + a$，$\cos^2\beta = \dfrac{1}{\sec^2\beta}$

$= \dfrac{1}{1 + \text{tg}^2\beta} = \dfrac{1}{1 + b}$

$\sin^2\beta = 1 - \cos^2\beta = 1 - \dfrac{1}{1+b}$，$\cos^2\gamma = 1 - \sin^2\gamma = 1 - c$。

$\therefore (1 + a)\left(1 - \dfrac{1}{1+b}\right) + \dfrac{1}{1+b}(1 - c) = 1$。

变形整理得 $ab = c$。

$\text{ctg}^2\alpha \cdot \text{tg}^2\beta = \sin^2\gamma$。

习　题　四

1. 证明：如图所示，延长 CF 交 AB 于 C'，延长 AC 和 BE 交在 B'，在 $\triangle ACF$ 和 $\triangle AC'F$ 中，

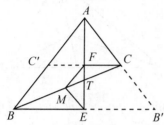

第 1 题图

$\because \angle BAF = \angle B'AF$，$AF = AF$，
$\angle AFC = \angle AFC' = 90°$，
$\therefore \triangle ACF \cong \triangle AC'F$. 于是有 $CF = C'F$.
同理 $BE = B'E$. 又 M 是 BC 的中点，
$\therefore ME \parallel B'C$. 从而有
$\angle MEA = \angle EAC$.
同理，MF 是 $\triangle BCC'$ 的中位线，$MF \parallel BC'$，
从而有 $\angle MFE = \angle BAE$. 但 $\angle EAC = \angle BAE$，
$\therefore \angle MEA = \angle MFE$.
故 $ME = MF$.

2. 证明：如图所示，过 F 作 $FF' \parallel l$ 交圆于 F'，

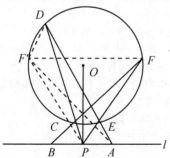

第 2 题图

连 $F'P$，$F'A$，$F'D$，根据对称性有：$\angle PF'F = \angle PFF'$.
又 $\angle F'DE = \angle F'FE$，
$\angle F'PB = \angle PF'F$，
$\therefore \angle F'DE = \angle F'PB$.
而 $\angle F'PB + \angle F'PA = 180°$，

$\therefore \angle F'DA + \angle F'PA = 180°$，
$\therefore P$，A，D，F' 四点共圆，于是有
$\angle PF'A = \angle PDA$. 但 $\angle PDA = \angle PFB$，$\therefore \angle PF'A = \angle PFB$. 又根据对称性 $\angle F'PO = \angle FPO$，$\angle OPA = \angle OPB = 90°$，
$\therefore \angle F'PA = \angle F'PO + \angle OPA = \angle FPO + \angle OPB = \angle FPB$，$PF' = PF$. $\therefore \triangle F'PA \cong \triangle FPB$.
故 $PA = PB$.

3. 证明：因为 CD 平分 $\angle ACB$，所以将 $\triangle ACD$

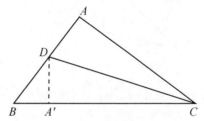

第 3 题图

以 CD 为对称轴作对称变换，A 点的对称点 A' 必落在 BC 上，连 DA' 则 $AC = A'C$，$DA = DA'$，$\angle DAC = \angle DA'C$，又 $\angle A = 2\angle B$，$\therefore \angle DA'C = 2\angle B$.
但 $\angle DA'C = \angle B + \angle A'DB$，
$\therefore \angle A'DB = \angle B$，
$\therefore A'B = A'D = AD$.
故 $BC = BA' + A'C = AD + AC$.

4. 证明：连 BD，DF，FB，将 $\triangle ABF$，$\triangle CDB$，$\triangle EFD$ 分别沿 BF，BD，DF 翻折成轴对称图形.

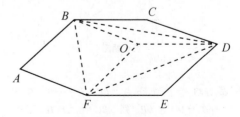

第 4 题图

$\because \triangle ABF$，$\triangle CDB$，$\triangle EFD$ 是腰长都相等的

等腰三角形，又 $\angle A + \angle C + \angle E = \frac{1}{2}[(6-2) \cdot 180°] = 360°$，∴ $\triangle ABF$，$\triangle CDB$，$\triangle EFD$ 翻折过去的 $\triangle BO_1F$，$\triangle BO_2D$，$\triangle DO_3F$ 正好可以拼成一个新三角形，O_1，O_2 与 O_3 重合为 O 点，且这个新三角形与 $\triangle BDF$ 全等。又 ∵ $OF = OD = EF = ED$，∴ 四边形 $ODEF$ 为菱形。同理，四边形 $OFAB$ 和 $OBCD$ 也是菱形。于是有 $EF \parallel OD \parallel BC$，$ED \parallel OF \parallel BA$，∴ $\angle B = \angle E$，同理有 $\angle A = \angle D$，$\angle C = \angle F$。

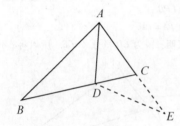

第 5 题图

5. 证明：如图所示，延长 AC 到 E，使 $AE = AB$，连结 DE 则

$\left.\begin{array}{l}\angle BAD = \angle EAD \\ AB = AE \\ AD = AD\end{array}\right\} \Rightarrow \triangle BAD \cong \triangle EAD \Rightarrow \angle E = \angle B$

$\left.\begin{array}{l}AE = AB = AC + CD \\ AE = AC + CE\end{array}\right\} \Rightarrow CD = CE \Rightarrow \angle CDE = \angle E.$

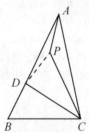

第 6 题图

又 $\angle C = \angle CDE + \angle E$，
∴ $\angle C = 2\angle E = 2\angle B$。

6. 证明：如图所示，作 $\angle BCP$ 的平分线 CD 交 AB 于 D，连 DP，则 $\triangle BCD \cong \triangle PCD$，于是 $BD = PD$。
∵ $AD + PD > AP$，

∴ $AD + BD > AP$，即 $AB > AP$。

7. 证明：如图所示，在 AB 上取 $AE = AC$，连 DE，则

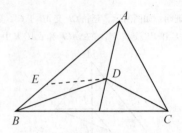

第 7 题图

$\triangle ADE \cong \triangle ADC$，于是 $DE = DC$，$AE = AC$。
∵ $BE > BD - DE$，即 $BE > BD - DC$，
又 $BE = AB - AC$，
故 $AB - AC > BD - DC$。

8. 证明：如图所示，延长 AE，AF 交 BC 于 G，H，则

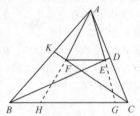

第 8 题图

∵ $\angle ABE = \angle GBE$，$\angle ACF = \angle HCF$，且 $BE \perp AG$，$CF \perp AH$，BE 为 $\triangle ABE$ 与 $\triangle GBE$ 的公共边，CF 为 $\triangle CAF$ 与 $\triangle CHF$ 的公共边，
∴ Rt$\triangle ABE \cong$ Rt$\triangle GBE$，$AE = EG$，Rt$\triangle CAF \cong$ Rt$\triangle CHF$，$AF = FH$，即 E，F 分别是 AG，AH 的中点，
∴ $EF \parallel GH$ 即 $EF \parallel BC$。

9. 解：延长 DA，CB 交于 D'，则

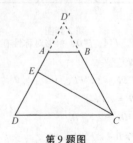

第 9 题图

∵ CE 平分 ∠BCD, CE⊥DD', CE 公共,
∴ Rt△CED≌Rt△CED'.
于是有 ED = ED'.
又 DE = 2AE,
∴ $\dfrac{D'A}{D'D} = \dfrac{1}{4}$.

由 AB∥CD 可得 △D'AB∽△D'DC,
∴ $\dfrac{S_{\triangle D'AB}}{S_{\triangle D'DC}} = \dfrac{D'A^2}{D'D^2} = \dfrac{1}{16}$.

设 $S_{\triangle D'AB} = k$,则 $S_{\triangle D'DC} = 16k$,
$S_{\triangle EDC} = S_{\triangle ED'C} = 8k$,$S_{四边形ABCE} = 8k - k = 7k$.
故 $\dfrac{S_{四边形ABCE}}{S_{\triangle CED}} = \dfrac{7k}{8k} = \dfrac{7}{8}$.

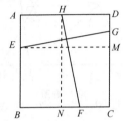

第 10 题图

10. 证明:过 E 作 EM∥BC 且交 CD 于 M,过 H 作 HN∥BA 且交 BC 于 N,则
∵ EM = BC = AB = HN,
∠HNF = ∠EMG = 90°
又 EG⊥HF,EM⊥HN,
∴ ∠GEM = ∠FHN,
∴ Rt△EMG≌Rt△HNF.
故 EG = HF.
注:也可将 EG 平移到 BM,HF 平移到 AN,证 △ABN 与 △BCM 全等.

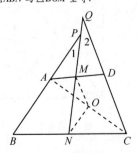

第 11 题图

11. 证明:连对角线 AC,并取 AC 的中点 O,再连 OM,ON,则
∵ $OM \underline{\underline{\parallel}} \dfrac{1}{2} CD$,∴ ∠2 = ∠NMO.
又 $ON \underline{\underline{\parallel}} \dfrac{1}{2} AB$,∴ ∠1 = ∠MNO.
但 AB = CD,∴ OM = ON,
∴ ∠NMO = ∠MNO.
故 ∠1 = ∠2.

12. 证明:连 EF,延长 CB 到 G,使 BG = EF,连 GF,又过 F 作 FH⊥BC 交 BC 于 H,作 FD∥AC 交 BC 于 D,则

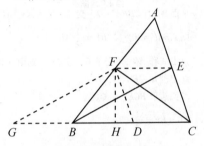

第 12 题图

∵ E,F 分别为 AC,AB 的中点
∴ $\left.\begin{array}{l} EF\parallel BC \Rightarrow EF\parallel BG \\ BG = EF \end{array}\right\}\Rightarrow FGBE$ 为平行四边形⇒BE = GF.

$\left.\begin{array}{l} EF\parallel BC \\ FD\parallel AC \end{array}\right\}$ FDCE 为平行四边形⇒
$\begin{cases} FD = EC = \dfrac{1}{2}AC, \\ CD = EF = BG. \end{cases}$

$\left.\begin{array}{l} FB = \dfrac{1}{2}AB \\ FD = \dfrac{1}{2}AC \\ AB > AC \end{array}\right\}\Rightarrow \left.\begin{array}{l} FB > FD \\ FH\perp BD \end{array}\right\}\Rightarrow BH > HD.$

而 GH = GB + BH,HC = CD + HD,
∴ $\left.\begin{array}{l} GH > HC \\ FH\perp GC \end{array}\right\}\Rightarrow GF > CF.$

故 BE > CF.

13. 解:过点 B 在平面 N 内作 l∥CD,则 ∠ABG 是异面直线 AB 与 CD 所成的角,如图所示,在平面 M 内作 AE⊥CD 交 CD 于 E,则 AE⊥平面 N 连 EB,则 ∠ABE = 30°。同样,在

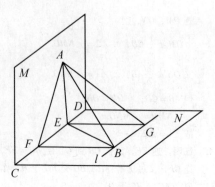

第13题图

平面 N 内作 $BF\perp CD$，交 CD 于 F，连 AF，则 $\angle BAF=30°$，$\therefore BF=\dfrac{1}{2}AB$.

过点 A 作 $AG\perp l$ 交于 G，连 EG，则由三垂线定理知，$EG\perp l$，

$\therefore$ 四边形 $BGEF$ 是矩形，

$EG=BF=\dfrac{1}{2}AB$.

又 $AE\perp EG$，$AE=\dfrac{1}{2}AB$，

$\therefore AG=\dfrac{\sqrt{2}}{2}AB$.

于是有 $\sin\angle ABG=\dfrac{AG}{AB}=\dfrac{\sqrt{2}}{2}$，

$\therefore \angle ABG=45°$.

故异面直线 AB，CD 所成的角是 $45°$.

14. 解：如图所示，作 $AA'\perp$ 平面 M 于点 A'，$BB'\perp$ 平面 M 于点 B'，则

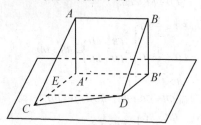

第14题图

$AA'=BB'=h$，$\angle ACA'=\alpha$，$\angle BDB'=\beta$，

$\therefore A'C=AA'\operatorname{ctg}\alpha=h\operatorname{ctg}\alpha$，

$B'D=BB'\operatorname{ctg}\beta=h\operatorname{ctg}\beta$.

过 D 作 $DE/\!/A'B'$ 交 $A'C$ 于点 E.

$\because AC\perp AB$，且 $AB/\!/A'B'/\!/DE$，$\therefore AC\perp DE$.

又 $\because A'C$ 为平面 M 的斜线 AC 在 M 内的射影，$DE\subset$ 平面 M，由三垂线定理的逆定理知 $A'C\perp DE$，同理 $B'D\perp DE$，

$\therefore A'C/\!/B'D$.

在 Rt $\triangle DEC$ 中，$CD=\sqrt{CE^2+DE^2}=\sqrt{h^2(\operatorname{ctg}\alpha-\operatorname{ctg}\beta)^2+a^2}$.

若 C，D 两点在 AB 的异侧，则

$CD=\sqrt{h^2(\operatorname{ctg}\alpha+\operatorname{ctg}\beta)^2+a^2}$.

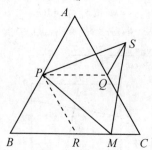

第15题图

15. 证明：连 PQ，PR，则 PQ，PR 为 $\triangle ABC$ 的中位线.

$\because \triangle ABC$ 为等边三角形，

$\therefore PQ=PR$，$\angle QPR=60°$.

又 $\because \triangle PMS$ 也是等边三角形.

$\therefore PS=PM$，$\angle SPM=60°$.

于是有 $\angle RPM=60°-\angle MPQ=\angle QPS$.

$\therefore \triangle PRM\cong \triangle PQS$，故 $RM=QS$.

16. 证明：延长 CD 于 E'，使 $DE'=BE$，连 AE'，则

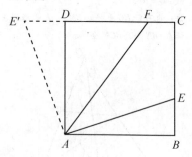

第16题图

$\because DE'=BE$，$AD=AB$，

$\angle ADE'=\angle ABE=90°$，

$\therefore \triangle ADE'\cong \triangle ABE$.，

∴ $AE' = AE$, $\angle E'AD = \angle EAB$.

又 $\angle DAF = \angle EAF$,

∴ $\angle E'AF = \angle BAF$,

但 $\angle BAF = \angle E'FA$,

∴ $\angle E'AF = \angle E'FA$.

于是 $E'A = E'F$.

故 $AE = AE' = E'F = E'D + DF = BE + FD$.

17. 证明：连接 OD, OM, ON. 则

∵ M, N 是圆 O 的切点，

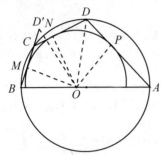

第17题图

∴ $OM \perp BC$, $ON \perp CD$.

且 $OM = ON$, 延长 MC 到 D', 使 $MD' = ND$,

连结 OD', 则 $\triangle OMD' \cong \triangle OND$.

于是 $\angle D' = \angle ODN$.

又 $ND = DP$, ∴ $MD' = DP$.

在四边形 $ABCD$ 中, $\angle ADC + \angle ABC = 180°$,

∴ $\angle ABC = 180° - \angle ADC$.

而 $\angle ADC = \angle ADO + \angle ODN$, $\angle ADO = \angle ODN$,

∴ $\angle ADC = 2\angle ODN$,

∴ $\angle ABC = 180° - 2\angle ODN = 180° - 2\angle D'$.

在 $\triangle BOD'$ 中,

$\angle BOD' = 180° - (\angle D' + \angle ABC)$

$= 180° - [\angle D' + (180° - 2\angle D')] = \angle D'$,

于是有 $BO = BD' = BM + MD' = BM + DP$.

同理可得 $AO = AP + CM$.

故 $AO + BO = AP + CM + BM + DP = (BM + CM) + (AP + DP)$,

即 $AB = BC + AD$.

18. 解：由图可以看出 △BDC 可由 △AEC 以点 C 为旋转中心逆时针旋转而得.

∵ $AC = BC$, $EC = DC$,

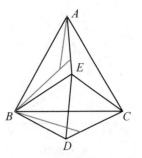

第18题图

$\angle ACE = 60° - \angle BCE = \angle BCD$,

∴ $\triangle AEC \cong \triangle BCD$, $\angle AEC = \angle BDC$,

故 $\angle AEB = 360° - (\angle AEC + \angle BEC)$

$= 360° - (\angle BDC + \angle BEC)$

$= 360° - [(\angle BDE + 60°) + (\angle BED + 60°)] = 360° - [120° + (\angle BDE + \angle BED)]$

$= 360° - [120° + (180° - 62°)] = 122°$.

19. 证明：延长 BC 到 D', 使 $CD' = DE$, 连 AD', 则

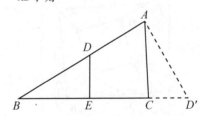

第19题图

∵ $CD' = DE$, $AC = BE$, $\angle BED = \angle ACD' = 90°$, ∴ $\triangle ACD' \cong \triangle BDE$.

于是 $\angle CAD' = \angle CBA$, $AD' = BD = \dfrac{1}{2}$,

∴ $\angle BAD' = \angle BAC + \angle CAD'$

$= \angle BAC + \angle ABC = 90°$.

而 $BD' = BC + CD' = BC + DE = 1$, ∴ $AD' = \dfrac{1}{2}BD'$.

故 $\angle ABC = 30°$.

20. 证明：如图所示，延长 CM 交 BA 的延长线于 E, 则在 △DCM 与 △AEM 中,

∵ $MA = MD$,

$\angle EAM = \angle CDM$, $\angle AME = \angle DMC$,

∴ $\triangle DCM \cong \triangle AEM$, $CM = EM$, $DC = AE$,

∴ $BE = AB + DC$

203

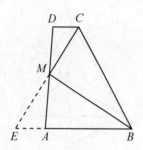

第 20 题图

又 $BC = AB + DC$,

∴ $BC = BE$.

于是 △BCE 为等腰三角形，且 BM 为底边 CE 的中线.

故 $MB \perp MC$.

21. 证明：连 AB_1，M 为 AB_1 的中点，连 BC_1，N 为 BC_1 的中点，连 A_2M，MB_2，B_2N，NC_2，则

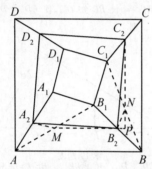

第 21 题图

∵ $B_2M = C_2N = \dfrac{1}{2}AB$,

$A_2M = B_2N = \dfrac{1}{2}A_1B_1$,

又 $A_2M // A_1B_1$，$B_2N // B_1C_1$，$A_1B_1 \perp B_1C_1$，$B_2M // AB$，$C_2N // BC$，$AB \perp BC$，

由此可得 $\angle A_2MB_2 = \angle B_2NC_2$,

∴ △$A_2MB_2 \cong$ △B_2NC_2,

∴ $A_2B_2 = B_2C_2$

延长 MB_2，C_2N 相交于 P，$\angle A_2B_2C_2 = \angle MB_2C_2 - \angle MB_2A_2$.

又 $\angle MB_2C_2 = \angle P + \angle NC_2B_2$,

但 $\angle P$ 是直角，且 $\angle MB_2A_2 = \angle NC_2B_2$,

∴ $\angle A_2B_2C_2$ 是直角

同理可证，$B_2C_2 = C_2D_2 = D_2A_2$.

故 $A_2B_2C_2D_2$ 是正方形.

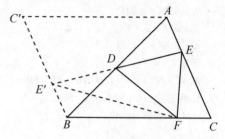

第 22 题图

22. 证明：作关于 D 点的 △ABC 的中心对称图形 △ABC'，其中 C'，E' 分别是 C，E 关于 D 的对称点.

∵ △$ADE \cong$ △BDE',

∴ $S_{\triangle ADE} + S_{\triangle BDF} = S_{\triangle BDE'} + S_{\triangle BDF} = S_{四边形BFDE'}$.

又 ∵ D 是 EE' 的中点，

∴ $S_{\triangle DEF} = S_{\triangle DE'F}$.

故 $S_{\triangle DEF} = S_{\triangle DE'F} \leqslant S_{四边形BFDE'} = S_{\triangle BDF} + S_{\triangle BDE'} = S_{\triangle BDF} + S_{\triangle ADE}$.

23. 证明：如图所示，作 $\angle 1 = \angle 2$，使 $AE =$

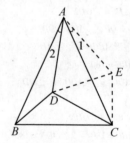

第 23 题图

AD，连 DE，EC，则 △$ABD \cong$ △ACE,

$\angle ADB = \angle AEC$.

∵ $\angle ADB > \angle ADC$,

∴ $\angle AEC > \angle ADC$.

但 $\angle ADE = \angle AED$,

∴ $\angle CED > \angle CDE$,

∴ $DC > CE$.

而 $CE = DB$,

故 $DC > DB$.

24. 证明：如图所示，

∵ DE ∥ BC,

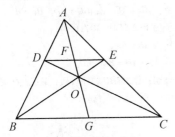

第 24 题图

∴ $\dfrac{DF}{BG} = \dfrac{EF}{GC}$ 或 $\dfrac{BG}{GC} = \dfrac{DF}{EF}$. ①

又∵ DE ∥ BC,

∴ △BOG ∽ △EOF,

∴ $\dfrac{OG}{OF} = \dfrac{BG}{EF}$.

又 △COG ∽ △DOF,

∴ $\dfrac{OG}{OF} = \dfrac{GC}{DF}$,

∴ $\dfrac{BG}{EF} = \dfrac{GC}{DF}$, 即 $\dfrac{BG}{GC} = \dfrac{EF}{FD}$. ②

由①和②得:

$\dfrac{BG}{GC} = \dfrac{GC}{BG}$,

即 $BG^2 = GC^2$,

故 $BG = GC$.

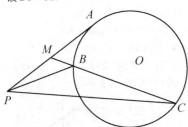

第 25 题图

25. 证明: 如图所示, ∵ PA 切圆 O 于 A,

∴ $MA^2 = MB \cdot MC$.

又 PM = MA,

∴ $PM^2 = MB \cdot MC$,

即 $\dfrac{PM}{MC} = \dfrac{MB}{PM}$.

而 ∠CMP = ∠PMB,

∴ △PMB ∽ △CMP,

故 ∠MPB = ∠MCP.

26. 证明: 连 OD, 则 OD ⊥ AD.

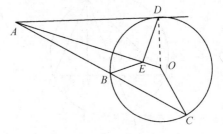

第 26 题图

∵ DE ⊥ AO,

∴ $AD^2 = AE \cdot AO$.

又 $AD^2 = AB \cdot AC$,

∴ $AE \cdot AO = AB \cdot AC$,

即 $\dfrac{AE}{AB} = \dfrac{AC}{AO}$.

而 ∠EAB = ∠CAO,

∴ △EAB ∽ △CAO,

故 ∠AEB = ∠ACO.

27. 证明: ∵ MQ 切圆于 Q,

∴ $MQ^2 = MA \cdot MB$.

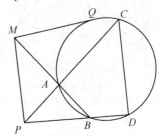

第 27 题图

而 MP = MQ,

∴ $MP^2 = MA \cdot MB$,

即 $\dfrac{MP}{MA} = \dfrac{MB}{MP}$.

又 ∠PMA = ∠BMP,

∴ △MPA ∽ △MBP,

∠MPA = ∠MBP.

但 ∠MBP = ∠ACD = ∠PCD,

∴ ∠MPC = ∠MPA = ∠PCD.

故 CD ∥ MP.

28. 证明: 如图所示, AD ⊥ BC 于 D, AE 为 △ABC 的外接圆的直径, 连 BE.

在 △ABE 和 △ADC 中,

205

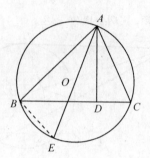

第 28 题图

$\angle ABE = 90° = \angle ADC$,

$\angle E = \angle C$,

$\therefore \triangle ABE \backsim \triangle ADC$.

故 $AB:AD = AE:AC$,

即 $AB \cdot AC = AD \cdot AE$.

29. 证明：作 $AE \perp BD$ 于 E, $CF \perp BD$ 于 F (如图所示). 设圆的直径为 d, 则由

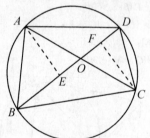

第 29 题图

$AB \cdot AD = AE \cdot d$, $CB \cdot CD = CF \cdot d$,

$\therefore AB \cdot AD : CB \cdot CD = AE : CF$.

但由 $Rt \triangle AEO \backsim Rt \triangle CFO$ 有

$AE : CF = OA : OC$,

故 $AB \cdot AD : CB \cdot CD = OA : OC$.

30. 证明：作 $AE \perp CD$ 于 E, $BF \perp CD$ 于 F(如图所示).

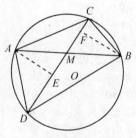

第 30 题图

设圆 O 的直径为 d, 根据第 28 题的结论有：

$AC \cdot AD = AE \cdot d$, $BC \cdot BD = BF \cdot d$.

但由 $Rt \triangle AEM \cong Rt \triangle BFM$,

可得 $AE = BF$,

故 $AC \cdot AD = BC \cdot BD$.

31. 证明：作 $\triangle ABC$ 的外接圆, 延长 AD 交外接圆于 E, 连 EC, 则

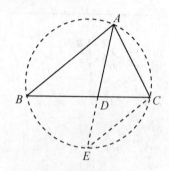

第 31 题图

$\because AE$ 为 $\angle A$ 的平分线,

$\therefore \angle BAD = \angle EAC$.

又 $\angle ABD = \angle AEC$,

$\therefore \triangle ABD \backsim \triangle AEC$,

$\therefore AB : AE = AD : AC$

即 $AB \cdot AC = AD \cdot AE = AD(AD + DE)$

$= AD^2 + AD \cdot DE$.

然而 $AD \cdot DE = BD \cdot CD$,

$\therefore AB \cdot AC = AD^2 + BD \cdot CD$,

即 $AD^2 = AB \cdot AC - BD \cdot CD$.

32. 证明：延长 DC 交圆 O 于 F, 连 DO 且延长交圆 O 于 G, 再连 FG.

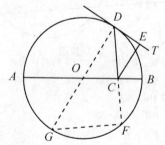

第 32 题图

$\because AC \cdot CB = CD \cdot CF$,

$\therefore AC \cdot CB + CD^2$

$= CD \cdot CF + CD^2$
$= CD(CF + CD) = CD \cdot DF.$ ①
又 $\angle F = 90° = \angle CED$, $\angle G = \angle CDE$,
∴ Rt△DFG∽Rt△CED,
∴ $DF:CE = DG:CD$ 即 $CD \cdot DF = CE \cdot DG = CE \cdot AB.$ ②
由①和②得: $AC \cdot CB + CD^2 = CE \cdot AB.$

33. 证明: 连接 AO 且延长交圆 O 于 H, 连 BH, 则

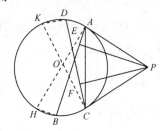

第33题图

$\angle ABH = 90° = \angle PEA,$
$\angle AHB = \angle PAE,$
∴ Rt△ABH∽Rt△PEA,
∴ $PA:AH = PE:AB.$
同样, 连 CO 且延长交圆 O 于 K, 连 DK, 则
$PF:CD = PC:CK.$
又 ∵ $PA = PC$, $AH = CK$,
故 $PE:AB = PF:CD$, 即 $PE:PF = AB:CD.$

34. 证明: 如图所示, 作 $OM//AB$ 交 BC 于 M, 则

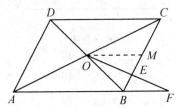

第34题图

$OM = \frac{1}{2}AB$, $BM = \frac{1}{2}BC.$
且 △OME∽△FBE,
∴ $\frac{OM}{BF} = \frac{ME}{BE}$,
$\frac{\frac{1}{2}AB}{BF} = \frac{\frac{1}{2}BC - BE}{BE}$, 即 $\frac{AB}{BF} = \frac{BC - 2BE}{BE}$,

∴ $AB \cdot BE = BC \cdot BF - 2BE \cdot BF,$
即 $BE(AB + 2BF) = BC \cdot BF.$

35. 证明: 设 AD 的中点为 N, 连 $MN.$
令 $\angle MHD = \alpha$, $\angle MND = \beta.$
∵ $AD \perp BC$, $BH \perp AC$,
∴ △ADC 与 △BDH 都为直角三角形.

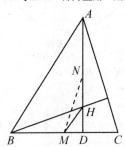

第35题图

又 $\angle C + \angle CAD = 90°$, $\angle C + \angle HBD = 90°$,
∴ $\angle CAD = \angle HBD$,
∴ Rt△ADC∽Rt△BDH,
$AD:BD = DC:DH$, 即 $BD \cdot DC = AD \cdot DH.$
又 tg$\beta = \frac{MD}{ND}$, ∴ tg$2\beta = \frac{2\text{tg}\beta}{1 - \text{tg}^2\beta}$

$= \frac{\frac{2MD}{ND}}{1 - \frac{MD^2}{ND^2}} = \frac{2MD \cdot ND}{ND^2 - MD^2}.$

但 $ND^2 = MC^2 = (MD + DC)^2 = MD^2 + (2MD + DC)DC$
$= MD^2 + (2MD + BM - MD)DC$
$= MD^2 + BD \cdot DC,$
$2ND = AD,$
∴ tg$2\beta = \frac{2MD \cdot ND}{BD \cdot DC} = \frac{AD \cdot MD}{AD \cdot DH} = \frac{MD}{DH} = tg\alpha.$
而 α 和 β 都是锐角,
∴ $\alpha = 2\beta.$
由此可知, $\angle HMN = \angle HNM = \beta$, ∴ $HM = HN.$
故 $MH + HD = HN + HD = \frac{1}{2}AD = \frac{1}{2}BC$(定值).

36. 证明: 如图所示, 作 $OM \perp AB$ 于 M, $ON \perp CD$ 于 N,
则 OM 平分 $\angle AOB$, ON 平分 $\angle COD.$

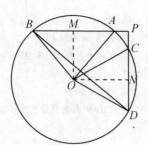

第36题图

设 $\angle AOB = 2\alpha$，$\angle COD = 2\beta$，

则 $\angle BOM = \angle MOA = \alpha$，

$\angle CON = \angle NOD = \beta$。

而四边形 $PMON$ 为矩形，

∴ $\angle AOC = \angle MON - \angle MOA - \angle CON$

$= 90° - (\alpha + \beta)$，

$\angle BOD = \angle MON + \angle BOM + \angle DON = 90° + (\alpha + \beta)$，

∴ $\angle AOC + \angle BOD = 180°$。

又 ∵ $OB = OA$，$OD = OC$，故 $S_{\triangle AOC} = S_{\triangle BOD}$。

37. 证明：(1) ∵ $S_{\triangle AOF} = S_{\triangle FOB} = \frac{1}{2}S_{\triangle AOB}$，

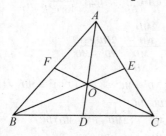

第37题(1)图

$S_{\triangle BOD} = S_{\triangle DOC} = \frac{1}{2}S_{\triangle BOC}$，

$S_{\triangle COE} = S_{\triangle EOA} = \frac{1}{2}S_{\triangle COA}$，

又 ∵ $OD = \frac{1}{2}OA$，

∴ $S_{\triangle BOD} = \frac{1}{2}S_{\triangle AOB}$，$S_{\triangle DOC} = \frac{1}{2}S_{\triangle COA}$。

故 $S_{\triangle AOF} = S_{\triangle FOB} = S_{\triangle BOD} = S_{\triangle DOC} = S_{\triangle COE} = S_{\triangle EOA}$。

(2) 如图所示，取 OB 的中点 M。连 MD，

则 $OM = \frac{1}{3}BE$。

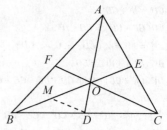

第37题(2)图

$OD = \frac{1}{3}AD$，$MD = \frac{1}{2}OC = \frac{1}{3}CF$。

设由 AD，BE，CF 边为构成的三角形的面积为 S，则 $S_{\triangle OMD} = \frac{1}{9}S$。

而 $S_{\triangle OMD} = \frac{1}{2}S_{\triangle BOD}$，

由(1)知 $S_{\triangle BOD} = \frac{1}{6}S_{\triangle ABC}$，

∴ $S_{\triangle OMD} = \frac{1}{12}S_{\triangle ABC}$。

故 $\frac{1}{9}S = \frac{1}{12}S_{\triangle ABC}$ 即 $S = \frac{3}{4}S_{\triangle ABC}$。

38. 证明：如图所示，

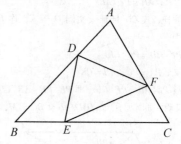

第38题图

∴ $\dfrac{S_{\triangle DBE}}{S_{\triangle ABC}} = \dfrac{DB \cdot BE}{AB \cdot BC} = \dfrac{\frac{2}{3}AB \cdot \frac{1}{3}BC}{AB \cdot BC} = \dfrac{2}{9}$，

即 $S_{\triangle DBE} = \frac{2}{9}S_{\triangle ABC}$，

同理 $S_{\triangle ECF} = \frac{2}{9}S_{\triangle ABC}$，

$S_{\triangle FAD} = \frac{2}{9}S_{\triangle ABC}$，

故 $S_{\triangle DEF}$

$= S_{\triangle ABC} - S_{\triangle DBE} - S_{\triangle ECF} - S_{\triangle FAD}$

$= (1 - \frac{2}{9} - \frac{2}{9} - \frac{2}{9})S_{\triangle ABC}$

$= \frac{1}{3} S_{\triangle ABC}.$

39. 证明：(1) $\triangle ABC$ 与 $\triangle ABD$ 在 AB 的反侧时，设 AB，CD 的交点为 O，

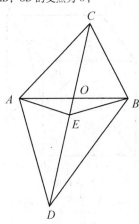

第 39 题(1)图

则 $S_{\triangle ABE} = S_{\triangle AEO} + S_{\triangle OEB}.$

但 $S_{\triangle AEO} = S_{\triangle ADO} - S_{\triangle ADE}$

$= S_{\triangle ADO} - S_{\triangle AEC}$

$= S_{\triangle ADO} - (S_{\triangle ACO} + S_{\triangle AEO}),$

∴ $S_{\triangle AEO} = \frac{1}{2}(S_{\triangle ADO} - S_{\triangle ACO}).$

同理 $S_{\triangle OEB} = \frac{1}{2}(S_{\triangle ODB} - S_{\triangle COB}),$

故 $S_{\triangle ABE} = \frac{1}{2}[(S_{\triangle ADO} + S_{\triangle ODB}) - (S_{\triangle AOC} + S_{\triangle COB})] = \frac{1}{2}(S_{\triangle ABD} - S_{\triangle ABC}).$

(2) $\triangle ABC$ 与 $\triangle ABD$ 在 AB 的同侧时，过 C，E 分别作 CF，EG 平行 AB 交 BD 于 F，G，连 AF，AG.

则 $S_{\triangle ABE} = S_{\triangle ABG} = S_{\triangle ABD} - S_{\triangle AGD}.$

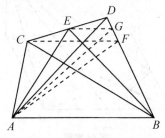

第 39 题(2)图

$\left.\begin{array}{r} EG \parallel AB \\ 但 CF \parallel AB \end{array}\right\} EG \parallel CF \Big\} G$ 为 FD 的中点，
E 为 CD 的中点

∴ $S_{\triangle AGD} = S_{\triangle AFG} = \frac{1}{2} S_{\triangle AFD}.$

而 $S_{\triangle AFD} = S_{\triangle ABD} - S_{\triangle ABF}$

$= S_{\triangle ABD} - S_{\triangle ABC},$

∴ $S_{\triangle AGD} = \frac{1}{2}(S_{\triangle ABD} - S_{\triangle ABC}).$

故 $S_{\triangle ABE} = S_{\triangle ABD} - \frac{1}{2}(S_{\triangle ABD} - S_{\triangle ABC})$

$= \frac{1}{2}(S_{\triangle ABD} + S_{\triangle ABC}).$

40. 已知：$\triangle EFG$ 和四边形 $ABCD$，如图所示，$AC = FG$，$BD = EG$，且 $\angle BOC = \angle EGF$。求证：$S_{\triangle EFG} = S_{\text{四边形} ABCD}$

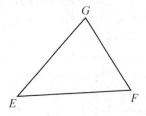

第 40 题(1)图

证明：延长 OB 至 M，使 $OM = BD.$
延长 OC 至 N，使 $ON = AC.$

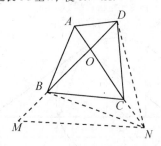

第 40 题(2)图

连 MN，BN，DN，则 $\triangle OMN \cong \triangle GEF$，
$S_{\triangle NBM} = S_{\triangle NDO},$
$S_{\triangle DCN} = S_{\triangle DAO},\ S_{\triangle BNC} = S_{\triangle BOA},$

∴ $S_{\triangle GEF} = S_{\triangle OMN} = S_{\triangle OBN} + S_{\triangle BMN}$

$= S_{\triangle OBN} + S_{\triangle OND} = S_{\triangle BND} = S_{\triangle BCD} + S_{\triangle BCN} + S_{\triangle DCN}$

$= S_{\triangle BCD} + S_{\triangle ABO} + S_{\triangle DAO} = S_{\text{四边形} ABCD}.$

209

41. 证明：如图所示，延长 DE，PN 相交于 H，又过 C 作 BA 的平行线与 DE，MN 的延长线交于 K，L。

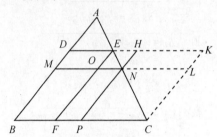

第 41 题图

则 $\because P$ 为 BC 的中点，$BM \parallel PN \parallel CL$，

$\therefore N$ 为 ML 的中点，

$\therefore S_{\square DMNH} = S_{\square HNLK}$。

而在 $\square EFCK$ 中，N 为对角线 EC 上一点，且 $OL \parallel EK$，$HN \parallel EF$，

$\therefore S_{\square OFPN} = S_{\square HNLK}$，

$\therefore S_{\square OFPN} = S_{\square DMNH}$。

但 $S_{\square BPNM} - S_{\square BFED}$

$= S_{\square OFPN} - S_{\square DMOE}$

$= S_{\square DMNH} - S_{\square DMOE}$

$= S_{\square EONH}$，

又 $S_{\square EONH} = 2S_{\triangle EON}$，

故 $S_{\square BPNM} - S_{\square BFED} = 2S_{\triangle EON}$。

42. 证明：在 $\triangle PAB$ 和 $\triangle PAC$ 中．

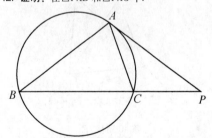

第 42 题图

$\left. \begin{array}{l} \angle B = \angle PAC \\ \angle P \text{ 公共} \end{array} \right\} \Rightarrow \triangle PAB \sim \triangle PCA \Rightarrow \dfrac{S_{\triangle PAB}}{S_{\triangle PCA}} = \dfrac{AB^2}{AC^2}$，（1）

又 $\triangle PAB$ 与 $\triangle PCA$ 有同高，

$\therefore \dfrac{S_{\triangle PAB}}{S_{\triangle PCA}} = \dfrac{PB}{PC}$。（2）

由①和②得：

$PB : PC = AB^2 : AC^2$。

43. 解：设 B_1 到平面 EFG 的距离为 h，

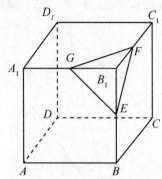

第 43 题图

则 $\dfrac{1}{3} S_{\triangle EFG} \cdot h = \dfrac{1}{3} S_{\triangle B_1 EF} \cdot B_1 G$，

即 $h \cdot S_{\triangle EFG} = B_1 G \cdot S_{\triangle B_1 EF}$，

$S_{\triangle EFG} = \dfrac{\sqrt{3}}{4} \left(\dfrac{1}{4} a^2 + \dfrac{1}{4} a^2 \right) = \dfrac{\sqrt{3}}{8} a^2$，

$S_{\triangle B_1 EF} = \dfrac{1}{2} \times \dfrac{1}{2} a \times \dfrac{1}{2} a = \dfrac{1}{8} a^2$，

$B_1 G = \dfrac{1}{2} a$，

$\therefore h = \dfrac{B_1 G \cdot S_{\triangle B_1 EF}}{S_{\triangle EFG}} = \dfrac{\dfrac{1}{2} a \times \dfrac{1}{8} a^2}{\dfrac{\sqrt{3}}{8} a^2} = \dfrac{\sqrt{3}}{6} a$，

即 B_1 到平面 EFG 的距离为 $\dfrac{\sqrt{3}}{6} a$。

44. 解：如图所示，连 BF 和 BG，再连 AC，交 EF 于 H，连 GH。

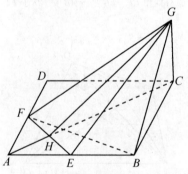

第 44 题图

设 B 到平面 EFG 的距离为 h，

· 210 ·

则 $\bar{V}_{B-EFG} = \bar{V}_{G-BEF}$,

即 $\frac{1}{3} S_{\triangle EFG} \cdot h$

$= \frac{1}{3} S_{\triangle BEF} \cdot GC$, $S_{\triangle EFG} = \frac{1}{2} EF \cdot GH$

$= \frac{1}{2} \cdot 2\sqrt{2} \cdot \sqrt{22}$

$= 2\sqrt{11}$,

$S_{\triangle BEF} = \frac{1}{2} BE \cdot AF = \frac{1}{2} \times 2 \times 2 = 2$,

$GC = 2$.

∴ $\frac{1}{3} \times 2\sqrt{11} h = \frac{1}{3} \times 2 \times 2$.

故 $h = \frac{2\sqrt{11}}{11}$.

45. 解：取 AB 的中点 G，连 A_1G，FG，GE，GD. ∵ $FG // A_1D_1$，∴ $FG //$ 平面 A_1ED_1，

∴ $\bar{V}_{F-A_1ED_1} = \bar{V}_{G-A_1ED_1} = \bar{V}_{D_1-A_1GE}$

A_1D_1 是三棱锥 D_1-A_1EG 的高，$A_1D_1 = AA_1$

$= 2$.

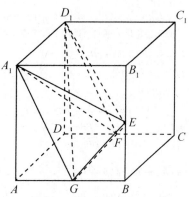

第 45 题图

在正方形 A_1ABB_1 中,

$S_{\triangle A_1GE} = S_{正方形A_1ABB_1} - 2S_{\triangle A_1AG} - S_{\triangle GBE}$

$= \frac{3}{2}$,

∴ $\bar{V}_{F-A_1ED_1} = \bar{V}_{D_1-A_1GE}$

$= \frac{1}{3} A_1D_1 \times S_{\triangle A_1GE} = \frac{1}{3} \times 2 \times \frac{3}{2} = 1$.

习　题　五

1. 证明：如图所示，连 CO，BO 并延长交 AB，AC 分别于 G，E，则 $CG \perp AB$，$BE \perp AC$.

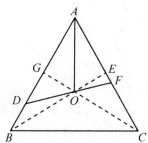

第 1 题图

设 $OG = OE = X$，则 $AB = AC = 2\sqrt{3}X$，

$AG = AE = \sqrt{3}X$.

在 Rt△DOG 中，$DG = \sqrt{9-X^2}$.

在 Rt△EOF 中，$FE = \sqrt{4-X^2}$.

连接 AO，则 AO 是 $\angle A$ 的平分线，由三角形内角平分线性质得

$\frac{\sqrt{3}X + \sqrt{9-X^2}}{\sqrt{3}X + \sqrt{4-X^2}} = \frac{3}{2}$,

解之得 $X = \frac{3\sqrt{21}}{7}$,

∴ 正三角形的边长 $= 2\sqrt{3}X = \frac{18\sqrt{7}}{7}$.

2. 证明：如图所示，由题意知 PA 和 PC 是一元二次方程

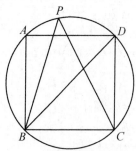

第 2 题图

$X^2 - \sqrt{2}PB \cdot X + PB^2 - AB^2 = O$ 的两个根，于是原问题转化为证明下列两个等式成立：
$PA^2 - \sqrt{2}PB \cdot PA + PB^2 - AB^2 = O$,
$PC^2 - \sqrt{2}PB \cdot PC + PB^2 - AB^2 = O$.
在 $\triangle APB$ 中，
$AB^2 = PA^2 + PB^2 - 2PA \cdot PB\cos\angle APB$
$= PA^2 + PB^2 - 2PA \cdot PB\cos\angle ADB$
$= PA^2 + PB^2 - 2PA \cdot PB\cos 45°$
$= PA^2 + PB^2 - 2PA \cdot PB \cdot \dfrac{\sqrt{2}}{2}$
$= PA^2 + PB^2 - \sqrt{2}PA \cdot PB$,
即 $PA^2 - \sqrt{2}PB \cdot PA + PB^2 - AB^2 = O$.
同理，在 $\triangle PBC$ 中，可证得
$PC^2 - \sqrt{2}PB \cdot PC + PB^2 - AB^2 = O$.
故 $PA + PC = \sqrt{2}PB$，$PA \cdot PC = PB^2 - AB^2$.

3. 证明：建立直角坐标系，如图所示，设 $\vec{BP}$ 对应 $a+bi$，$\vec{BA}$ 对应 $c+di$.

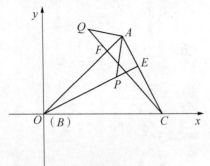

第 3 题图

$\because BP \perp AC$，$BP = AC$，即 $\vec{BP}$ 旋转 $90°$ 得 $\vec{CA}$，
$\therefore \vec{CA}$ 对应的复数为 $(a+bi) \cdot i = -b + ai$.
同理，$\vec{CQ}$ 对应的复数是
$(c+di) \cdot i = -d + ci$.
$\therefore \vec{AQ} = \vec{AC} + \vec{CQ}$ 对应的复数是 $(b - ai) + (-d + ci)$
$= (b - d) + (c - a)i$.
而 $\vec{PA} = \vec{PB} + \vec{BA}$ 对应的复数是
$(-a - bi) + (c + di)$
$= (c - a) - (b - d)i$.
又 $\because [(c-a) - (b-d)i] \cdot i = (b-d) + (c-a)i$.

说明 $\vec{AQ}$ 与 $\vec{PA}$ 对应复数的幅角相差 $90°$，故 $AQ \perp PA$.

4. 证明：取三角形相重合的外心，重心为原点适当建立坐标系，以复数 z_1, z_2, z_3 表示三角形的顶点，由于 O 是外心.
$\therefore |z_1| = |z_2| = |z_3|$.
设 $|z_1| = |z_2| = |z_3| = 1$,
$\because O$ 为重心，
$\therefore \dfrac{1}{3}(z_1 + z_2 + z_3) = 0$，即 $z_1 + z_2 + z_3 = 0$,
$z_1 + z_2 = -z_3$,
$\therefore |z_3|^2 = |z_1 + z_2|^2 = (z_1 + z_2)(\bar{z_1} + \bar{z_2})$
$= |z_1|^2 + |z_2|^2 + z_1\bar{z_2} + \bar{z_1}z_2 +$
$\bar{z_1}z_2 = -1$.
于是 $|z_1 - z_2|^2 = (z_1 - z_2)(\bar{z_1} - \bar{z_2})$
$= |z_1|^2 + |z_2|^2 - (z_1\bar{z_2} + \bar{z_1}z_2) = 3$,
$\therefore |z_1 - z_2| = \sqrt{3}$.
同理可证，$|z_2 - z_3| = |z_3 - z_1| = \sqrt{3}$.
故 z_1, z_2, z_3 在复平面上构成正三角形.

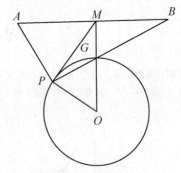

第 5 题图

5. 证明：设 O，A，B 所表示的复数顺次为 z_0, z_1, z_2，点 P 表示的复数为 z，且设 $PA^2 + PB^2 = L$. 如图所示，由复数的公式
$|z_1 + z_2|^2 + |z_1 - z_2|^2$
$= 2|z_1|^2 + 2|z_2|^2$ 推知
$L = |z - z_1|^2 + |z - z_2|^2$
$= \dfrac{1}{2}[|(z - z_1) + (z - z_2)|^2 + |(z - z_1) - (z - z_2)|^2]$
$= \dfrac{1}{2}[|2z - z_1 - z_2|^2 + |z_2 - z_1|^2]$.

要 L 最小, 则要 $|2z-z_1-z_2|$ 最小, 而

$|z-\frac{z_1+z_2}{2}|=|(\frac{z_1+z_2}{2}-z_0)-(z-z_0)|\geq$

$|\frac{z_1+z_2}{2}-z_0|-|z-z_0|$,

$|z-\frac{z_1+z_2}{2}|=|PM|$, $|\frac{z_1+z_2}{2}-z_0|=$

$|OM|$.

若 OM 和圆交于 G, 则 $|z-z_0|=|OP|=$
$|OG|$,

∴ $|PM|\geq|OM|-|OG|=|GM|$.

说明 $|GM|$ 是 $|PM|$ 的最小值, 故 L 最小
时 P 与 G 重合.

即 P 在 O, M 的连线上.

6. **解:** (1) 如图所示.

∵ $AQ=a-y$, $\angle A=60°$,

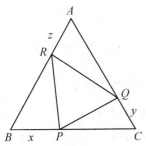

第6题图

∴ $S_{\triangle AQR}=\frac{1}{2}(a-y)z\sin60°$

$=\frac{\sqrt{3}}{4}(a-y)z$.

同理, $S_{\triangle BRP}=\frac{\sqrt{3}}{4}(a-z)x$,

$S_{\triangle CPQ}=\frac{\sqrt{3}}{4}(a-x)y$,

∴ $S=\frac{\sqrt{3}}{4}a^2-\frac{\sqrt{3}}{4}[(a-y)z+(a-z)x+(a-x)y]$.

$=\frac{\sqrt{3}}{4}[a^2-a(x+y+z)+(yz+zx+xy)]$.

又∵ $x+y+z=a$,

故 $S=\frac{\sqrt{3}}{4}(yz+zx+xy)$.

(2) ∵ $x^2+y^2+z^2-yz-zx-xy$

$=\frac{1}{2}[(y-z)^2+(z-x)^2+(x-y)^2]$

≥ 0,

∴ $yz+zx+xy\leq x^2+y^2+z^2$. ①

又∵ $x^2+y^2+z^2+2(yz+zx+xy)=a^2$,

∴ $x^2+y^2+z^2=a^2-2(yz+zx+xy)$. ②

由①和②得, $3(yz+zx+xy)\leq a^2$,

∴ $S\leq \frac{\sqrt{3}}{4}\cdot\frac{a^2}{3}=\frac{\sqrt{3}}{12}a^2$ 这里等号当且仅当①
式的等号成立, 即 $x=y=z$ 时成立, 故 S_{max}
$=\frac{\sqrt{3}}{12}a^2$.

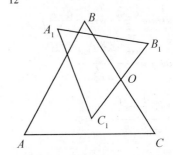

第7题图

7. **证明:** 以 O 为原点构造复平面, 设 B 和 B_1
对应的复数为 z 和 z_1, 则 A 和 A_1 对应的复数
为 $\sqrt{3}zi$, $\sqrt{3}z_1i$,

∴ $\overrightarrow{AA_1}$ 对应的复数为 $\sqrt{3}(z_1-z)i$

$\overrightarrow{BB_1}$ 对应的复数为 z_1-z,

故 $AA_1\perp BB_1$, 且 $\frac{|AA_1|}{|BB_1|}=\sqrt{3}$.

8. **证明:** 如图所示, 设圆 O 与 AC 切于 G, 连
OG 和 OA. 则

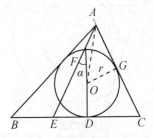

第8题图

$\angle AOF=\pi-\angle AOG-\angle GOD$

$=\pi-(\frac{\pi}{2}-\frac{A}{2})-(\pi-C)$

213

$$= C + \frac{A}{2} - \frac{\pi}{2} = \frac{C-B}{2}.$$

设 $\angle EFD = \alpha$，则在 $\triangle AOF$ 中

$$\frac{r}{\sin(\alpha - \frac{C-B}{2})} = \frac{AO}{\sin\alpha}. \qquad ①$$

在 Rt$\triangle AOG$ 中，

$$AO = \frac{r}{\sin\frac{A}{2}} = \frac{r}{\cos\frac{B+C}{2}}. \qquad ②$$

将②代入①，整理得

$$\sin\alpha\cos\frac{B+C}{2} = \sin(\alpha - \frac{C-B}{2})$$
$$= \sin\alpha\cos\frac{C-B}{2} - \cos\alpha\sin\frac{C-B}{2},$$

$$\therefore \operatorname{ctg}\alpha = \frac{\cos\frac{C-B}{2} - \cos\frac{B+C}{2}}{\sin\frac{C-B}{2}}$$

$$= \frac{2\sin\frac{B}{2}\sin\frac{C}{2}}{\sin\frac{C-B}{2}} \cdot \frac{\sin\frac{A}{2}}{\sin\frac{A}{2}}$$

$$= \frac{r}{R \cdot 2\sin\frac{C-B}{2}\cos\frac{C+B}{2}} = \frac{2r}{2R(\sin C - \sin B)}$$

$$= \frac{2r}{c-b}.$$

$\therefore \operatorname{ctg}\alpha = \frac{2r}{ED}$，$\therefore ED = c - b$.

故 $BE = BD - ED = (p-b) - (c-b) = p - c = CD$.

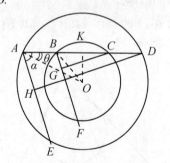

第9题图

注：这里 a, b, c 分别为 $\triangle ABC$ 三边的长，$P = \frac{1}{2}(a+b+c)$，R 为外接圆半径。

9. 证明：如图所示，连 AO，作 $OK \perp AD$，K 为垂

足．设 $\angle EAD = \angle FBC = \alpha$．
$\angle OAK = \theta$，大圆半径为 R，则
$EH = AE - AH = 2R\cos(\alpha - \theta) - AD\cos\alpha$
$= 2R\cos(\alpha - \theta) - 2R\cos\theta\cos\alpha$
$= 2R\sin\alpha\sin\theta = 2KO\sin\alpha.$
同理可证，$FG = BF - BG = 2KO\sin\alpha.$
故 $EH = FG.$

10. 证明：如图所示，连接 AR 和 AQ．设 $BC = a$，$CA = b$，$AB = c$，则

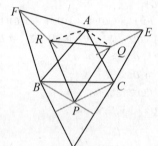

第10题图

$\angle RAQ = 60° + \angle A$,

$AR = \frac{2}{3}c\sin 60° = \frac{\sqrt{3}}{3}c.$

同理 $AQ = \frac{\sqrt{3}}{3}b.$

在 $\triangle RAQ$ 中，

$RQ^2 = AR^2 + AQ^2 - 2AR \cdot AQ\cos\angle RAQ.$

$\therefore RQ^2 = \left(\frac{c}{\sqrt{3}}\right)^2 + \left(\frac{b}{\sqrt{3}}\right)^2 - 2 \cdot \frac{c}{\sqrt{3}} \cdot \frac{b}{\sqrt{3}}\cos$

$(\angle A + 60°)$

$= \frac{1}{3}[b^2 + c^2 - 2bc(\cos\angle A\cos 60° -$

$\sin\angle A\sin 60°)]$

$= \frac{1}{3}(b^2 + c^2 - \frac{b^2 + c^2 - a^2}{2} + \sqrt{3}bc\sin$

$\angle A)$

$= \frac{1}{3}\left(\frac{a^2 + b^2 + c^2}{2} + 2\sqrt{3}S_{\triangle ABC}\right).$

同理可得，

$PQ^2 = \frac{1}{3}\left(\frac{a^2 + b^2 + c^2}{2} + 2\sqrt{3}S_{\triangle ABC}\right)$,

$PR^2 = \frac{1}{3}\left(\frac{a^2 + b^2 + c^2}{2} + 2\sqrt{3}S_{\triangle ABC}\right).$

故 $PQ = QR = RP$，即 $\triangle PQR$ 为正三角形．

11. 证明：如图所示，连 AP，BC. 设 $\angle PCA = $

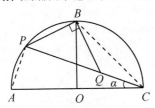

第 11 题图

α. 圆 O 的半径为 R，则 $PA = 2R\sin\alpha$，$PC = 2R\cos\alpha$.

$PC - PA = 2R(\cos\alpha - \sin\alpha)$
$= 2\sqrt{2}R\sin(45° - \alpha)$. ①

$\because \angle BCA = 45°$,

$\therefore PB = 2R\sin(45° - \alpha)$.

又 $\angle BPC = \angle BQP = 45°$,

$\therefore PQ = \sqrt{2}PB = 2\sqrt{2}R\sin(45° - \alpha)$ ②

由①和②得，$PQ = PC - PA$.

12. 证明：如图所示，设 $AB = a$，则 $tg\angle AFB = $

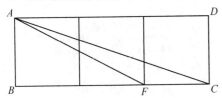

第 12 题图

$\dfrac{a}{2a} = \dfrac{1}{2}$,

$tg\angle ACB = \dfrac{a}{3a} = \dfrac{1}{3}$,

$\therefore tg(\angle AFB + \angle ACB)$

$= \dfrac{tg\angle AFB + tg\angle ACB}{1 - tg\angle AFB tg\angle ACB}$

$= \dfrac{\dfrac{1}{2} + \dfrac{1}{3}}{1 - \dfrac{1}{2} \times \dfrac{1}{3}} = 1$.

$\because \angle AFB$ 和 $\angle ACB$ 为锐角，$\therefore 0° < \angle AFB + \angle ACB < 180°$.

故 $\angle AFB + \angle ACB = 45°$.

13. 证明：如图所示，设 $\angle AOB = 2\varphi$，$OP = a$，$\angle OPA = \theta$. 则在 $\triangle OAP$ 和 $\triangle OBP$ 中，根据正弦定理，有

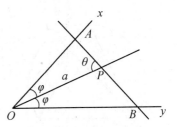

第 13 题图

$\dfrac{OA}{\sin\theta} = \dfrac{a}{\sin\angle OAP} = \dfrac{a}{\sin(\varphi + \theta)}$,

$\dfrac{OB}{\sin(180° - \theta)} = \dfrac{a}{\sin\angle OBP} = \dfrac{a}{\sin(\theta - \varphi)}$.

$\therefore \dfrac{1}{OA} + \dfrac{1}{OB} = \dfrac{\sin(\theta + \varphi)}{a\sin\theta} + \dfrac{\sin(\theta - \varphi)}{a\sin\theta}$

$= \dfrac{2\sin\theta\cos\varphi}{a\sin\theta}$, $= \dfrac{2\cos\varphi}{a} = $ 定值.

14. 证明：如图所示，连结 AC，CB，则 $AC = CB$. 设 $\angle PAB = \varphi$，$\angle BAC = \theta$,

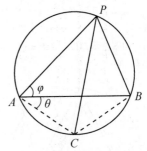

第 14 题图

则 $\angle BPC = \angle APC = \theta$，$\angle PCB = \varphi$，$\angle PCA = 180° - (2\theta + \varphi)$.

在 $\triangle PAC$ 和 $\triangle PBC$ 中，根据正弦定理，有

$PC = 2R\sin(\varphi + \theta)$，$PA = 2R\sin(2\theta + \varphi)$,

$PB = 2R\sin\varphi$,

$\therefore \dfrac{PC}{PA + PB} = \dfrac{2R\sin(\varphi + \theta)}{2R\sin(2\theta + \varphi) + 2R\sin\varphi}$

$= \dfrac{\sin(\varphi + \theta)}{2\sin(\varphi + \theta)\cos\theta}$

$= \dfrac{1}{2\cos\theta} = $ 定值.

15. 证明：如图所示，设 $\angle ABC = \angle ACB = \alpha$，$\angle ACP = \beta$. 外接半径为 R，根据正弦定理，有

$AB = AC = 2R\sin\alpha$,

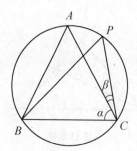

第15题图

$AB + AC = 4R\sin\alpha$ ①

又 $PB = 2R\sin(\alpha+\beta)$, $PC = 2R\sin(\alpha-\beta)$,

$PB + PC = 2R[\sin(\alpha+\beta) + \sin(\alpha-\beta)]$

$= 4R\sin\alpha\cos\beta$ ②

$\because 0 < \beta < \dfrac{\pi}{2}$, $0 < \cos\beta < 1$,

由①和②得:

$AB + AC = 4R\sin\alpha > 4R\sin\alpha\cos\beta = PB + PC.$

注:本题实际是证明底边和顶角都一定的三角形中,等腰三角形的周长最大.

16. 证明:如图所示,设 $\angle BAP = \alpha$,外接圆半径为 R,则

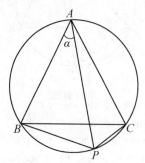

第16题图

$\angle CAP = 60° - \alpha$, $\angle ABP = 120° - \alpha$.

在 △ABP 和 △ACP 中,根据正弦定理有

$PA = 2R\sin(120° - \alpha)$, $PB = 2R\sin\alpha$,

$PC = 2R\sin(60° - \alpha)$, $BC = 2R\sin60°$

$= \sqrt{3}R$.

(1) $\because PA = 2R\sin(120° - \alpha) = \sqrt{3}R\cos\alpha + R\sin\alpha$,

$PB + PC = 2R[\sin\alpha + \sin(60° - \alpha)]$

$= \sqrt{3}R\cos\alpha + R\sin\alpha$,

$\therefore PA = PB + PC.$

(2) $\because PA^2 = 4R^2\sin^2(120° - \alpha)$

$= 2R^2[1 - \cos(240° - 2\alpha)]$

$= 2R^2[1 + \cos(2\alpha - 60°)]$,

$BC^2 + PB \cdot PC = 3R^2 + 4R^2\sin(60° - \alpha)\sin\alpha$.

$= 3R^2 + 2R^2[\cos(2\alpha - 60°) - \cos60°]$.

$= 2R^2[1 + \cos(2\alpha - 60°)]$,

$\therefore PA^2 = BC^2 + PB \cdot PC.$

注:利用面积关系 $S_{\triangle PAB} + S_{\triangle PAC} = S_{\triangle PBC} + S_{\triangle BAC}$ 证更简单.

17. 证明:如图所示,连 AD, BC,设 $AB = 2R$, $\angle ABD = \alpha$, $\angle BAC = \beta$,则在 △AEB 和 Rt △ADB 与 Rt △ABC 中,有

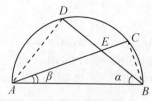

第17题图

$AE = \dfrac{2R\sin\alpha}{\sin(\alpha+\beta)}$, $BE = \dfrac{2R\sin\beta}{\sin(\alpha+\beta)}$,

$BD = 2R\cos\alpha$, $AC = 2R\cos\beta$.

于是 $AE \cdot AC + BE \cdot BD = \dfrac{2R\sin\alpha}{\sin(\alpha+\beta)} \cdot$

$2R\cos\beta + \dfrac{2R\sin\beta}{\sin(\alpha+\beta)} \cdot 2R\cos\alpha$

$= \dfrac{4R^2}{\sin(\alpha+\beta)}(\sin\alpha\cos\beta + \cos\alpha\sin\beta)$

$= 4R^2 = AB^2.$

故 $AB^2 = AE \cdot AC + BE \cdot BD.$

18. 证明:如图所示,设 $\angle ACP = \theta$ ($0° < \theta < 60°$),则

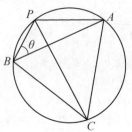

第18题图

$\angle PBA = \angle ACP = \theta.$

在 △APC 中，

$$\frac{PA}{\sin\theta} = \frac{AC}{\sin 60°} = \frac{PC}{\sin(120° - \theta)},$$

即 $PA = \frac{2\sqrt{3}}{3}a\sin\theta$, $PC = \frac{2\sqrt{3}}{3}a\sin(60° + \theta)$,

在 △APB 中，

$$\frac{PB}{\sin(60° - \theta)} = \frac{AB}{\sin 120°},$$

即 $PB = \frac{2\sqrt{3}}{3}a\sin(60° - \theta)$,

$\because S_{\triangle PAC} + S_{\triangle PAB} = \frac{1}{2}PA \cdot PC\sin 60° + \frac{1}{2}PA \cdot PB\sin 120°$

$= \frac{\sqrt{3}}{4}PA(PB + PC)$

$= \frac{\sqrt{3}}{4} \cdot \frac{2\sqrt{3}}{3}a\sin\theta \left[\frac{2}{3}\sqrt{3}a\sin(60° - \theta) + \frac{2}{3}\sqrt{3}a\sin(60° + \theta)\right]$

$= \frac{\sqrt{3}}{3}a^2\sin\theta[\sin(60° - \theta) + \sin(60° + \theta)]$

$= \frac{\sqrt{3}}{3}a^2\sin\theta \cdot 2\sin 60°\cos\theta = a^2\sin\theta\cos\theta$

$= \frac{a^2}{2}\sin 2\theta$,

$\therefore$ 当 $\theta = 45°$ 时，$S_{\triangle PAC} + S_{\triangle PAB}$ 有最大值 $\frac{a^2}{2}$.

19. 解：如图所示，△PBC 是过 BC 而与 VA 交于 P 点的截面，过 V 作 VO⊥平面 ABC 于 O，连 AO 交 BC 于 M，连 MP 和 MV.

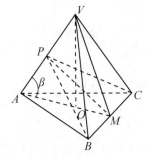

第 19 题图

$\because$ O 是正 △ABC 的中心，

$\therefore AM \perp BC$, 且 M 是 BC 的中点，

$VO \perp BC$,

$\therefore BC \perp$ 平面 AMV.

又 PM 在平面 AMV 内，$\therefore BC \perp PM$,

$\therefore \angle AMP$ 是二面角 $A - BC - P$ 的平面角.

设 $\angle AMP = x$, 又 $\angle VAM$ 是侧棱 VA 与底面所成的角，$\therefore \angle VAM = \beta$.

$\because$ △ABC 是边长为 a 的正三角形，

$\therefore AM = a\sin 60° = \frac{\sqrt{3}}{2}a$.

在 △AMP 中，$\angle APM = \pi - (\beta + x)$, 由正弦定理，得 $\frac{PM}{\sin\beta} = \frac{AM}{\sin(\beta + x)}$, $\therefore PM = $

$\frac{\sqrt{3}a\sin\beta}{2\sin(\beta + x)}$, $\therefore S_{\text{截面}PBC} = \frac{1}{2}BC \cdot PM = $

$\frac{\sqrt{3}a^2\sin\beta}{4\sin(\beta + x)} \geq \frac{\sqrt{3}}{4}a^2\sin\beta$.

等号当且仅当 $\sin(\beta + x) = 1$ 时成立.

故当二面角 $x = \frac{\pi}{2} - \beta$ 时，截面 PBC 有最小值，其最小面积为

$\frac{\sqrt{3}}{4}a^2\sin\beta$ (面积单位).

20. 证明：如图所示，取 A 为原点，AB 所在直线为 x 轴，建立直角坐标系.

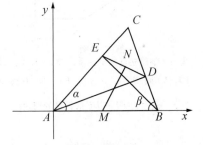

第 20 题图

设 $|AB| = 2a$, $\angle BAC = \alpha$, $\angle CBA = \beta$, 则点 M 的坐标为 $(a, 0)$, D 和 E 的坐标分别为：

$x_D = 2a - 2a\cos^2\beta = 2a\sin^2\beta$,

$y_D = 2a\cos\beta\sin\beta = a\sin 2\beta$,

$x_E = 2a\cos^2\alpha$,

$y_E = 2a\cos\alpha\sin\alpha = a\sin 2\alpha$,

$\therefore DE$ 的中点 N 的坐标为：

$x_N = a(\cos^2\alpha + \sin^2\beta)$, $y_N = a\sin(\alpha + \beta)\cos(\alpha - \beta)$.

DE 的斜率：

217

$$k_{DE} = \frac{a(\sin2\alpha - \sin2\beta)}{2a(\cos^2\alpha - \sin^2\beta)}$$

$$= \frac{2\cos(\alpha+\beta)\sin(\alpha-\beta)}{(1+\cos2\alpha-1+\sin2\beta)} = \text{tg}(\alpha-\beta).$$

MN 的斜率：

$$k_{MN} = \frac{a\sin(\alpha+\beta)\cos(\alpha-\beta)}{a(\cos^2\alpha+\sin^2\beta-1)}$$

$$= \frac{\sin(\alpha+\beta)\cos(\alpha-\beta)}{\sin(\alpha+\beta)\sin(\beta-\alpha)}$$

$$= -\text{ctg}(\alpha-\beta).$$

$\because k_{DE} \cdot k_{MN} = -1$,

$\therefore MN \perp DE.$

21. 证明：如图所示，取 O 为原点，OA 所在直

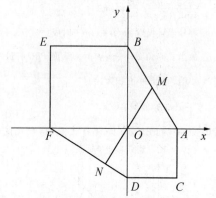

第 21 题图

线为 x 轴建立直角坐标系，设 $A(a, 0)$，B $(0, b)$ 则 $D(0, -a)$，$F(-b, 0)$，M $(\frac{a}{2}, \frac{b}{2})$，$OM$ 和 DF 的斜率分别为：

$$k_{OM} = \frac{\frac{b}{2}}{\frac{a}{2}} = \frac{b}{a}, \quad k_{DF} = \frac{-a}{0+b} = -\frac{a}{b}.$$

$\because k_{OM} \cdot k_{DF} = -1$,

$\therefore OM \perp DF.$

22. 证明：如图所示，取 A 为原点，AT 为 x 轴，建立直角坐标系。设 $\angle CAB = 2\theta$，$|AT| = a$，则点 T, C, R 的坐标分别为 $(a, 0)$，$(a\cos^2\theta, -a\sin\theta\cos\theta)$，$(a\cos^2\theta, a\sin\theta\cos\theta)$。

又设点 Q 的坐标为 $(x_1, 0)$，

$\because CQ \perp AB$,

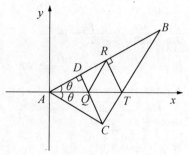

第 22 题图

$\therefore \frac{a\sin\theta\cos\theta}{x_1 - a\cos^2\theta} \cdot \text{tg}\theta = -1$,

$\therefore x_1 = a\cos2\theta.$

RQ 和 CT 的斜率分别为：

$$k_{RQ} = \frac{a\sin\theta\cos\theta}{a\cos^2\theta - a\cos2\theta} = \text{ctg}\theta,$$

$$k_{CT} = \frac{a\sin\theta\cos\theta}{a - a\cos^2\theta} = \text{ctg}\theta.$$

$\because k_{RQ} = k_{CT}, \therefore QR /\!/ BC.$

23. 证明：如图所示，建立直角坐标系。设 A $(0, 0)$，$B(x_0, y_0)$，$C(c, 0)$，则

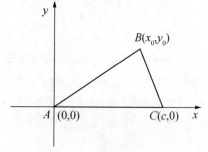

第 23 题图

$\text{tg}A = \frac{y_0}{x_0}$,

$\text{tg}(180° - C) = -\text{tg}C = \frac{y_0}{x_0 - c}$,

$\therefore \text{tg}C = \frac{y_0}{c - x_0}$.

$\because \angle C = 2\angle A, \therefore \text{tg}C = \text{tg}2A = \frac{2\text{tg}A}{1-\text{tg}^2A} =$

$$\frac{2 \cdot \frac{y_0}{x_0}}{1 - (\frac{y_0}{x_0})^2} = \frac{2x_0 y_0}{x_0^2 - y_0^2}.$$

于是有 $\frac{1}{c-x_0} = \frac{2x_0}{x_0^2-y_0^2}$, $y_0^2 = 3x_0^2 - 2cx_0$,

∴ $|AB|^2 - |BC|^2 = x_0^2 + y_0^2 - (x_0-c)^2 - y_0^2$
$= 2cx_0 - c^2$,

$|BC| \cdot |AC| = c \cdot \sqrt{(x_0-c)^2 + y_0^2} =$
$c\sqrt{(x_0-c)^2 + 3x_0^2 - 2cx_0}$
$= 2cx_0 - c^2$ (∵ $\angle C > \angle A \Rightarrow AB > BC \Rightarrow x_0 > \frac{1}{2}c$).

故 $|AB|^2 - |BC|^2 = |BC| \cdot |AC|$, 即 $AB^2 = BC^2 + BC \cdot AC$.

24. 解：如图所示，以直线 l 为 x 轴，直线 l, m 交点 O 为原点建立直角坐标系，设点 A, B 的坐标为 $(a,0)$ 和 $(b,0)$, $\angle xOP = \alpha$, $|OP| = t$, 则点 P 的坐标为 $(t\cos\alpha, t\sin\alpha)$.

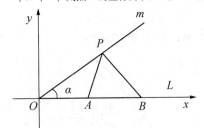

第24题图

(1) $|PA|^2 + |PB|^2$
$= (t\cos\alpha - a)^2 + (t\sin\alpha)^2 + (t\cos\alpha - b)^2 + (t\sin\alpha)^2$
$= 2t^2 - 2(a\cos\alpha + b\cos\alpha)t + a^2 + b^2$
$= 2[t - \frac{1}{2}(a+b)\cos\alpha]^2 + a^2 + b^2 - \frac{1}{2}(a+b)^2\cos^2\alpha$,

∴ 当 $t = \frac{1}{2}(a+b)\cos\alpha$ 时，$|PA|^2 + |PB|^2$ 取得最小值 $a^2 + b^2 - \frac{1}{2}(a+b)^2\cos^2\alpha$.

(2) $||PA|^2 - |PB|^2| = |[2(b-a)\cos\alpha]t + a^2 - b^2|$,

∴ 当 $t = \frac{b+a}{2\cos\alpha}$ 时，$||PA|^2 - |PB|^2|$ 取得最小值 O.

25. 解：设50名学生组成的集合为 I, 赞成 A 的学生全体为集合 A, 赞成 B 的学生的全体为集合的 B, 由题意知：

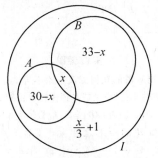

第25题图

赞成 A 的人数为 $50 \times \frac{3}{5} = 30$, 赞成 B 的人数为 $30 + 3 = 33$.

设 A 和 B 都赞成的学生人数为 x, 则 A 和 B 都不赞成的学生人数为 $\frac{x}{3}+1$, 赞成 A 而不赞成 B 的人数为 $30-x$, 赞成 B 而不赞成 A 的人数为 $33-x$. 画出文氏图，由图可得

$(30-x)+(33-x)+x+(\frac{x}{3}+1) = 50$, 解之 $x = 21$,

$\frac{x}{3}+1 = 8$,

∴ A 和 B 都赞成的学生21人，A 和 B 都不赞成的是8人.

26. 解：不等式 $1 < |2x+1| \leqslant 3 \Rightarrow \frac{1}{2} < |x+\frac{1}{2}| \leqslant \frac{3}{2}$.

由此可知不等式表示在数轴上，数 x 与 $-\frac{1}{2}$ 的点的距离介于 $\frac{1}{2}$ 和 $\frac{3}{2}$（包括 $\frac{3}{2}$）之间，如图所示表示：

第26题图

满足 $|x+\frac{1}{2}| > \frac{1}{2} \Leftrightarrow x > 0$ 或 $x < -1$.

满足 $|x+\frac{1}{2}| \leqslant \frac{3}{2} \Leftrightarrow -2 \leqslant x \leqslant 1$.

∴ 原不等式的解集为 $\{x \mid 0 < x \leqslant 1$ 或 $-2 \leqslant x$

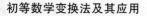

$< -1\}$.

27. 解：设 x, 3, 4 在数轴上的对应点分别为 P, A, B, 如图所示：

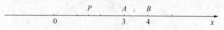

第27题图

由绝对值的几何意义，原不等式 $|PA| + |PB| < a$ 的意义是 P 到 A 和 B 的距离之和小于 a，因为 $|AB| = 1$，故数轴上任一点到 A 和 B 的距离之和大于（等于）1，即 $|x-4| + |x-3| \geq 1$. 故当 $a > 1$ 时，$|x-4| + |x-3| < a$ 有解.

28. 解：构造边长为 1 的正五边形 $ABCDE$，使

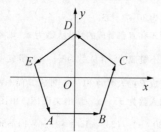

第28题图

向量 $\overrightarrow{AB}(\overrightarrow{OX}, \overrightarrow{AB}) = 5°$，于是向量 $\overrightarrow{BC}$，$\overrightarrow{CD}$，$\overrightarrow{DE}$，$\overrightarrow{EA}$ 的幅角分别是 77°, 149°, 221°, 293°.

又 $\overrightarrow{AB} + \overrightarrow{BC} + \overrightarrow{CD} + \overrightarrow{DE} + \overrightarrow{EA} = 0$，

∴ $(\overrightarrow{AB})_{Ox} + (\overrightarrow{BC})_{Ox} + (\overrightarrow{CD})_{Ox} + (\overrightarrow{DE})_{Ox} + (\overrightarrow{EA})_{Ox} = 0$，

即 $\cos 5° + \cos 77° + \cos 149° + \cos 221° + \cos 293° = 0$.

29. 解：原方程组可变形为

$$\begin{cases} x^2 + y^2 - 2xy\cos 120° = 1^2, \\ y^2 + z^2 - 2yz\cos 120° = (\sqrt{3})^2, \\ z^2 + x^2 - 2zx\cos 120° = 2^2. \end{cases}$$

构造 $\triangle ABC$，如图所示.

∵ $AB^2 + AC^2 = BC^2$，

∴ $\triangle ABC$ 是直角三角形，$\angle A = 90°$．

$\dfrac{\sqrt{3}}{2} = S_{\triangle ABC} = S_{\triangle OAC} + S_{\triangle OCB} + S_{\triangle OBA}$

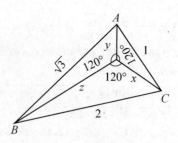

第29题图

$= \dfrac{1}{2}xy\sin 120° + \dfrac{1}{2}zx\sin 120° + \dfrac{1}{2}yz$，

$\sin 120° = \dfrac{1}{2} \cdot \dfrac{\sqrt{3}}{2}(xy + yz + zx)$，

∴ $xy + yz + zx = 2$.

又 $(x+y+z)^2 = x^2 + y^2 + z^2 + 2(xy + yz + zx) = \dfrac{1}{2}[8 - (xy + yz + zx)] + 2(xy + yz + zx) = 7$，故 $x + y + z = \sqrt{7}$.

30. 解：原方程组可变形为：

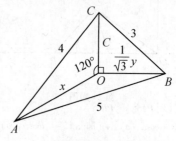

第30题图

$$\begin{cases} x^2 - 2x \cdot \dfrac{1}{\sqrt{3}}y\cos 150° + \left(\dfrac{1}{\sqrt{3}}y\right)^2 = 5^2, \\ \left(\dfrac{1}{\sqrt{3}}y\right)^2 - 2 \cdot \dfrac{1}{\sqrt{3}}y \cdot z\cos 90° + z^2 = 3^2, \\ z^2 - 2zx\cos 120° + x^2 = 4^2, \end{cases}$$

且 $120° + 90° + 150° = 360°$，

由此可作出 $\triangle ABC$，如图所示.

$AB = 5$，$BC = 3$，$AC = 4$.

而 $3^2 + 4^2 = 5^2$，∴ $\triangle ABC$ 为直角三角形，且 $\angle ACB = 90°$.

∴ $S_{\triangle AOB} = \dfrac{1}{2}OA \cdot OB\sin 150° = \dfrac{1}{2}x \cdot \dfrac{1}{\sqrt{3}}y$

$\cdot \dfrac{1}{2} = \dfrac{1}{4\sqrt{3}}xy$，

220

$S_{\triangle BOC} = \frac{1}{2} OB \cdot OC \sin 90° = \frac{1}{2} \cdot \frac{1}{\sqrt{3}} y \cdot z$

$\cdot 1 = \frac{1}{4\sqrt{3}} \cdot 2yz,$

$S_{\triangle AOC} = \frac{1}{2} OA \cdot OC \sin 120° = \frac{1}{2} \cdot x \cdot z \cdot \frac{\sqrt{3}}{2}$

$= \frac{1}{4\sqrt{3}} \cdot 3zx,$

$\therefore S_{\triangle AOB} + S_{\triangle BOC} + S_{\triangle AOC} = \frac{1}{4\sqrt{3}}(xy + 2yz + 3zx),$

但 $S_{\triangle AOB} + S_{\triangle BOC} + S_{\triangle AOC} = S_{\triangle ABC} = \frac{1}{2} AC \cdot BC = \frac{1}{2} \times 3 \times 4 = 6,$

故 $xy + 2yz + 3zx = 24\sqrt{3}.$

31. **解**：将原方程组变形为

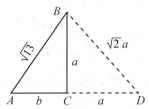

第 31 题图

$\begin{cases} \sqrt{x+1} + \sqrt{y-1} = 5, \\ (\sqrt{x+1})^2 + (\sqrt{y-1})^2 = (\sqrt{13})^2. \end{cases}$

$\therefore \sqrt{x+1} > 0, \sqrt{y-1} > 0,$

设 $\sqrt{x+1} = a, \sqrt{y-1} = b,$ 构造 $\triangle ABC,$ 使 $BC = a, AC = b.$ 如图所示，延长 AC 至 $D,$ 使 $CD = CB,$ 连 $BD,$ 则 $AD = 5, BD = \sqrt{2}a.$

在 Rt$\triangle_{ABC}$中，$\cos \angle BAC = \frac{5-a}{\sqrt{13}}$

在 $\triangle ABD$ 中，$\cos \angle BAC = \frac{19-a^2}{5\sqrt{13}}$

$\therefore \frac{5-a}{\sqrt{13}} = \frac{19-a^2}{5\sqrt{13}},$ 即 $a^2 - 5a + 16 = 0,$ 解之

$\begin{cases} a_1 = 2, \\ a_2 = 3. \end{cases}$

由此可得 $b_1 = 3, b_2 = 2.$

$\therefore \begin{cases} \sqrt{x+1} = 2, \\ \sqrt{y-1} = 3, \end{cases}$ 或 $\begin{cases} \sqrt{x+1} = 3, \\ \sqrt{y-1} = 2. \end{cases}$

解之，得 $\begin{cases} x_1 = 3, \\ y_1 = 10 \end{cases}$ 或 $\begin{cases} x_2 = 8, \\ y_2 = 5. \end{cases}$

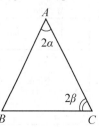

第 32 题图

经检验 $\begin{cases} x_1 = 3, \\ y_1 = 10 \end{cases}$ 与 $\begin{cases} x_2 = 8, \\ y_2 = 5 \end{cases}$ 都是原方程组的解。

32. **证明**：(1) 式可化为 $3\cos 2\alpha + 2\cos 2\beta = 3.$ ③

由此可知 $2\alpha, 2\beta$ 都是锐角，根据②和③可构造 $\triangle ABC,$ 使 $AB = AC = 3, \angle A = 2\alpha, \angle B = 2\beta,$ 则 $2\alpha + 4\beta = \pi,$

$\therefore \alpha + 2\beta = \frac{\pi}{2}.$

33. **解**：如图所示，作 $AB \perp CD$ 且使 $AC = a,$ $BC = b, CD = c,$ 则 $\sqrt{a^2 + x^2} = AE,$ $\sqrt{b^2 + y^2} = B'E.$

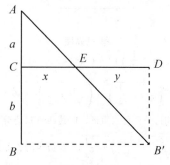

第 33 题图

当 E 点位于 AB' 与 CD 连线交点时，$AE + B'E$ 最短，即 $AE + B'E = AB',$

但 $AB' = \sqrt{(a+b)^2 + c^2},$

故 $\sqrt{a^2 + x^2} + \sqrt{b^2 + y^2}$ 的最小值为 $\sqrt{(a+b)^2 + c^2},$ 此时 $x = \frac{ac}{a+b}, y = \frac{bc}{a+b}.$

34. **证明**：不妨设 $a \le b,$ 构造矩形图如图所示，

221

则
$ab = S_{矩形ABCD}$

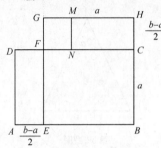

第 34 题图

$= S_{矩形EBCF} + S_{矩形AEFD} = S_{矩形EBCF} + S_{矩形NCHM}$

$\leqslant S_{矩形EBHG} = \left(\dfrac{a+b}{2}\right)^2, \therefore \dfrac{a+b}{2} \geqslant \sqrt{ab}.$

当且仅当 M 点与 G 重合，$HM = HG$，也就是 $a = \dfrac{b-a}{2}$，$a = b$ 时取等号。

35. 证明：$\because a + b = 1$,

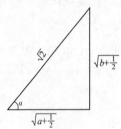

第 35 题图

$\therefore \left(a + \dfrac{1}{2}\right) + \left(b + \dfrac{1}{2}\right) = 2$,

即 $\left(\sqrt{a+\dfrac{1}{2}}\right)^2 + \left(\sqrt{b+\dfrac{1}{2}}\right)^2 = (\sqrt{2})^2$.

构造一直角三角形，使其两直角边分别为 $\sqrt{a+\dfrac{1}{2}}$，$\sqrt{b+\dfrac{1}{2}}$，斜边为 $\sqrt{2}$，如图所示，则由平几定理可得

$\sqrt{2} < \sqrt{a+\dfrac{1}{2}} + \sqrt{b+\dfrac{1}{2}}$.

又 $\because \sqrt{a+\dfrac{1}{2}} = \sqrt{2}\cos\alpha, \sqrt{b+\dfrac{1}{2}} = \sqrt{2}\sin\alpha$,

$\therefore \sqrt{a+\dfrac{1}{2}} + \sqrt{b+\dfrac{1}{2}} = \sqrt{2}(\sin\alpha + \cos\alpha)$

$= \sqrt{2} \cdot \sqrt{2}\sin\left(\alpha + \dfrac{\pi}{4}\right) \leqslant 2.$

36. 证明：如图所示，在 Rt△ABC 中，$AB = c$，$BC = a$，$CA = b$，以 AB 为腰作等腰 Rt△ABD．

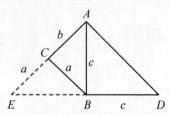

第 36 题图

$\angle ABD = 90°$，延长 AC 到 E，使 $CE = CB$，连 EB，则 $AE = a + b$，$AD = \sqrt{2}c$.

在 △ABE 中，根据正弦定理有：

$\sin\angle E = \dfrac{c\sin\angle ABE}{a+b}$.

在 △ABD 中有，$\sin\angle D = \dfrac{1}{\sqrt{2}}$ 又 $\angle D = \angle E = 45°$,

$\therefore \dfrac{c\sin\angle ABE}{a+b} = \dfrac{1}{\sqrt{2}}, a+b = \sqrt{2}c\sin\angle ABE$,

但 $0 < \sin\angle ABE \leqslant 1$,

故 $a + b \leqslant \sqrt{2}c$.

当 $\sin\angle ABE \leqslant 1$，即 $\angle ABE = 90°$，也即 $\angle CBA = 45°$ 时，等号成立，故等号成立的条件为 $a = b$。

37. 证明：构造直角梯形 $ABCD$，$\angle ABC = \angle DCB = 90°$，如图所示，则

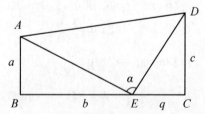

第 37 题图

$AE = \sqrt{a^2+b^2}$，$DE = \sqrt{q^2+c^2}$，$S_{梯形ABCD}$
$= S_{\triangle ABE} + S_{\triangle DCE} + S_{\triangle AED}$，即

$\dfrac{1}{2}(a+c)(b+q)$

$$= \frac{1}{2}ab + \frac{1}{2}cq + \frac{1}{2}\sqrt{a^2+b^2} \cdot \sqrt{c^2+q^2} \sin\alpha.$$

$$\therefore (a+c)(b+q) \le ab + cq + \sqrt{a^2+b^2} \cdot \sqrt{c^2+q^2},$$

即 $bc + aq \le \sqrt{a^2+b^2} \cdot \sqrt{c^2+q^2}$,

故 $(bc+aq)^2 \le (a^2+b^2) \cdot (c^2+q^2).$

38. 证明：如图所示，在半径为 a 的 $\frac{1}{4}$ 圆周内，作 Rt$\triangle ABC$, Rt$\triangle ADE$, 使得 $AC = AE = a$, $AB = x_1$, $AD = x_2$, 则

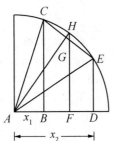

第 38 题图

$BC = \sqrt{a^2 - x_1^2}$, $DE = \sqrt{a^2 - x_2^2}$.

因此，$\frac{1}{2}(\sqrt{a^2-x_1^2} + \sqrt{a^2-x_2^2})$ 是梯形 $CBDE$ 的中位线 FG, 延长 FG 交圆于 H.

$\because AF = \frac{x_1 + x_2}{2}$, $FG \perp AD$, $AH = a$.

$\therefore FH = \sqrt{a^2 - (\frac{x_1+x_2}{2})^2}$

但 $FH > FG$, 故结论成立.

39. 证明：如图所示，作 $\triangle ABC$ 的外接圆 O, 设其半径为 R, 连 AO 和 BO 并各延长依次交圆于 M 和 N. 又连 BM, MC, CN, 则

$\cos\angle BAC = \cos\angle BNC = \frac{CN}{2R}$,

$\cos\angle ABC = \cos\angle AMC = \frac{MC}{2R}$,

$\cos\angle BCA = \cos\angle BMA = \frac{BM}{2R}$,

而 $BM + MC > BC$, $BC + CN > 2R$,

$\therefore \cos A + \cos B + \cos C > 1$.

40. 证明：构造锐角 $\triangle ABC$, 如图所示，作 AD

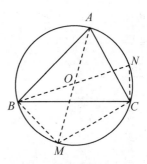

第 39 题图

$\perp BC$ 交 BC 于 D, 设 $\angle BAD = \alpha$, 则 $0° < \alpha < A < 90°$,

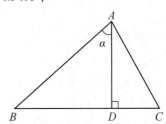

第 40 题图

$\therefore \sin A > \sin\alpha = \cos B.$ ①

同理可得，$\sin B > \cos C,$ ②

$\sin C > \cos A.$ ③

① + ② + ③ 得

$\sin A + \sin B + \sin C > \cos A + \cos B + \cos C.$

41. 证明：由 $\cos^2\alpha + \cos^2\beta + \cos^2\gamma = 1$ 联想到立体几何中，长方体的一条对角线与一个顶点上的三条棱所成的三个角，其余弦的平方和等于 1, 于是构造一个长方体，如图所示

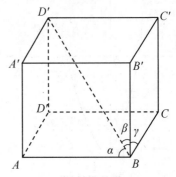

第 41 题图

示，设长方体 $ABCD - A'B'C'D'$ 的棱分别为 a, b, c, 对角线 BD' 与棱所成的角分别为

223

α, β, γ, 则

$tg\alpha = \dfrac{AD'}{a} = \dfrac{\sqrt{b^2+c^2}}{a}$,

$tg\beta = \dfrac{B'D'}{c} = \dfrac{\sqrt{a^2+b^2}}{c}$,

$tg\gamma = \dfrac{CD'}{b} = \dfrac{\sqrt{a^2+c^2}}{b}$,

$\therefore tg\alpha tg\beta tg\gamma$

$= \dfrac{\sqrt{b^2+c^2}}{a} \times \dfrac{\sqrt{a^2+b^2}}{c} \times \dfrac{\sqrt{a^2+c^2}}{b}$

$\geq \dfrac{\sqrt{2bc}}{a} \times \dfrac{\sqrt{2ab}}{c} \times \dfrac{\sqrt{2ac}}{b}$

$= 2\sqrt{2}$.

42. **解**：原方程可变形为

$\sqrt{(x+3)^2 + (2\sqrt{6}-0)^2} = |x-3|$.

此式表示点 $(x, 2\sqrt{6})$ 到定点 $(-3, 0)$ 与定直线 $x = 3$ 的距离相等的点，故点 $(x, 2\sqrt{6})$ 应在抛物线 $y^2 = -12x$ 上（$\because \dfrac{P}{2} = -3$, $\therefore P = -6$）.

由 $\begin{cases} y^2 = -12x, \\ y = 2\sqrt{6} \end{cases}$，解得 $x = -2$.

经检验知 $x = -2$ 为原方程的根.

43. **解**：(1) 原不等式即 $4x^2 - 4x - 15 > 0$，令 $y = 4x^2 - 4x - 15$.

作出 $y = 4x^2 - 4x - 15$ 的图像，如图所示.

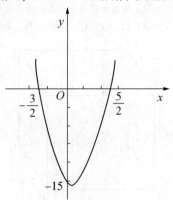

第 43 题(1)图

由图知 $y > 0$ 则 $x < -\dfrac{3}{2}$ 或 $x > \dfrac{5}{2}$.

原不等式的解集为

$\left\{ x \mid x < -\dfrac{3}{2} \text{ 或 } x > \dfrac{5}{2} \right\}$.

(2) 由原不等式得 $4x^2 - 4x + 1 \geq 0$.

令 $y = 4x^2 - 4x + 1$ 作出其图像，如图所示：

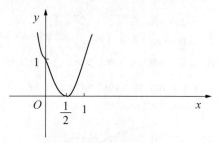

第 43 题(2)图

由图像知原不等式的解集是 **R**.

(3) 由原不等式得 $x^2 - x + 1 < 0$，令 $y = x^2 - x + 1$，作出其图像，如图所示.

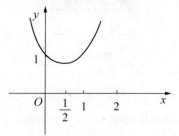

第 43 题(3)图

由图像知不等式的解集是 ∅.

44. **解**：令 $y_1 = \sin|x|$, $y_2 = |\cos x|$, 因为 y_1 和 y_2 均为偶函数，在同一坐标系中作出两函数在 $[0, \pi]$ 的图像，如图所示.

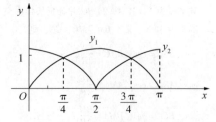

第 44 题图

由图并根据对称性可知不等式的解集为

$\left(-\dfrac{3\pi}{4}, -\dfrac{\pi}{4} \right) \cup \left(\dfrac{\pi}{4}, \dfrac{3\pi}{4} \right)$.

45. 解：令 $y=|x+1|-|x-2|$，在直角坐标系中作出其图像，如图所示.

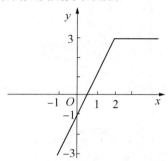

第 45 题图

$y=\begin{cases}-3(x\leq -1),\\ 2x-1(-1<x<2),\\ 3(x\geq 2).\end{cases}$

要使 $|x+1|-|x-2|>k$，从图像可以看出只需 $k<-3$.

46. 解：设 $y_1=\sqrt{x}$，它的图像是经过原点的幂函数 $y=x^{\frac{1}{2}}$ 的图像. 又设 $y_2=ax+\dfrac{3}{2}$，它

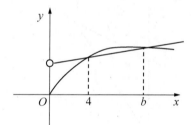

第 46 题图

的图像是经过定点 $(0,\dfrac{3}{2})$，斜率为 a 的一条射线，如图所示.

不等式 $\sqrt{x}>ax+\dfrac{3}{2}$ 的解，即当 $y_1=\sqrt{x}$ 的图像在 $y_2=ax+\dfrac{3}{2}(x\geq 0)$ 的图像的上方时，相应的 x 的取值范围. 因为不等式的解集是 $(4,b)$，故方程 $y=ax+\dfrac{3}{2}$ 有一个解为 4，将 $x=4$ 代入方程得 $a=\dfrac{1}{8}$，再求 $\sqrt{x}=\dfrac{1}{8}x$ $+\dfrac{3}{2}$ 的另一个解，得 $x=36$，即 $b=36$.

47. 解：令 $y=|x-4|+|3-x|$ 则
$y=\begin{cases}2x-7(x\geq 4),\\ 1(3<x<4),\\ -2x+7(x\leq 3).\end{cases}$

作出图像，如图所示.

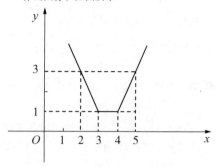

第 47 题图

由图像可知，要使 $|x-4|+|3-x|<a$ 的解集为空集，显然 $a\leq 1$.

48. 解：$y=\dfrac{\sin x}{2+\cos x}=\dfrac{\sin x-0}{\cos x-(-2)}$.

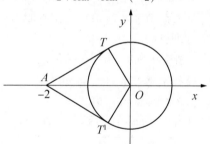

第 48 题图

其几何意义为 $(\cos x,\sin x)$ 与 $(-2,0)$ 两点直线的斜率，借助图像可知求函数的值域即是求单位圆上任一点与 $(-2,0)$ 点连线的斜率的取值范围，而这个最大与最小的斜率就是切线 AT 与 AT' 的斜率，

$\because AT=\sqrt{2^2-1^2}=\sqrt{3}$，$\operatorname{tg}\angle OAT=\dfrac{1}{\sqrt{3}}=\dfrac{\sqrt{3}}{3}$，

由对称性知 AT' 的斜率为 $-\dfrac{\sqrt{3}}{3}$，

故 $-\dfrac{\sqrt{3}}{3}\leq y\leq \dfrac{\sqrt{3}}{3}$.

49. 证明：设平面 xoy 上两点 $P(\cos\theta,\sin\theta)$，$Q(\cos\varphi,\sin\varphi)$，由题设知 $P(\cos\theta,\sin\theta)$，Q

· 225 ·

$(\cos\varphi,\sin\varphi)$ 在直线 $ax+by=c$ 上.

又由两点式知过 P,Q 两点的直线方程为

$$\frac{y-\sin\theta}{\sin\varphi-\sin\theta}=\frac{x-\cos\theta}{\cos\varphi-\cos\theta},$$

即 $\cos\dfrac{\theta+\varphi}{2}\cdot x+\sin\dfrac{\theta+\varphi}{2}\cdot y=\cos\dfrac{\theta-\varphi}{2},$

这和 $ax+by=c$ 都表示同一直线,

$$\therefore \frac{a}{\cos\dfrac{\theta+\varphi}{2}}=\frac{b}{\sin\dfrac{\theta+\varphi}{2}}=\frac{c}{\cos\dfrac{\theta-\varphi}{2}}.$$

50. 解：原函数可化为 $y=\sqrt{(x+1)^2+(0-2)^2}-\sqrt{(x-2)^2+(0-1)^2}$. 由此,$\sqrt{(x+1)^2+(0-2)^2}$ 可看作直角坐标平面上的动点 $P(x,0)$ 到定点 $A(-1,2)$ 的距离. 类似地,$\sqrt{(x-2)^2+(0-1)^2}$ 可看作动点 $P(x,0)$ 到定点 $B(2,1)$ 的距离. 这样, 问题就转化为在 x 轴上找一点 P, 使 $|PA|-|PB|$ 取最大值.

∵ A 和 B 两点均在 x 轴上方, 根据三角形三边关系, 即可知所求的 P 点应是直线 AB 与 x 轴的交点.

∵ 直线 AB 的方程为 $\dfrac{x+1}{x-2}=\dfrac{y-2}{y-1}$, 即 $x+3y-5=0$ 令 $y=0$, 代入上式得 $x=5$.

∴ P 点的坐标为 $(5,0)$.

$|PA|-|PB|=\sqrt{(5+1)^2+(0-2)^2}-\sqrt{(5-2)^2+(0-1)^2}=2\sqrt{10}-\sqrt{10}=\sqrt{10}.$

故 $y_{max}=\sqrt{10}.$

51. 解：原不等式可变为 $\dfrac{(x-4)^2}{4}+(y-2)^2\leq 1.$

该式表示以 $(4,2)$ 为中心, 长、短轴的长各为 4 和 1, 且分别平行横纵轴的椭圆及其内部, 如图所示中影区, 它在第一象限内, 则 $u=\dfrac{y}{x}$ 为连接原点与点 $M(x,y)$ 的直线 $=kx$ 的斜率, 而原问题变换为在影区内找出点 M, 使 OM 的斜率最大或最小.

从图中可以看出, 当 OM 与椭圆相切时, 斜率 k 达到最大值与最小值.

把 $y=kx$ 代入椭圆方程, 整理得

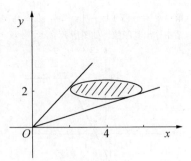

第51题图

$(1+4k^2)x^2-8(1+2k)x+28=0.$

令 $\Delta=[-8(1+2k)]^2-4\times(1+4k^2)\times 28=0,$

即 $12k^2-16k+3=0,$ 解之得 $k=\dfrac{4\pm\sqrt{7}}{6}.$

故 $u_{max}=\dfrac{4+\sqrt{7}}{6},$ $u_{min}=\dfrac{4-\sqrt{7}}{6}.$

52. 解：∵ $y=\sqrt{x^2+1}+\sqrt{x^2-4x+8}$
$=\sqrt{(x-0)^2+(0-1)^2}+\sqrt{(x-2)^2+(0-2)^2},$

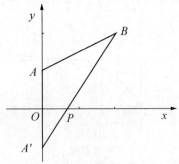

第52题图

令 $A(0,1),B(2,2),P(x,0),$ 则问题转化为: 在 x 轴上求一点 $P(x,0)$ 使 $|PA|+|PB|$ 有最小值, 如图所示.

由于 A,B 在 x 轴同侧, 故取 A 关于 x 轴的对称点 $A'(0,-1).$

∴ $(|PA|+|PB|)_{最小值}=|A'B|=\sqrt{(2-0)^2+(2+1)^2}=\sqrt{13}.$

53. 证明: 在直角坐标系 aOb 中(如图所示), $P(a,b)$ 为单位圆 $a^2+b^2=1$ 上的任意一点. 设点 P 到经过单位圆圆心 O 的任意直线 ma

226

$+nb=0$ 的距离为 $|PQ|$，则 $|PQ|\leqslant |OP|=1$，当且仅当 Q 与原点重合时，等号成立.

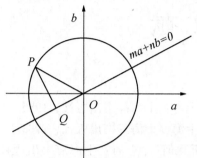

第 53 题图

即 $\dfrac{|am+bn|}{\sqrt{m^2+n^2}}\leqslant 1$. 但 $m^2+n^2=1$. 故 $|am+bn|\leqslant 1$.

54. 证明：设 $\dfrac{a^2+2a\sin\theta+2}{a^2+2a\cos\theta+2}=t$，当 $a=0$ 时，$t=1$，不等式显然成立；当 $a\neq 0$ 时，可得 $2a\sin\theta-2ta\cos\theta+(a^2+2)(1-t)=0$.

由此知直线 $2ax-2tay+(a^2+2)(1-t)=0$ 与圆 $x^2+y^2=1$ 有公共点 $(\sin\theta,\cos\theta)$.

于是圆心 $O(0,0)$ 到直线的距离

$d=\dfrac{|(a^2+2)(1-t)|}{\sqrt{4a^2+4t^2a^2}}\leqslant 1\Rightarrow \dfrac{|1-t|}{\sqrt{1+t^2}}\leqslant \dfrac{2|a|}{a^2+2}$

$\leqslant \dfrac{2|a|}{2\sqrt{2}|a|}=\dfrac{1}{\sqrt{2}}\Rightarrow t^2-4t+1\leqslant 0\Rightarrow 2-\sqrt{3}\leqslant t\leqslant 2+\sqrt{3}$.

综合上述知，$2-\sqrt{3}\leqslant \dfrac{a^2+2a\sin\theta+2}{a^2+2a\cos\theta+2}\leqslant 2+\sqrt{3}$.

参 考 文 献

[1] 唐秀颖. 数学题解辞典(代数). 上海：上海辞书出版社，1985.

[2] 唐秀颖. 数学题解辞典(三角). 上海：上海辞书出版社，1988.

[3] 唐秀颖. 数学题解辞典(平面解析几何). 上海：上海辞书出版社，1983.

[4] 王仲春，等，编著. 数学思维与数学方法论. 北京：高等教育出版社，1989.

[5] 沈呈民，主编. 中学数学思考方法词典. 沈阳：辽宁教育出版社，2000.

[6] 梅向明，主编. 平面几何及变换. 北京：师范学院出版社，1988.

[7] 熊大寅，等，合编. 初等数学综合训练. 武汉：湖北教育出版社，1984.

[8] 全国三十八所重点中学教师，编. 数学基础知识手册(高中). 大连：大连出版社，1999.